Dans la même collection

Florence Trystram, *Le Coq et la Louve*, Histoire de Gerbert et l'an mille.

Joan Wallach Scott, *Les Verriers de Carmaux*, Histoire de la naissance d'un syndicalisme.

Philippe Sénac, *L'Image de l'Autre*, Histoire de l'Occident médiéval face à l'Islam.

G. de Bertier de Sauvigny, *Au soir de la Monarchie*, Histoire de la Restauration.

LA VICTOIRE OU LA MORT

Du même auteur

Raymond Lulle et la théologie médiévale, Grasset.

L'Ordre des assassins, Histoire de la secte ismaélite d'Alamout, Grasset.

Les Sources du national-socialisme, Grasset.

L'Occultisme, un genre littéraire en France, du XVIIIe au XXe siècle, Grasset.

Les Sectes en Occident, du Moyen-Age à nos jours, Grasset.

Les Gitans, anthropologie des peuples migrants, Mame.

Histoire des Rose-Croix, Mame.

Linguistique et sociétés, Mame.

Robespierre et la théorie politique du contrat social, Éditions Universitaires.

Pythagore, roman, Retz.

JEAN-CLAUDE FRÈRE

LA VICTOIRE OU LA MORT ROBESPIERRE ET LA RÉVOLUTION

Collection « Histoire de »
dirigée par Florence Trystram

FLAMMARION

© Flammarion 1983
Printed in France
ISBN 2-08-064476-9

AU SOUVENIR
A L'ESPOIR

« Ce que la Révolution a été moins que toute autre chose, c'est un événement fortuit. Elle a pris, il est vrai, le monde à l'improviste, et cependant elle n'était que le complément du plus long travail, la terminaison soudaine et violente d'une œuvre à laquelle dix générations d'hommes avaient travaillé. Si elle n'eût pas eu lieu, le vieil édifice social n'en serait pas moins tombé partout ; ici plus tôt, là plus tard ; seulement il aurait continué à tomber pièce à pièce au lieu de s'effondrer tout à coup. »

Alexis de Tocqueville, *L'Ancien Régime et la Révolution.*

PRÉLUDE

L'aube tranquille du 28 juillet 1794 dissipe les ombres et chasse les derniers nuages de l'orage nocturne. Peu à peu dans la salle du Comité de sûreté générale, les larges baies s'adornent de lumière. Un nouveau matin d'été lance ses feux sur Paris et le jardin des Tuileries. Au loin des clameurs, des cris et des ordres brefs, parfois accompagnés du pas cadencé d'une troupe. Les derniers spasmes de la Commune insurrectionnelle s'étaient achevés dans le tumulte et la confusion en cette nuit du 9 au 10 thermidor de l'an II. Et, dans le clair-obscur, gît là, sur une table du Comité de sûreté générale, la tête reposant sur un fagot de bois mêlé à du pain de munition moisi, les yeux clos, sans col et sans jabot, la chemise rougie de sang, les cheveux en désordre, son bel habit bleu de ciel déchiré et souillé, les bas tombés sur les chevilles, l'homme qui de toutes ses forces avait voulu créer en France et dans le monde une ère nouvelle de justice et d'égalité.

Le rêve s'était effondré dans un abominable cauchemar. Maximilien Robespierre, l'« Incorruptible », le « Chat-tigre », de la Convention, n'est plus que cet être souffrant, la mâchoire brisée d'un coup de pistolet.

Maintenant les gardes éteignent les dernières lampes à huile, les dernières chandelles. Voici le jour ultime. Sur sa table, le blessé paraît assoupi. Autour de lui, une foule grossière, avide de sensations malsaines. Et, quand, sous bonne escorte entrent d'autres vaincus,

Saint-Just, Payan et Dumas, quelqu'un crie : « Retirez-vous donc, qu'ils puissent voir leur dieu dormir sur une table comme un homme ! » Aussitôt des rires fusent de toutes parts, de nouveaux quolibets aussi.

De la blessure de Maximilien, le sang s'écoule en minces filets. Nouvelles invectives : « Eh ! l'Incorruptible, la République n'était jamais assez grande pour toi, et voilà que sur cette table tu n'occupes pas cinq pieds de long ! » Mais rien ne semble devoir troubler l'impassibilité de l'homme. La Révolution française est désormais à son image : meurtrie, inerte et dans l'attente du supplice.

Un militaire débraillé, qui traîne son fusil à grand bruit sur le sol, s'approche et s'enhardit. D'un doigt il tambourine sur la poitrine de Robespierre. Puis, se tournant vers l'assistance : « Moi, je vous dis qu'il va passer ! » Un rayon de soleil net comme un dard pénètre dans la salle et frappe au visage le gisant, qui, d'un geste lent, replie le bras devant ses yeux. Où était-il celui-là en qui, naguère encore, le peuple de France reconnaissait son plus ardent défenseur ? Était-il seulement là, anéanti, sur cette pauvre table, ou son âme se fondait-elle déjà avec ses généreuses pensées qui ne mourraient pas avec lui ?

En ces heures terribles et solennelles, immobile et hiératique, dans ce corps meurtri, en apparence au moins, insensible aux lazzis de la haine, les frissons de la fièvre qui se mêlaient aux étouffements poussiéreux de cette salle envahie lui permettaient-ils encore de se souvenir ? Qui le connaît ne pourrait en douter.

Tout et tous étaient bien là dans son esprit : Arras, sa mère, Versailles, Éléonore Duplay, Paris, Rousseau, Danton, les hymnes d'allégresse du 20 prairial, et puis Arras encore. Le temps enfin était aboli.

Et le voici à genoux, le 11 juillet 1775, sous la pluie, sur les pavés de la rue Saint-Jacques ; il récite, lui, le meilleur élève du collège Louis-le-Grand, un compliment de bienvenue à Leurs Majestés Louis XVI et Marie-Antoinette.

Mais soudain tout s'écroule : il a trente-six ans, il va mourir et son testament politique est plein de lacunes. La France nouvelle, qu'il avait si ardemment désirée, ne se ferait pas. Le despotisme militaire, le règne impitoyable de l'argent et de l'égoïsme humain allaient triompher de son idéalisme. Il avait voulu une société neuve, fraternelle et ardente : il quittait le monde sur une scène de chaos. Mais il est Maximilien Robespierre, homme intègre qui a sacrifié sa vie à son absolu : son cœur est en paix. Déjà s'évanouit l'instant présent et une seule vision, nette, impérieuse, s'impose encore à sa mémoire : Arras.

Les murs de brique de sa cité natale, la diaphane clarté qui illumine cette plaine où la Flandre vient se mêler à la terre de France. Là-bas, cachée par les herbes hautes, voici la Scarpe, paisible rivière qui musarde ; voici que se dressent les honorables maisons à pignons ornés, témoignages de l'ancienne hégémonie espagnole sur sa province. Bientôt le ciel s'obscurcit, et dans le lointain retentissent les grands coups longs et sourds de Bancloque, le bourdon du beffroi, qui troublent les eaux tranquilles de l'enfance. Rues, maisons, rivières, marécages, églises, abbayes et tous les carillons de Flandre et d'Artois se pressent et assiègent sa mémoire. Le vent de la mer emporte tout et fait ployer les arbres trop frêles. Enfin se découpe sur fond de brume le quartier des Murs-Saint-Waast, son quartier natal.

Et c'est le début de l'histoire, un 6 du mois de mai de l'année 1758, à deux heures de l'après-midi, moment où Saturne s'élève à l'est, au-dessus de l'horizon, ce que les astrologues tiennent communément pour l'annonce d'un désastre. Dans une chambre de la confortable maison du sieur François de Derobespierre, une jeune femme de vingt-deux ans contemple son premier-né. Il sera baptisé à la paroisse de Sainte-Madeleine sous le nom de Maximilien Marie Isidore Derobespierre.

PREMIÈRE PARTIE

UN BOURGEOIS D'ARRAS

Chapitre premier

LE BERCEAU

L'époque de sa naissance connut les dernières grandes heures des privilèges féodaux. Versailles brillait de tous ses feux. La royauté paraissait immuable, et le despotisme de droit divin pouvait encore compter sur l'apparente apathie de vingt-cinq millions de Français, pauvres, soumis aux impôts, aux corvées, affaiblis par les famines nombreuses et parfois les épidémies.

Les hommes de l'Église entouraient le trône de leurs soins jaloux. Souvent ambitieux, frivoles et oublieux de leur mission fondamentale, secourir les grandes détresses du peuple, alliés à la caste aristocratique de plus en plus arrogante et coupée de la réalité nationale, ils semblaient totalement voués à cette monarchie sourde et aveugle aux supplications qui ne cessaient de croître dans les rangs de la foule immense des mal aimés de la Fortune. Parallèlement, favorisée par le premier essor industriel et une économie fondée sur la spéculation débridée, une bourgeoisie d'argent se développait chaque année davantage. Elle n'avait, cette bourgeoisie, d'autre dessein que de se hisser au sommet des hiérarchies pour partager bientôt les privilèges de la noblesse et des « grands du royaume ». Cependant, quelques murmures s'élevaient.

En 1753, Jean-Jacques Rousseau concourt sur une question posée par l'académie de Dijon. Il en sortira, en 1755, le *Discours sur l'origine de l'inégalité parmi les hommes*.

En 1757, Robert François Damiens osa frapper Louis XV d'un inoffensif coup de canif. Sans doute pour l'avertir de mieux songer à ses devoirs et à la détresse des populations de son royaume. Il sera écartelé en place de Grève, et son horrible supplice fut la source d'une indignation durable. On affubla le pauvre hère du titre bien immérité de « régicide ». Moins de trente ans plus tard, le mot devait connaître sa véritable et peut-être inévitable dimension.

La guerre de Sept Ans faisait rage. 1759 et 1760 virent la perte du Québec et la prise de Montréal par les Britanniques. Le Canada était définitivement perdu pour la couronne de France, et le traité de Paris, en 1763, le concédait irrévocablement à l'Angleterre. En 1757, les armées de Frédéric II de Prusse écrasaient les troupes françaises du maréchal de Soubise à Rossbach. A Pondichéry, en Inde, le général français Lally-Tollendal capitulait devant l'armée anglaise. La France cédait presque toutes ses possessions américaines et indiennes. L'Angleterre, désormais, possédait le premier empire colonial du monde. Mais, la portée de tous ces événements devait, semble-t-il, échapper totalement aux contemporains. A Versailles, la Cour entend bien préserver sa funeste inconscience. Elle rit et danse, se passionne pour quelque intrigue de salon et ne veut rien perdre des potins d'alcôve, qui font là-bas bien plus de bruit que ces lointains tremblements qui préparent l'effondrement d'un monde.

Arras. La délicatesse morose d'un tableau de Chardin et l'ennui des jours. Les Arrageois, bien que bons vivants, sont surtout gens d'intérieur. Là-bas, chacun se calfeutre derrière les murs de brique bistre. La vie y est réglée, ponctuelle, sans fantaisie, sans turbulences ni grandes passions. L'amateur se croirait déjà tout proche de la Delft de Vermeer. Mais pourtant, Arras, c'est la France quand même ; une France des limites conquise de haute lutte sur les Espagnols en 1640 ; défendue victorieusement par Turenne en 1654 contre les mêmes armées du roi d'Espagne. Dès 1659, Vauban l'entourera d'un imposant ensemble de glacis. La vieille cité artésienne deviendra alors avec Lille l'un des symboles triomphants de l'expansion française, dans ces provinces septentrionales, que l'on nommait quelquefois encore les « Pays-Bas du Sud ».

Les horizons arrageois sont larges, paisibles, fréquemment pluvieux et venteux. Les plaines aux contours indécis y sont flamandes, sillonnées de petites rivières et de canaux, ponctuées de bosquets et de hameaux. On y chercherait en vain de grandes dépressions de terrains ou des forêts profondes. La mesure de ce pays est humaine, trop humaine, sans surprise.

Dès l'aube du XVIIe siècle, de père en fils, les de Derobespierre sont gens de robe, procureurs, notaires royaux ou avocats, dans le Nord, à Épinay, dont le bourg de Carvin était le chef-lieu. Hommes sains et vigoureux, ils épousent de robustes filles de la bourgeoisie locale, se montrent d'excellents géniteurs et font des enfants avec une remarquable persévérance.

Mais, le nom même, le berceau ancestral ? L'acte de baptême du futur héros de la Révolution est orthographié Derobespierre. Il semblerait que ce fût le grand-père de notre personnage, Maximilien Barthélemy de Robespierre, reçu avocat au conseil d'Artois en 1720, qui, le premier, adopta cette orthographe plébéienne, lorsqu'il vint s'installer à Arras peu après le décès de son père, Martin de Robespierre (1664-1720). François, qui sera le père de l'« Incorruptible », s'y conformera. Mais ce dernier, pointilleux en toutes choses, décidera de restaurer l'ancienne particule, qu'il abandonnera définitivement en 1790, quand l'Assemblée constituante abolira tous les titres nobiliaires et toutes les distinctions extérieures.

François, rêveur et instable, ne fera guère le bonheur de son père, qui, renonçant à la perpétuation de la lignée mâle de sa descendance, le forcera à rentrer dans les ordres. A l'âge de dix-sept ans, François Derobespierre commence son noviciat à l'abbaye de Dommartin-en-Ponthieu. Ses jours pourtant ne devaient pas s'écouler à écouter l'appel de la cloche du couvent. Le moment venu de commencer sa retraite pour la prise d'habit, le jeune homme confesse à l'abbé qu'il ne ressent aucun attrait pour la vie monastique, ayant seulement répondu à la volonté de ses parents. Là-dessus, sans plus attendre, il quitte l'abbaye et rentre à Arras où, bon gré mal gré, son père l'accueille. Alors, pressé de prouver qu'il est capable de se réaliser dans le monde, François s'inscrit à l'université de Douai, étudie opiniâtrement, passe ses examens, et, en

1756, il est reçu avocat à ce même conseil d'Artois dont fait déjà partie son père.

A vingt-six ans, en 1757, il fait la connaissance d'une jolie jeune fille de vingt-deux ans, Jacqueline Marguerite Carrault. Cette enfant d'un petit brasseur établi dans le faubourg de Rouxville n'est pas de son rang. De leur aventure amoureuse, on ne sait qu'une chose : un jour d'été, vers la fin de juillet 1757, Jacqueline s'abandonne enfin aux assauts de l'avocat. Cinq mois plus tard, quand sa prochaine maternité se manifeste avec éclat, François l'épouse après publication d'un seul ban. Pour les Derobespierre c'est un scandale, une véritable révolution familiale. Ni le père ni aucun membre de la famille n'assistera, le 2 janvier 1758, à la cérémonie de mariage. Quatre mois plus tard, le 6 mai, à deux heures du matin, Maximilien Marie Isidore Derobespierre vient au monde. Cette fois, le vieux juriste prend son parti de la situation : il tiendra l'enfant sur les fonts baptismaux.

L'orage familial enfin apaisé, le jeune couple connaîtra quelques années d'un bonheur raisonnable, sans surabondante prospérité. D'autres enfants leur viendront cependant à des intervalles trop rapprochés. Une fille d'abord, qui naîtra onze mois après Maximilien, Charlotte. Un an se passe ; une fille encore, Henriette. Six mois après, Mme Derobespierre est enceinte pour la quatrième fois. Un garçon, Augustin, naît le 21 janvier 1763. Le 4 juillet de l'année suivante, voici le cinquième enfant, une fille. Mais cette naissance coûtera la vie à la mère, qui meurt le 14 juillet à l'âge de vingt-huit ans. Le nouveau-né la suivra de peu dans la tombe.

Au cours de cette période, troublée de surcroît par quatre déménagements, François Derobespierre avait néanmoins réussi à se constituer une solide clientèle. Pour la seule année 1763, il fut chargé de trente-quatre causes ; l'année suivante (celle du décès de son épouse), il plaidera encore trente-deux fois. Selon Gaillard, qui fut professeur au collège des oratoriens d'Arras à partir de 1785, le père de Maximilien occupait alors « le premier rang parmi les nombreux avocats aux conseil supérieur d'Arras ». Soulignons que notre Robespierre sera bien loin d'atteindre au cours de sa carrière d'avocat le « rythme » de son père, n'excédant guère vingt-deux causes en 1787, année qui sera pour lui professionnellement la plus faste.

La mort de sa femme va replonger François Derobespierre dans les phases de déséquilibre nerveux, qui avaient déjà secoué son adolescence. Tout un temps, il voudra faire face à son drame domestique. Dix-huit mois après la disparition de sa compagne, en décembre 1765, il est encore à Arras, où il s'occupe de son mieux de ses clients, des affaires de sa corporation et, avec l'aide de ses sœurs, de ses enfants. Bientôt pourtant, des périodes d'abattement se répètent de plus en plus fréquemment. Il erre alors indéfiniment dans la plaine artésienne, vagabonde, dort à la belle étoile et ne rentre plus guère chez lui. Enfin, le 22 mars 1766, il emprunte à sa sœur Henriette la somme de 700 livres 10 sols. Peu de jours après, il quitte Arras pour une longue période, ne réapparaissant à son domicile qu'en octobre 1768. On sait seulement qu'il parcourt l'Angleterre et la Belgique.

Dès cette époque, le petit Maximilien, âgé de dix ans, ne peut que ressentir douloureusement cette catastrophe familiale. Deux ans après la mort de sa mère, son père renonce en effet à toutes ses responsabilités, fuit ses proches, voyage à l'étranger et laisse ses enfants sans nouvelles. Puis, à peine est-il de retour au pays qu'il emprunte à nouveau de l'argent, à sa mère cette fois, veuve depuis 1762. Il s'endette tant et si bien que le 30 octobre 1768, il est forcé de renoncer, au profit de ses sœurs, à tous ses droits de succession, reconnaissant par écrit avoir d'ores et déjà reçu bien plus que sa part. Bientôt il reprend la route, et nul n'entendra plus parler de lui, jusqu'en 1770, année où des voyageurs arrageois le rencontrent en Allemagne, à Mannheim. On sait qu'il resta plusieurs mois dans cette ville. En janvier 1772, il est cependant de retour à Arras. Étrangement, il semble apaisé. On le voit alors reprendre l'exercice de sa charge d'avocat. Malgré ses fugues, sa réputation reste grande, et, en peu de temps, il retrouve une nombreuse clientèle, plaidant quinze fois du 13 février au 22 mai 1772. Mais rien ne s'arrange pour autant : une fois encore, son instabilité pathologique va le submerger. Ni ses succès retrouvés au barreau, ni le sort de ses enfants ne le décideront à rester. Il repart. Ce départ sera définitif. D'aucuns prétendirent qu'il se rendit même en Amérique, ce qui est peu probable. En revanche, on peut être assuré qu'il passa plusieurs années à Cologne et dans le Palatinat, avant de s'arrêter en Bavière, où il mourra à Munich le 6 novembre 1777, ainsi qu'en témoigne son acte d'inhumation découvert en 1956 par Irmgard Hörl, professeur au lycée de Munich.

Maximilien Robespierre aura donc connu très tôt l'effondrement du foyer. Il aura assisté impuissant à la désintégration de la cellule familiale, et ce drame, il le vécut comme une honte, comme une exclusion, qui le rejetaient hors de toute quiétude, loin de toute insouciance enfantine. Face à ces bouleversements, il réagira aussitôt par un excès de gravité, par une quête permanente de la vertu, par un sens hypertrophié du devoir. Le père absent, il le cherchera dorénavant dans les rêves et, sous peu, dans l'image magnifiée des grands hommes de l'Antiquité. Plus tard encore, son esprit se nourrira littéralement de la pensée de Jean-Jacques Rousseau, qui deviendra tout à la fois son maître et son père spirituel. Père sublimé ? Peut-être. Certes, il serait aisé de se lancer dans quelque hâtive digression psychanalytique. Mais la personnalité de Robespierre est bien trop complexe pour être cernée par de simplistes formules sur « l'absence du père » ressentie dans le trouble inconscient de l'enfant comme la conséquence d'une faute personnelle, qu'il aurait à expier par une vie de mortification et d'amertume, etc.

Face à l'effondrement du noyau parental, qu'allaient devenir les enfants de ce naufrage, dont l'aîné avait six ans et le cadet deux ans à la mort de leur mère ? La proche famille se les partagea. Les filles furent confiées aux soins de deux tantes célibataires, sœurs du père fugitif, tandis que le grand-père, Jacques Carrault, eut la tâche de l'éducation des garçons. Le brasseur ne fut guère embarrassé pour assurer la formation de l'aîné. Dès 1765, il le mit en pension au collège d'Arras placé, après l'expulsion des jésuites, sous l'autorité d'un énergique prêtre séculier, Monlier de la Borère, licencié en théologie de la faculté de Paris. Selon les termes mêmes d'un prospectus rédigé par ce principal, « ledit collège reçoit des écoliers pensionnaires qui seront élevés et instruits de la même manière que dans les collèges de Paris [...]. Les professeurs s'appliqueront à apprendre aux enfants à parler la langue française avec toute la pureté dont elle est susceptible [...] ; l'histoire abrégée de l'Ancien et du Nouveau Testament servira de base à l'explication et au développement des principaux devoirs que tout être raisonnable est obligé de remplir dans les différentes circonstances de la vie ».

Quelle fut donc l'existence du jeune Maximilien durant ces années ? Nous possédons un témoignage écrit, celui de sa sœur Charlotte dans ses *Mémoires* (elle n'avait que cinq ans lorsque son frère entra au collège). Cette sœur, parfois abusive, se plaira à souligner l'air grave et sérieux qu'affectait déjà son aîné à cette époque. Elle le décrit taciturne, s'absorbant en lui-même, hanté, semble-t-il, par la pensée d'une mort dans la solitude au terme d'une existence de désarroi. « Au collège, écrit-elle, il partageait rarement les jeux et les plaisirs de ses camarades. Il aimait être seul. » Vis-à-vis de son frère et de ses sœurs, il montre vite une attitude presque paternelle, conscient déjà de la responsabilité qui venait de lui échoir en sa qualité de frère aîné.

Le dimanche, Maximilien le passait le plus souvent dans la maison de ses grands-parents Carrault, en compagnie de ses sœurs et de son frère Augustin. La maison des Carrault, dans le faubourg de Rouxville, était spacieuse, agrémentée par un vaste jardin. Devant la passion que Maximilien montrait pour les oiseaux, le brasseur l'autorisa bientôt à y dresser un colombier où il put se livrer à l'élevage de pigeons et d'autres volatiles. Charlotte raconte : « Maximilien nous étalait ses richesses, nous mettait entre les mains ses moineaux et ses pigeons. » Parfois aussi, si l'on en croit Lenglet le Jeune, futur confrère de Robespierre au barreau d'Arras, il confectionnait de la dentelle avec un soin assidu. C'est sa mère qui, dès l'âge de cinq ans, lui aurait enseigné cet art délicat fait de patience et de précision. A d'autres moments encore, il s'appliquait à la construction de petites chapelles en bois. Dans quel rêve s'absorbait-il alors, entre son pot de colle et ses petits bouts de bois ? Cherchait-il à créer, par cette précaire et minuscule architecture, un monde à lui, clos, préservé et silencieux, un espace idéal où il trouvait sa propre cohérence hors de cette vie qui l'avait meurtri ?

Fréquemment, ses sœurs le suppliaient de leur offrir un de ses chers oiseaux. Longtemps il s'y refusa, tant il redoutait que ces filles rieuses et distraites ne négligeassent la frêle créature. Puis, un dimanche enfin, il consentit à se séparer d'un de ses favoris. En remettant à Charlotte et à Henriette ce dépôt sacré, il redoubla de recommandations. Les sœurs promirent, remercièrent s'en furent tout à la joie de ce présent. Hélas, malgré la bonne volonté des jeunes donataires, il leur arriva une nuit d'oublier le pigeon dans le jardin ; un orage survint, et le matin l'oiseau fut retrouvé foudroyé. A la nouvelle de cette mort, Maximilien éclata en larmes ; il caressait et embrassait la petite victime, accablant ses sœurs d'amers reproches. Charlotte devait, jusqu'à sa mort survenue en 1834, se souvenir de ce qui avait été pour son frère une véritable tragédie. Cette anecdote nous livre une dominante de son caractère : son extrême sensibilité. Une sensibilité à fleur de peau, due sans doute à sa complexion, mais aussi aux blessures profondes que l'existence lui infligea à un âge trop tendre.

Trois quiètes années passèrent ainsi. Pour Maximilien les semaines et les mois s'étaient écoulés sans heurts. Peu à peu l'équilibre de l'enfant se renforçait, cependant encore troublé par les passages impromptus de son père. En 1768, tout change. Charlotte est admise en qualité de boursière dans un établissement de Tournai fondé par les sœurs Manarres en faveur des jeunes filles pauvres de la région (130 florins hollandais pour neuf années, pension, nourriture et frais d'études compris. Un tarif qui confine à la charité...). Henriette y rejoindra sa sœur en 1773. Maximilien, quant à lui, allait bénéficier dès 1769 de la protection qu'accordent les « gens de bien » à certains des leurs que l'infortune parfois menace. Grâce à l'intervention du chanoine Aymé (un vieil ami de ses tantes) auprès de l'évêque d'Arras, il obtiendra en effet l'une des quatre bourses que l'abbaye de Saint-Waast octroyait à des sujets prometteurs afin qu'ils puissent poursuivre de solides études à Paris, au collège Louis-le-Grand. Il s'agissait là de la perpétuation d'une véritable tradition locale. Depuis le Moyen Age, la grande abbaye arrageoise de Saint-Waast était une véritable cité dans la ville. Énorme, murée, flanquée de tours, elle imposait à tous le respect. Au XIIIe siècle, l'un de ses abbés, Nicolas le Caudrelier, avait fondé à Paris le « collège d'Arras », qui en 1307 avait été incorporé à l'illustre Collège royal de Clermont, plus connu dès le XVIIIe siècle sous le nom de Louis-le-Grand, alors l'une des plus grandes universités de Paris.

Malgré la disparition de l'antique « collège d'Arras », l'abbé de Saint-Waast disposait encore de quatre bourses permettant aux bénéficiaires d'être complètement pris en charge par le collège, jusqu'au terme de leurs études. Maximilien Robespierre, premier de sa classe à Arras, fut ainsi admis à Louis-le-Grand à partir de l'année scolaire 1769-1770. A onze ans, il prit congé des siens et quitta l'horizon familier de l'Artois. Une lourde diligence grise à impériale l'emmena vers la grande ville. Dans sa poche, pour seul viatique, une lettre de recommandation pour M. de la Roche, chanoine à Notre-Dame, parent éloigné des Robespierre, qui accepta de veiller sur le jeune boursier durant son séjour dans la capitale.

Chapitre II

LOUIS-LE-GRAND

L'univers scolaire que Maximilien allait découvrir à Louis-le-Grand n'était pas de ceux qui portent les cœurs à l'enthousiasme et à l'optimisme. Une ambiance austère ; une vie quotidienne sans surprise. Tout y était quasi monastique et empreint d'une froide mélancolie. Dans cette rue Saint-Jacques, à l'époque encore si étroite, la seule vue des murs du collège eût rebuté n'importe quel adolescent, même le plus allègre. A l'intérieur, vastes salles basses, humides et obscures ; décoration réduite au minimum : quelques mauvais tableaux représentant des scènes édifiantes de la vie des saints ; de longs couloirs voûtés où résonnaient les pas des élèves manœuvrant en rangs serrés sous la garde de surveillants moroses ; une grande cour dallée entourée d'un péristyle. Pas un arbre. Et, de toutes parts ces hauts bâtiments endeuillés aux fenêtres trop étroites. Quant au chauffage, l'avarice des responsables de l'établissement était telle qu'en hiver les doigts des élèves s'engourdissaient durant les interminables heures de classe. La nourriture participait de la même lésine : une mauvaise soupe, quelques légumes, bien peu de viande. Chacun restait sur sa faim. La discipline relevait du même ordinaire : les punitions les plus arbitraires s'abattaient sur des étudiants rendus craintifs et sournois. Les programmes n'échappaient pas à cette norme sans attrait : cours de français dépouillé de toute vie ; langues classiques rendues exsangues par des maîtres dénués de poésie et d'imagination ; histoire sainte déshydratée ; mathématique, physique, histoire et géographie tout aussi sclérosées. Prières, messes et confessions, journées de méditation obligatoires parachevaient cette œuvre de dressage. Le siècle n'entrait pas à Louis-le-Grand. Si, à la lueur d'une minuscule veilleuse, quelque élève curieux s'adonnait le soir à la lecture de Voltaire ou de Diderot, c'était par effraction, la censure du collège ne tolérant guère l'intrusion de telles pensées séditieuses.

Le jeune Robespierre échappait le dimanche à ce régime draconien. Pour ce jour, une dispense exceptionnelle lui avait été accordée, et dès le matin, il voyait s'ouvrir devant lui les portes du collège. Dévalant alors la rue Saint-Jacques, il arrivait en quelques minutes dans l'île de la Cité, où l'attendait son protecteur, le chanoine de la Roche. Pendant deux années, cet ecclésiastique fut son seul appui, son seul lien avec le monde. Il semble bien que le bon abbé lui témoignait une réelle affection. Mais bientôt le glas devait sonner, et la mort du chanoine replongea l'adolescent dans une solitude sans joie. Il avait perdu sa mère, son imprévisible père, et maintenant son dernier ami parmi les adultes. Déjà le monde lui apparaissait sans doute comme par trop transitoire et porteur seulement de terribles tristesses, d'absences et de séparations. Dès lors, il s'attache de plus en plus aux idées, aux rêves.

A Louis-le-Grand, il eut pour condisciples un certain nombre de futures célébrités de la Révolution française. Duport du Tertre, ministre de la Justice en 1790 ; Lebrun, ministre de la Guerre en 1792 ; Suleau, le rédacteur en chef des *Actes des Apôtres* et du *Journal de Suleau*, inexorable pamphlétaire contre-révolutionnaire ; Stanislas Fréron, futur député à la Convention nationale, journaliste à *L'Orateur du Peuple*, et, surtout, Camille Desmoulins, son cadet, le seul sans doute pour lequel Maximilien conçut dès cette époque une réelle amitié.

En 1804, prophète *post factum*, l'abbé Proyart, adjoint du principal de Louis-le-Grand à l'époque de la scolarité de Robespierre, qui devait s'illustrer par sa haine tenace pour son ancien élève[1], écrivait : « C'est de la maison appelée Louis-le-Grand [...] que sortiront, dans vingt-cinq ans, des furies armées de torches pour incendier leur patrie, des énergumènes qui sonneront le tocsin contre les rois et leurs ministres, c'est de cette maison que sortira, sous la forme humaine, un monstre d'une férocité inconnue, à l'antiquité barbare ; qui après avoir plus

---

1. Cf. *La Vie et les Crimes de Robespierre*, Augsbourg, 1795.

qu'aucun autre déterminé le meurtre de son Roi, régnera lui-même [...] par les poignards et les assassinats, boira le sang d'un million d'hommes. Le nom de ce monstre, son exécrable nom sera Robespierre[1] ! »

Ces écrits franchement diffamatoires de Proyart ne seront pas pour peu dans l'absurde légende de « Robespierre monstre assoiffé de sang ».

Le séjour de Maximilien Robespierre à Louis-le-Grand dura douze années. Entré en cinquième, au début de l'année scolaire 1769-1770, il quittera l'illustre maison en 1781, à vingt-trois ans, au terme de solides études, de grandes privations et, souvent, d'humiliantes vexations infligées par des élèves arrogants et cruels parce que fils de parents puissants et privilégiés.

Dans ses *Mémoires*, Charlotte note simplement : « J'ai entendu dire que mon frère était aimé de ses maîtres [...], et qu'il remportait presque tous les prix. » Elle ajoute encore, qu'il « se constituait le protecteur des petits, et se battait même pour les défendre lorsque son éloquence restait sans succès ».

Qu'il fût bon élève, presque toujours le premier de sa classe, Proyart lui-même est forcé de le reconnaître : « Il rapportait tout à l'étude ; l'étude était son dieu. Opiniâtrement occupé à se parer l'esprit, il semble ignorer qu'il eût un cœur à régler. » Opinion bien courte ; car ce cœur battait et ne frémissait que trop, comme il frémira toute sa vie.

Pour le jeune solitaire, le collège était un microcosme rassurant, parce que ordonné et ponctuel. Il y trouve, grâce à l'étude et à l'extrême discipline qui bride les pulsions adolescentes, un palliatif efficace à ses angoisses.

Univers certes fragile, et peut-être artificiel, mais qui lui permet néanmoins de se découvrir, de s'édifier et de se modeler selon des règles intransigeantes qu'il se donne à lui-même. Élève exemplaire, c'est vrai, il remporte en effet les premiers prix et est cité à l'ordre de l'université de Paris en 1772, 1774 et 1775.

Le tableau manque cependant de vie, car les informations qui nous permettraient de reconstituer l'existence de Robespierre durant cette période nous font cruellement défaut. Certains historiens ont voulu — bien à tort — accorder une grande importance aux bribes anecdotiques rapportées par Camille Desmoulins, son cadet de deux ans. En fait, elles

---

1. *Louis XVI détrôné avant d'être roi.*

sont d'un bien maigre secours. Maximilien, lui, ne s'est jamais livré à la moindre confidence. Sans doute, Camille, gai, spirituel, inventif, exubérant, apportait-il au sobre et sombre Arrageois quelque détente, quelque évasion. Il sera un divertissement, une attraction, pour son aîné aux allures graves, aux attitudes tout de retenue. Peu à peu, dans ce climat confiné, Desmoulins, qui aura toujours besoin d'admirer quelqu'un, en viendra à vouer à Robespierre une espèce d'étrange vénération. Son ami cessera d'être à ses yeux un simple étudiant : il sera désormais son inaccessible modèle, la vivante image d'un héros antique.

Durant ces années de formation, un professeur surtout devait marquer Maximilien, un laïc du nom de Hérivaux : « Admirateur enthousiaste des héros de l'ancienne Rome, M. Hérivaux, que ses disciples, en plaisantant, surnommaient le "Romain", trouvait aussi au caractère de Robespierre une sorte de physionomie romaine. Il le louangeait, le cajolait sans cesse, quelquefois même le félicitait très sérieusement sur cette similitude » (abbé Proyart).

Or, cette idéalisation de l'Antiquité, et en particulier des hommes illustres de la République romaine, restera une référence constante chez Robespierre, un axe de pensée, et peut-être aussi l'expression de la recherche d'un certain « confort intellectuel ». Nombreux seront ses discours entés sur ce modèle ; souvent à la tribune de l'Assemblée constituante, aux Jacobins ou à la Convention, il rêvera tout haut à ses héros antiques, et son vocabulaire sera marqué par l'empreinte de cette romanité, qui jamais ne cessera de le fasciner. Sans doute était-ce aussi dans le goût du temps. A la fin du XVIIIe siècle en effet, très nombreux étaient ceux qui voulaient exhumer les institutions et les vertus romaines. Rome, plus qu'Athènes, était redevenu un phare, un lieu privilégié pour l'esprit ; celui du ressourcement de toute une culture. Mais, ce qui chez tant d'autres restera figure de rhétorique, revêtira chez Maximilien un caractère dogmatique et sacré. Pour lui, la France de demain ferait bientôt resurgir la loi de Rome, et les héros modernes allaient être comme la résurrection de Caton, de Scipion et des Gracques.

« Dans quelle république la nécessité de punir le tyran fut-elle litigieuse ? Tarquin fut-il appelé en jugement ? Qu'aurait-on dit à Rome si des Romains avaient osé se déclarer ses défenseurs[1] ? »

---

1. Robespierre, *Sur le parti à prendre à l'égard de Louis XVI*, novembre 1792.

Maximilien Robespierre, ce jeune Romain éveillé à sa vocation par le professeur Hérivaux, n'en demeurait pas moins un adolescent meurtri par l'existence, souffrant et secret. Et, nul doute que son état de boursier démuni ait profondément marqué son caractère et influé sur ses convictions. Aux yeux de ses condisciples appartenant à l'aristocratie, il ne le savait que trop, sa présence en ce collège était le résultat d'un acte de charité. Son âme fière et libre ne pouvait qu'être ulcérée de cet état de fait. L'inégalité fortuite des destins, la trop grande infortune des uns, la scandaleuse richesse des autres le meurtrissaient et le tourmentaient. Mais, sans pour autant en faire un révolté. Ce qu'il ne sera à aucun moment de son existence. Il voulait agir, se donner les armes nécessaires à cette action. Il saura attendre aussi. Attendre que s'écroule le vieux monde inégalitaire, et, lorsqu'il le faudra, pactiser avec lui, tout en guettant les signes de sa fin prochaine. Dès lors, où se réfugier durant ces dernières années fastes de l'Ancien Régime ? Où, sinon dans l'étude des nouvelles philosophies économiques et sociales, qui tiennent la fortune et la puissance héréditaires pour le fruit d'iniquités, de spoliations et d'usurpations ? Alors seulement, nourri de ce puissant aliment idéologique, il pourra se convaincre que ce qu'il recevait du pouvoir — son droit d'étude à Louis-le-Grand — lui était dû en toute justice, et qu'il n'avait de reconnaissance particulière à éprouver pour qui que ce fût. C'est à cette époque charnière de sa vie qu'il découvre les œuvres théoriques de Jean-Jacques Rousseau, le *Discours sur l'origine de l'inégalité parmi les hommes* et *Le Contrat social*.

De sa conviction profonde, fortifiée par un tel message, il en ressortira une lettre, étonnamment impérative, qu'il écrivit alors à l'abbé Proyart :

Paris, le 11 avril 1778

Monsieur,

J'apprends que l'évêque d'Arras est à Paris, et je désirerais bien le voir. Mais je n'ai point d'habit, et je manque de plusieurs choses sans lesquelles je ne puis sortir. J'espère que vous voudrez bien vous donner la peine de venir lui exposer vous-même ma situation, afin d'obtenir de lui ce dont j'ai besoin pour paraître en sa présence.

Je suis, avec respect, Monsieur, votre très humble et très obéissant serviteur.

De Robespierre aîné.

Le ton peut surprendre de la part d'un modeste boursier. Il demande en effet moins qu'il n'exige sous une politesse toute d'apparence. Peut-on parler d'ingratitude envers ceux qui lui permirent de mener à bien un long cycle d'études ? Ces expressions n'ont aucun sens ici. Robespierre incarne un esprit nouveau face à un monde de conventions, d'hypocrisies et d'injustices. Partant, pourquoi se ferait-il le thuriféraire ou le sujet docile de ceux-là qui, à longueur de discours, justifient par mille pirouettes et sophismes les plus intolérables inégalités, les privilèges les plus exorbitants de quelques-uns et la misère sans aucun recours d'un peuple immense et silencieux ? Sans doute n'est-il pas — et de loin ! — le seul à percevoir lucidement la situation et à réagir. La voix des grands aînés a donné le ton. Le « siècle des lumières » n'est pas une vaine expression ; la France et l'Europe entière s'éveillent. Un jour nouveau point, et terribles seront les convulsions de l'aube. L'ère de la conscience des masses lentement s'organise et prend corps. L'histoire va en être à jamais bouleversée.

Dans ce vaste bouillonnement, il n'est pas étonnant que le jeune Robespierre voue à Rousseau une vibrante admiration. Qu'il soit adulé, parfois exagérément, ou passionnément décrié, le nom de Jean-Jacques courait à cette époque sur toutes les lèvres. Un étrange prestige entourait ce génie turbulent, qui osait clamer sa détresse et celle de tous les miséreux. Face à une société figée, incapable de trouver encore en elle quelque ferment de rénovation, il semblait s'ériger tel un terrible juge investi du pouvoir démiurgique de broyer par son verbe des institutions que les siècles n'avaient pu entamer. C'est après avoir lu son *Émile*, que la Grande Catherine, impératrice de toutes les Russies, décida d'abolir les châtiments corporels dans les écoles de ses États. Sous l'influence du même ouvrage, deux ou trois reines européennes tinrent à allaiter et à soigner personnellement leurs jeunes enfants, fait rarissime à l'époque. Nombreux aussi étaient les nobles et les bourgeois, tant en France que dans le reste de l'Europe, qui, écoutant le bucolique message de Rousseau, « retournaient à la nature », cultivaient leur potager et rejetaient la belle ordonnance des jardins à la française, pour s'ébaudir maintenant devant de vastes étendues sauvages.

Dans les dernières années du séjour de Maximilien à Louis-le-Grand, un fait est de notoriété : le régime de tolérance instauré par l'abbé Denis Bérardier, le nouveau principal, donnait aux pensionnaires davantage de liberté intellectuelle et idéologique. Peu à peu le siècle s'insinuait derrière les hauts murs de la rue Saint-Jacques, et, pour la première fois en ce lieu, la vieille culture classique et catholique ne semblait plus tout à fait incompatible avec les grands courants de la pensée moderne. Ce qui eût été tout à fait inconcevable sous le régime des précédents directeurs de l'établissement, certains élèves entretenaient même des relations épistolaires avec quelques philosophes, principalement avec d'Alembert et Diderot !

Cependant, en France, Rousseau restait sous le coup de l'ostracisme officiel. Auteur maudit pour les universitaires avides des grâces de la royauté, il était voué aux gémonies par le professeur de philosophie de Louis-le-Grand, l'abbé Royou, le futur rédacteur du vigoureux journal contre-révolutionnaire *L'Ami du Roi*. Pareil arbitraire ne devait qu'attiser encore la passion de Robespierre pour une œuvre qu'il désirait sans cesse posséder avec plus de maîtrise. La voix de Jean-Jacques résonnait en lui comme un écho à la sienne, comme l'expression la plus concise de ses aspirations humaines et de ses lointaines espérances politiques. L'intarissable Proyart accusera son ancien élève « d'avoir élu domicile dans les petits cabinets du collège pour y poursuivre ses lectures immorales ». Gageons que celles-ci devaient se résumer aux ouvrages de Rousseau, et, peut-être aussi, de Voltaire et de quelques encyclopédistes.

Pour Maximilien, la grande ligne de conduite est trouvée : ce seront *Le Contrat social* (qui deviendra la pierre angulaire de la doctrine robespierriste et du système jacobin) et le *Discours sur l'origine de l'inégalité parmi les hommes*, qui mot à mot, achèveront de forger son esprit et de guider sa pensée critique la plus acérée face à la société française d'Ancien Régime. Certes, bien d'autres livres, ouvrages de droit, de science politique et d'histoire, comme *La Théorie du pouvoir politique* de Mably, ou *La Vie des hommes illustres* de Plutarque, viendront encore consolider cet édifice de références intellectuelles. Néanmoins, l'œuvre de Rousseau, avec tout son bagage de rêves et d'utopies sociales, restera l'inaltérable substrat de l'itinéraire humain et, plus tard, du combat révolutionnaire de Maximilien Robespierre.

Homme doué d'une remarquable continuité idéologique, les lignes de faîte de ce qui constituera l'essentiel de sa pensée révolutionnaire semblent déjà clairement définies vers 1776-1778 (il avait alors entre dix-huit et vingt ans). Les années qui suivront apporteront seulement, au contact de la vie concrète, les éléments d'approfondissement et d'affermissement d'une structure intellectuelle ordonnée par des choix, par une vocation d'adolescent. Sa foi dans la liberté et l'égalité de tous les hommes, entée sur sa parfaite connaissance des grandes œuvres théoriques de Rousseau, sera non seulement le mobile de toutes ses actions et de ses écrits, mais aussi la référence fondamentale, la source à laquelle il puisera des forces chaque fois qu'un doute s'immiscera en lui, et viendra ébranler un instant sa fiévreuse nature. Or, la véritable passion de Robespierre pour le « citoyen de Genève » sera déterminante dans le déroulement de la Révolution française. Au nom même de cette idéologie, on le verra infléchir, durant une période certes très courte, le cours des plus grands événements politiques, afin de les accorder au mieux avec ses intimes convictions rousseauistes. Et, si les encyclopédistes apparaissent bien comme les maîtres à penser de la bourgeoisie réformiste − et, principalement, des girondins, à partir de 1791 −, Jean-Jacques restera en effet l'inspirateur des grands mouvements populaires animés par le puissant élan révolutionnaire, que le Club des jacobins saura canaliser au cours de ces années cruciales, qui virent la chute de l'antique monarchie et la création en apparence impromptue d'une France radicalement neuve.

Dès 1775-1780, dès ce temps où les batailles ne sont encore que des débats d'idées, on assistera à la cristallisation de deux orientations divergentes, et, à terme, franchement antagonistes. D'une part, par la bourgeoisie d'argent − liée au développement du machinisme et du mercantilisme international −, et, de l'autre par la rapide prise de conscience des forces vives de la nation, qui vont s'unir et se dresser pour réclamer une égalité de droit incompatible avec l'essence même d'une révolution libérale fondée sur l'appropriation des richesses et des moyens de production. Tout le drame révolutionnaire, tel qu'il prendra forme entre 1789 et 1794, est contenu dans cette alternative : triomphe des forces de progrès social ou victoire des groupes de pression financiers directement liés aux intérêts de quelques familles peu soucieuses de l'indépendance nationale. Tout accommodement entre ces deux visions de la transformation de la société française d'Ancien Régime s'avéra vite impossible.

Reste enfin la fameuse question de la rencontre de Maximilien avec son maître spirituel, sans doute en 1778, l'année même de la mort de ce dernier. Les détails nous font défaut, et il semble bien que nombre d'historiens ont voulu reconstituer par le biais de leur imaginaire une entrevue, qui ne fut sans doute que fort brève et toute symbolique.

En effet, sur ce point, les *Mémoires* de Charlotte Robespierre paraissent assez nets et affirmatifs : « Je ne sais à quelle occasion mon frère aîné rencontra Jean-Jacques Rousseau, mais ce qui est certain, c'est qu'il eut une entrevue avec lui. » Et, désireuse d'étayer cette assertion par quelque détail pertinent, elle poursuit : « J'ignorerais entièrement cette circonstance de la vie de Maximilien sans une dédicace qu'il adressa au philosophe de Genève. » De la main de Maximilien, cette dédicace aujourd'hui fameuse provient d'un texte écrit une dizaine d'années après la mort de Rousseau, vraisemblablement en mars ou en avril 1789. Voici le passage qui fait explicitement allusion à cette rencontre : « Homme divin ! Tu m'as appris à me connaître ; bien jeune, tu m'as fait apprécier la dignité de ma nature, et réfléchir aux grands principes de l'ordre social [...]. Je t'ai vu dans tes derniers jours, et ce souvenir est pour moi la source d'une joie orgueilleuse ; j'ai contemplé tes traits augustes, j'y ai vu l'empreinte des noirs chagrins auxquels t'avait condamné l'injustice des hommes. »

De cette brève lecture, il ressort bien que Robespierre vouait un culte tout idéalisé à Jean-Jacques : « Homme divin ! » et qu'il le vit : « j'ai contemplé tes traits augustes ». Cependant, détail d'importance, il ne mentionne nullement qu'il eût pu lui parler ni que le maître lui eût dit quoi que ce soit. Or, il semble tout à fait impossible d'admettre que, dans cette évocation lyrique d'un souvenir si cher, Robespierre négligeât de restituer fidèlement les propos, même les plus brefs, même les plus anodins, dont l'aurait honoré l'auteur du *Contrat social*. On peut donc croire que le frémissant élève de Louis-le-Grand, mêlé à d'autres promeneurs anonymes, eut simplement l'occasion d'apercevoir Jean-Jacques un jour de l'année 1778.

Bien que très affective, l'importance que revêt la place de Jean-Jacques Rousseau dans la vie de Robespierre reste en fait tout idéologique. Et, peut-être autant que ses théories sociales, sa conception même de la religion se retrouvera dans le corps de doctrine que tentera un jour d'appliquer le fougueux député d'Arras.

Jean-Jacques proposait l'établissement d'un code de règles morales qui serait à inculquer au peuple comme le fondement d'une « religion civique ». Toutes les religions conformes à cette règle, sans qu'elles fussent clairement définies, seraient décrétées authentiques et bénéfiques pour l'édification spirituelle de l'humanité. Les autres — mais lesquelles ? — seraient tout simplement prohibées. Évidemment, le principe même de ce choix induisait un redoutable arbitraire : chaque citoyen ayant seulement le droit de professer une « religion civique ». Concept trop vague pour ne pas être dangereux. Ceux qui refuseraient de se soumettre à ce code, le bannissement les sanctionnerait sans appel. Par ailleurs, quiconque affecterait de l'accepter, mais poursuivrait néanmoins une existence non conforme aux exigences de cette morale encourrait la peine de mort. « Il a commis le plus grand des crimes ; il a menti devant les Lois ! » tonne Rousseau dans son intransigeance illuminée, bien qu'il se rendît sans doute compte de l'irréalisme de sa théorie. En effet, ne lit-on pas dans son *Émile* : « Je ne serais pas étonné qu'au milieu de tous nos raisonnements mon jeune homme me dît en m'interrompant : "On dirait que nous bâtissons notre édifice avec du bois et non avec des hommes, tant nous alignons exactement chaque pièce à la règle." »

Ce sera aussi une inclination naturelle de Robespierre, qui, plus pragmatique toutefois, comprendra peu à peu que les faits politiques ne sont guère le reflet des théories, mais le produit des hommes, de leurs passions et d'innombrables circonstances fortuites. Malgré son inconditionnel attachement à la pensée de Rousseau, il apprendra à nuancer les conditions d'application de son idéal. Ainsi, en 1794, lorsqu'un extrémiste nommé Julien proposa, conformément à la règle de la « religion civique », d'exclure du Club des jacobins ceux qui n'accepteraient pas de se soumettre au culte de l'Être suprême, Maximilien sut tempérer les ardeurs de son disciple, et il s'appliqua à expliquer qu'il n'était pas indispensable d'introduire cette norme de la doctrine de Jean-Jacques dans la pratique révolutionnaire. Bien sûr, l'« Incorruptible » n'en demeurait pas moins persuadé que la république ne pourrait être édifiée durablement sans le triomphe final de la religion. Une religion qui ne serait pas la survivance de ce catholicisme de cour qui avait discrédité les valeurs chrétiennes aux yeux des masses, mais l'avènement d'une foi rénovée, épurée, susceptible d'unir enfin tous les membres de la communauté nationale, et bientôt tous les peuples, dans la même adoration de Dieu, créateur de l'univers et protecteur des vertus républicaines. Cette conception mystico-sociale (que l'on retrouvera sous des formes diverses chez les socialistes utopistes du XIXe siècle, Fourier, Saint-Simon, Enfantin, etc.) était certes inspirée par l'idéalisme de Rousseau, mais plus vaste, elle accordait à un christianisme libéré des fascinations du pouvoir le droit de participer pleinement à la vie spirituelle et à l'éducation de la nation.

Pareille ambiguïté idéologique, associant un panthéisme diffus hérité de la vieille métaphysique gréco-romaine aux valeurs fondamentales de la morale chrétienne, mettra un jour Robespierre en porte à faux entre les éléments les plus intraitables du conservatisme catholique, qui ne voyaient en lui qu'un mécréant, et le courant désordonné des « sans-Dieu », pour la plupart bourgeois révolutionnaires dénués de tout idéal, désireux seulement de promouvoir au plus tôt une république mercantile, paradis de l'intrigue politique et d'une économie de marché débridée d'où serait exclue toute règle morale.

Tant qu'il était élève à Louis-le-Grand, Maximilien se garda de dévoiler ses convictions profondes, et l'influence de Jean-Jacques ne transparut guère que dans son désintérêt croissant pour la religion officielle du royaume de France. Dès lors, il remit en cause l'armature catholique de la société et cessa peu à peu d'être un chrétien pratiquant. Les exercices religieux répétitifs, automatiques, lui apparaissaient dans toute leur vanité, inutile ossature d'un culte sans foi et sans ferveur. Jamais pourtant il ne chercha à s'opposer de front aux pratiques imposées par le règlement du collège. Il les subit silencieusement, mais en se recroquevillant sans cesse davantage, trouvant heureusement dans son monde intérieur cet aliment de l'âme qu'il eût en vain sollicité de ses maîtres. A la chapelle, il gardait bien son paroissien en main, mais, selon l'abbé Proyart, il n'en tournait même plus les pages... Lors des prières, ses lèvres ne remuaient plus. Il restait silencieux pendant le chant des cantiques. Et vers la fin de ses études (toujours selon Proyart), il s'abstenait de communier. Pourtant, il serait léger d'en conclure que le boursier d'Arras avait « perdu la foi » : il avait cessé de croire à une certaine interprétation de Dieu, catholique et féodale qui justifiait encore tous les abus des classes dirigeantes.

Cependant son âme était déjà ce qu'elle demeurera jusqu'à sa mort, celle d'un être profondément religieux, mais solitaire, parce que son exigence de vie ne pouvait se concilier avec les étouffants compromis d'une église formaliste, dirigée et représentée par des ministres de bien peu de foi et dénués de toutes les vertus qui, selon lui, devaient se retrouver en permanence chez les serviteurs de Dieu, non en paroles vaines et emphatiques, mais en actes.

Durant ces longues années d'études, qui laisseront si peu de traces vivantes, Maximilien semble bien, comme l'écrivit l'inévitable Proyart, avoir « ignoré qu'il avait un cœur à régler ». A cet âge de profonds bouleversements psychologiques, quand tous cherchent à répondre aux impérieuses sollicitations du corps, il demeurait prisonnier de ses études et de ses rêves. En somme, l'étudiant modèle, malgré ses lectures « progressistes ». Et, il y a lieu de croire que l'administration du collège le considérait comme un des meilleurs, sinon le meilleur élève de l'établissement.

De fait, on ne s'expliquerait guère autrement que ce fût lui, pauvre boursier aux vêtements élimés, qui ait été choisi en 1775 pour complimenter le nouveau roi Louis XVI qui, après les cérémonies rituelles du sacre, devait faire alors son entrée solennelle dans Paris, cette capitale pourtant si délaissée des monarques depuis bientôt un siècle.

De cet événement étonnant et symbolique, si l'on repense au destin de ces deux hommes, Proyart, qui fut présent à la cérémonie, nous a laissé une relation assez précise dans son ouvrage *Louis XVI et ses vertus*. Le jeune homme devait réciter un discours en vers préparé par son professeur Hérivaux — « le Romain ». Le collège Louis-le-Grand étant depuis 1763 le chef-lieu de l'université, les représentants des corps enseignants vinrent se placer rue Saint-Jacques dans l'attente du cortège royal qui, après avoir quitté Notre-Dame, s'était mis en marche en direction de l'église Sainte-Geneviève. Un temps maussade et pluvieux empêcha de donner à la cérémonie tout l'éclat désiré. C'est dans un jour nébuleux, à travers l'ondée, que s'approchent lentement les lourdes voitures officielles traînées par des chevaux qui glissent dans la boue recouvrant les pavés de la rue Saint-Jacques. Enfin, le carrosse royal ralentit et s'immobilise devant le portail du collège. Le jeune Robespierre, guindé dans son habit de cérémonie, est agenouillé dans la rue, sous la pluie, devant la portière du somptueux véhicule, où apparaissent les visages des royaux visiteurs. A l'intérieur du carrosse, le jeune Louis XVI mange voracement une aile de poulet, sans même jeter le moindre regard à cet adolescent qui, impassible, trempé jusqu'aux os, continue à débiter son compliment. La reine Marie-Antoinette bâille et échange de vagues propos moqueurs avec la princesse de Lamballe, assise en face, qui rit effrontément en lorgnant le collégien agenouillé. Ni la reine ni le roi, du reste fourbus après une journée de cérémonie, n'eurent à aucun instant l'intention d'exposer sous la pluie leurs magnifiques costumes d'apparat. Selon Proyart, « le Roi daigna abaisser un regard de bonté sur le jeune monstre [*sic*], qui, élevé dans sa maison, devait un jour lui porter le premier coup de poignard. »

Rien d'autre : nul mot de félicitation ou de remerciement adressé par ce monarque indolent à l'adolescent tendu par l'émotion.

Du très long séjour de Maximilien Robespierre derrière les murs du collège de la rue Saint-Jacques, c'est tout ce que l'on peut cerner : des années anonymes, sans joie, vaincues par une volonté naturelle qui lui permettait de ne jamais s'écarter de ses études ; une âme fière, hautaine, autoritaire même, mais qui ne pouvait guère trouver pâture ; la découverte fondamentale de la pensée de Rousseau, qu'il ne cessera jamais d'approfondir, et une rencontre à peine réelle avec un roi de France qui se souciait fort peu de devenir un jour le roi des Français.

Chapitre III

L'APPRENTISSAGE

Au terme de l'année académique 1778, Robespierre, âgé de vingt ans, quitte le collège pour la faculté de droit. Officiellement il demeure boursier de Louis-le-Grand. Et, c'est le début de sa vie d'homme ; durant trois ans il habite un modeste appartement rue Saint-Jacques. Tout en fréquentant assidûment les cours de la faculté, il travaille comme clerc dans l'étude de maître Nolleau, procureur (au Parlement de Paris). Le 31 juillet 1780, il est reçu bachelier en droit ; le 15 mai de l'année suivante, il obtient son diplôme de licence. Dès le 2 août, son nom se trouve inscrit sur le registre du Parlement. Peu de temps avant, le 19 juillet 1781, sur le rapport du principal de Louis-le-Grand, l'abbé Bérardier, il se voit attribuer une gratification de 600 livres pour récompense de « ses talents éminents [...], de sa bonne conduite pendant douze années et de ses succès dans le cours de ses classes, tant aux distributions de l'Université qu'aux examens de philosophie et de droit », somme qui « lui sera payée par Monsieur le Grand Maître des deniers du collège d'Arras ».

Sur ces trois dernières années parisiennes de Robespierre, années durant lesquelles il découvrit la grande ville, ses spectacles, ses modes et ses goûts, les informations font cruellement défaut : lui-même n'en parla jamais, et nous ne possédons aucun témoignage extérieur. Pas même quelques remarques de sa sœur, pourtant peu avare de détails pittoresques sur les jeunes années de Maximilien.

En revanche, il est certain que dès cette époque, il nourrissait de très sérieuses ambitions littéraires. Longtemps encore, durant sa carrière d'avocat, il se rêvera essentiellement comme écrivain, tout à la fois penseur, dans la lignée de Rousseau, et poète.

Bien qu'il se soit fait inscrire comme avocat au Parlement de Paris, Maximilien Robespierre, âgé à présent de vingt-trois ans, ne se sent guère de taille à se lancer dans la fournaise parisienne. Lucide, il perçoit très bien qu'il sera dans la capitale un simple avocat parmi tant d'autres, un avocat d'autant moins assuré du succès que sa pauvreté et ses modestes origines ne lui permettent guère d'espérer les indispensables appuis dans le monde, ceux-là qui, souvent bien plus que le talent, font les brillantes carrières et les foudroyantes fortunes. Il est homme d'ordre et de silence. A l'inverse de tant de jeunes gens pauvres et diplômés, qui rêvent au tourbillon de Paris, aux intrigues galantes qui les pousseront sur le devant de la grande scène, Robespierre n'est pas grisé, et la grande cité possède à ses yeux bien peu d'attrait. Sa décision est rapidement prise : il rentre à Arras, renoue avec cette paix provinciale qui semble rebuter les jeunes carriéristes du barreau. Là-bas, il sait qu'il pourra compter sur l'appui de quelques relations familiales, qui lui assureront un début aisé dans la vie professionnelle. Il est étranger à tout désir de puissance, à tout calcul d'ambition : son idéal terrestre est modeste. Vivre en toute quiétude dans la ville qui l'a vu naître, y connaître de modestes succès, entouré de l'amitié de quelques-uns et du respect de tous, voilà les bornes qu'il semble pour l'heure assigner à sa destinée. Et, pour réaliser cet humble programme, Arras apparaît en effet comme un lieu privilégié ; chacun là-bas recherche seulement la tranquillité, la perpétuation des vieilles habitudes bourgeoises, une forme d'honorabilité silencieuse qui, parfois, confine à la médiocrité.

Pour Maximilien tout semble s'ordonner à merveille : à peine est-il rentré au pays que, grâce à la sollicitude de l'abbé de Saint-Waast, sa bourse à Louis-le-Grand sera reconduite pour son frère Augustin qui va prendre la place de son aîné au collège de la rue Saint-Jacques.

Parti d'Arras à l'orée de l'adolescence, c'est en homme qu'il rentre chez lui pour y découvrir bien des changements. Tout d'abord plusieurs disparitions : sa grand-mère, décédée en 1775 ; son grand-père, le brasseur, en 1778 ; sa sœur Henriette, en 1780, morte d'anémie à dix-neuf ans. Quant à ses deux tantes, les sœurs de son père, qui longtemps avaient trouvé leur bonheur dans leur état de vieilles filles dévotes, elles changèrent soudainement d'avis à l'âge de quarante ans révolus et se précipitèrent dans le mariage. Tante Eulalie épousa, le 2 janvier 1776, un ancien notaire établi négociant ; tante Henriette suivit l'exemple de sa sœur le 6 février de l'année suivante en devenant la femme du médecin Gabriel-François du Rut.

Augustin étant désormais étudiant à Paris, Maximilien ne retrouve que Charlotte, sa fidèle mais si morose sœur, rentrée elle aussi depuis peu à Arras après de longues années passées chez les Manarres de Tournai.

Les rapports du jeune avocat avec les époux du Rut semblent avoir été assez tendus, au moins dans les premiers mois qui suivirent son retour. La raison en est simple : une affaire d'argent, une querelle tristement banale autour d'un héritage. En mourant, Jacques Carrault laissait sa brasserie du faubourg de Rouxville, d'une valeur estimée de 8 262 livres. Elle fut adjugée à Augustin Carrault, tandis que la moitié de cette somme revenait aux enfants de François Derobespierre. La jeune Henriette étant décédée en 1780, sa part retournait légalement à son père, dont nul n'avait plus de nouvelles. Le docteur du Rut, alléguant que sa femme avait prêté autrefois 700 livres à son frère, somme qu'il n'avait jamais remboursée, résolut de se faire payer sur la part d'héritage qui officiellement revenait au fugitif. Les époux du Rut assignèrent François Derobespierre devant l'échevinage d'Arras, et, comme, bien évidemment, celui-ci ne donna pas signe de vie, ils prirent contre lui, le 4 avril 1780, une sentence par défaut. Dès le 22 juin suivant, ils obtenaient l'acte de paiement. Pour que celui-ci devînt exécutoire, il fallait que l'aîné des cohéritiers donnât son accord. Le moment ne pouvait être plus mal choisi : Maximilien, qui venait de passer ses examens de droit, l'esprit parfaitement armé pour se défendre et argumenter, refusa net. Ce qui eut pour effet de bloquer la procédure et d'empêcher sa tante et son mari d'entrer en possession de l'argent tant attendu... Voilà donc dans quel climat de réciproques mesquineries familiales Robespierre retrouva sa bonne ville d'Arras. Pareilles querelles l'exaspéraient, et si son tempérament de juriste, facilement tatillon, ne l'avait emporté, on peut penser qu'il aurait passé outre et se serait contenté de donner son accord. Mais nous nous trouvons ici en présence d'un aspect très caractéristique de sa psychologie : une action, des paroles le blessent, et il s'ensuit un raidissement, qui peut aller jusqu'à un enfermement mental. Pour un temps, voire définitivement, toute forme de conciliation avec l'autre partie devient alors impossible.

La première maison arrageoise de Maximilien fut un modeste logis situé rue du Saumon ; il y vécut en compagnie de Charlotte. Pour plus de commodité domestique, le frère et la sœur décidèrent de mettre en commun leurs parts de la succession Carrault, auxquelles vinrent s'ajouter les 600 livres de gratification universitaire que le jeune homme venait de toucher : ils voyaient leur existence modestement assurée, en attendant l'arrivée des premiers clients.

Comment apparaissait alors celui-là qu'un rapide destin fera l'égal des plus grands personnages de l'histoire de France ? Peut-on le décrire physiquement avec suffisamment de précisions et même pénétrer peu à peu dans son intimité ? Tous les portraits que nous possédons de lui concordent au moins sur certains points. Il était de petite taille : 5 pieds 3 pouces (1,68 m), mince, presque maigre, il se tenait toujours très droit, la tête haute. Chez lui, comme dans la rue, et plus tard dans les grandes assemblées, il allait d'un pas rapide, saccadé, et sans jamais régler son allure ; tantôt grandes enjambées, tantôt petits pas nerveux. Ses mouvements brusques, imprévisibles, témoignaient d'une grande tension intérieure à laquelle se mêlaient souvent fébrilité et angoisse. Tout, en effet, dans ses attitudes trahissait bien l'homme, hypertendu, constamment aux aguets, toujours prêt à bondir pour défendre une cause, une idée. De ce comportement et de ses yeux gris-vert, d'où jaillissait parfois comme un éclat d'acier, lui vint l'un de ses surnoms fameux : « le Chat-tigre de la Révolution ». Sa chevelure, châtain foncé, était rejetée en arrière et flocconnait sur les tempes. Selon la mode du temps, il la poudrait avec un soin tout particulier. Sur ses joues décharnées aux pommettes saillantes, sur son menton pointu et étroit, jamais la moindre ombre bleuâtre tant il attachait d'importance à être toujours rasé de très près. Mais, curieusement, cette figure énergique, presque aussi large que longue, prenait, malgré sa maigreur, une apparence joufflue à la voir à distance. On lui connaît le teint plutôt clair ; lorsque l'homme était reposé, sa nuance était franchement rose, quand le travail et les soucis l'accablaient, il virait au blanc ivoiré ou verdâtre. Ses traits tirés, fortement accusés, n'étaient cependant pas déplaisants, et une certaine harmonie se dégageait même de l'ensemble. Son front, qu'il ridait fréquemment, était haut, large et quelque peu fuyant. Quant à ses yeux aux reflets métalliques, si souvent décrits par ses calomniateurs comme l'un des signes extérieurs trahissant son fanatisme et une implacable cruauté, ils n'avaient, en fait, rien de menaçant ; bien au contraire, ils laissaient le plus souvent apparaître un regard empreint d'une grande douceur. Son nez, à l'arête large et aux fortes narines, était presque droit, ponctué en son extrémité par une petite entaille. Sa bouche, grande, mais aux lèvres minces et pincées, était fréquemment parcourue par un léger sourire, où l'on devinait tout à la fois une réelle bienveillance et comme une pointe d'ironie ou d'amertume. Mais le sourire venait-il à disparaître qu'aussitôt tout le visage se métamorphosait, se crispant dans une expression particulièrement sévère, où l'on pouvait percevoir non seulement l'intransigeance inhérente à son caractère mais peut-être davantage encore une subite fermeture face au monde extérieur. Ce trait révélait moins la dureté qu'une inaptitude passagère au dialogue, qu'un refus de la discussion par manque d'assurance profonde. Les historiens qui se sont consacrés à la vie de Robespierre ont trop rarement accordé d'importance aux fragilités nerveuses, émotives du personnage, qui, pour un observateur superficiel, semblent peu compatibles avec la vigueur de ses affirmations dogmatiques et des convictions idéologiques dont il fit preuve avec une rare continuité. Il est pourtant aisé de percevoir que le revers de ce profil marmoréen est pétri de doutes, d'angoisses, de troubles intérieurs assez maladroitement dissimulés par cette apparence rigide et austère. Ainsi a-t-on fréquemment décrit sa prédilection à porter des lunettes — habitude relativement peu courante à son époque — à fines montures d'or et aux verres teintés, verts ou bleus, qu'il remontait souvent sur le haut de son front. Or là aussi il est facile de déceler une attitude de protection. Armures fragiles, ses lunettes n'en étaient pas moins un élément de distanciation face aux autres ; un refuge inconscient et un filtre à travers lequel il percevait le monde comme un « en deçà ».

La voix de Robespierre a été l'objet de bien de controverses : était-elle agréable ou sèche et sans relief ? Nous sommes bien forcés de l'imaginer en nous en remettant à la masse des témoignages de l'époque qui, pour la plupart, sont certainement très subjectifs. Elle aurait été aiguë, mais bien modulée, portant peu et inaudible au-delà de quinze ou vingt mètres, ce qui constitua un réel handicap pour un tribun obligé de parler devant un vaste public dans les grandes salles d'assemblée. Cette faiblesse de ses cordes vocales contraignit Maximilien à de considérables efforts pour se faire entendre de tous dans certaines circonstances, particulièrement lorsqu'il eut à affronter les tempêtes politiques de la Convention. Alors, perché derrière le pupitre de l'orateur, il ne dut souvent ses victoires politiques qu'à sa persévérance : confronté aux cris et aux sifflements de ses plus impitoyables ennemis, il savait dompter l'auditoire par ses phrases nettes, la clarté de son style et la dignité de son attitude. Ainsi, à force de s'opiniâtrer, reprenant inlassablement ses arguments, il arrivait le plus souvent à convaincre les uns et à lasser les autres. Peu à peu dans la salle le silence se faisait, et, comme en cercles concentriques, ses mots étaient répétés de rang en rang, jusqu'au fond de la salle ; ils portaient comme en écho, répercutés par ses amis ou frénétiquement scandés par le public des galeries qui lui était tout acquis. Ses gestes d'orateur étaient sobres, peu nombreux ; il évitait les effets théâtraux chers à tant d'autres ténors de la Révolution. Cependant dans les dernières années de sa vie, épuisé par le combat incessant qu'il devait mener de toutes parts, il se contrôla beaucoup moins, et l'on vit apparaître un certain nombre de gestes, de mouvements répétitifs, voire de tics. Ainsi il serrait convulsivement les poings, haussait les épaules sans raison apparente, ou encore clignait des yeux spasmodiquement, quand sa tête ne tournait pas rapidement d'un côté à l'autre à la manière d'un homme qui vient de surprendre une présence ou un mouvement hostile.

Comme s'il avait voulu à jamais effacer l'humiliant souvenir de ses vêtements déchirés et rapiécés de Louis-le-Grand, Robespierre mit désormais un point d'honneur à se vêtir toujours de la façon la plus irréprochable, et même avec une élégante recherche, et cela bien que sa garde-robe fût très peu fournie. Jamais il ne modifia sa mise, et sous la Révolution, ce défenseur acharné des droits et de la liberté des plus pauvres refusa toujours le débraillé qu'affectionnaient tant de ses collègues.

Habituellement, et dès son retour à Arras, Maximilien portait un habit vert olive, le « croisé soyé vert anglais », ou brun uni, ou encore rayé de subtils camaïeux, un gilet de nuance claire, une culotte fauve ou noire, des bas blancs et de fins souliers à boucle d'argent. Autour de son cou flottait toujours un large foulard blanc savamment noué, et, à l'extrémité de ses manches apparaissait une frange de dentelles. Ces couleurs sobres, et de bon goût, ce rigorisme vestimentaire très étudié correspondaient bien au caractère méthodique, exempt de fantaisie, austère et détestant l'impromptu, du personnage, et aussi à l'image précise et nette qu'il désirait donner de lui. Ami de l'ordre et des systèmes cohérents, rebuté par les improvisations où il croyait déceler des ferments de chaos, opiniâtre jusqu'à la rigidité, son sens moral pointilleux, son formalisme académique traduisaient en fait un profond respect des traditions, et, enfin, une assez haute idée de ses capacités intellectuelles alliée à un souci tatillon de toujours donner de lui-même l'image la plus impeccable.

Le 8 novembre 1781, sur la présentation de maître Guillaume François Liborel, Maximilien Robespierre fut admis au conseil provincial d'Artois. Le jour même, il prêtait serment à l'entrée de l'audience. Le premier pas important était franchi : voici le petit boursier de Louis-le-Grand avocat titré dans sa ville natale. Maintenant il lui faudra plaider. Et, sa première cause, il la devra aussi à l'obligeance de ce même Liborel, dont l'appui allait faciliter grandement ses premiers pas dans la carrière. Dans la région, maître Liborel était une personnalité en vue, un homme respecté et écouté.

Le rôle de Robespierre dans la cause qui présida à ses débuts publics fut des plus modestes. Liborel, qui lui avait préparé le mémoire, lui avait confié la charge de traiter devant le conseil d'Artois l'affaire Bardoult, simple procès en validité d'un contrat de mariage. La cause était indéfendable, et un jugement en date du 27 février 1782 donne tort à Robespierre et à son client. Ni le sujet, ni la plaidoirie ne pouvaient être de nature à retenir l'attention des membres du barreau arrageois. Néanmoins, nous possédons une étonnante lettre du 22 février 1782, écrite par l'avocat Ansart, à un certain Lenglet, ancien condisciple universitaire de Maximilien resté à Paris. Cette missive contient des éloges à ce point dithyrambiques de Robespierre, qu'on ne peut guère y voir que moqueries au second degré, moqueries qui auraient très bien pu être suscitées par les excès de rhétorique et le trop grand sérieux apporté par le nouvel avocat dans une affaire dérisoire. Mais écoutons Ansart : « Rien de neuf dans notre ville, si ce n'est qu'un nommé Robespierre, nouveau débarqué du pays où vous êtes, vient de débuter ici dans une cause fameuse où il plaida pendant trois audiences d'une manière à effrayer ceux qui voudront, dans la suite, suivre la même carrière. Il laisse, dit-on, je ne l'ai pas entendu, bien loin après lui, par la manière de débiter, par le choix des expressions, par la netteté du discours [on sait que dans ses premières années d'avocat, Robespierre était affligé d'une difficulté de prononciation, dont il put se débarrasser plus tard au prix d'un persévérant effort...], les Liborel, les Desmazières, les Brassart, les Blanquart et le célèbre Dauchez. On ne voit que vous parmi les postulants qui pouvez obscurcir cette éclatante lumière. » Et Lenglet de répondre gravement : « Ce Monsieur de Robespierre est effrayant comme vous le dites. »

Dans les mois qui suivirent « l'affaire Bardoult », rien de bien exaltant dans la vie et le travail de Robespierre. Ses débuts manquent en effet singulièrement d'éclat. Il doit se contenter de présenter devant le tribunal des dossiers préparés par ses aînés ; il lui incombe de les lire, parfois de les défendre. Et, pendant toute cette période, dans son modeste intérieur de la rue du Saumon, il consacre toutes ses heures de liberté — elles sont encore fort nombreuses — à l'étude, à l'histoire, aux traités de sciences politiques. Il se nourrit de son imagination, protégé par ce petit monde clos et confortable que Charlotte s'évertue à construire tout autour de lui. Dans ce microcosme familial, il puise une grande paix, un équilibre certain ; toute angoisse semble absente de sa vie. Il aime cette tranquillité feutrée, la régularité des horaires. Pour le moment il n'aspire en effet à rien d'autre qu'à la perpétuation de ces journées, de ces semaines parfaitement répétitives, sans heurts et sans passions. Chez lui, autour de lui, en lui, tout est ordre, mesure, discipline : chaque objet, chaque livre, chaque pensée a sa place, son compartiment, et il ne voudrait assurément pas modifier le moins du monde cette harmonie de pure forme, que guetterait à la longue une sclérose de l'esprit.

Le 9 mars 1782, Robespierre est informé d'une décision de l'évêque : il est établi « homme de fief gradué au siège de la salle épiscopale d'Arras pour y juger de tous les procès, causes et instances, tant civiles que criminelles ». La fonction, sans être absorbante, était d'une réelle importance ; elle lui assurait « profits et émoluments », et offrait maints autres avantages appréciables. En effet, la salle épiscopale d'Arras, également appelée la « prévôté de l'évêché », avait la haute, moyenne et basse justices, non seulement dans la cité même d'Arras, mais aussi dans le bourg de Vitry, le village de Marœuil et pour partie dans vingt-six paroisses de la région. Ce tribunal, particulièrement représentatif de la puissance séculière de l'Église en cette fin de l'Ancien Régime, était composée d'un bailli et de cinq avocats, appelés « hommes de fief gradués ». Dans les premiers mois de 1782, la prévôté de l'évêché était présidée par maître Mauduiet de Martin, le bailli, juriste remarquable, homme intègre, mais plutôt hostile à l'esprit du temps. Il était assisté de maître Desmazières, député ordinaire du tiers aux états d'Artois de 1784 à 1789, de maître Lefebvre du Prey, futur président du Corps législatif, de maître Fossiez, qui mourra en 1783, de maître Fromeintin, parrain du futur abbé Joseph Le Bon, qui, révolutionnaire convaincu, siégera en 1793 à la Convention nationale, et de maître Debarsé, doyen des avocats du conseil d'Artois. Ce fut pour occuper le poste de ce dernier, mort dans les premières semaines de 1782, que Maximilien fut appelé à siéger. On pourrait, à juste titre, s'interroger sur cette si prompte nomination d'un jeune avocat inconnu à ce poste qui conférait prestige et autorité. Rentré à Arras depuis à peine quelques mois, inscrit au conseil d'Artois en novembre 1781, il n'avait certes pas été en mesure de faire vraiment connaître ses authentiques capacités professionnelles. Or, le voici, à vingt-quatre ans, arrivé à une situation de premier plan dans la magistrature locale, situation que bien peu de ses confrères obtenaient, et à grand-peine, après dix ou quinze années de pratique. Aussi, tout nous porte à croire que ce furent les relations personnelles du jeune homme dans l'entourage immédiat de Mgr de Conzié, évêque d'Arras depuis 1769 (il avait alors vingt-neuf ans), jointes au jeu subtil des recommandations privées, qui l'avaient porté si promptement à ce poste. Maître Liborel, qui remplissait également les fonctions de juge à la salle abbatiale de Saint-Waast et qui jouissait de l'estime du haut clergé de l'Artois, était sans doute intervenu parallèlement pour patronner la candidature de son jeune protégé. Les nouvelles fonctions de Robespierre le mettaient de plain-pied en présence de la vaste clientèle ecclésiastique.

Du reste, les causes ne vont pas manquer. La première fut celle d'un certain abbé Buriez, curé de Pas-en-Artois. Maximilien perdit cependant cette affaire (audience des 8 et 15 juin 1782). Mais il ne devait pas en rester là : quinze jours plus tard, il triomphait contre un adversaire de taille, maître Liborel en personne... Dans le même temps, le président de Madre, second au conseil d'Artois, choisit Robespierre en qualité de secrétaire. Dès ce moment il allait prendre quelque distance vis-à-vis de

Liborel, et cette attitude, dont il ne se départira plus, le conduira plus tard à devenir l'un des adversaires les plus incisifs de son ancien protecteur. Pourrait-on y déceler quelque trace d'ingratitude ? Ce serait mal connaître les milieux juridiques de l'Ancien Régime, où les amitiés et les inimitiés se faisaient et se défaisaient sans cesse. Liborel était un partisan résolu du vieil ordre de la société française ; Robespierre aspirait à la création d'un nouvel ordre social. Les deux options devaient ainsi à moyen terme séparer les deux hommes. Il n'y eut pas dans la rupture entre Robespierre et l'illustre avocat arrageois de calcul de la part du premier. Maximilien avait sans doute accepté lors de ses débuts le patronage de Liborel, mais il ne se sentait pas pour autant lié à lui.

Désormais Maximilien sait que sa carrière est assurée ; sa situation au barreau s'est aussi considérablement affirmée. A son tour le voici qui devient un notable provincial. Un notable qui n'a pas encore atteint ses vingt-cinq ans. Pourtant cette bonne fortune n'est pas le produit de complots et d'une ambition forcenée. Sans doute bénéficie-t-il d'appuis considérables, mais ceux-ci ne sont pas le résultat de petites intrigues et de froids calculs. Il a été remarqué par des hommes attentifs, qui surent découvrir ses qualités, son sérieux, son inflexible volonté et cette vaste culture humaniste qui fut toujours l'une de ses principales forces attractives au sein d'un univers culturel entièrement subjugué par le modèle gréco-romain. On pourra néanmoins objecter qu'il n'était certainement pas le seul avocat d'Arras à posséder ces qualités de fond. Peut-être. Mais son mérite personnel, sa studieuse application, sa situation d'ancien boursier, qui vécut si longtemps à la limite de l'indigence, firent de lui un modèle : celui de l'homme nouveau, capable, à force de volonté, de rompre avec la triste fatalité de la naissance.

De ces rapides succès de Robespierre, il ressort une grande disponibilité et une certaine souplesse, qui tranche avec l'image figée d'un homme arrêté par ses idées et incapable par là même d'efficacité suivie. Bien sûr, il possède en son cœur ses convictions profondes et ne renie en rien les grandes idées démocratiques qu'il a puisées chez Rousseau et quelques autres. Cependant, il respecte l'ordre établi, se plie volontiers aux usages de l'Ancien Régime et, pour l'heure, ne conteste guère la structure de la société. Celui qui fut l'élève pauvre de Louis-le-Grand n'est pas un révolté, et s'il cherche déjà des formules politiques qui, un jour, donneront davantage de liberté et de droit à l'égalité à tous, il ne songe pas pour autant qu'une révolution soit nécessaire. Il est un idéaliste, nul ne peut en douter, mais doublé d'un pragmatique : bouleverser la société ne lui semble pas la solution qui conduira le peuple à l'émancipation. A cette époque, il pense encore que les grandes réformes indispensables, celles-là qui feront de la France un pays de progrès social, seront réalisées par le pouvoir monarchique, par des ministres éclairés, eux-mêmes disciples des philosophes du XVIIIe siècle. En somme, sa vision des choses est alors plutôt optimiste.

Parallèlement dans le microcosme arrageois, il joue le jeu du monde, parce que ce monde ordonné et stable encore en apparence répond assez à son besoin d'harmonie et d'équilibre ; toute action intempestive désorganiserait les mécanismes de l'État, et nul n'y trouverait son content. Il a besoin de s'assurer d'une carrière, et cette carrière est inséparable du respect des institutions et des coutumes. Ainsi, en cette fin d'année 1782, pour se maintenir confortablement dans cette société provinciale où tout est affaire de relations et de réputation, il cherche simplement à se faire agréer par les gens en vue. Son enfance, son adolescence n'ont été faites que de privations, et parfois d'humiliations. Maintenant il tend à la respectabilité bourgeoise. On le verra là où la bonne société de l'Artois aime à se réunir.

Le succès et, désormais, la certitude d'une véritable sécurité matérielle rendent Robespierre plus conciliant. On ne trouve alors nulle trace d'agressivité dans ses plaidoiries, nul vibrant appel politique, nulle profession de foi. La réussite professionnelle l'incite à la douceur. Peu à peu, il perd ses vieilles raideurs héritées de son long séjour derrière les murs du collège de la rue Saint-Jacques. Dans l'affaire qui depuis deux ans l'opposait à sa tante et à son mari, il entérine enfin, le 9 octobre 1782, le jugement rendu le 22 juin 1780. Les époux du Rut peuvent désormais percevoir la somme de 700 livres, et, peu après, comme s'il voulait sceller la paix retrouvée, il s'installe chez eux. D'aucuns ont pu parler de calcul : en quittant la rue du Saumon, Maximilien échappait à la charge d'un loyer. La réalité est plus simple ; notre avocat n'avait que trop souffert dans son enfance de l'effondrement de sa cellule familiale. Aujourd'hui, il désire plus que tout être en paix avec ses proches, et vivre dans leur proximité. Sans penser un instant au mariage et à la création d'un nouvel univers affectif, c'est, à sa manière, une espèce de volonté de ressourcement qui transparaît dans cette décision d'aller s'établir chez sa tante. Il ressent vivement un impérieux besoin de cohésion familiale — presque « tribale » — et ses actes tendent maintenant à la réaliser. Pour ses proches parents, il est devenu un personnage important, un homme respectable dont on recherche la proximité. Cette position flatte sans doute son orgueil, car il ne détesta jamais d'apparaître comme l'autorité à laquelle on se réfère, et tout en se montrant toujours affable et très simple dans ses contacts familiaux, il s'applique néanmoins à poser des bornes qui empêchent toute familiarité trop grande. On l'admire, il apprécie ce sentiment chez ses intimes. A vingt-cinq ans, le voici écouté à l'instar d'un vieux sage ; Charlotte est la première à vouer à son frère une admiration sans bornes, et pendant quelque temps, les époux du Rut vont, à leur tour, succomber à cette fascination qu'il exerce si aisément sur les gens simples.

Pourtant Robespierre reste moins d'une année chez les du Rut. Fin 1783, il loue une maison relativement cossue rue des Jésuites (devenue rue du Collège), et il s'y installe bien sûr avec Charlotte. En 1787, il déménagera de nouveau, pour habiter, jusqu'en 1789, une maison située dans l'étroite rue des Rapporteurs, qui débouche sur la place du Théâtre ; un coin tout provincial, paisible et somnolent. La rue devait son nom à l'enseigne d'une auberge qui s'y trouvait autrefois. On y voyait des rats détalant avec leur provende, et au-dessus les mots : « Auberge des rats porteurs ». Avec le temps, « rats porteurs » s'était corrompu en « rapporteurs ». Aujourd'hui, la maison, quoiqu'un peu modifiée, existe toujours. Immeuble à deux étages, sans grâce particulière, construit en brique rouge du pays, les fenêtres y sont munies de contrevents. Trois marches donnent accès à la porte d'entrée, qui se trouvait alors au milieu de la façade (elle a été depuis reportée sur la droite). Le soleil pénètre rarement dans ses pièces mal exposées et aux ouvertures trop chiches. Tout y est froid, prosaïque, utilitaire ; il n'y a ni jardin ni cour. En 1923, la Société des études robespierristes y fit apposer une plaque commémorative. Et jusqu'en 1933, elle était le seul signe extérieur qu'Arras conservait de son plus illustre fils. Même au musée de la ville, on ne trouvait nulle trace du grand homme, ni portrait ni manuscrit. Depuis, et principalement grâce aux inlassables efforts de réhabilitation entrepris par Albert Mathiez et son école, les opinions ont quelque peu évolué. Arras a retrouvé sa mémoire ; elle a élevé un monument à la gloire du conventionnel, et la rue des Rapporteurs est devenue la rue Maximilien-Robespierre.

De 1781 à 1789, de la rue du Saumon à la rue des Rapporteurs, Charlotte est la maîtresse de maison, discrète, attentive, efficace, veillant sans cesse à ce que l'univers de son frère soit toujours parfaitement ordonné selon ses goûts, sans jamais se permettre aucune immixtion dans ses affaires. Il était le maître ; elle, un peu plus qu'une servante, bien moins qu'une compagne. On sait peu de chose des sentiments qui liaient ces deux êtres ; Robespierre respectait sa sœur, parfois elle était la confidente de ses pensées. Il parlait, elle écoutait, admirative peut-être, inconditionnelle sans doute. Plus encore que celui de son frère, le caractère de Charlotte est insaisissable ; dévouée, sa vie affective semble atrophiée. On lui connaît des amies, peu d'amis et nulle aventure sentimentale. En 1783, c'était, à vingt-cinq ans, une jeune femme aux traits énergiques, au caractère chagrin et secrètement autoritaire, veillant jalousement sur la tranquillité de son frère. Pas plus que Maximilien, elle ne pensait au mariage. Mais si l'existence de son frère était bien remplie par ses tâches professionnelles, par ses travaux intellectuels et ses rêveries, la sienne nous apparaît comme singulièrement vague, morose et ennuyeuse. Pendant la période arrageoise du futur député, hormis les besognes domestiques, elle semble surtout s'être attachée à le regarder vivre, voire à l'observer dans ses menues habitudes quotidiennes. Ses *Mémoires* en témoignent, qui portent la marque d'une indiscutable authenticité, surtout lorsqu'il s'agit de décrire et d'expliquer le comportement de Robespierre au cours des huit années qui séparent son retour à Arras de son départ pour Versailles au printemps 1789. « Mes tantes et moi, écrit-elle, nous l'avions gâté par une foule de petites attentions dont les femmes sont seules capables. »

Telle qu'elle nous est parvenue grâce à ces pages de Charlotte, l'existence de son frère durant ces années paisibles nous apparaît assez nettement. Il se levait de bonne heure, vers six ou sept heures du matin, s'asseyait à sa table et y travaillait jusqu'à huit heures. A ce moment arrivait le barbier, pour le raser, le coiffer et le poudrer. Poudrer une chevelure n'était pas une mince affaire. Il fallait y consacrer une telle quantité de poudre blanche, grise ou légèrement rosée, que la tête du patient disparaissait sous un véritable nuage. De surcroît, cette pauvre victime de la mode se voyait contrainte de dissimuler son visage derrière un long cornet de papier, pour éviter de suffoquer et ne pas ressembler à une statue de plâtre, une fois l'opération terminée. Maximilien accordait la plus haute importance à ces soins quotidiens : on le verra une seule fois paraître en public sans être rasé ni poudré, ce sera le 28 juillet 1794, au jour suprême. Ainsi, lorsqu'il voyageait, son bagage comportait obligatoirement un sac de poudre et un grand vaporisateur de verre pour se poudrer fréquemment.

Sa toilette enfin terminée, M. l'avocat de la salle épiscopale descendait dans la salle à manger, où l'attendait une simple tasse de lait tiède qu'il absorbait d'un trait. Aussitôt après et le plus souvent sans même avoir vu sa sœur, il remontait dans son bureau, pour n'en ressortir que vers dix heures, si une cause l'appelait au tribunal dès le matin. Sinon il y restait jusqu'à douze heures trente ou treize heures. Il se rendait alors de nouveau dans la salle à manger, y saluait sa sœur, écoutait les rumeurs et les potins du jour que Charlotte aimait à lui raconter, puis prenait place à table. Se souciant bien peu du menu, son second repas était rapide et frugal. Potage, légumes, peu de viandes, parfois du fromage. Le café et l'eau rougie étaient ses boissons favorites : jamais, en effet, Robespierre ne se livra à quelque excès alcoolique, vice pourtant fort répandu à son époque dans la classe intellectuelle et parmi les notables. Son plus grand plaisir de table, les oranges. Un de ses anciens condisciples de Louis-le-Grand, le publiciste et conventionnel Louis Stanislas Fréron, qui contribua à la chute de Maximilien en thermidor an II, prétendit que « le côté acrimonieux de sa nature » disparaissait lorsqu'il ingurgitait des agrumes. « Une table, soulignait Fréron, où abondaient des pelures d'orange permettait de penser que Robespierre avait été au nombre des convives. »

Après le déjeuner, si le climat maussade de l'Artois le permettait, et à condition qu'il n'eût aucune affaire à traiter au palais, il s'accordait le temps d'une longue promenade solitaire dans la campagne toute proche. Il allait alors par les chemins de campagne et les fondrières à la recherche d'un lieu isolé où il pourrait s'abîmer dans ses méditations. Parfois il emportait avec lui un ouvrage et un carnet de notes afin d'y écrire quelques remarques, qui toutes avaient trait à ses préoccupations politiques. Mais parallèlement, cette inclination de son être à la solitude le rendait aussi plus farouche encore et de moins en moins apte à supporter les humaines médiocrités. Il s'était créé un univers cohérent, personnel, impénétrable aux autres (d'aucuns diraient « schizoïde »), et malgré son vif désir de communication et son réel besoin de plaire, il demeurait un homme profondément absorbé par ses pensées, se satisfaisant bien plus souvent de sa solitude que de la présence d'autrui.

Prisonnier de ses perceptions intérieures, il en oubliait l'entourage immédiat, et, à plus d'une reprise, il croisa dans la rue des personnes qu'il connaissait bien, et même des amis, sans les saluer. Cela lui valut la réputation — injustifiée — d'un homme hautain et méprisant. De solides inimitiés naquirent ainsi, qui devaient le poursuivre jusqu'à sa mort. Dans certaines circonstances, cette étrange indifférence en face du réel, cette inaptitude à supporter longtemps la banalité des rapports quotidiens pouvaient prendre des aspects franchement déconcertants. Un soir, lors d'une promenade avec Charlotte dans les sombres rues de la cité endormie, il s'arrêta soudain : une pensée lui traversait l'esprit. Il jugea qu'elle était digne d'être consignée sans retard ; aussi oubliant la présence de sa sœur, il fit demi-tour, hâta le pas et rentra chez lui. Lorsque Charlotte, inquiète et peut-être même courroucée, l'y rejoignit, elle le trouva en robe de chambre, travaillant avec beaucoup d'attention. Un instant cependant il leva les yeux, fixa sa sœur d'un regard interrogatif et lui demanda d'où elle pouvait bien venir si tard.

Parfois les étourderies de Maximilien se prêtaient à des scènes d'un réel comique. Lors d'un dîner, il se servit abondamment de soupe, sans avoir remarqué qu'aucune assiette ne se trouvait devant lui. Prit-il cette distraction avec le sourire ou se rembrunit-il ? Charlotte ne nous le dit pas dans ses *Mémoires*. Mais on peut penser qu'il en fut bien gêné et quelque peu mortifié.

Après sa promenade, s'il n'avait pas à se rendre au tribunal, Robespierre rejoignait son cabinet de travail vers seize heures, et y demeurait ponctuellement jusqu'à vingt heures. Après un dîner tout aussi sobre que le déjeuner, il consacrait parfois ses fins de soirées à des visites amicales ou à des réunions de famille, qui pourtant ne semblaient guère le passionner. « Mes tantes et moi, remarque en effet Charlotte, nous lui reprochions souvent d'être distrait, préoccupé dans nos réunions ; lorsqu'on jouait aux cartes, ou lorsqu'on ne parlait que de choses insignifiantes, il se retirait dans un coin de l'appartement, s'enfonçait dans un fauteuil et se livrait à ses réflexions comme s'il avait été seul [...]. Cependant il était naturellement gai », ajoute-t-elle tout à la fois dubitative et naïve.

Chapitre IV

UN GALANT HOMME

Une certaine dualité apparaît dans la vie de Maximilien. Indéniablement il reste un solitaire profondément attaché à ses petites habitudes quotidiennes et à sa quiétude domestique. Tout chez lui est pétri de ponctualité et de discipline. Pourtant, ce « sauvage » recherche maintenant aussi la compagnie de cénacles distingués et spirituels, plus particulièrement si ceux-ci sont pour une bonne part composés de charmantes personnes du beau sexe. Cet homme distant et peu assuré plaisait cependant aux femmes ; il en fascinait toujours un grand nombre, et sous la Révolution, l'appui enthousiaste des dames qui, du haut des tribunes réservées au public, assistaient aux séances de la Convention ou à celles des jacobins, fut souvent d'un réel poids psychologique dans ses grandes victoires oratoires.

Une amie de Charlotte, Mlle Dehay, a dû occuper un moment ses pensées, et peut-être même son cœur. L'avocat au conseil d'Artois n'avait rien perdu de sa passion pour les oiseaux. Comme dans ses années d'enfance, il entretenait toujours une volière hétéroclite où se mêlaient pigeons, colombes, canaris, rossignols et autres passereaux, qui tous étaient l'objet de ses soins attentifs et de sa tendresse. L'ayant appris, Mlle Dehay lui fit parvenir en gage d'amitié un couple de serins. Pour la remercier de ce charmant cadeau, Robespierre n'hésita pas une seconde ; il prit sa plus belle plume, et le 22 janvier 1782 envoyait à la jeune fille la plus déconcertante des lettres que l'on pût imaginer :

« Mademoiselle, me sera-t-il permis de parler de serins ! Sans doute si ces serins sont intéressants... Et comment ne le seraient-il pas, puisqu'ils viennent de vous. Ils sont très jolis... Quel plan d'éducation aviez-vous donc adopté pour eux ? D'où leur vient ce caractère sauvage ? Un visage comme le vôtre n'a-t-il pas dû familiariser vos serins avec les figures humaines ? Ou bien serait-ce qu'après l'avoir vu, ils ne pourraient plus en supporter d'autres ? Expliquez-nous, je vous prie, ce phénomène. En attendant, nous les trouverons toujours aimables avec leurs défauts. »

Il ne va pas se contenter de cette missive ; il veut plaire, être admiré de la belle. Ses armes de séducteur ? Trois exemplaires de sa dernière plaidoirie devant le conseil d'Artois, qu'il joindra au même envoi, sans oublier cette note qui nous laisse pantois : « En vous demandant de faire le meilleur emploi possible de ceux que vous ne jugerez pas à même de conserver. » Si l'on ne devinait aisément la réelle candeur qui anima de tels procédés, on serait évidemment tenté de n'y voir que l'épaisse muflerie d'un jeune ambitieux trop soucieux de diffuser par n'importe quels moyens — même les plus saugrenus — son ennuyeuse prose juridique. Mais en fait, ce qui ressort plus particulièrement de cette lettre pour le moins insolite, c'est le désir de Maximilien d'apparaître enfin semblable aux autres jeunes hommes de la bonne société qui, eux aussi, usaient volontiers de la galanterie épistolaire... Sans doute avec moins de gaucherie.

Par-delà ce besoin de respectabilité bourgeoise, on devine sans peine la profonde inadéquation qui si souvent l'opposera à la prosaïque réalité. Homme d'idées, pétri d'un classicisme quelque peu figé, il tend à tout sublimer, sa fonction d'avocat comme ses rapports sociaux. Et, puisqu'il aime l'ordre et la paix civile, il se défie encore trop du passage de la théorie à l'acte. L'idéologie démocratique qui le passionne reste un projet, une fiction intellectuelle, un secret refuge. Tant que ne l'animera pas la volonté de faire triompher la cause de la liberté et de l'égalité au sein d'une nation rénovée, il recherchera surtout à se prémunir contre les agressions du dehors, et son banal univers quotidien sera comme l'inexpugnable forteresse d'un timide qui ne se sent guère prédisposé à dompter les hommes et les événements sur de grandes scènes. Pourtant, dès lors, on le perçoit frémissant, inquiet, et déjà en attente.

Se poudre-t-il, écrit-il de pesants madrigaux, ou s'essaie-t-il à la danse ? Tous ces efforts, actions ou écrits, trahissent néanmoins son étrangeté, sa différence. On le devine en porte à faux. En ce siècle dissolu, il fuit l'escarmouche libertine et les futiles liaisons nées seulement d'un attrait charnel ou d'un goût pour l'intrigue galante. Recherchant d'indestructibles réalités affectives, Robespierre redoute de ne pouvoir en discerner dans les choses de l'amour. Tous autour de lui chantent l'impromptu d'un instant ; il désire la fixité, les certitudes à long terme et se refuse au jeu des plaisirs passagers. Sa candeur fait sourire ? Il le sait, et s'en soucie fort peu. Il ne convoite pas particulièrement une vie de solitaire, cependant il devine combien il serait inapte à supporter la grisaille de ces couples pour qui les artifices du paraître social suppléent très vite à un amour défaillant. Sans doute aspire-t-il sincèrement à la quiétude d'un foyer, mais il n'en fait pas une fin, un but. Prudent, il laisse cette grave question en suspens. Aujourd'hui son cœur est en paix, libre de toute passion. Et, parce qu'il devine combien est grande sa fragilité affective, il préfère ne pas s'engager dans quelque aventure amoureuse d'où son être ne sortirait point indemne.

Distrait ou rêveur, grave et austère, malgré de réels efforts pour ne pas se singulariser, il se heurte fréquemment à une société qui, sans le rejeter, l'accepte plutôt comme un hôte déconcertant. Il intrigue les autres, les fascine même, souvent les charme par sa délicatesse et l'étendue de sa culture. Mais, à l'observer de près, on imaginerait volontiers qu'une épaisse vitre transparente le sépare de ceux-là qui voudraient lui tendre la main. Pourtant, il ne rebute pas, et même suscite la sympathie. Hélas, sa froideur — qui n'est qu'apparence et défense — crée des frontières que nul jamais ne franchira tout à fait. « Quand on disait à mon frère, note Charlotte, qu'il avait des ennemis, il ne voulait pas le croire. Il disait : "Que leur ai-je fait ?" »

Plus que tout peut-être, son isolement spirituel le caractérise dès sa période arrageoise. S'il fut toujours un homme de foi, l'Église corrompue de son temps ne fut certes pas le lieu où sa ferveur put s'épanouir et prendre son essor. En cela également il resta un solitaire attaché à une perception toute personnelle de Dieu et de l'harmonie universelle. Et cette religiosité panthéiste, dont Rousseau fut, en partie au moins, l'inspirateur, ajouta encore à ses difficultés de communication avec des contemporains qui, au sein des classes cultivées, affichaient un agnosticisme moqueur et un matérialisme simpliste, signes éminemment distinctifs des beaux esprits à la mode. Confronté à ce courant de pensée, qui peu à peu prenait des allures de véritable tyrannie idéologique, Robespierre ne renia jamais son appréhension déiste de l'universel. Intellectuellement, et plus encore émotivement, il ne pouvait imaginer le monde et les êtres vivants comme des produits d'un hasard mal défini. Son esprit en quête de certitudes et de convictions réclamait un démiurge créateur de toutes choses, un ordonnateur impeccable en qui résident les lois de la concorde et de l'harmonie du cosmos. Il avait besoin de Dieu pour apaiser ses nombreuses inquiétudes humaines, partant il redoutait toute explication athée et mécaniste de la vie comme un élément dissolvant susceptible de désorganiser son ordre intérieur et son équilibre qui était surtout affaire de système.

En ces années laborieuses et studieuses, son travail de juriste l'accapare presque totalement tant il se passionne pour la moindre cause. On lui en connaît dix-sept en 1782 et dix-huit l'année suivante et il perdit peu de procès. Néanmoins son office ne se développe pas suffisamment pour devenir franchement lucratif. Certes, il n'est pas homme à désirer gagner plus d'argent qu'il ne lui en faut pour vivre dignement, payer son loyer et entretenir sa maison. « Peu de chose suffit à qui ne désire rien », écrira-t-il un jour. Parallèlement, si l'on en croit le témoignage de Danton, l'argent l'effrayait. Quant à Mirabeau, qui lui-même s'est laissé suborner sans le moindre scrupule, il remarque : « Qu'ils ne prennent donc pas tant de peine [pour essayer de corrompre Robespierre], cet homme est sans besoins. » Après l'exécution de l'« Incorruptible », lorsqu'on fouillera ses meubles, hormis le carnet déjà mentionné, on y découvrira deux mandats de paiements de ses appointements non encore perçus et 50 francs en assignats. Quant au total de ce qu'il possédait, et qui se trouvait tout entier dans cette chambre exiguë à quoi se réduisait le logement de celui qui avait été un temps le « maître de la Révolution », il atteignit à peine 400 francs lors de la vente aux enchères.

Fréquemment l'avocat Robespierre accepta de se charger de la cause de pauvres gens bien incapables de lui verser quelque honoraire. Charlotte, qui avait plus que son frère le sens des réalités quotidiennes, déplore dans ses *Mémoires* que plus d'une fois Maximilien ait payé de sa bourse les frais d'un procès. Pareilles pratiques lui valurent bientôt d'être connu dans toute la région comme l'avocat des pauvres. Et, en cela commençait à se révéler sa véritable nature et ses options profondes.

En sa qualité de juge de la salle épiscopale d'Arras, il fut alors confronté à un cas qui fut pour lui un véritable drame de conscience. « Mon frère rentra à la maison, rapporte Charlotte, le désespoir dans le cœur et ne prit aucune nourriture pendant deux jours. » Il avait en effet à signer la condamnation à mort d'un homme reconnu coupable de crimes de sang. Un abîme s'ouvrait sous ses pieds : sa fonction lui donnait soudain le droit de vie et de mort sur un être humain. Pendant plus d'une semaine, sa sœur l'entendit marcher dans sa chambre ou son bureau, répétant à vive voix : « Je sais bien qu'il est coupable, que c'est un scélérat, mais faire mourir un homme ! Faire mourir un homme ! » Ayant perdu le sommeil après l'appétit, il devait remettre sa décision jusqu'à l'extrême limite des possibilités légales. Puis, en proie au plus grand désarroi, un matin, il consentit à signer l'acte qui envoyait l'assassin au gibet. Ensuite, durant plusieurs semaines, il resta comme prostré, tremblant et livide, envisageant même de donner sa démission de la salle épiscopale. Mais l'existence quotidienne ayant ses impérieuses nécessités, et son métier d'avocat ne lui rapportant manifestement pas de quoi vivre décemment, il accepta de rester en fonction, espérant bien qu'un tel cas de conscience ne se présenterait plus jamais à lui. Il a horreur du sang versé, horreur de la peine de mort qu'il sera le premier à combattre à l'aube de la Révolution.

Chapitre V

PREMIER SUCCÈS

L'une des causes qui incomba à Robespierre, au terme de sa deuxième année de pratique, devait soudain provoquer un réel intérêt parmi la classe intellectuelle du pays. Pour la première fois peut-être, malgré l'apparente retenue de sa plaidoirie, transparaît le style si particulier, abrupt et net, qui sera le sien à l'Assemblée nationale et au Club des jacobins.

Vers la fin juillet 1782, Robespierre se dégage tout à fait de la tutelle de maître Liborel. Un autre personnage va apparaître dans sa vie professionnelle et jouer un rôle éminent durant plusieurs années.

Au moment où Maximilien s'éreintait à défendre des piètres causes dont Liborel se dessaisissait à son profit, maître Antoine Joseph Buissart, apparenté à une des plus anciennes familles de l'Artois, cousin de Briois de Beaumetz, futur député de la noblesse d'Artois aux états généraux de 1789, occupait à Arras, à l'âge de quarante-cinq ans, une situation de premier plan. Il était — avec Liborel et quelques autres — l'une des gloires du barreau arrageois ; son éloquence et sa fière prestance étaient célèbres dans toute la province et peut-être au-delà. Mais ses mérites ne s'arrêtaient pas là ; pur produit de la caste intellectuelle de son temps, il s'intéressait à tous les développements du savoir, et ses connaissances scientifiques étaient tout à fait remarquables.

Également peintre, botaniste et inventeur à ses heures, il était, bien sûr membre de l'académie d'Arras, et même de celle, plus illustre, de Dijon, de la Société de médecine et du Muséum de Paris. Parallèlement, il collaborait à diverses revues scientifiques et tout particulièrement au *Journal de Physique*, périodique de recherche qui jouissait alors d'une assez vaste audience internationale.

Sa notoriété de chercheur fit de lui l'avocat idoine dans « l'affaire du paratonnerre ». Nul plus que lui dans la région n'aurait pu être le défenseur de la science moderne bafouée par les préjugés. L'histoire est simple dans les faits. Maître de Vissery, homme de loi, qui vivait à Saint-Omer, ville située à soixante-quatre kilomètres d'Arras, vivait paisiblement dans sa propriété, se livrant lui aussi à quelques expériences de physique et de botanique. Passionné par toutes les nouvelles inventions, il avait eu l'idée en 1780, de placer sur une cheminée de sa demeure un paratonnerre de Franklin.

« Bientôt, relate l'abbé Bertholon, autre esprit curieux de l'époque, le peuple frappé d'étonnement plus que d'admiration est saisi d'effroi à la vue d'un appareil surmonté d'une apparence d'un globe fulminant et terminée par une épée qui semble menacer le ciel et braver la foudre. Une sourde rumeur se répand partout. Le bailli de Saint-Omer, tout épouvanté, et même rempli de terreur vient aussitôt, armé d'une requête, sommer le nouveau Salmonée de détruire et d'enlever cette machine qui lui paraissait plus propre à provoquer le courroux du ciel qu'à l'apaiser. En vain le physicien de l'Artois représente-t-il respectueusement l'utilité démontrée du paratonnerre, invoque-t-il l'établissement presque général de ces conducteurs dans les deux mondes. Le bailli lui répond le plus honnêtement qu'il n'y entend rien. »

Voilà le début d'une petite révolution locale qui allait susciter bien des passions. A l'origine, il n'y avait peut-être qu'un dissentiment entre M. de Vissery et l'une de ses voisines, une dame veuve, à propos d'un mur mitoyen. Il apparut en effet à cette personne que le paratonnerre lui fournissait une excellente occasion de régler d'anciens comptes. Elle alla trouver tous les autres voisins de M. de Vissery et entreprit de les endoctriner, assurant que l'étrange invention comportait des risques désastreux pour tout le voisinage. La bonne dame discuta tant et si bien que Vissery, l'homme aux expériences téméraires, apparaissait dans ses propos comme un danger public. La force persuasive de ses discours ne reçut cependant pas une très grande audience : elle ne reçut que la signature de cinq voisins. Mais les autorités locales, plus faciles à duper, la crurent sans enquête. Et l'ordre d'abattre le paratonnerre dans les vingt-quatre heures fut obtenu, ainsi que le raconte l'abbé Bertholon.

Mais M. de Vissery n'était pas homme à s'avouer vaincu face à une décision de justice inspirée par les ragots d'une voisine. Il croyait à la science, au progrès des connaissances, et il allait transformer cette simple affaire locale en un cas exemplaire où s'affronteraient deux conceptions du monde. Il interjeta appel au conseil d'Artois et confia sa cause à maître Buissart, qu'il connaissait non seulement pour ses succès au barreau mais surtout pour son esprit scientifique lui aussi toujours en quête de nouveautés.

Aussitôt saisi du dossier, Buissart se mit en campagne : le paratonnerre de Saint-Omer allait lui donner l'occasion de se poser en champion de la science. Sans désemparer, il se mit à l'œuvre et engagea toute une correspondance avec les savants qu'il pensait susceptibles de lui apporter caution et lumières : Condorcet, Le Roy, l'abbé Bertholon et quelques autres. Il se plongea dans les derniers ouvrages de Marat, qui fut médecin et homme de sciences avant d'être l'illustre tribun que l'on sait. Après avoir réuni une documentation tout à fait remarquable, il rédigea un mémoire de quatre-vingt-seize pages qu'il termina en juillet 1782, et qui formait bien plus un traité de physique qu'un froid exposé juridique.

Toutefois, il ne négligea pas l'aspect légal de l'affaire et sollicita les conseils de quatre jurisconsultes parisiens : Lacretelle, Target, Henry et Polverel. Pendant ce temps, les discussions allaient bon train d'un bout à l'autre de la France. L'académie de Dijon, dont, rappelons-le, Buissart était membre, enregistra un exposé démontrant que le paratonnerre de Vissery ne présentait aucun danger, et qu'il avait été construit conformément aux principes de la science. L'académie de Montpellier condamna en termes catégoriques l'attitude des autorités de Saint-Omer. A Arras même, l'académie se prononçait en faveur du « progrès du paratonnerre ».

Ce travail de publicité et de documentation achevé, maître Buissart estima que la partie essentielle de sa tâche était achevée ; sa célébrité au barreau lui permettait, selon un usage alors courant, de confier à l'un de ses jeunes confrères le soin de présenter la cause à l'audience. Il s'adressa à Robespierre. Ce choix n'était pas fortuit : la récente nomination de Maximilien comme juge de la salle épiscopale n'avait pas manqué d'attirer l'attention de Buissart sur ce jeune avocat besogneux à l'existence discrète et aux mœurs irréprochables. Il semble que ce fût vers la fin septembre 1782 que le célèbre juriste arrageois fit appel aux services de son modeste confrère. A cette date, et parallèlement au procès de Saint-Omer, Buissart offrit sans doute à Robespierre de devenir son collaborateur permanent. Offre qui ne pouvait que flatter l'ancien boursier de Louis-le-Grand. L'accord entre les deux hommes semble avoir été rapide sinon immédiat, puisque dès le 25 octobre 1782, Vissery exprime par lettre à Buissart son vœu que « Monsieur de Robespierre se couvre de gloire dans sa plaidoirie ».

Les débats s'ouvrirent le 14 mai 1783, et la cause fut appelée à l'audience le 31 du même mois, la partie publique étant représentée par l'avocat général M. Foacier de Ruzé. Pour l'occasion, Robespierre s'était muni de l'important dossier scientifique préparé par maître Buissart. Imposant était l'ensemble des autorités dont il allait se réclamer. Aussi, grâce à la documentation dont il disposait, il put faire au magistrat une véritable conférence sur l'électricité. Il cita ses références pleinement autorisées, expliquant qu'en France et dans toutes les nations civilisées, le paratonnerre était désormais entré dans les mœurs, qu'il dominait maintenant les toits de maints châteaux et édifices publics, et que, preuve de son efficacité, les entrepôts de poudre en étaient eux-mêmes pourvus. Ensuite, notre fougueux avocat se lança dans une longue apologie de la science qui, affirmait-il, ne tarderait pas à balayer les sinistres séquelles de l'ignorance et des antiques superstitions.

Pour brillants qu'ils fussent, les plaidoyers prononcés par Maximilien ne constituaient cependant pas une œuvre originale. Non seulement il avait utilisé le dossier constitué par Buissart, mais de surcroît il semble s'être appliqué à suivre au plus près les notes juridiques également fournies par celui-ci, se bornant à remplacer quelques tournures de phrases par d'autres. Il y ajouta quelques formules qui lui étaient propres et qu'il estimait peut-être plus « modernes ». Néanmoins, si l'on compare les deux textes, il apparaît bien que l'apport réellement personnel de Robespierre dans la composition de ce plaidoyer devenu célèbre est, en fait, fort mince. Dès la séance du 31 mai, le conseil d'Artois rendit l'arrêt qui autorisait M. de Vissery à rétablir son paratonnerre. Relativement satisfait de cette issue d'un procès qui lui avait coûté cher, Vissery s'empressa d'adresser à Buissart une lettre de félicitations : « Vous m'avez donné pour quatre sols de victoire ! J'eusse voulu en donner cinq, et qu'elle fût plus complète, comme le disent ceux qui me félicitent ; quoi qu'il en soit, nous en partageons la gloire à trois, vous, Monsieur, pour votre mémoire bien écrit, Monsieur l'Orateur pour son plaidoyer éloquent et moi par le gain d'une cause que je ne pouvais perdre, selon le sentiment des personnes instruites. »

Après ce dénouement heureux, et fier sans doute d'être arrivé à rendre accessibles en quatre-vingt-seize pages les problèmes physiques de l'électricité tels qu'on pouvait les connaître à l'époque, maître Buissart s'empressa de faire imprimer son texte et le mit en vente chez un libraire de Paris. Dans la rubrique des informations du *Mercure de France*, en date du 21 juin 1783, on peut lire une note, peut-être inspirée par Lacretelle, annonçant en termes élogieux la parution de ce mémoire. Les dernières lignes en étaient : « Nous croirions commettre une injustice si nous finissions cet article sans faire connaître au public le nom des défenseurs dont les talents ont fait triompher la cause du paratonnerre. Maître Buissart, avocat au conseil d'Artois, a fait dans cette affaire un mémoire très estimé, qui peut être regardé comme un traité de physique intéressant sur cette matière. Cet ouvrage se vend à Paris chez Durand neveu, libraire, rue Galande. » Et Maximilien ? On trouve en bas de page une simple notule composée en petits caractères : « Monsieur de Robespierre, jeune avocat d'un mérite rare, a déployé dans cette affaire, qui était la cause des Sciences et des Arts, une éloquence et une sagacité, qui donnent la plus haute idée de ses connaissances. » Ainsi se trouvait quand même, quoique modestement, reconnu et apprécié le rôle de Robespierre dans le « procès du paratonnerre ». Intarissable, Buissart fit paraître dans le même temps un article anonyme dans les *Feuilles des Flandres*, où un « professeur de physique » exprimait « le plaisir que lui a causé le discours du défenseur, qui est vraiment un chef-d'œuvre d'érudition et d'éloquence. Le jeune avocat qui en est l'auteur — Monsieur de Robespierre — a donné une haute idée de ses talents ».

Quant à Maximilien, il n'était pas homme à négliger ce premier succès, qui portait son nom jusque dans les gazettes parisiennes. Un ecclésiastique, Dom Devienne, qui estimait beaucoup le courage et l'intelligence du jeune avocat, intervint auprès de M. de Vissery en sa faveur pour lui demander de prendre en charge les frais d'impression des deux plaidoyers. Tout d'abord l'homme au paratonnerre se montra fort peu enclin à assumer ce rôle de mécène ; puis, de guerre lasse, il finit par octroyer 4 louis d'or à Robespierre, qui put ainsi faire éditer sans retard son travail. La brochure sortit de presse dans les premiers jours de septembre 1783. Aussitôt il en envoya un certain nombre d'exemplaires en hommage aux personnalités qu'il jugeait les plus dignes, Lacretelle, l'abbé Bertholon et Benjamin Franklin qui, précisément, séjournait alors en France. Pour l'inventeur en titre du paratonnerre, le héros de l'Indépendance américaine, il avait jugé opportun d'y adjoindre cette lettre : « Monsieur, Une sentence de proscription rendue par les échevins de Saint-Omer contre les conducteurs électriques m'a présenté l'occasion de plaider au conseil d'Artois la cause d'une découverte sublime, dont le genre humain vous est redevable. J'ose espérer, Monsieur, que vous daignerez recevoir avec bonté un exemplaire de cet ouvrage, dont l'objet était d'engager mes concitoyens à accepter un de vos bienfaits ; heureux d'avoir pu être utile à mon pays en déterminant ses premiers magistrats à accueillir cette importante découverte ; plus heureux encore si je puis joindre à cet avantage l'honneur d'obtenir le suffrage d'un homme dont le moindre mérite est d'être le plus illustre savant de l'univers. » Robespierre ne manque ni d'habileté… ni d'ingratitude : pas une seule fois il ne parle de Buissart.

Dans son numéro du 1er mai 1784, le *Mercure de France* mentionne la publication des plaidoyers de Maximilien de la façon la plus brève qui soit : « Ces plaidoyers font le plus grand honneur à Monsieur de Robespierre, à peine sorti de l'adolescence. » En revanche, le même numéro consacrera encore deux pages à maître Buissart, à ses travaux et à sa victoire sur l'obscurantisme.

Si son succès public fut relativement mince, en revanche dans sa famille Maximilien devait faire l'objet d'interminables félicitations. Pour ses proches, à n'en point douter, il était déjà devenu un grand homme. Tantes et sœur le comblèrent d'éloges, et dans son quartier il était maintenant sans cesse abordé par des voisins heureux de le congratuler. Ses amis et ses amies aussi se plaisaient à le féliciter et à lui écrire des lettres enthousiastes. Pareilles manifestations de sympathie n'étaient certainement pas de nature à déplaire à ce solitaire qui, tout à coup, découvrait les joies de la notoriété. Sa vie durant, il affectionnera les démonstrations de sympathie et de respect. Son caractère timide et anxieux le prédisposant à douter secrètement de lui, l'aval d'autrui agissait à la manière d'un stimulant qui l'autorisait à s'enhardir toujours davantage.

Quelques jours à peine après la clôture du « procès du paratonnerre », Robespierre reçut une invitation de ses cousins de Carvin qui, ayant appris par les journaux le succès de leur parent, étaient à leur tour désireux de le féliciter. Et c'est là comme une naïve consécration de la jeune renommée au sein de cette vaste famille que formaient alors dans la région les nombreux descendants des premiers Derobespierre.

Le court voyage — environ quinze kilomètres séparent Arras de Carvin — se situe vers le 9 juin 1783. De fait, dès le 12 du même mois, Maximilien écrit à maître Buissart pour lui relater cette visite qui dans son esprit prenait maintenant la tournure d'un événement de première importance. Dans sa relation des faits, il s'essaie à être spirituel et léger, mais il n'arrive guère à brider une fierté qui transparaît au détour de chaque phrase. Il n'hésite pas à considérer son séjour à Carvin comme un triomphe. A l'en croire, la population de cette cité accourut tout entière à sa rencontre pour le saluer : « Des citoyens de toutes les classes signalaient à l'envi leur empressement de nous voir ; le savetier arrêtait son outil prêt à percer une semelle, pour nous contempler à loisir ; le perruquier, abandonnant une barbe à demi faite, accourait au-devant de nous le rasoir à la main, la ménagère pour satisfaire sa curiosité, s'exposait au danger de voir brûler ses tartes. J'ai vu trois commères interrompre une conversation très animée pour voler à leur fenêtre. » Après avoir décrit le dîner honoré de la présence de M. le lieutenant de Carvin qui « brillait comme Calypso au milieu des nymphes », notre épistolier de poursuivre en s'adressant cette fois à l'épouse de son protecteur : « Quelque séduisant que puisse être un lieutenant, croyez-moi, Madame, il ne peut jamais entrer en parallèle avec vous. Sa figure, lors même que le champagne l'a colorée d'un doux incarnat, n'offre point encore ce charme que la nature seule donne à la vôtre, et la compagnie de tous les baillis de l'univers ne saurait me dédommager de votre aimable entretien. »

Comme ce fut le cas pour la lettre du 22 janvier 1782 envoyée à Mlle Dehay, on reste à nouveau pantois devant la tournure pour le moins saugrenue que prend le style de Robespierre dès qu'il s'adresse à une femme. Par ailleurs, grâce à cette même lettre, nous pouvons également cerner un aspect du caractère de Robespierre qui ne cessera de se développer dans les années qui vont suivre. Ainsi, lors de son départ d'Arras vers Carvin, quand la voiture dans laquelle il avait pris place franchit les portes de la ville, les employés de l'octroi ne l'avaient même pas remarqué. Lui, le célèbre héros du paratonnerre ! Et pourtant il avait bien pris soin de les saluer le premier d'un large geste de son tricorne. Indifférents ou inattentifs, les fonctionnaires ne lui avaient pas rendu son salut... Il n'en fallut pas davantage pour que Maximilien se rembrunît aussitôt : il avait été vexé jusqu'au tréfonds de son être. Une semaine après cet incident pourtant sans importance, il ne l'avait toujours pas effacé de sa mémoire, et, avec une aigreur à peine dissimulée, il écrira à Buissart : « Cette marque de mépris, souligne-t-il, me blessa jusqu'au vif, et me donna pour le reste du jour une humeur insupportable. » Alors, peut-être involontairement, lui échappe cette phrase qui restera célèbre, et le campe mieux qu'une longue analyse : « J'ai toujours eu infiniment d'amour-propre. »

Chapitre VI

CÉNACLES ET ACADÉMIES

Ce premier et véritable succès, qu'il sut au demeurant bien orchestrer, gagna à Robespierre de nombreuses sympathies. Maintenant les notables de sa cité, ceux-là mêmes qui naguère encore le regardaient avec un sourire amusé, se faisaient un plaisir de l'inviter assez fréquemment à leur table. Et, puisque ce jeune et talentueux avocat espérait bien devenir bientôt un écrivain illustre, il comprit que le moment était favorable pour se créer sans retard des relations au sein des cénacles intellectuels. Arras possédait précisément un club littéraire où la bonne humeur et les œuvrettes faciles étaient de rigueur, les « Rosati », fondés en 1778 par l'abbé Herbet, qu'on a présenté à tort comme une société secrète proche de la franc-maçonnerie. S'y retrouvaient des représentants des diverses professions libérales, des titulaires de charges officielles, des officiers de la garnison, et même quelques membres du clergé. La grande majorité de ces aimables compagnons étaient jeunes et s'adonnaient aux belles-lettres, comme d'autres collectionnaient les papillons. Lazare Carnot, qui sera le collègue de Robespierre au Comité de salut public, alors capitaine du génie à Arras, fréquentaient assidûment les séances des Rosati. Un tout autre personnage, appelé à la plus haute fortune politique, en faisait également partie, Joseph Fouché. Le futur duc d'Otrante n'était encore pour l'heure qu'un obscur répétiteur au petit séminaire d'Arras. Nous retrouverons Carnot et Fouché parmi les plus irréductibles ennemis de Maximilien aux heures les plus sombres du destin de ce dernier.

Le club se réunissait sur les bords de la Scarpe, en un coin riant de la campagne. L'ambiance était idyllique, un peu naïve. Ces amis insouciants se couronnaient de roses, chantaient, devisaient et prenaient des rafraîchissements. On déclamait beaucoup de poésie, œuvres des récitants rarement marquées par le sceau de la pure inspiration. Et, les dames étant admises, des aventures amoureuses se tissaient souvent aussi. Quand un profane recevait l'investiture, il devait se soumettre à un petit rituel : cueillir une rose, en aspirer par trois fois le parfum, l'attacher à sa boutonnière, puis en l'honneur de tous les Rosati passés, présents et à venir, vider d'un trait un verre de vin rosé.

Si Robespierre s'affilia aux Rosati, ce fut sans doute autant pour tenter une fois encore de briser le mur de sa solitude affective que par souci d'une hypothétique notoriété littéraire. Quoi qu'il en soit, durant un certain temps on le vit prendre un sincère et naïf plaisir à ces réunions légères, qui lui offraient un palliatif à ses journées trop bien réglées, à cette vie un peu terne entre Charlotte et ses tantes.

Était-il réellement intégré à cette joyeuse confrérie ? Le procès-verbal d'une des séances mentionne qu'on n'y entendit aucune note discordante, « exception faite de tel morceau chanté par Monsieur de Robespierre [...] On entendit, continue le commentateur anonyme, une voix qui chantait en détonnant des couplets dans lesquels il n'y avait de faux que les faux tons du chanteur, Monsieur de Robespierre ». Pourtant, Maximilien ne se le tint pas pour dit, et le 14 juillet suivant, on le vit encore au milieu des Rosati interpréter une « chanson bachique dont la qualité égalait tout au plus celle des couplets susmentionnés ».

A cette époque, parce qu'il désirait se soumettre aux goûts des autres membres de cette société, il s'essaya à la poésie, composa des vers « anacréontiques », glorifia la coupe pleine, l'amour et l'amitié. Et, bien qu'il ne nourrît aucune ambition de rimailleur — seule la prose didactique semblait en effet le captiver —, il se plut à déclamer ses strophes devant les Rosati qui l'applaudissaient par complaisance et... par incompétence. Il nous reste de sa production d'alors quelques textes dénués d'intérêt et d'inspiration. Tous sont convenus, ennuyeux, et, trait caractéristique, lorsqu'il parle d'amour, il s'en tient toujours à des formules confites qui invoquent le respect, l'admiration et les vertus, mais en aucun cas quelque sentiment ardent ou passionné. Un manuscrit jauni existe toujours, qui contient des fragments d'un discours prononcé par Robespierre devant les Rosati. Il essayait de convaincre cette frivole assistance que l'heure était venue pour elle de s'engager sur une voie plus sérieuse, qu'elle se devait d'étudier les grands problèmes du siècle, la réforme des mœurs, de l'éducation, de la société tout entière. On l'applaudit beaucoup. Il se crut écouté.

Si les Rosati représentaient pour Maximilien un divertissement dont il savait tout à fait relativiser l'importance, il n'en sera pas de même pour l'académie d'Arras. Dès son retour de Carvin, le jeune avocat, qui briguait un siège dans cette respectable institution depuis plus d'une année déjà, se montra bien décidé à y faire son entrée dans les plus brefs délais. En cette fin du XVIIIe siècle, les académies locales étaient fort à la mode, et chaque ville de quelque importance mettait un point d'honneur à en posséder une qui fût composée de membres susceptibles de répandre son renom dans toute la France par l'originalité de leurs travaux et de grands concours intellectuels proposés aux plus brillants esprits du pays. En réalité, ces associations, qui furent certes souvent des pépinières idéologiques et des viviers pour les sciences et les arts, étaient bien hétérogènes dans leur composition. On y trouvait confondus d'authentiques savants, des écrivains de talent, de petits commis et de modestes fonctionnaires. Or, aussi étonnant que cela puisse paraître à notre époque de grande stratification professionnelle, tout ce monde composite vivait généralement en excellente harmonie, et la cuistrerie des « têtes pensantes » n'écrasait pas les plus humbles d'entre les académiciens. Vers 1780-1785, les académies les plus réputées, celles dont les brillants esprits recherchaient le patronage ou les prix, étaient Metz, Dijon et Bordeaux. Quant à celle d'Arras, bien que de fondation récente et ne pouvant guère rivaliser de prestiges avec ses grandes aînées, elle n'en comptait pas moins quelques membres remarquables ; certains nobles qui se toquaient pour les nouvelles théories sociales et politiques, des mathématiciens, des physiciens, des médecins, et surtout des magistrats et des avocats, dont, bien entendu, maître Antoine Joseph Buissart. Comme cela s'était déjà produit pour sa nomination à la salle épiscopale, Robespierre bénéficia d'un décès opportun. Un académicien des plus distingués, M. de Crespiœul, venait en effet de mourir à l'âge de quatre-vingt-cinq ans. Le fauteuil ne devait pas rester vacant bien longtemps ; dès le 15 novembre 1783 Maximilien l'occupa grâce à l'efficace parrainage de Buissart et de M. Dubois de Fosseux, riche châtelain passionné par les arts et les belles-lettres, qui, après avoir compté Robespiere et Gracchus Babeuf au nombre de ses amis, vivra assez longtemps pour voir Louis XVIII monter sur le trône.

Cette admission au sein de l'académie d'Arras allait être une nouvelle étape dans la vie de Robespierre. Malgré sa timidité et son goût prononcé pour la solitude, il brûle les étapes : le voici à vingt-cinq ans avocat admiré, juge ecclésiastique et membre d'une très honorable association intellectuelle de sa province. Libéré de ses soucis quotidiens par une situation matérielle désormais stable et bien rémunérée, il va maintenant occuper ses loisirs — et souvent ses nuits — à se forger un nom dans le monde des lettres. Il croit en son talent d'écrivain ; sans plus attendre il veut tenter sa chance. Et, comme il est de coutume à son époque, il chercha les thèmes de son inspiration dans les listes des concours académiques qui, chaque année, offraient un choix extrêmement varié de thèmes à traiter. Il n'hésita pas longtemps. Le voici qui jette son dévolu sur le sujet proposé pour l'année 1784 par l'académie de Metz. Il s'agit d'un problème de droit et de morale sans doute inspiré par un essai de Pierre-Louis de Lacretelle, publié quelques années auparavant : « Quelle est l'origine de l'opinion qui étend sur tous les individus d'une même famille une partie de la honte attachée aux peines infamantes que subit un coupable ? Cette opinion est-elle plus nuisible qu'utile ? Et dans le cas où l'on déciderait pour l'affirmative, quels seraient les moyens de parer aux inconvénients qui en résultent ? » Question relativement simple dans son essence, qu'une présentation tarabiscotée à souhait rapproche de certains sujets-cauchemars des baccalauréats de philosophie d'autrefois.

Avec ce mémoire, Robespierre fit d'une pierre deux coups, puisqu'il le présenta d'abord comme discours de réception à l'académie d'Arras. A Metz, vingt-deux concurrents s'étaient présentés, dont Lacretelle lui-même, qui obtint — ce ne fut guère une surprise — le prix. Le travail de Maximilien n'était cependant pas passé inaperçu : il remporta une médaille et fut gratifié d'une somme de 400 livres. Voici le jugement des académiciens messins sur l'essai de l'avocat arrageois : « Cet ouvrage est bien écrit, quoique avec peu de chaleur. Les idées sont exposées nettement et avec facilité ; le discours est concis, les moyens sont bons ; on voudrait parfois plus de développement. »

A peine Robespierre eut-il perçu ses 400 livres qu'il les consacra à l'impression de son texte, qui parut l'année suivante. Le texte imprimé comporte soixante pages et est un peu plus étoffé que celui du mémoire à proprement parler. Les adjonctions consistant en quelques développements d'idées à peine ébauchées dans la version initiale, on ne peut guère parler d'une refonte, à peine d'une adaptation pour un public potentiel. Quoi qu'il en soit, les deux textes souffrent d'un style ampoulé et fréquemment grandiloquent. Peu d'éléments dans cette œuvre volontairement « académique » laissent deviner ce que sera la phrase nerveuse et incisive du redoutable orateur de la Convention. Le fond en est peu original, essentiellement constitué par de laborieuses compilations fondées sur des écrits de Montesquieu, que notre académicien tente d'étayer savamment par de nombreuses citations d'historiens antiques, principalement Tite-Live et Denys d'Halicarnasse. D'un bout à l'autre, ce mémoire est politiquement pétri de modération et de prudence. L'auteur y confesse son grand respect de l'institution monarchique, et s'il parle de Louis XVI, c'est toujours avec beaucoup de déférence. A cette époque la royauté est une réalité organique qu'il n'entend combattre en aucune manière. Ose-t-il parfois quelques critiques du système politico-légal français ? Il s'empresse aussitôt d'ajouter qu'il le fait seulement en sa qualité d'écrivain-philosophe. Jamais, souligne-t-il, il ne voudrait « porter une main profane sur l'édifice sacré de nos lois ».

Vient aussi cette heureuse formule, qui tranche quelque peu avec l'opinion que l'on se fait trop souvent du théoricien de la Terreur : « Nous n'avons pas besoin de changer tout le système de notre législation, de chercher le remède d'un mal particulier dans une révolution générale souvent dangereuse. Des moyens plus simples, plus faciles, et peut-être plus sûrs semblent s'offrir à nous. » Cette phrase ne doit pas nous surprendre : Robespierre est un juriste, un esprit d'ordre et de modération.

Dans son mémoire pour l'académie de Metz, le disciple fidèle de Jean-Jacques Rousseau transparaît par instants : il croit que des lois sages feront disparaître les crimes et que la tâche du législateur est « la plus sacrée entre toutes », puisqu'elle a pour dessein ultime d'amener —

un jour ? — l'humanité à son plus haut degré d'harmonie et d'amour. Mais il remarque pourtant que pour un temps encore « les mœurs sont plus puissantes que les lois » ; c'est pourquoi il convient avant tout de veiller au maintien de mœurs justes et pures qui sont le garant du règne prochain de la vertu sur la terre. La « vertu produit le bonheur comme le soleil produit la lumière ». Idées utopiques ? Sans doute. Naïves et peu fondées sur une observation attentive des sociétés et des individus ? Assurément. Mais ce sont des idées du siècle, toutes théoriques et sans contact direct avec les réalités sociales et les pulsions humaines. Partant elles sont susceptibles de devenir redoutables si d'aventure elles sont érigées en système social, parce qu'elles manqueront alors de souplesse et de capacité d'adaptation aux circonstances ponctuelles. En substance, l'ouvrage de Robespierre s'articule autour de quatre thèmes :

1. étendre davantage la puissance paternelle afin de « donner aux parents toute l'autorité nécessaire pour récompenser et pour punir les vertus et les désordres de leurs enfants » ;

2. abolition de la loi qui ordonne la confiscation des biens d'un condamné ;

3. égalité devant le châtiment : « il faut qu'on renonce à cette différence de peines qui semble dire aux roturiers qu'ils ne sont pas dignes de mourir de la même manière que les nobles » ;

4. amélioration du sort et du statut des bâtards : « il faudrait que la loi n'imprimât plus aucune espèce de tache aux bâtards [...]. Je ne proposerai cependant pas de leur accorder les droits de famille et de les appeler avec les enfants légitimes à la succession de leurs parents ».

Sensible sans doute à la réelle proximité qui existait entre les thèses de l'avocat d'Arras et les siennes, Lacretelle devait consacrer un long article à l'œuvre de Maximilien, dans le *Mercure de France* du 3 décembre 1785. Naturellement, l'illustre juriste s'y montre condescendant pour son jeune collègue « qui n'a jamais vécu à Paris où le commerce des gens de lettres développe le talent et perfectionne le goût ». Mais il s'empresse d'ajouter : « Il [Robespierre] annonce un esprit juste, qui voit les objets avec netteté ; il me semble qu'il ne les approfondit pas assez, et qu'il ne les prend pas dans toute leur étendue. Il me paraît que souvent son style manque de précision, de vigueur ; ses meilleurs morceaux ne produisent pas tout l'effet qu'on devait en attendre. Peut-être a-t-il besoin de rassembler davantage ses pensées, de se recueillir dans les émotions qu'elles peuvent porter à son âme ; alors il sera plus près de l'art, ou plutôt du talent d'enchaîner fortement ses idées, de grouper ses tableaux, de varier les formes de son style et d'y jeter cet éclat qui anime sans fatiguer. » Sous la Restauration, Lacretelle, qui participa aux prémices de la Révolution parmi les « monarchistes constitutionnels », publia ses *Mémoires*, en y incluant ce texte qu'il fit suivre d'un bref commentaire : « Rien, dans ce début, ne promettait le personnage qu'on a vu sept ans après. On pourrait croire qu'il s'ignorait encore lui-même. Il faut avoir vu une révolution pour savoir à quel point elle peut transformer un homme, ou plutôt développer en lui des poisons cachés et encore sans fermentation. »

Grisé par ses premiers lauriers littéraires, Robespierre va récidiver dès 1785. Cette année-là, l'académie d'Amiens, qui entretenait les meilleures relations avec celle d'Arras, proposait comme thème l'œuvre et la vie d'une gloire locale, Jean-Baptiste Louis Gresset (1709-1777), poète, dramaturge et membre de l'Académie française, aujourd'hui tombé dans l'oubli. Cet auteur léger, qui avait dû sa célébrité populaire à quelques mordantes satires sur la vie des couvents, était, par la frivolité même de ses œuvres, à l'opposé de l'esprit de Robespierre. Qu'importe ! Il voulait glaner des prix, des récompenses, des titres. Derechef il se mit laborieusement à la rédaction d'un *Éloge de Gresset*. Ignorant tout ou à peu près des livres de ce libertin, Maximilien eut recours aux lumières de maître Buissart, qui lui-même sollicita de la documentation auprès d'un ami, Sellier, membre lui aussi de l'académie d'Arras. Le résultat ne fut guère brillant : cette fois, il n'obtint ni prix ni même une simple mention. Et, c'était justice. Le travail de Robespierre commençait par cette phrase de convention, tristement exempte de la moindre inspiration personnelle : « Pour chérir la mémoire de Gresset, il suffit d'avoir lu ses écrits et entendu parler de ses vertus. » Or, il n'avait rien lu — ou si peu — de Gresset, et parlait de « vertus » pour un auteur dont toute l'œuvre avait été écrite dans un style léger, aussi loin de vertueuses préoccupations que Robespierre l'était des thèmes contenus dans cette fade littérature galante. La composition de Maximilien était poussive, dénuée de tout relief, et, œuvre de circonstance — on serait tenté d'écrire de « commande » — elle était en effet piètre, hâtive, préfabriquée. Gresset ne l'intéressait pas ; il avait voulu participer à un concours de plus, pris qu'il était par sa boulimie de récompenses et de titres. Le travail qu'il présenta réflétait trop la médiocrité de son inspiration : il avait écrit un mémoire ennuyeux, sans vie, composé seulement de phrases qui trahissaient les plus attendus des automatismes rhétoriques. Au demeurant, il ne fut pas plus malheureux que les autres concurrents — aussi peu inspirés que lui —, puisque le 25 août 1785, le secrétaire perpétuel de l'académie d'Amiens annonçait, au cours d'une séance publique, qu'aucun des textes présentés n'avait paru digne de mériter un prix. Mais Robespierre ne pouvait souffrir pareil échec. Aussi, dès qu'il eut connaissance de cette décision, il s'empressa de publier sa prose à ses frais, sous le titre sans surprise d'*Éloge à Gresset, discours qui a concouru pour le prix proposé par l'académie d'Amiens en l'année 1785, par Monsieur M., avocat en Parlement*. On remarquera cependant que, contrairement à ses habitudes, il préféra cette fois garder l'anonymat. Était-il conscient de la médiocrité de son opuscule ? En tout cas, cela ne l'empêcha pas d'adresser sa plaquette à un certain nombre d'amis. Parmi ces heureux destinataires, il y avait Dubois de Fosseux, secrétaire perpétuel de l'académie d'Arras, qui se dit « très indigné » de l'injustice commise à l'égard de Maximilien. Ce qu'il traduisit aussitôt par une épître en vers tout à la fois tendre et un peu ridicule :

> *Quoi ! Ce touchant éloge où tu lui rends hommage,*
> *A tes concitoyens parut insuffisant !*
> *Va, poursuis ta carrière,*
> *Ne crains rien, dans mes bras vole avec assurance.*
> *Appui des malheureux, vengeur de l'innocence,*
> *Tu vis pour la Vertu, pour la douce amitié.*
> *Et tu peux de mon cœur exiger la moitié.*

Quelques mois après l'insuccès académique de son *Éloge de Gresset*, le 4 février 1786, ses collègues désignèrent à l'unanimité Robespierre pour succéder au comte de Galametz, directeur sortant. Et le voici, à vingt-huit ans, directeur de l'académie royale des belles-lettres d'Arras. Ses ambitions littéraires sont comblées : auteur déjà loué par Lacretelle dans le célèbre *Mercure de France*, il préside maintenant avec le plus grand sérieux la docte assemblée provinciale. Lors de la séance publique d'ouverture, en présence d'une nombreuse et élégante assistance où prédomine l'élément féminin, il reçoit également de nouveaux académiciens, dont une académicienne, Mlle Louise de Kéralio. Et, en décembre

1786, il est nommé un des trois juges chargés de l'examen des mémoires envoyés au concours de l'académie d'Arras. C'est pour lui une assez belle revanche, qui lave son échec face aux examinateurs d'Amiens. Dans l'exercice de cette fonction, il ne montra guère d'indulgence pour les auteurs qui osèrent concourir. Pendant toute la durée de son mandat d'examinateur, jusqu'en 1789, pas un seul manuscrit ne fut jugé digne d'obtenir le moindre prix, et pas un candidat ne reçut même une simple lettre d'encouragement.

Chapitre VII

L'AMI DU PEUPLE

Ces succès de société et la réelle notoriété qu'il avait connue après l'affaire du paratonnerre ne faisaient cependant pas de Robespierre un « avocat à la mode ». Sa clientèle était, on le sait, peu nombreuse, et en 1786, comme dans les années précédentes, il s'obstinait à plaider pour les plus démunis, qui le payaient peu ou pas du tout. La sincérité de celui qui recherche par ailleurs la notoriété littéraire ne fait cependant aucun doute lorsqu'il se pose, comme avocat, en défenseur du pauvre et de l'opprimé. Chez lui, l'idéalisme des convictions restera toujours plus fort que le désir, pourtant réel, de succès sociaux.

Pourtant, il n'en reste pas moins que tels ou tels de ces « opprimés » et de ces « pauvres », dont il épousa parfois si passionnément la cause, ne méritaient pas une très grande sympathie, quand ils n'étaient pas tout bonnement de fieffés coquins. Naïf et candide, Maximilien était bien souvent incapable de reconnaître le faux miséreux du vrai déshérité. Il agissait alors selon les impulsions de son cœur, sans réfléchir, se laissant emporter par son ardent désir de s'opposer à toutes les iniquités du temps, et quelquefois il s'emballait pour des affaires douteuses, sans que même un instant il s'en fût rendu compte. Par exemple, pour un usurier condamné au pilori en première instance, Robespierre plaida que l'accusation n'avait pas bien établi la culpabilité de son client. Son éloquence emphatique se perdit alors en élans vertigineux : ne lui fallait-il pas démontrer ce grand principe : « Mieux vaut laisser impunis vingt coupables que supplicier un seul innocent ! »

Ou encore une autre cause pour laquelle il s'enflamma : parce qu'une Anglaise, manifestement peu scrupuleuse quand il s'agissait de faire face à ses engagements financiers, avait enduré dix-neuf jours de prison pour dettes, Maximilien réclama pour elle des dommages-intérêts. Le juge ayant exigé que pareille requête lui fût présentée par écrit, l'ardent défenseur l'accabla bientôt d'un fastidieux mémoire de soixante-cinq pages in-quarto, véritable mélodrame (mais Robespierre ne se rêvait-il pas écrivain ?) où l'élégance tout artificielle du style se mêlait à de grandes déclarations humanitaires manifestement inspirées des œuvres de Rousseau. Ainsi, par la plume de Robespierre, la plaignante s'y répand en appels échevelés à la « noble justice française », au « sens légendaire de l'hospitalité française », etc. Néanmoins, malgré ses boursouflures, cette plaidoirie n'est pas inintéressante. Ce qui s'en dégage est net : il s'agit d'une vigoureuse protestation contre le principe même de la prison pour dettes, idée assez neuve à cette époque. Et comme toujours, notre avocat-philosophe s'empresse de saisir l'occasion qui lui est fournie par un procès pour faire entendre ses théories sociales et politiques. Parfois même, dans son ardeur à dénoncer les déficiences et les injustices de l'ordre établi, il en oubliait presque son client pour se lancer dans de grandes déclarations sur l'urgente nécessité de réformer non seulement les structures immédiates de la justice mais plus encore la société tout entière, sans jamais pour autant faire appel à la mise en place de mesures trop radicales ou révolutionnaires. Le jeune président de l'académie des belles-lettres d'Arras n'aurait voulu pour rien au monde être assimilé à ces esprits orageux qui en appelaient déjà à un bouleversement total des structures de la société française. Quant à sa péroraison, elle revêtait habituellement la forme d'une apostrophe à Louis XVI. Il conjurait le roi de prendre « les initiatives nécessaires qui porteraient remède aux maux terribles qui accablaient le peuple ». Initiatives qui, selon lui, étaient attendues par tous les déshérités exaspérés par les injustices sociales et économiques de la société aristocratique ; ces déshérités dont la patience pourtant était immense mais non sans limites.

Quoi de surprenant si nombre de magistrats conservateurs commencèrent à voir en lui un véritable fléau, tant par la longueur de ses plaidoiries que par les idées égalitaires dont il émaillait de plus en plus souvent ses interventions ! Tout juge de la salle épiscopale qu'il fût, président en exercice de l'académie des belles-lettres d'Arras, les gens d'affaires le considéraient avec de moins en moins de bienveillance, préférant désormais s'adresser à des avocats moins idéologues et plus réalistes. Ainsi Robespierre se trouva-t-il bientôt réduit à plaider des causes souvent retentissantes par la flamme qu'il mettait à les illustrer, mais guère lucratives. Un jour il eut à traiter un vague question d'héritage pour une vieille servante de Lazare Carnot. Le frère de ce dernier, capitaine également de la garnison d'Arras, irrité par les interminables périodes du plaideur, fit d'autorité interrompre une procédure qu'il jugeait vaine. Robespierre, qui n'était pas homme à se soumettre à quelque décision arbitraire, s'obstina. Il obtint la reprise du procès et le gagna, comme il triompha chaque fois qu'il eut à défendre d'humbles causes, tant il était difficile de réfuter ses arguments toujours construits à partir d'un plan impeccable fondé sur une logique inébranlable, elle-même soutenue par une fièvre oratoire qui souvent confinait à la ferveur.

En fait, le grand virage avait été amorcé dès 1783. Cette année, qui avait vu la conclusion heureuse de l'affaire du paratonnerre, fut également pour Robespierre celle de l'« affaire Deteuf ». Auparavant il avait surtout plaidé pour essayer de se forger une certaine notoriété dans la bonne société arrageoise. Avec ce nouveau procès, il va donner à sa carrière un caractère résolument politique qui ira en s'accusant sans cesse dans les années qui vont suivre.

Robespierre fut chargé de ce procès au lendemain de son séjour à Carvin. Le maître cordier François Deteuf, habitant un hameau proche de Carvin, avait été accusé par un moine de l'abbaye bénédictine d'Anchin, Dom Brogniart, d'avoir volé de l'argent à cette abbaye. L'avocat d'Arras prit possession du dossier Deteuf à un moment où l'affaire, qui avait été portée par erreur devant le parlement des Flandres, semblait déjà tourner nettement à l'avantage de l'inculpé, François Deteuf. On avait depuis peu découvert que l'accusateur du maître cordier avait lui-même puisé très largement dans la caisse monastique confiée à ses soins. Devant ce forfait patent, le grand prieur, Dom Descallier, utilisa aussitôt une lettre de cachet mise à sa disposition pour faire enfermer le coupable dans une maison de force. Les faits maintenant apparaissaient évidents et clairs : Dom Brogniart avait inventé l'histoire d'un vol de 262 louis d'or par le pauvre François Deteuf dans l'espoir de se disculper en tentant de détourner les soupçons sur un tiers. Dès lors, puisque la vérité se dégageait nettement, le conseil d'Artois, en date du 13 novembre 1783, et après audition du plaidoyer de Robespierre, ordonna que les poursuites contre Deteuf « et ce qui a suivi seront considérés comme nuls et non avenus ».

Cependant, parce qu'il avait été profondément révolté par le peu d'empressement que les moines de l'abbaye d'Anchin avaient mis à innocenter une victime, notre avocat, jugeant qu'une réhabilitation purement morale était par trop insuffisante, réclama pour son client des dommages-intérêts élevés : 30 000 livres. En effet, pour Robespierre cette affaire n'était plus une question purement individuelle, un cas de justice parmi tant d'autres ; elle devenait un fait exemplaire qu'il s'agissait de faire connaître dans toute la province, un symbole de la corruption évidente de cet ancien monde dont l'état de dégradation morale n'échappait plus maintenant à aucun observateur avisé. Et, s'en tenant strictement au postulat que tous les membres de l'abbaye d'Anchin étaient solidairement responsables d'un acte commis par l'un des leurs, Robespierre rédigea un long mémoire où, pour la première fois peut-être, s'élève, sans aucune précaution oratoire, la voix incisive et décapante du tribun révolutionnaire. Au nom de ce peuple immense des silencieux, de ces masses dont pour l'instant il pressent à peine les murmures et les souffrances, il se dresse et exige un exemple. En termes nets et sévères, il condamne tous les laxismes des moines d'Anchin, leur « incroyable indulgence envers Dom Brogniart ».

Puis, n'écoutant plus que son vif désir de flétrir l'indignité qui trop souvent se dissimulait sous les oripeaux de la religion, il accuse, dans la personne de son grand prieur, la communauté tout entière de complicité avec le véritable auteur du vol. La position de Maximilien, alors à peine âgé de vingt-sept ans, ne manque pas d'audace : il s'en prend directement aux ordres monastiques, ces groupements de religieux si souvent stipendiés par la couronne, et disposant par là même de considérables appuis qui leur évitaient presque toujours d'être soumis aux lois de la justice commune. N'écoutant que sa colère, le jeune pourfendeur des vieilles iniquités précise : l'abbaye n'ignorait rien en fait de la scandaleuse conduite de Dom Brogniart, qui organisait, en accord avec le grand prieur, de véritables orgies et recevait nombre de femmes de petite vertu dans l'enceinte du monastère. Pourquoi avait-on toléré cette débauche qui était de notoriété dans toute la région ? Parce qu'elle correspondait, hélas, à un état d'esprit qui tendait à se généraliser dans les communautés religieuses de cette France monarchique à bout d'âme. Ainsi à Anchin, non seulement Dom Brogniart ne fut pas sanctionné pour ses mœurs, mais au contraire les dirigeants de la communauté l'élevèrent aux premiers rangs, et « lui ont confié des charges les plus importantes de cette maison, celle précisément qui lui donnait le plus de moyens de satisfaire les penchants funestes qu'il devait réprimer... ». Par conséquent, nulle équivoque n'est possible : ce sont tous les moines d'Anchin qu'il faut considérer comme les vrais responsables de tant de désordres et, surtout, en l'occurrence, du très grave préjudice moral subi par Deteuf.

Et il continue. Toujours sur le même ton autoritaire et tranchant : Robespierre ne plaide pas, il juge. Il ne juge pas une affaire, mais tout un état de société ; il ne s'en prend pas seulement à l'abbaye d'Anchin, mais surtout au pouvoir politique qui autorise que vivent et prospèrent pareilles communautés, expressions consommées de la plus abominable dénaturation de l'idéal religieux. Déjà l'avocat arrageois semble s'estomper pour faire place au redoutable accusateur des hommes dépravés et des « ennemis de la vertu ».

Le procès Deteuf révèle la véritable nature de Maximilien Robespierre, intransigeante et avide de pureté, pourchassant tous les abus et les corruptions issus de la perpétuation de pouvoirs et de privilèges sclérosés, anachroniques. Nature de feu aussi, dissimulée sous une froide impassibilité, nature indomptable soutenue sans cesse dans ses combats sociaux et politiques par cette logique irréductible dont il possédera, seul parmi tous les hommes de la Révolution, le secret.

Lorsque le jeune avocat s'adresse aux bénédictins d'Anchin, il ne suggère pas une réforme de leurs mœurs ; il ne se perd pas en vaines déclamations et en conseils de pure forme. Ne possédant aucun pouvoir, il semble cependant ordonner. Déjà, du flux irrépressible de ses mots semblent surgir de véritables consignes impératives. « Commencez par veiller avec une attention infatigable sur les actions des individus soumis à vos lois ; rappelez-les sans cesse à l'esprit de vos saintes institutions ; que la règle inflexible conservée dans toute sa pureté ferme, toujours, à la corruption du siècle, l'accès de vos cloîtres sacrés, car vous devez désormais au public un compte rigoureux de votre conduite. »

La voix de Robespierre exprime ici un esprit nouveau : les religieux, et plus particulièrement les membres des ordres monastiques, seront comptables de leurs actes devant la nation tout entière ; la justice du royaume pourra les atteindre au même titre que n'importe quel autre citoyen. A l'avenir, les murs des abbayes devront être transparents ; toute turpitude qui se produira à l'abri de ces « enceintes sacrées » sera passible des sanctions communes. Certes, il ne s'agit là encore que d'un projet tout théorique, nul n'ayant pour l'heure la puissance législative suffisante pour modifier les coutumes de l'Ancien Régime. Cependant, l'affaire de l'abbaye d'Anchin avait créé un précédent de taille ; d'autres avocats pourront à l'avenir s'y référer et citer le mémoire de Robespierre.

Voilà qu'apparaît l'un des aspects fondamentaux, et peut-être le plus mal connu, de la pensée robespierriste : il n'est d'action politique et sociale durable que sous-tendue par une éthique religieuse et un respect unanime de la majesté divine. Jamais il ne pourra envisager un ordre humain qui fût fondé sur un athéisme doctrinal. Toute transformation de la société dans un sens de justice et de liberté ne pourra être pour lui un acquis durable, si elle ne s'accompagne parallèlement d'une philosophie religieuse de la politique. Toutefois, le problème ne sera pas dans son esprit lié étroitement au christianisme, mais seulement à la reconnaissance par tous d'un créateur universel garant de la vertu et des bonnes lois. C'est une perception assurément théologique de la vie humaine et de sa destination qu'il recherche, mais à des fins pratiques : Dieu doit être la charpente intangible autour de laquelle se construit le corps social de la nation.

Dès l'affaire Deteuf, Robespierre possède une pleine conscience des dangers qui de toutes parts menacent la morale religieuse en un temps où l'athéisme est une mode très répandue au sein même du clergé ; parallèlement il devine aussi que la restauration des mœurs ne pourra s'accomplir sans un recours à la justice unanime. « O nous tous qui nous glorifions du titre de citoyen ! faisons tous des vœux pour qu'il soit aujourd'hui décidé que des calomniateurs ne pourront provoquer contre nous le glaive de la justice sans craindre notre juste réclamation. Demandons que des lois soient faites pour tous, que toute injustice soit réparée quel que soit l'état et la qualité de celui qui l'a commise. Non, que jamais, sous quelque prétexte que ce soit, on ne voie l'oppresseur braver les cris du faible opprimé ! Que jamais les magistrats ne donnent à la société ce spectacle fait pour encourager le crime et effrayer l'innocence ! »

Sous le discours de l'avocat de 1783, voici que se font entendre les premiers accents de ce message qui sera peut-être le plus étonnant de tous ceux qui soudain surgirent du creuset de la grande Révolution. Et, cette voix, qui depuis Arras clame des vérités élémentaires que l'ancien pouvoir n'était cependant pas disposé à entendre, est de nouveau comme un écho, la répercussion pratique de la pensée du « citoyen de Genève ».

Robespierre ne résiste pas à une cause qui lui permet de mettre en accusation le vieil ordre de la société. Non par aspiration révolutionnaire mais parce que, comme tant d'autres en ces années 1780, il pressent la tourmente, et pour tenter de l'éviter encore, il en appelle à une rapide réforme des lois et des mœurs, seule capable de rééquilibrer l'ordre social et d'offrir des institutions de nature à répondre à l'impérieux besoin de justice et d'égalité que, sourdement, tout un peuple réclame.

Le recours à l'opinion publique chaque fois qu'une affaire lui semble exemplaire est un procédé que Maximilien utilise fréquemment, souvent même sans trop se soucier des convenances et des communes habitudes. Ainsi agit-il déjà lors du procès qu'il intenta contre l'abbaye d'Anchin en faveur de François Deteuf. Après avoir rendu visite à Dom Descallier pour lui proposer de régler cette question à l'amiable, et devant le refus obstiné du grand prieur, Robespierre n'hésita plus un instant : il fit publier son « mémoire-réquisitoire » contre les bénédictins d'Anchin, pour le répandre aussitôt en Flandres et en Artois. Certes, l'usage qui consistait à faire imprimer quelque plaidoyer n'était pas neuf en lui-même. Le procédé nouveau, et pour tout dire inattendu, utilisé par notre intrépide plaideur consista à diffuser son texte, à faire directement appel à l'opinion publique, avant même que la cause fût jugée, comme s'il avait voulu souligner combien il se défiait des arrêts du tribunal lui préférant déjà la voix abrupte du peuple.

Bientôt, face aux assauts répétés de Maximilien, le grand prieur d'Anchin réagit et confia la défense des intérêts et de l'honneur de son abbaye à maître Liborel, l'ancien protecteur de Robespierre. Pareille circonstance n'était pas de nature à intimider le jeune avocat. Mais

Liborel, fin juriste, s'ingénia à rendre caduque toute l'argumentation de son adversaire, ce qui, grâce aux innombrables cas de jurisprudence permettant à souhait de compliquer toute procédure dans le droit de cette époque, était relativement aisé. Il démontra ainsi brillamment le non-fondé des allégations de Robespierre et s'appliqua à prouver que sa demande en dommages-intérêts était irrecevable. De fait, pour être en droit d'exiger du dénonciateur réparation du préjudice moral causé à François Deteuf, il fallait bien évidemment que ce dénonciateur fût reconnu comme tel. Or, le ministère public niait maintenant avoir reçu quelque dénonciation que ce soit émanant de Dom Brogniart. Et même en aurait-il été saisi qu'elle serait demeurée invalide devant la loi : toute dénonciation émise par un religieux étant alors réputée inexistante et nulle de plein droit. Dès lors, si la justice avait cru bon de poursuivre le maître cordier, ce ne pouvait être qu'à la suite d'une « rumeur publique », sur la foi... de certains bruits. Pour spécieuse qu'elle puisse paraître aujourd'hui, l'argumentation de Liborel n'en était pas moins efficace et pertinente.

Cette spécificité de la loi étant admise, Dom Brogniart devait donc être, de plein droit, considéré comme étranger à toute cette affaire. Certes, il avait naguère détourné à des fins personnelles 262 louis, tentant de diriger les soupçons sur François Deteuf, et Dom Descallier, usant d'une lettre de cachet, l'avait bien fait incarcérer. Mais tout cela restait, en somme, une question privée ne relevant que de l'autorité « paternelle » du grand prieur d'Anchin. Telle était bien la logique juridique du temps, et Robespierre avait beau vouloir rompre avec de tels usages, il se heurtait au mur des coutumes et, en désespoir de cause, ne pouvait plus guère qu'en appeler, bien théoriquement, à une réforme de la justice.

Liborel pouvait arguer, argumenter, déduire et conclure en toute sérénité, très simplement, très habilement. On ne pouvait, en effet, intenter, comme l'entendait Maximilien, une action en dommages-intérêts contre de « simples rumeurs »... La législation d'Ancien Régime tranchait d'elle-même : Dom Brogniart juridiquement étranger à cette affaire, son abbaye était lavée de tout soupçon. Ce fondement parfaitement étayé, maître Liborel se retourna contre son ancien protégé, jugeant inadmissibles les procédés qu'il avait osé utiliser. Il n'est pas question, estime-t-il, de s'élever contre « quelques expressions hardies ou trop peu ménagées dans la chaleur de l'action ». Son jeune adversaire est un homme bouillant ; il le connaît, et ne lui en fait aucun grief personnel. Non, pour Liborel, le problème est d'une autre nature et bien plus grave. Dans son plaidoyer, il va s'ingénier à démontrer que la cour se trouve en présence de « la diffamation la plus atroce consignée dans un écrit composé avec réflexion et destiné à perpétuer le déshonneur d'une maison religieuse ». Aussi demande-t-il au conseil d'Artois d'infliger un blâme sévère à l'auteur de ce « libelle infâme ». Pour la première fois peut-être, Robespierre faisait figure de dangereux réformateur et apparaissait soudain comme l'homme des philosophies nouvelles, le thuriféraire d'une éthique que ne pouvait admettre le système judiciaire traditionnel.

Désormais l'affaire Deteuf cessait d'être singulière. Non seulement Maximilien Robespierre avait désiré en faire le modèle de la lutte pour la reconnaissance des droits essentiels des plus humbles, mais à présent Guillaume-François Liborel la constituait en question de principe : une cour de justice allait-elle laisser bafouer l'ordre social par un robin épris d'idéologies condamnées par le pouvoir politique et l'esprit même des institutions du royaume ? L'humble artisan calomnié par un moine indigne, maintenant oublié dans un cachot, disparaissait pour faire place à un débat d'idées, et une communauté religieuse ancestrale et puissante, forte de ses droits coutumiers, entendait bien sortir immaculée de cette affaire en attaquant son accusateur imprudent.

Devant le conseil d'Artois les débats de procédure s'enlisaient. Les parties étaient inconciliables, et l'on pouvait s'attendre encore à des séances vainement retentissantes, à des déclarations enflammées, à des révélations soudaines et impromptues sur la vie et les mœurs des bénédictins d'Anchin.

Pourtant, malgré l'hostilité de la majorité des notables de la région, Robespierre ne fut pas isolé au cours de ce procès inégal. Il avait aussi ses chauds partisans, certains de ses collègues au barreau et à l'académie d'Arras gagnés aux nouvelles philosophies juridique et sociale. Buissart tout d'abord, l'ardent Dubois des Fosseux, bien d'autres encore, et même les oratoriens d'Arras, avec lesquels Maximilien entretenait toujours d'excellents rapports. Sans oublier Mgr de Conzié, qui, sans vouloir prendre officiellement parti, n'était pas mécontent de voir la réputation de l'antique abbaye d'Anchin ternie par ce scandale.

Néanmoins, les juristes les plus influents du conseil d'Artois, vieux magistrats attachés à la perpétuation des lois combattues par les courants novateurs qu'ils redoutaient comme le diable, se rangèrent spontanément aux côtés de Liborel et le soutinrent dans ses poursuites obstinées destinées à briser l'action d'un jeune présomptueux trop peu soucieux des convenances et de la bonne règle. Mais le temps des grands affrontements n'était pas encore venu, et l'on proposa une médiation. Des offres directes furent faites à François Deteuf par maître Hémart, l'un des avocats représentant Dom Descallier. Pressé de toutes parts, et sans doute effrayé par la tournure que prenaient les événements, le brave homme consentit à se désister de sa demande de révision du procès, moyennant une réparation de 6 000 livres versées comptant par l'abbaye. De plus, sur l'instigation de Liborel, le maître cordier accepta de désavouer son avocat et de reconnaître formellement « n'avoir eu aucune intention en employant les expressions contenues dans son mémoire [celui de Robespierre] de porter aucune atteinte à la régularité qui régnait dans ladite abbaye, non plus qu'à la considération qu'elle s'était acquise par la pureté des mœurs de ceux qui la composaient ».

Face à un tel reniement, ulcéré et impuissant, Robespierre dut s'avouer vaincu au terme d'une procédure qui avait duré plus de deux ans.

Sur le conseil de Buissart, Robespierre se contenta de toucher, sur la somme versée à Deteuf, 1 100 livres qui lui revenaient à titre d'honoraires.

L'acte final de désistement fut imprimé et affiché dans les premiers jours de juin 1786. Depuis l'automne 1783, Maximilien s'était passionnément attaché à faire triompher une cause qu'il avait reconnue comme juste et représentative des iniquités engendrées par le système social de l'Ancien Régime. Trois années de travaux et de passion se soldaient par une impasse juridique et des honoraires insignifiants, si l'on tient compte du temps que Robespierre avait consacré à essayer de faire triompher sa conception de la justice.

Le soir, après d'interminables débats de procédure, il se retirait dans le silence de son cabinet de travail, lisait, annotait patiemment des traités. Parfois, il se rendait à une réunion des Rosati, ou encore présidait à une séance de son académie. Les clameurs du siècle ne semblaient pas de nature à ébranler son calme lointain. Il parlait, écrivait un peu, rêvait beaucoup. Était-il heureux ? Peut-être. Dans la mesure où son bonheur ne pouvait être fait que de régularité et de quiétude quotidiennes. Sur le plan des idées les choses étaient très claires pour lui : il était impossible que le pouvoir royal ne prît pas rapidement conscience de l'urgence de certaines réformes et de la nécessité d'un vaste et imminent débat national.

Chapitre VIII

SOLITUDE ET POLITIQUE

« Ah ! C'est fini, nous sommes tombés trop bas,
les mœurs sont devenues trop faibles.
Jamais, oh, plus jamais ne viendra la Révolution. »
(Mably, 1784)

Dans sa ville d'Arras, dans tout l'Artois, la réputation de Robespierre était faite à la veille de la Révolution. On se plaisait maintenant à voir en lui le pourfendeur des inégalités, l'avocat des pauvres ; celui que les privilégiés évitaient de plus en plus. Pourtant, si son cabinet commençait sérieusement à péricliter, Maximilien Robespierre pensait, sans doute avec quelque naïveté, que la notoriété qu'il avait acquise auprès des plus démunis ne serait pas, à moyen terme, de nature à entraver le cours de sa carrière. La disgrâce mondaine dont il était l'objet ne lui semblait pas définitive, et bien qu'il eût abandonné toute ambition sociale, il restait profondément attaché à l'univers juridique de sa province.

Que faisait-il désormais ? Défendre et illustrer obstinément les principes de liberté largement diffusés et admis depuis Montesquieu, Voltaire, Mably et Rousseau. Mais la mentalité arrageoise demeurait encore bien figée dans son respect des vieux principes aristocratiques, et l'on vit peu à peu se créer contre lui un véritable front des notables. En fait, les hommes en place ne lui pardonnaient pas une popularité si rapidement gagnée à force d'affaires secondaires, qui n'émouvaient que le petit peuple et quelques intellectuels parisiens. De surcroît, il s'était littéralement discrédité parmi les gens de robe en manquant aux usages élémentaires de la caste, quand il osa faire imprimer ses plaidoiries avant même qu'un verdict fût rendu, estimant que seul le lecteur — c'est-à-dire le peuple — était juge.

Arras était bien une ville du vieil ordre, encore en dehors du siècle : sans fortune, par son courage et quelques déclarations jugées intempestives, Robespierre s'était exclu de son milieu professionnel. Ainsi, lorsque le nouveau président du conseil d'Artois, M. Briois de Beaumetz, organisa des conférences juridiques auxquelles étaient conviés tous les membres du barreau de la province, jamais il ne fut invité. Et, celui-là, qui tout un temps, en se faisant admettre au sein des Rosati, en devenant le très jeune président de l'académie d'Arras, brigua avec une certaine constance la notabilité provinciale, se retrouvait à présent de plus en plus esseulé. Bien sûr, il lui restait quelques amis fidèles, et même encore de solides appuis. La preuve en fut donnée lorsqu'un membre de la gouvernance, M. Le Sage, le traita publiquement de « polisson, foutriquet, et ce, avec le poing sous le nez », et que la gouvernance tout entière refusa de siéger à ses côtés. En effet, devant pareille exclusion bien imméritée, de nombreux avocats arrageois se solidarisèrent spontanément avec lui, signant aussitôt une énergique pétition qui condamnait l'attitude arbitraire des autorités.

Pour sa part, maître Buissart continuait à lui confier certaines causes secondaires, grâce auxquelles Maximilien arrivait encore à boucler son modeste budget.

Quoi qu'il en soit, peu à peu Robespierre est contraint d'admettre que dans sa cité natale son temps est passé : désormais il devra œuvrer pour préserver une carrière médiocre, dénuée de toute perspective encourageante. Bientôt, la lassitude et le dégoût vont s'emparer de lui. On découvre la mesure de son amertume dans sa « Lettre adressée par un avocat au conseil d'Artois à son ami au parlement de Douai ». Ici encore, notre homme fait preuve de beaucoup de pertinence, et dans les quelques lignes de sa conclusion, c'est un véritable constat d'échec qu'il dresse sèchement : « Il n'y a peut-être point de ville, où on prête moins à l'avancement des jeunes athlètes qui courent la pénible carrière du barreau. »

Cet état d'esprit, fait de désillusion, de révolte et d'un sentiment d'impuissance est un trait dominant de cette période, où l'attente de quelque changement politique devient une oppressante angoisse. Antoine Barnave, l'un des membres des états généraux du Dauphiné à Vizille, qui sera député du tiers état à Versailles en 1789, n'écrit-il pas aussi : « Le grand homme, en est-il encore ? A peine à la lueur de sa raison naissante peut-il regarder autour de lui qu'il n'y rencontre qu'un désert. Les chemins sont fermés de toutes parts... » Une impatience mêlée de déception corrodait nombre de jeunes hommes impatients, qui guettaient fiévreusement l'irruption, les premiers signes concrets d'une transformation, non seulement du régime, mais peut-être surtout de la psychologie sociale et politique de la France. En attendant, ils piaffaient, désarmés encore devant le mur lézardé des institutions moribondes, mais pourtant encore redoutables.

Maximilien Robespierre se montre certes sceptique et en pleine crise intérieure dans sa « Lettre ». Mais, homme de loi avant tout, il entend tempérer sa révolte, aux accents déjà si romantiques, par un éloge de ces avocats « qui n'ont que la médiocrité en partage », et, conscient de la grande détresse générale, il ajoute : « Ils n'en sont pas pour cela les plus malheureux : l'expérience de tous les temps a fait voir qu'une trop grande célébrité peut attirer des maux bien funestes. »

Il se distingue ici d'un Barnave, qui rêve au « grand homme », le grand homme qu'il croit être. Pour Robespierre, la modération doit toujours l'emporter, et la juste mesure permettre de surseoir aux conséquences d'une funeste langueur. Il est tout entier dans de pareilles inflexions. On l'y voit reconnaître la vertu de patience ; on y découvre sa naturelle inclination pour la vie modeste, pour la discipline. Et, derrière son attente, qui transparaît pourtant assez nettement, on devine sa persévérance, voire son obstination. Il sait se contenter de peu, rester dans l'ombre sans rien précipiter si les circonstances ne sont pas favorables. Sans doute se devine-t-il prêt maintenant pour une autre vie ; mais à la veille même de l'orage, il semble encore ne pas en discerner les contours. Trop besogneux, trop scrupuleux et trop réaliste, il se refuse aux rêves qui agitent certains esprits à la mode qui passeront sans avoir marqué l'histoire.

Sa « Lettre à son ami avocat », Robespierre l'a publiée le 14 avril 1788. Elle heurtera la coterie arrageoise peut-être plus encore que ses plaidoiries. Maître Liborel, qui fut jadis son protecteur, n'hésitera pas à écrire que « Robespierre a le cœur rempli d'intérêt sordide, d'avidité basse », et qu'il n'est mû que par une « jalousie rampante ». Ce qui est bien mal le connaître, ou plutôt feindre de le mépriser. Car, en son for intérieur, Liborel, qui appréciait le talent de Maximilien, ne pouvait sans doute pas accréditer pareille diffamation. Mais le petit avocat n'était plus, depuis longtemps déjà, que son adversaire dans les cours de justice de l'Artois, et publiquement il n'entendait guère le ménager.

Face à cette levée de boucliers des nantis et des privilégiés, Robespierre comprend qu'il lui sera dorénavant impossible de faire encore entendre sa voix à Arras. Songe-t-il enfin à quitter sa maussade cité ? Peut-être pour Paris, où des positions telles que les siennes auraient davantage d'audience ? Nous ne le savons pas précisément. Le cours soudain précipité de l'histoire va décider pour lui.

Le 5 juillet 1788 parut l'arrêt du Conseil d'État invitant « tous savants et personnes instruites à adresser au garde des sceaux renseignements et mémoires relatifs aux états généraux ». Le texte fut bientôt connu dans la France entière. Partout, dans les moindres bourgades du royaume, les plumes se mirent à courir fébrilement, pressées de contribuer enfin à la régénération, mieux à la renaissance du pays. Michelet a pu écrire que « la convocation des états généraux de 1789 est l'ère véritable de la naissance du peuple. Elle appela le peuple entier à l'exercice de ses droits[1] ». Ce fut un grand moment d'émotion ; les mots de l'arrêt du Conseil d'État frappèrent les esprits. Ils étaient clairs, nets ; les vieilles tournures juridiques avaient été évitées ; l'appel était direct, sans détours. Quiconque le voudra pourra écrire ses doléances, faire entendre sa voix. La nation tout entière était conviée à proposer des lois et à partager des droits égaux ! Plus de cinq millions d'hommes des villes et des campagnes allaient participer à l'élection des futurs députés. Scène étonnante que de découvrir soudain un peuple qui s'éveille à lui-même et comprend qu'il est le véritable souverain ! Les masses jusqu'alors muettes ou tout au plus confusément rebelles s'organisent : le peuple va trouver audience et ses plaintes — du moins le croit-il — vont être écoutées et peut-être comprises.

---

1. *Histoire de la Révolution.*

Cet appel à l'égalité pour la convocation des états généraux ne s'en adressait pas moins à des populations en réalité extrêmement inégales et dans les droits ancestraux et dans la culture. En 1788, la pesante fiscalité d'une part, la sclérose féodale de l'autre se conjuguaient toujours pour annihiler la grande masse sous le poids de maux qui avaient fait la détresse du plus grand nombre pendant de trop nombreuses générations. La monarchie, depuis des siècles déjà — à l'opposé de ce qui se passait dans les États germaniques et en Angleterre — s'était fâcheusement obstinée à détruire toute vie communale, toute émulation locale. Quant au clergé, seul instituteur du peuple, depuis longtemps déjà il ne l'enseignait plus. Ou plutôt il enseignait une triste résignation, une passivité proche de la nécrose. Tous, bourgeois, nobles et membres du clergé semblaient en effet avoir conspiré pour lui enlever toute voix, toute pensée propre. Et c'est pourtant dans cette situation si peu préparée, qu'un roi et un ministre, Necker, s'adressèrent à lui et lui dirent : « Lève-toi maintenant, marche, parle[1]. »

Au sommet de l'État, tous avaient trop misé sur cette inaptitude ancestrale du peuple de France, à prendre réellement la parole et à la garder. Sinon jamais nul ministre, nul parlement ne se serait hasardé à susciter pareille tempête. Ceux-là même qui les premiers prononcèrent les mots terribles d'« états généraux », croyaient le peuple hors d'état d'y prendre une part active. Ils escomptaient simplement, par cette solennelle convocation d'une grande masse inerte, étonner la haute noblesse et la hiérarchie ecclésiastique, leur inspirer une salutaire frayeur et les amener doucement à concéder quelques menues réformes qui satisferaient tout le monde pour un siècle au moins. La force des choses, les événements et le courage de certains devaient très vite balayer ce fin calcul. Le peuple de France une fois réveillé voulut vraiment garder la parole, conserver les instruments du pouvoir. Et si, en l'espace de quelques années, il les perdit, ce fut moins par la faute de ses errements que par l'efficacité des courants contre-révolutionnaires qui, dès 1789, avaient parfaitement pris conscience de l'ampleur des bouleversements qu'une nation soudain consciente de ses droits allait vouloir imposer, non seulement à la France, mais bientôt aussi à l'Europe tout entière.

Dans cette formidable exaltation des premières semaines qui suivirent

---

1. Michelet, *op. cit.*

la convocation des états généraux, Robespierre ne resta pas inactif. Mais, confronté à ce tourbillon de mots, d'idées et de libelles, il sut éviter l'écueil contre lequel tant d'hommes bien intentionnés vinrent vite se briser en assaillant Necker et ses services d'une véritable avalanche de plans parfaitement utopiques et naturellement présumés infaillibles, destinés à sauver sur l'heure l'État d'une catastrophe jugée par tous imminente.

Maximilien n'agissait en général qu'après un moment plus ou moins long de retrait, et en s'interdisant de faire entrer dans ses réflexions sociales et politiques des éléments personnels et subjectifs, qui eussent pu fausser totalement la subtile dialectique et la logique de son raisonnement. On l'a déjà vu, jamais il ne fut un homme froid : il était tout au contraire un être frémissant. Cependant, il s'appliquait toujours à essayer de garder une certaine distance par rapport aux faits ; ce qui lui permettait de rassembler autour d'une irréfragable raison les divers éléments, souvent savamment entremêlés, de ses propositions. Au milieu de ce foisonnement idéologique, il eut dès l'abord la sagesse de limiter le champ de ses réflexions et de son action. Homme de terrain, qui connaissait bien la population de l'Artois, il sut comprendre qu'il serait à la fois plus prudent et plus efficace de se consacrer à la réalisation d'un but ponctuel, précis et immédiat. C'est pourquoi, bien qu'il fût animé par des principes politiques généraux, il ne s'adressa pas à la France tout entière, mais aux seuls habitants de sa province, ses éventuels commettants de demain. Modeste, ce n'est point le gouvernement du pays qu'il se propose d'atteindre et de réformer aussitôt, mais simplement les autorités locales. Son raisonnement est simple : la France est constituée d'un certain nombre d'entités régionales aux personnalités fortement marquées. Il convient donc d'agir ici et maintenant, sans se perdre en de vagues généralités qui risquent à court terme d'étouffer la vraie nature du débat par l'accumulation des contradictions. Aussi n'est-ce pas la question des états généraux qui va le préoccuper, mais celle des états d'Artois qu'il connaît bien et dont il se prépare à dévoiler les abus par un rapport précis, détaillé et qui ne négligera aucun détail pratique. L'écrit qu'il publia alors sous le titre *A la nation artésienne sur la nécessité de réformer les états d'Artois* inaugure sa véritable carrière politique. Et le ton change. Robespierre n'est plus seulement l'avocat qui prend la défense d'un particulier spolié par les règles juridiques de l'Ancien Régime : il s'agit cette fois d'un réquisitoire général et comptable contre l'état de sa province. Sa modeste besogne de juriste arrageois ne l'intéresse plus. Il veut maintenant illustrer la pensée de Rousseau et les grands idéaux qui toujours l'ont animé. Par chance, il manque à ce moment de clients et peut se consacrer davantage à une tâche plus vaste et qui dans l'essence mobilise son être tout entier. Il va s'y vouer avec fougue et précision.

L'ouvrage qu'il produit alors porte la marque de cette option de fond. Il suffit du reste de la comparer avec ses écrits précédents pour mesurer toute l'ampleur du pas franchi. Ce ne sont plus de laborieuses formules liées à des faits ponctuels de procédure qu'il énonce. Dès les premières lignes, la personnalité précise et tranchante de l'auteur se dégage et s'impose. Il est Robespierre : logique, convaincant et autoritaire. Bien entendu, le sujet qu'il avait choisi se prêtait particulièrement à cette sévère critique. Les lacunes et les irrégularités de la gestion des états artésiens apparaissaient évidentes à tout esprit épris de justice, et il n'était guère difficile de les circonscrire et de les dénoncer. Encore fallait-il que quelqu'un se chargeât de le faire en des termes clairs et catégoriques. Peu de temps avant la convocation officielle des états généraux du royaume, un membre de la noblesse régionale, le marquis de Beauffort, avait déjà soumis à ses confrères du parlement des *Réflexions sur les améliorations à introduire dans le régime intérieur de la province*. Timidement, et en respectant des formes qui excluaient l'action rapide, ce notable avait certes osé stigmatiser de nombreuses « exagérations du régime fiscal », le mauvais état des routes et quelques autres points précis ayant trait à l'impéritie des fonctionnaires et aux désordres administratifs qui accablaient la province, tout en recommandant — fort lucidement — d'encourager l'agriculture et la filature de la laine, qui constituaient les principales ressources d'un renouveau régional. Parallèlement, Beauffort suggérait l'établissement d'un hôpital pour les enfants trouvés, la création de nouvelles manufactures et l'amélioration des services médicaux dans la province. Pourtant, ce mémoire, qui reflétait une réelle conscience des problèmes de l'Artois, restait formel, lointain et abstrait face aux graves réalités des sujets abordés. Or, Maximilien, tout en rendant hommage aux très louables intentions du marquis, s'en écartait aussitôt en en élargissant la portée. Parfaitement informé de l'état de sa région, il utilise une documentation abondante et de détail, qui lui permet de sortir des considérations générales et d'aborder les faits particuliers, ceux-là qui ont trait à la vie quotidienne du peuple, dont aucun rapport officiel ne s'était préoccupé jusque-là.

Pour rester fidèle à l'option fondamentale qui désormais sera pour lui sa ligne de vie et sa raison d'être, défense des humbles et mise en accusation des privilégiés, Robespierre est contraint de faire de plus en plus le vide autour de lui. Après s'être définitivement brouillé avec Liborel, le voici qui prend violemment à partie maître Desmazières, son collègue à la salle épiscopale et député ordinaire du tiers aux états d'Artois. Pour Robespierre, cette nouvelle rupture s'imposait tant pour des raisons morales que pour des motifs déontologiques. De fait, en sa qualité de député, maître Desmazières avait reçu mission de présenter un mémoire historique qui fût de nature à offrir aux commettants de la province un tableau enfin complet de l'évolution des états de l'Artois et des anciens usages qui y avaient encore cours. Le juriste avait consenti d'autant plus volontiers à cet honneur, qui le plaçait dès l'abord en très bonne position pour la prochaine réunion des états généraux du royaume, qu'à titre de rémunération pour ce travail, il perçut la somme considérable de 3 000 livres. Et, c'est ce point particulier qui va provoquer la colère de Robespierre. En effet, il trouve inadmissible qu'un député accepte pareille rétribution, quand, selon lui, l'élaboration éventuelle de tels mémoires fait partie des charges d'un élu provincial, qui, quoi qu'il en soit, recevait un traitement annuel de 10 000 livres. Qui plus est, le travail confié à Desmazières avait été réalisé par ses commis, eux-mêmes salariés des états d'Artois. Enfin, après avoir encaissé la prime, le député s'était contenté de déposer son rapport au greffe du parlement, où il resta enfoui dans le fatras des archives régionales. Ceux qui eurent cependant la curiosité d'en prendre connaissance estimèrent que l'ouvrage était informe, mal rédigé, lacunaire et tout empreint d'un esprit de caste qui, en aucune manière, ne permettait d'apprécier la situation réelle de la province. Or, les fouineurs qui avaient demandé la consultation du mémoire étaient des amis — il lui en restait — de Robespierre. C'étaient là les préliminaires d'une action habilement préparée par ce dernier contre un candidat qui s'estimait de droit déjà mandaté pour représenter le tiers d'Arras aux états généraux.

Cette fois, notre jeune avocat ne se contente plus d'actions sporadiques ; c'est un véritable plan de bataille mûrement réfléchi que révèle cette attaque directe contre maître Desmazières. Il le proclame sans détours, les états d'Artois ne constituent plus qu'« une ligue de quelques citoyens qui se sont emparés seuls du pouvoir, ce pouvoir qui n'appartient qu'au peuple ». Et de continuer son réquisitoire : « Qu'est-ce que la chambre du clergé ? Les évêques qui en font partie ne représentent personne, parce que personne ne les a choisis. » Il en est de même pour les abbés réguliers, « qui y viennent en vertu de leur seule qualité d'abbé ». Déjà, il monte à la tribune — encore imaginaire —, et, par-delà la molle quiétude de sa province, il agresse et s'indigne : « De quel droit a-t-on exclu les curés, la classe sans contredit la plus nombreuse, la plus utile de ce corps, la plus précieuse par ces rapports touchants qui l'unissent aux besoins et aux intérêts du peuple ? » Puis, il a une phrase lapidaire, l'une de celles dont il eut toujours le génie : « Les membres du clergé qui prennent séance aux états ne représentent en aucune manière l'ordre du clergé ! »

Cette analyse sèche, juste dans les faits, avait de quoi troubler les bons esprits artésiens : Robespierre s'élève contre les conventions d'ordre, contre les privilèges sociaux, réservés seulement aux grands du royaume, aux aristocrates et autres notables. Il parle soudain et de façon abrupte au nom des exclus, de ceux qui jamais n'avaient cru qu'ils pourraient exprimer leurs plaintes et réclamer dédommagement de leurs souffrances. Il se soucie peu des ordres anciens, des vieilles stratifications. Son seul but : que les opprimés cessent de l'être, que les droits et les devoirs individuels soient égaux pour tous.

Pour Robespierre, les chambres provinciales des trois ordres ne représentent plus personne, ni les nobles, ni le clergé vivant, ni le tiers : elles ne sont constituées que de « vils usurpateurs, qui, sans foi ni loi, exploitent autant qu'ils le peuvent l'état d'indigence et d'avilissement dans lequel vit un peuple absorbé tout entier par les soins qu'exige la conservation de son existence ». Aussi le pauvre est-il « incapable de réfléchir sur les causes de ses malheurs et de connaître les droits que la nature lui a donnés ». De cette inaptitude des plus infortunés à percevoir encore les raisons de leur détresse, les tenants de l'ordre féodal profitent sans vergogne pour vivre aux dépens de leur travail, les spolier et les asservir toujours davantage.

Homme scrupuleux, qui connaît les dossiers, Maximilien cite des cas révoltants de gaspillage des deniers publics. Il n'hésite plus à dénoncer « des largesses aussi indécentes que ridicules ». Impitoyable, imperturbable, il poursuit le procès du système : la comptabilité de l'assemblée provinciale est dans un état déplorable. Son contrôle a lieu dans des conditions plus que douteuses : « Les comptes des états, souligne-t-il, sont toujours liés à un festin dont ils sont l'occasion et le prétexte et, sans être trop difficile, je crois qu'il est permis à tout citoyen de trouver étrange l'usage de ne recevoir le compte d'une administration nationale que le jour même où l'on dîne chez le comptable. »

Puisqu'il faut que tout change, que la vertu retrouve sa place dans la gestion du pays, Robespierre considère que se taire encore en présence de cet état de déréliction des affaires publiques serait un acte de trahison envers la nation, une lâcheté criminelle. Juriste intraitable, sa conscience ne peut que le guider vers son devoir de censeur. Il obéira donc à son impulsion, et il s'interroge : « Tandis que les ennemis du Temple ont assez d'audace pour se jouer de l'humanité, je manquerais du courage nécessaire pour réclamer ses droits ! Et je garderais devant eux un lâche et coupable silence, dans un seul moment où, depuis tant de siècles, la voix de la vérité ait pu se faire entendre avec empire ; dans le moment où le vice, armé d'un injuste pouvoir, doit apprendre lui-même à trembler devant la justice et la raison triomphantes !... Ah ! Continuons de prouver la nécessité de nous affranchir du joug qu'ils nous imposent, en montrant, par de nouveaux faits, tout le mépris que les peuples doivent attendre de toute aristocratie inconstitutionnelle, à laquelle ils permettent d'usurper le pouvoir. »

Le timide robin a bien changé. Il se métamorphose même. Un feu sacré l'habite, qui va le conduire jusqu'aux cimes de l'histoire sociale des peuples. Ses mots ne sont pas de circonstance ; ils ne sont pas vains, et lui-même les pressent porteurs d'un message qui va modifier en peu de temps le vieil ordre monarchique et, bientôt, l'Europe tout entière.

Chapitre IX

CONVOCATION DES ÉTATS GÉNÉRAUX

C'est le 24 janvier 1789 que Louis XVI portait officiellement à la connaissance des Français ce que tous savaient déjà : son « intention » de les réunir pour « l'aider à surmonter toutes les difficultés relatives aux finances et pour établir un ordre constant et invariable de toutes les parties du gouvernement ». Quant à la date de la réunion des états généraux, fixée tout d'abord au 1er mai 1789, le nouvel avis l'annonce pour le 27 avril. En fait, la séance inaugurale aura lieu à Versailles le 5 mai.

Devant la publication nationale de la « grande convocation », Robespierre saute le pas et, psychologiquement se prépare à l'aventure politique : il décide de se présenter comme candidat à la députation du tiers d'Artois. Sans retard, il organise ce que nous pouvons nommer sa campagne électorale. Il l'ouvre en faisant réimprimer sa brochure *A la nation artésienne*. Cependant, il y adjoint une postface inspirée par les événements immédiats. C'est un vibrant appel aux électeurs de l'Artois, une exhortation à la vigilance et au courage.

D'emblée, Maximilien pose une condition qui lui paraît fondamentale : la grande réforme de l'État qui se prépare implique également une réforme des mentalités politiques. Il faut des hommes nouveaux. Ceux qui se prétendent encore les représentants du tiers d'Artois, maître Desmazières et bien d'autres, ont trop largement démontré qu'ils étaient inaptes à mener à bien de grandes œuvres, qu'ils étaient incapables de sacrifier leurs fortunes et de travailler au bien commun. Ils ne sont que des stipendiés de l'ancien monde, des alliés de cette réaction aristocratique qui se dessine nettement. « Nous n'irons pas surtout, écrit Robespierre, nous reposer de réformer des abus, sur le zèle de ceux qui sont intéressés à les conserver. » Lucide et cohérent, il met en garde les habitants de sa province contre des candidats qui ne posséderaient pas toutes les qualités indispensables de civisme, qu'un député se doit de posséder au plus haut niveau : « Ces hommes petits et superbes qui osent regarder le peuple comme de vils marchepieds, d'où ils s'efforcent d'atteindre sans cesse à l'objet de leur ambition. »

Sa péroraison est une véritable condamnation de ce qu'il nomme déjà un « complot des ennemis du peuple ». Complot qu'il convient de confondre sans retard : « Tandis que nous continuons de dormir dans une profonde sécurité, ceux qui nous ont asservis jusqu'à ce moment font mouvoir tous les ressorts de l'intrigue pour nous ôter tous les moyens de secouer leur joug honteux. Ils comptent encore aujourd'hui, oui, ils comptent encore sur cette longue patience dont nous avons fait preuve, sur cette fatale indifférence pour l'intérêt public qui fut l'effet inévitable du régime despotique auquel nous avons été soumis jusqu'à ce moment. Réveillons-nous, il en est temps, de ce profond sommeil. N'allons pas du moins nous trahir nous-mêmes en abandonnant nos intérêts à des hommes suspects ! »

Le style est flamboyant ; peu à peu le petit avocat s'évanouit devant l'homme d'État qui arde d'agir et d'être écouté par une audience à la mesure de sa passion : la nation française.

Enfin, Maximilien Robespierre, qui sera toujours, répétons-le, un légaliste, veut s'en remettre à l'autorité suprême, au roi. Et, c'est à Louis XVI qu'il s'adresse, pour le supplier de se charger en personne de la défense de la liberté. En effet, selon lui, ce roi qui prit la décision de convoquer les états généraux du royaume est le meilleur garant de l'ère nouvelle, qu'il vient personnellement d'ouvrir en décidant de cette grande convocation nationale. Ainsi, appelé à plaider devant le conseil d'Artois dans l'affaire d'un certain Dupond, déserteur rentré en France, Robespierre va utiliser la plaidoirie relative à son client pour lancer au monarque un long et pressant appel. Car seul le roi peut encore tout : changer la face des choses et instaurer en France un système politique et social digne de ce grand et généreux pays. Est-il donc à cette heure un

monarchiste d'esprit ou de cœur ? La réponse n'est pas aisée. Par caractère, il est un homme soumis à l'autorité suprême de son pays, et il ne peut concevoir que cette autorité ne soit généreuse et éclairée. D'une certaine manière, il n'est pas exagéré d'écrire qu'à cette époque il aime sincèrement ce roi en qui il croit voir le recours absolu, le capitaine capable de sauver le vaisseau dans la tempête. Il l'idéalise assurément, et lui confère une fonction charismatique et religieuse. En février 1789, Louis XVI est pour Robespierre l'homme choisi par la providence, celui « que le ciel nous a réservé dans sa clémence (pour) opérer une révolution qu'ont tentée Henri IV et Charlemagne, mais qui n'était pas encore possible, dans les temps où ils ont vécu ». Il est impossible de ne pas discerner dans une pareille phrase la marque de l'éducation que reçut Maximilien à Louis-le-Grand : la France n'est pas seulement un pays parmi les autres. Elle est la fille privilégiée de Dieu, celle-là qui fut sauvée par Jeanne d'Arc ; la terre du bien, de la charité et de l'amour. Or, en convoquant les états généraux, que fait Louis XVI ? Il renoue avec le destin de la patrie, avec la plus pure et la plus ancienne tradition française. Déjà, nous sommes au seuil de ce redoutable nationalisme à connotation religieuse qui sévira pendant tout le XIXe siècle et durant encore plusieurs décennies du XXe siècle. Parce que, dans l'esprit de Maximilien, l'histoire de France semble se présenter comme une pédagogie des peuples de l'Europe, et bientôt peut-être de la terre entière, il estime le moment présent particulièrement opportun : tous les confluents du passé français vont se rejoindre en un grand fleuve au cours majestueux. « Moment unique, s'exclame-t-il, que nous a ménagé la bonté de l'Être tout-puissant qui fait la destinée des empires. »

Le roi de France, qu'il voit en nautonier des peuples de l'Occident, se doit d'être prudent, adroit et courageux. « Ah ! Sire, lance-t-il, soudain incantatoire, hâtez-vous de saisir ce moment ; prenez en pitié une nation illustre qui vous aime, et faites qu'il y ait au moins sur la terre un peuple heureux ! » Il sait qu'il s'adresse à un roi « lui-même tourmenté par le besoin impérieux de terminer les malheurs de son peuple ». « Oui, Sire, poursuit-il alors, de cette élévation où vous place la grandeur de vos étonnantes destinées, jetez un regard de commisération sur l'espèce humaine tout entière. Voyez cette immense famille de frères que le Père de l'univers avait réunie, pour s'élever ensemble, par de mutuels efforts à la perfection dont leur nature était capable, abaissée par les abus du pouvoir arbitraire, et par les crimes de la tyrannie au dernier degré de la corruption, de l'avilissement de la misère [...]. Voyez les artisans, les laboureurs au désespoir, ils s'épuisent en vains efforts pour défendre contre l'avidité du fisc et la dureté des riches [...] cette modique portion de salaires ou de revenus, qui suffit à peine pour soutenir leur inquiète et douloureuse existence. »

C'est à un père que Maximilien, qui connut si peu le sien, s'adresse, un père magnifié par l'aura de la majesté royale. Et, de tous les révolutionnaires, il sera celui qui gardera peut-être le plus, dans les secrets tréfonds de son être, la nostalgie tenace de ce pouvoir monarchique qui aurait pu, parce qu'il était marqué du seing divin, rénover la France et l'unir autour de l'idée-force de fraternité. Cette fraternité vibrante et indissoluble de la nation consacrée à son roi, qui se devait de n'être que le premier magistrat de son peuple, mais un magistrat élu par Dieu. L'idéalisme de Robespierre rejoint ici les sources les plus archaïques du pouvoir royal. Homme du XVIIIe siècle, lecteur de Rousseau et des encyclopédistes, esprit logique et méthodique, il est paradoxalement pourtant encore un produit de l'antique idéologie de la monarchie de droit divin.

Cette année-là, son cœur se gonflait d'espoir ; il croyait contribuer à la construction de la cité idéale. Maintenant, pensait-il, il appartient au roi de France d'être le phare de l'Europe, de montrer l'exemple à tous les souverains du continent. Et Robespierre de conclure : « Que Louis vienne former à la face du ciel et de la terre, cette alliance immortelle qui doit réconcilier la politique humaine avec la morale, alors le bonheur des peuples sera celui des rois. »

Voilà notre Robespierre, rêveur romantique aux aspirations théocratiques, qui se mue en fin observateur de la réalité économique du moment. Bien sûr, l'apostrophe à Necker reste souvent allégorique, convenue et dans le goût du temps ; il ne s'aventure même jusqu'au centre des questions fondamentales de l'économie française qu'à travers force litotes de bon aloi. Cependant, le regard est précis, et par-delà un hommage de pure forme au contrôleur général des finances, nous n'avons aucune peine à découvrir la substance de la pensée robespierriste, pratique, pointilleuse, qui, après s'être complu sur quelque hauteur mythologique, en revient très vite aux faits et à leur inexorable exactitude.

Il est bon, aujourd'hui encore, de prendre connaissance de ces quelques lignes de Maximilien dédiées à Necker : « O vous, écrit Robespierre, que je ne nommerai point parce que toute la France et toute l'Europe pourront facilement vous nommer, vous à qui une grande âme et un grand caractère assurèrent à la fois et la mission et les moyens de donner le branle à la plus heureuse et la plus intéressante de toutes les révolutions, je cherche dans l'histoire un trait d'héroïsme propre à satisfaire à la fois un ouvrage sublime et un esprit éclairé, je songe à ce consul romain qui a déjà tant de rapport avec vous par son éloquence et qui arrache sa patrie à la ruine dont elle était menacée. Comme lui vous fûtes exilé au milieu des regrets et des larmes de vos concitoyens ; comme lui vous revîntes triomphant au milieu des témoignages éclatants de leur joie et de leur enthousiasme. » Et, l'éloge de Robespierre verse résolument dans le dithyrambique, lorsqu'il écrit : « A présent que le petit-fils d'Henri IV a rappelé auprès de lui cet autre Sully, rien ne doit plus rompre les nœuds sacrés qui l'unissent à son ministre. »

Pourtant, Maximilien garde l'esprit lucide et net, malgré l'indéniable emphase de ces lignes. Necker, certes, possède bien des qualités, et il ne doute point de son courage d'homme d'État. Cependant l'époque qui s'ouvre va le mettre en présence de situations sans doute inattendues et radicalement neuves. Aussi ose-t-il lui donner quelques conseils, qui sont comme autant de viatiques pour affronter la route des lendemains : « Généreux citoyen, poursuit-il, garde-toi de désespérer des Français et d'abandonner, sur une mer orageuse, le gouvernail de ce superbe vaisseau chargé des destins d'un grand empire, que tu dois conduire au port. Tu peux voir d'un œil indifférent les nuages passagers qui semblent s'élever autour de toi, pour obscurcir l'aurore de la félicité publique ; tu vogues sous les auspices de la première nation du monde, sous l'égide invincible de l'honneur, de la raison et de l'humanité, sous la garde de l'esprit sacré du grand Henri, qui dans un moment si intéressant, guide sans doute, et inspire lui-même son auguste descendant [...]. Quand on est parvenu à un tel degré de gloire, que reste-t-il encore à faire ou à désirer ? Rien que d'être toujours semblable à soi-même. »

Maximilien Robespierre, habituellement mesuré dans ses éloges, fait preuve ici d'un lyrisme qui peut paraître aujourd'hui à la limite du ridicule et de la plus basse flagornerie. Mais, s'il encense à ce point Necker, c'est qu'il croit pouvoir discerner en lui le régulateur indispensable entre l'inévitable — et peut-être violente — réaction aristocratique et le déferlement désordonné du peuple, qui pourrait bien accompagner cette première bouffée d'air libre. Robespierre craint en effet les excès qui risquent de survenir de toutes parts, des ambitieux comme des plus extrémistes d'entre les idéalistes, chantres d'un monde nouveau, dont la vision rêvée n'est fondée sur aucune expérience concrète. Et, ce monde nouveau, il le devine, ne se bâtira pas en un jour.

A la veille de la réunion des états généraux, après avoir étudié durant de longues années les grandes théories sociales dans la quiétude de sa cité natale, Robespierre attend un vaste ralliement des Français aux idéaux humanitaires et fraternels qui étaient au cœur des principales réflexions politiques depuis plus d'un demi-siècle. Néanmoins, il ne sous-estimait pas la force d'inertie des égoïsmes ; il voulait seulement espérer qu'un grand courant de générosité animerait bientôt le pays tout entier et rassemblerait spontanément les plus grandes énergies de la nation derrière la loi nouvelle, qui allait naître de la prochaine réunion de tous les élus du peuple de France. Il croit en la toute-puissance d'un authentique « contrat social » qui unirait les diverses couches de la population au roi par l'intermédiaire du corps des représentants, les députés, seuls garants de la volonté unanime, seuls dépositaires du pouvoir législatif. Cependant, ce contrat social, rêve de Rousseau et de Mably, auquel il aspire de tout son être demeurait une fiction intellectuelle sans prise réelle sur l'opinion : l'homme du XVIIIe siècle n'était pas préparé, en France tout au moins, à ce bouleversement radical des structures et des mécanismes du pouvoir. Tous ceux qui détenaient une parcelle de l'autorité, selon les vieilles normes de la société féodale, n'étaient assurément pas disposés à l'abandonner ; le roi lui-même restait mentalement prisonnier de l'antique — mais toujours redoutable — notion de monarchie absolue. Quant au peuple si peu accoutumé à prendre la parole, si peu préparé à exercer quelque pouvoir, il n'arrivait pas encore à conceptualiser l'étendue même de ses droits dans une société où, par la voix de ses représentants, il détiendrait dorénavant tous les moyens légaux susceptibles d'influer sur le cours de la vie sociale, politique et économique du pays.

En 1789, prisonnier de ses références morales et intellectuelles, Robespierre va se lancer dans le grand combat national sans avoir suffisamment estimé les ressources et la détermination de ses adversaires idéologiques. Il croyait alors encore en un monde politique parfaitement cohérent, asile de paix et d'harmonie, vaste construction idéale où pouvaient éclore et se développer les plus nobles théories philosophiques, les plus généreuses pensées humanitaires. La réalité triviale des ambitions, des complots, et les choix égoïstes de tant de députés avides lui apparurent bientôt comme autant de monstruosité qu'il se devait de combattre sans relâche et de toutes ses forces. Il s'usa ainsi souvent en vain. Mais telle était sa nature, et même sa raison d'être. Pareillement, parce qu'il lui était impossible de concevoir un grand ministre autrement qu'en termes idéaux, lorsqu'il s'adresse à Necker en des écrits enflammés, il croit en l'altruisme d'un homme essentiellement pragmatique. Pour lui, les plus hautes fonctions de l'État devaient incomber à des êtres hors du commun, touchés par quelque grâce particulière, capables de la plus totale abnégation ; des saints, des héros, quelquefois des martyrs. Et, si, confronté à la terrible réalité du monde politique, il dut rapidement déchanter, il n'en demeura pas moins toujours attaché à cette perception de la fonction d'homme d'État. Entouré de personnages peu scrupuleux, d'ambitieux frénétiques et de concussionnaires de toutes sortes, il resta intangible, fidèle à son rêve fraternel et égalitaire ; solitaire et « incorruptible »...

Dans son action de candidat à la députation aux états généraux, Maximilien se montra animé d'un bel esprit de conciliation. Rien de plus sage, de plus mesuré que son appel à « l'union sacrée de tous les Français », qu'il proclama à la veille des élections législatives. En aucun moment il ne fait preuve d'avidité politique ; en aucun moment il ne tente de faire monter les enjeux électoraux en sa faveur par quelque artifice démagogique. Sa réflexion reste au-dessus des débats de partis : si la France se garde de ce « fatal esprit de dissension qui seul pourrait troubler le cours de ses hautes destinées, le plus brillant avenir l'attend ». Nul esprit de faction ne l'anime. On le devine seulement préoccupé de la recherche de l'efficacité par la parole et l'action ponctuelle en un moment où il s'avère en effet nécessaire de parler haut pour faire entendre les revendications populaires et d'agir vite pour éviter les deux écueils qui guettaient le pays : l'immobilisme des classes privilégiées et le chaos insurrectionnel qui pourrait naître d'une trop grande déception des masses après le premier élan d'une espérance déçue. Et lui, l'humaniste tout imprégné de son rêve antique, écrit :

« Semblable à ce peuple de la Grèce qui fut l'exemple de l'humanité, tu dois régner désormais sur les nations dont tu seras l'arbitre, par l'empire irrésistible de ta sagesse et de tes vertus. » Mais, dans cet appel symbolique à la France, nul désir de conquête ne transparaît. On ne trouve dans ces mots que l'affirmation d'une foi vibrante ; la nation française peut, dès demain, offrir au monde les clés de la liberté et de l'égalité. S'il lui incombe le rôle de pédagogue des peuples, ce rôle ne peut être que pacifique, évangélique même, et c'est l'exemple de notre nouvelle équité, de notre nouvelle concorde qui ouvrira les esprits et les cœurs par-delà les frontières.

Tout idéaliste enflammé qu'il fût, Maximilien Robespierre savait cependant qu'il n'accéderait pas à la députation par la publication d'un mémoire et de quelques plaidoiries. Il lui fallait maintenant des appuis, et il convenait de les trouver sans retard. Or, comme ses ressources financières n'étaient guère à la hauteur de l'enjeu, et que le cercle de ses relations fidèles n'avait cessé de se restreindre depuis deux ou trois ans, il fut contraint de recourir à des moyens de fortune pour rassembler un nombre suffisant de partisans convaincus. C'est ainsi que sa sœur Charlotte, fort bien introduite dans la bonne société arrageoise, se mit vaillamment en campagne, et lui acquit l'appui d'une célébrité locale, Mme Marchand, qui, lancée dans le journalisme, s'intéressait de près aux futures élections. Augustin, le frère cadet, jusque-là si effacé se dépensa sans compter pour apporter à son aîné toutes les voix qu'il pouvait glaner, tant dans les agglomérations que dans les plus petits villages de l'Artois. Même l'oncle du Rut s'était lancé dans l'affaire ; médecin attitré des oratoriens, il s'employa à les convaincre que son neveu était, à n'en point douter, le meilleur candidat pour représenter le tiers d'Arras. Ce qu'ils admettaient volontiers, se mettant aussitôt à leur tour en quête de suffrages pour ce jeune avocat qui, du reste, avait toujours témoigné la plus vive sympathie pour leur congrégation.

La famille tout entière faisait front maintenant pour seconder Maximilien : il était leur grand homme, et chacun déjà l'imaginait à Versailles, siégeant aux côtés des personnages les plus illustres du royaume. Les cousins de Carvin s'employaient également dans leur localité à convaincre bourgeois, artisans et paysans de s'en remettre à lui pour la défense de leurs intérêts lors de la grande réunion des notables de la nation.

Une véritable « machine électorale », certes bien rudimentaire, mais néanmoins efficace par ses ramifications dans tous les milieux de la société artésienne, s'était mise en branle en l'espace de quelques semaines. Maximilien Robespierre, le solitaire, découvrait les vertus de l'entraide spontanée. Il n'était plus seulement l'homme de ses idées, le théoricien rigoureux mais quelque peu coupé du monde ; il devenait réellement le vecteur de tout un courant idéologique au niveau de sa province. Il était l'homme nouveau par excellence, celui en qui pouvaient croire nombre d'intellectuels libéraux, les masses laborieuses, les marginaux de toute origine et les déshérités, qui savaient combien il était leur ardent et sincère défenseur. Par ailleurs, dans Arras même, malgré l'antipathie affichée de la majorité des hommes de loi, il conservait encore, on le sait déjà, quelques fidèles alliés, non seulement au barreau, mais aussi parmi les petits-bourgeois et les artisans. Dans la ville comme dans les campagnes, l'avocat de trente et un ans, s'il n'était pas encore l'homme le plus célèbre de sa région, n'en devenait pas moins peu à peu la vivante image d'une France en voie de régénération. Et, bien que de souche bourgeoise, Maximilien se sentait plus que jamais mandaté par le peuple. Volontiers, il clamait qu'il était de ce peuple, qu'il en était l'émanation, et qu'il en serait bientôt la voix.

La lutte électorale dura six semaines. Nous allons essayer de suivre Robespierre tout au long de ce premier grand combat de sa carrière ; celui-là dont dépendront tous les autres.

La réunion préparatoire à la désignation des députés du tiers d'Artois eut lieu le 23 mars 1789. Cette assemblée mérite d'être relatée, car elle nous offre un vivant tableau de ces mœurs politiques locales, qui devaient porter la Révolution française sur les fonts baptismaux.

Selon l'ancienne coutume, les corporations se réunirent dans les locaux habituels où elles tenaient séance. Pour les citoyens qui n'en relevaient pas, l'hôtel de ville s'étant révélé nettement trop exigu, à l'invitation du mayeur, ancienne appellation du maire, ils se réunirent dans l'église du collège des prêtres de l'Oratoire.

Mais, hôtel de ville ou non, le conseil communal estimait qu'il était dans ses attributions de prendre la direction des délibérations. Aussi, dès sept heures du matin, en ce 23 mars, on put voir un impressionnant cortège se présenter aux portes de l'église des oratoriens. Se trouvaient là, M. d'Aix de Rémy, mayeur d'Arras, suivi de douze échevins chamarrés, décorés de tous les ornements de leur fonction. Et, pour donner à la chose plus de solennité encore, le corps des élus locaux était accompagné d'une longue escorte de policiers en grand uniforme. Comme aucun citoyen n'était encore présent, M. d'Aix fit asseoir tout son monde, et décida bon gré mal gré d'attendre l'arrivée de ces électeurs manifestement peu empressés de remplir leurs devoirs civiques.

Peu avant dix heures, l'église parut enfin suffisamment pourvue : cinq cents citoyens étaient présents. Les débats pouvaient commencer. Le mayeur se leva alors, tenta quelques remarques, et commença même une allocution de bienvenue. Mais, incontinent, il fut interrompu. De sa forte voix, l'avocat Delegorgue tonna et affirma « au nom de ses collègues », qu'on n'avait nul besoin ni de lui, ni des échevins, et encore moins des policiers en grand uniforme. Robespierre lui-même prit la parole et déclara qu'« ils ne voulaient pas être présidés par ceux que le despotisme avait désignés pour exercer cette fonction, mais par les citoyens qu'ils choisiraient librement ! » L'incident semblait devoir en rester là ; M. d'Aix de Rémy et ses collègues faisaient silence, se croisaient les bras, mais manifestaient cependant leur détermination à rester dans les lieux. Cela dit, on élut cinq commissaires chargés de recueillir les noms des électeurs, mais en omettant ostensiblement de s'adresser aux membres du conseil échevinal.

A midi, la séance fut déclarée suspendue jusqu'à deux heures. A l'heure dite, maître Delegorgue, assisté de quatre commissaires, reprit l'appel des noms. Appel curieusement long, puisqu'il ne prit fin qu'à cinq heures. Il y avait là cent soixante et onze artisans, soixante-dix-huit négociants, trente-sept cultivateurs, vingt-cinq rentiers, cinquante-deux avocats, quatorze magistrats et cent quarante-neuf citoyens sans profession déterminée. Qui allaient-ils déléguer à l'assemblée générale du tiers état de la province ?

Aussitôt après cet appel, un nouvel incident éclata : dès le matin, on avait pu s'apercevoir que l'assistance était en fait partagée en deux factions radicalement opposées ; les uns pour, les autres contre maître Desmazières. Les fonctionnaires communaux et les cavaliers de la maréchaussée constituent le bloc sans faille, bien que peu nombreux, de ses partisans. Maximilien, qui connaissait bien la véhémente antipathie que lui portait Desmazières, avait sans doute œuvré pour que cette scission fût manifeste dès l'ouverture de la séance. Toutefois, il se garda bien de déclencher personnellement la polémique. Ce fut maître Ansart, avocat âgé et père d'un collègue de Robespierre à l'académie d'Arras, qui en prit l'initiative. Ayant obtenu la parole au milieu d'un véritable vacarme orchestré par le clan adverse, ce patricien lut un texte par lequel il tendait à prouver que maître Desmazières, député ordinaire du tiers des états d'Artois, ne pouvait briguer dorénavant une élection pour les états généraux du royaume. Là-dessus, M. d'Aix de Rémy se leva, outré et furieux ; il s'insurgea contre cet « ostracisme », et exigea qu'en sa qualité de mayeur, on lui communiquât immédiatement le texte de l'intervention de maître Ansart. Mais sa voix fut aussitôt couverte par les sifflets et les lazzis. Impuissant et indigné, le « premier citoyen d'Arras » se leva alors et quitta l'église accompagné de ses échevins et policiers, « après avoir arrêté qu'attendu le despect, nous ne paraîtrons plus à ladite assemblée », selon les termes qu'il fit afficher le lendemain à l'hôtel de ville.

Enfin, cette houleuse séance s'acheva sur la désignation de douze députés appelés à siéger à la prochaine réunion générale du tiers d'Artois. Ces douze élus se répartissaient comme suit : huit avocats, dont Robespierre et ses amis Delegorgue père et fils ; deux membres du conseil d'Artois ; un négociant, et un rentier. Pour l'illustre Desmazières, la débâcle était totale : il n'avait pu réunir que soixante-cinq voix...

En cette journée du 23 mars, Maximilien Robespierre venait d'obtenir son premier succès politique. Mais le combat d'investiture n'en était pas fini pour autant. Ainsi, dès le surlendemain, 25 mars, en compagnie de ses nouveaux collègues, il dut rencontrer à l'hôtel de ville les cinquante-trois députés des corps de métier de la province. Pour chaque corporation, il s'agissait à présent de rédiger un « cahier de doléances ». Or, parmi ces corporations, la plus humble, mais aussi la plus nombreuse était celle des savetiers-mineurs d'Arras. Ce furent eux qui, sans hésiter un instant, désignèrent Robespierre pour la rédaction de leur cahier, qui fit connaître au pays leurs misères, leurs espoirs et leurs légitimes revendications.

Comment Maximilien se lia-t-il à cette corporation plutôt qu'à une autre ? Nous l'ignorons. Mais, de toute façon, son choix de cœur allant spontanément aux plus défavorisés, il n'y avait rien d'étonnant qu'il se consacrât à la défense du plus pauvre de tous les corps de métier arrageois. Nous savons cependant qu'il connaissait de longue date l'un de ces savetiers-mineurs ; peut-être le plus misérable même de tous les membres de ce corps de métier, pauvre diable illettré qu'il avait pris en affection. Il s'appelait Delmotte, et on le surnommait Languillette. A propos de ce pauvre bougre, nous connaissons l'anecdote suivante ; lors d'un banquet offert aux députés par les principaux citoyens de la cité, Languillette avait été recruté pour servir à table. L'un des nobles, Ferdinand de Fosseux, collègue de Robespierre chez les Rosati et à l'académie d'Arras, remarqua sur le mode de la plaisanterie, qu'à la faveur de l'ère nouvelle Languillette pouvait espérer devenir un jour mayeur d'Arras. Il n'en fallut pas davantage pour que Maximilien relevât cette boutade comme il l'eût fait pour un défi solennel. Et, s'adressant à Languillette-Delmotte, mais d'une voix assez forte pour être entendu de tous, il lança : « Souviens-toi, mon cher ami, de ce que je vais te dire : tout va changer en France. Oui, avant peu, ce pauvre Languillette, que méprise tant Ferdinand de Fosseux, n'aura plus qu'à se reposer ; les Languillette deviendront mayeurs, et les mayeurs seront des Languillette ! » On ne nous dit pas quelle impression les convives gardèrent de ce propos aigre-doux. Sans doute le trouvèrent-ils d'un goût plus que douteux. Mais accoutumés à entendre Robespierre, et connaissant bien maintenant ses opinions radicales, ils ne durent pas s'en formaliser, se contentant de sourire ou de hausser les épaules. Cependant, le destin, qui d'aventure semble marquer une prédilection pour les plus sinistres coïncidences, ménageait à cet épisode un dénouement conforme aux espérances du futur tribun. Durant la Terreur, le proconsul Lebon devait faire guillotiner le mayeur d'Arras et loger dans sa maison Languillette, le savetier devenu depuis membre permanent du comité révolutionnaire d'Arras. Et, ce mayeur décapité n'était autre que Ferdinand de Fosseux.

Cette anecdote nous révèle bien Robespierre tel qu'en lui-même. Il sera le représentant convaincu, non du tiers, mais du « quatrième état », celui-là que l'on nomme aujourd'hui prolétariat. Partant, il était tout à fait logique que les savetiers-mineurs vinssent le prier de préparer ce cahier de doléances grâce auquel seraient enfin dénoncées les iniquités dont ils avaient à souffrir. Ainsi, porte-parole officiel de cette corporation, Maximilien pourra déclarer d'ouverture : « Je cède pour la première fois au sentiment impérieux qui me porte à dénoncer à mes concitoyens les abus qui oppriment cette province. »

Ce travail méticuleux, mais auquel il donne un aspect polémique très accusé, choquera nombre de bourgeois et d'aristocrates d'Arras. Bientôt, on le menace ouvertement ; on l'insulte. Il est devenu la « bête noire » des bonnes âmes et des bien-pensants. Son entourage s'inquiète pour sa sécurité et lui prêche la modération. Rien n'y fera. Il ira jusqu'au bout de son combat. Cette fois, il s'estime en guerre avec l'ordre établi, ses stratifications aveugles et ses terribles injustices. Le cahier de doléances des savetiers-mineurs lui permet en fait d'exprimer clairement ses convictions et ses espérances. Par un article de ce cahier, il stigmatise par exemple toutes les mesures vexatoires dont se sont rendues coupables les autorités à l'égard des plus démunis d'entre les citoyens, relevant les moindres détails de nature à démontrer l'iniquité fondamentale de rapports humains favorisant en toutes choses les ordres privilégiés et les riches, tout en écrasant toujours davantage les plus pauvres et les plus besogneux.

Enfin, il est pleinement lui-même, net, sans détours ; point n'est besoin désormais de longues invocations au roi ou de pesants hommages à Necker. Il peut parler haut, au nom de tous les opprimés, et condamner « ces procédés inhumains qui ne peuvent qu'avilir le peuple qu'on méprise au lieu que le premier devoir de ceux qui le gouvernent est d'élever, autant qu'il en est en eux, son caractère, pour lui inspirer le courage et les vertus qui sont sources du bonheur social. On n'oserait adresser ces outrages aux citoyens de la classe la plus aisée ; de quel droit les prodigue-t-on aux citoyens pauvres ? Ils sont précisément ceux à qui les magistrats doivent le plus de protection, d'intérêt et de respect ! »

Ici encore, il serait assez aisé de mettre l'accent sur tout ce que la pensée robespierriste doit à l'œuvre de Jean-Jacques Rousseau. Néanmoins, ces lignes sont déjà bien marquées du sceau de l'« Incorruptible », par la perception aiguë qui en ressort de la nécessité, non pas seulement d'accéder rapidement à un nouvel équilibre de classes, équilibre qui, du reste, servira surtout les nantis des trois ordres constituant officiellement la nation, mais surtout d'instaurer sans plus attendre un véritable programme social pour réduire enfin définitivement la terrible misère qui accable encore la majorité des populations françaises. En s'attachant avec autant de fougue à pareille position socio-économique, Robespierre annonce le futur cheminement idéologique des penseurs socialistes du XIXe siècle, et c'est en cela — car les programmes d'avenir inquiètent toujours — qu'il s'isolera au sein même des assemblées révolutionnaires.

Le 26 mars 1789, les représentants du tiers d'Arras se réunirent à nouveau afin de rédiger un seul et unique « cahier général des doléances ». Dans celui-ci sont retenus les vœux et les critiques jugés les plus importants et les plus pertinents pour chaque corporation. L'œuvre ne manquait pas d'audace, car les discussions, voire les désaccords profonds, étaient inévitables. On avait estimé qu'un jour ou deux au maximum suffiraient pour accomplir cette tâche. En fait, il en fallut quatre, et le « cahier général » ne fut achevé que le 30 à une heure du matin. Mais pour ces représentants du tiers artésien, candidats aux états généraux, les affaires sérieuses commençaient à peine.

Ce même 30 mars, les deux cent quarante-cinq députés du tiers état de la gouvernance d'Artois arrivèrent à Arras : ils étaient les mandatés de deux cent quarante-cinq villes, bourgs et villages de la province, et venaient de tous les horizons sociaux, du grand bourgeois orgueilleux jusqu'au modeste paysan tout ébloui de participer à pareille manifestation.

Quarante-neuf commissaires furent nommés pour étudier les différents cahiers de doléances et en réaliser la rapide synthèse, qui devait former sous peu le cahier général unique de toute la province pour l'assemblée de Versailles.

Une première élection générale des députés du tiers d'Artois eut lieu, et Robespierre fut parmi les élus. Trois jours plus tard, un second tour fut organisé pour réduire au quart les députés encore en lice. Une fois encore, Maximilien franchit l'obstacle ; il arriva dixième sur cent quatre-vingt-quatre. C'était de bon augure pour l'épreuve finale fixée au 20 avril. Les dix-sept jours qui le séparaient encore de l'élection définitive, notre avocat les utilisa de son mieux, en se rendant dans un très grand nombre de bourgades et de villages, où il put, en toute sincérité de cœur, affirmer que si l'on votait pour lui, il serait sans aucune défaillance le défenseur des plus humbles, leur véritable porte-parole. Les mauvaises langues d'Arras ne manquèrent pas d'affirmer que seule une ambition dévorante le poussait à courir ainsi la campagne pour la collecte de quelques voix. Ses confrères du barreau affirmèrent qu'il « intrigua » (Lenglet) et « cabala fortement » (Devienne) pour se faire élire. L'abbé Proyart, qui avait été l'adjoint du principal à Louis-le-Grand lors du séjour de Maximilien dans cet établissement, n'hésita pas à se faire franchement diffamatoire pour son ancien élève : « Tandis que Robespierre jeune [Augustin], écrit-il, allait de village en village quêter des suffrages pour son frère, d'autres émissaires bénévoles, choisis parmi les plus mauvaises têtes d'Arras, se répandaient dans les tripots et estaminets des faubourgs, prônant Robespierre[1]. »

Le scrutin dura plusieurs jours. Au quatrième tour, Maximilien se présenta contre Vaillant, garde des Sceaux d'Artois, personnage médiocre, mais vivement soutenu par la grande majorité des magistrats de la province. La partie s'annonçait âpre et incertaine. Chacun des deux candidats ayant réuni la première fois un nombre égal de voix, il y eut donc ballottage. Certes, Robespierre savait qu'il pouvait compter sur l'appui massif des électeurs populaires. Cependant, Vaillant, homme habile, sut manœuvrer et l'emporter d'une courte tête au scrutin final. Était-ce l'effondrement de tous les espoirs politiques de Maximilien ? Allait-il devoir renoncer à jouer sur la grande scène nationale le rôle pour lequel il se sentait maintenant destiné ?

En fait, il restait encore quelques places à pourvoir, et malgré l'abattement réel qui s'était emparé de lui, soutenu par sa sœur, par Augustin, par ses autres parents et la cohorte de ses fidèles amis, il s'engagea de nouveau dans le combat électoral. Mme Marchand, l'amie de Charlotte, lui conseilla de passer un accord avec le brillant Charles de Lameth, qui venait d'être élu député de la noblesse d'Artois. Lameth, avec qui Robespierre entretenait des relations lointaines mais cordiales, disposait en effet de puissantes relations qu'il mit incontinent au service du bouillant candidat. Maximilien ne l'oubliera pas, et pendant toute la première période de l'Assemblée constituante (1789-1790), les deux

---

1. *La Vie et les Crimes de Robespierre*, 1795.

hommes se témoigneront de l'amitié. Puis, les intérêts divergents de la politique, des idéaux trop dissemblables les éloigneront l'un de l'autre et les conduiront même à une réelle inimitié.

Une fois encore, pour tenter de restituer les péripéties de l'élection de Robespierre, nous ne possédons, hélas, que les écrits de cette vilaine langue de Proyart. Au moins son récit possède-t-il une indéniable qualité de « vécu », même s'il est constamment tendancieux et qu'il controuve les faits : « Il [Robespierre] fait écrire son nom sur quatre cents morceaux de papier qu'il remet à ses affiliés avec injonction de les distribuer aux paysans de l'assemblée au moment précis où ils s'apercevront que cette harangue fera impression sur eux. Les choses ainsi convenues, on se rend à la séance qui devait terminer le scrutin. Robespierre était arrivé le premier. Il s'empare de la tribune. Il commence par annoncer qu'il va éclairer le peuple sur de grands intérêts et lui révéler des mystères d'iniquité opérée à son préjudice. Aussitôt il se met à déclamer contre la tyrannie des levées militaires qui ont lieu dans l'Artois. Il inculpe l'intendant de la province, il inculpe les états. Il accumule les doléances sur le sort des malheureux habitants des campagnes qui, déjà vexés en mille manières différentes par les grands, sont encore actuellement arrachés à leurs travaux pour le service militaire. Au moment où les villageois s'extasiaient, on leur glisse dans la main le nom de Robespierre. Robespierre descend de la tribune. On va au scrutin. Il est nommé. »

Nous sommes le 26 avril 1789, maître Maximilien de Robespierre, qui fut longtemps l'avocat besogneux d'Arras, cet homme tranquille, qui ne semblait guère s'intéresser que de loin en loin aux grands débats du siècle, fait ses premiers pas sur la route de l'histoire ; une route qui le conduira tout d'abord à Versailles. Il est âgé de trente ans onze mois et vingt-cinq jours. Il lui reste quatre ans trois mois et deux jours à vivre.

Lorsque Maximilien quitta sa cité natale, qu'il ne devait revoir qu'une seule fois, il partait pauvre. Il le sera toujours. La veille de son départ, il dut emprunter à Mme Marchand 10 louis pour les frais du voyage ! Qu'emportait-il dans sa malle ? Outre des papiers personnels, les œuvres de Rousseau, quelques traités de Mably, un habit de drap noir, un autre de velours noir avec culottes assorties, deux vestes, dont une de satin, six chemises, six cols, six mouchoirs de poche, trois paires de bas de soie, deux paires de souliers, un petit manteau noir, une robe d'avocat, un nécessaire à coudre, un sac de poudre avec sa houppe, un petit chapeau à porter sous le bras, de petites brosses appelées alors vergettes, plusieurs morceaux de différentes étoffes pour ravauder ses vêtements. Enfin, un volumineux paquet contenant un certain nombre d'exemplaires imprimés de ses mémoires et plaidoiries.

Il est bien là tel qu'en lui-même. Homme d'ordre, il a horreur de l'improvisation et du laisser-aller. Bien sûr, cette méticulosité, qu'on lui connaîtra toujours, cache aussi des faiblesses : timide, il s'est façonné un personnage ; nerveusement fragile, il se réfugie derrière une élégance qui, pour être impeccable, n'en manque pas moins de fantaisie. Mais la fantaisie n'était guère son mode de vie.

A la veille de son départ pour la grande aventure politique, écoutons-le méditer un instant sur sa destinée. Par le dépouillement altier de la phrase, par la lucidité qu'il dévoile, ce texte est peut-être le plus beau qu'il nous ait légué. Il en émane un réel optimisme, un vibrant espoir humanitaire. Une fois encore, il modèle la réalité à la mesure de son rêve généreux : « Appelé à jouer un rôle au milieu des plus grands événements qui aient jamais agité le monde, assistant à l'agonie du despotisme et au réveil de la véritable souveraineté, près de voir éclater les orages amoncelés de toutes parts et dont nulle intelligence humaine ne peut deviner tous les résultats, je me dois à moi-même, je devrai bientôt à mes concitoyens compte de mes pensées et de mes actes. Ton exemple est là [celui de Rousseau], devant mes yeux. Je veux suivre ta trace vénérée, dussé-je ne laisser qu'un nom dont les siècles à venir ne s'informeront pas ; heureux si, dans la périlleuse carrière qu'une révolution inouïe vient d'ouvrir devant nous, je reste constamment fidèle aux inspirations que j'ai puisées dans tes écrits. »

L'homme qui écrivit pareil texte, celui qui a été capable de tant de noblesse et dans le style et dans la fomulation concise des idées ne pouvait, à l'évidence, être le monstre que des ennemis sans scrupules ont si souvent dépeint. Mal compris de ses concitoyens arrageois, il le sera mieux du peuple de Paris. Mais toujours il restera ce solitaire, dont la froide apparence masque une réelle tendresse et une bonté profonde, qu'il ne sut sans doute pas toujours exprimer à propos.

Mais descendons des cimes où le lyrisme de Maximilien vient un instant de nous emporter, et voyons maintenant comment un bien mauvais esprit, Fourdin, notaire à Arras, le décrit alors dans le supplément du 1ᵉʳ mai 1789 des *Affiches d'Artois* : « L'Enragé [c'est-à-dire Robespierre], double bidet à crins, emporté, ne connaissant ni le mors, ni la gaule, vicieux comme une mule, n'ose mordre que par-derrière, crainte du fouet. L'on a été étonné de son admission, mais on le dit destiné à faire le rôle du risible peccata, après les courses brillantes que vont fournir les Mirabeau, les Bergasse, les Malouet, etc., dont il est dressé à singer grotesquement les allures. »

DEUXIÈME PARTIE

RÉVOLUTIONS

Chapitre X

LA GRANDE FÊTE

    Le matin du 4 mai 1789, les douze cents députés, le roi, la reine, toute la Cour entendirent à l'église Notre-Dame de Versailles le *Veni Creator*. Puis, avec toute la pompe, toute la majesté que réclamait pareille circonstance, l'immense procession, traversant la cité royale, se rendit à la collégiale Saint-Louis. Les larges rues de la ville, aux façades des maisons tendues de tapisseries bleues aux armes royales, étaient toutes circonscrites par un imposant cordon de gardes françaises et de gardes suisses, qui n'arrivaient guère à contenir la foule. Tous voulaient voir ; voir le roi, voir la reine, les princes du sang ; voir aussi ces hommes étonnants, les députés aux états généraux, qui allaient — disait-on déjà — changer la face de l'histoire.
    Il n'y avait pas que les Versaillais à leurs fenêtres ou sur les trottoirs pour assister à la naissance d'un monde nouveau. Les Parisiens, les provinciaux et même les étrangers étaient venus par dizaines de milliers. Les fenêtres, les balcons et les toits étaient chargés de monde ; les moindres emplacements d'où l'on pouvait espérer apercevoir le cortège, même de très loin, avaient été loués pour la journée à prix d'or. Mais, pour l'instant cette houle humaine faisait silence et retenait son souffle. L'émotion se lisait sur bien des visages ; certains paraissaient tendus, d'autres au bord des larmes. Nul n'aurait songé à plaisanter. L'heure était à la solennité. Surprendre dans ses premières pulsations l'éclosion

d'une nation est un spectacle pour Titans, et l'éclat d'un tel spectacle, si bariolé et tout empreint d'une magie religieuse, les fanfares royales qui se faisaient entendre de distance en distance, tout enfin contribuait à griser les esprits, à annihiler le sens critique des plus sceptiques, des plus aguerris.

Cette journée, qui fut radieuse, était en réalité la dernière de l'Ancien Régime, de la vieille monarchie. Elle était aussi le dernier jour de la paix. Bientôt allaient venir les émeutes, la guerre civile, la guerre étrangère, et jusqu'au 18 juin 1815, le canon ne cesserait plus de tonner sur toutes les plaines d'Europe. Immense avenir sans doute ? Avenir sombre cependant. Vingt-cinq ans plus tard, que restera-t-il des plus beaux espoirs fraternels et pacifiques qui grouillaient alors dans toutes les cervelles ? On rompait ici avec le passé, et c'était assurément nécessaire. Mais plus rien n'était certain : les lendemains allaient éclater en mille facettes divergentes.

Le 4 mai 1789, tout était encore en gestation, en puissance ; d'aucuns doutaient, d'autres redoutaient l'avenir ; mais la grande majorité des hommes et des femmes qui participaient ou assistaient à la cérémonie versaillaise exultaient de joie. Michelet nous dit que l'on vit un député de la noblesse pleurer de joie, confessant : « Cette France, ma patrie, je la voyais appuyée sur la religion, nous dire : Étouffez vos querelles ! Des larmes coulaient de mes yeux. Mon Dieu, ma patrie, mes concitoyens étaient devenus moi-même. »

La procession qui marchait à pas lents s'ouvrait sur l'apparition d'une masse sombre : les cinq cent cinquante députés du tiers état tout de noir vêtus. Sur ce nombre, plus de trois cents magistrats, avocats ou légistes semblaient représenter déjà l'avènement d'un ordre nouveau : celui de la loi, qui allait en si peu de temps supplanter l'ordre de la monarchie de droit divin. Si l'étiquette leur avait imposé — et c'était une forme de brimade — un costume triste et modeste, ils n'en étaient pas moins les hommes de demain. Aujourd'hui ils allaient encore tous unis, d'un pas décidé, fiers et heureux de ce grand jour qui était aussi celui de leur première véritable victoire politique.

Derrière les députés du tiers, mais à une certaine distance, venait la brillante petite troupe des députés de la noblesse, habits de soie multicolores, dentelles, chapeaux à plumes, parements d'or, l'épée au côté, symbole de leurs anciennes prérogatives. Les hommes du tiers avaient été longuement acclamés par la foule ; des femmes rompant les barrages leur portèrent même des bouquets de fleurs. Le passage des députés de la noblesse se fit dans le silence, voire dans l'indifférence.

Même silence lors du passage des élus du clergé. Dans cet ordre, on pouvait discerner très distinctement deux parties : une noblesse et un tiers état. Une trentaine de prélats à l'allure souvent rogue, en rochets et robes violettes marchaient en tête. Derrière eux, un chœur de musiciens, et puis seulement la modeste troupe des deux cents curés engoncés dans leurs robes noires de prêtres. Le silence de la population lors du passage des représentants du clergé révélait assez bien le fond des choses : depuis trop longtemps déjà, l'Église de France était bien moins celle du Christ, celle des pauvres et des humiliés, qu'un corps fermé, égoïste, et tout asservi à la puissance monarchique, dont elle représentait l'un des plus efficaces relais auprès des grandes masses. Bien sûr, au nombre des anonymes, parmi les prêtres en soutane noire, se trouvaient des hommes admirables, courageux et désintéressés, fidèles à leur ministère, dévoués à leurs ouailles. Certains de ceux-là témoigneront de l'authenticité de leurs sentiments fraternels et égalitaires aux heures chaudes de la Révolution, lorsqu'ils préféreront combattre aux côtés du peuple que de se lier à la réaction bourgeoise et nobiliaire. Mais, en ce 4 mai 1789, les curés, même les plus attachés aux idées de progrès, suivaient encore — en apparence du moins — leurs maîtres, ces grands prélats issus des familles les plus titrées du royaume, ces personnages élégants et sceptiques, indifférents à leur ministère et fiers seulement d'appartenir à l'une des franges les plus favorisées d'entre toute la caste des privilégiés.

A voir défiler cette masse de douze cents hommes, ce qui pouvait le plus porter à l'étonnement était sans doute le manque de notoriété politique, et même simplement publique, de la grande majorité de ces « élus des communes, des provinces et de la nation ». Certes, on y trouvait quelques noms connus, quelques fortes personnalités. Toutefois, ces « célébrités » ne représentaient qu'une infime minorité ; deux ou trois pour cent peut-être. Trente ou quarante noms sur plus de mille. Pourquoi ? Parce que ceux qui avaient engendré l'irréversible courant idéologique qui permettait maintenant de faire chanceler le vieil édifice étaient tous morts. Leurs pensées, leurs théories demeuraient cependant vivantes, et plutôt que des hommes, ces abstractions seraient le véritable moteur de la Révolution. D'une certaine manière, quand, du haut de la tribune, quelque député énumérera les indispensables transformations sociales à réaliser au plus tôt, ce seront les spectres de Rousseau, de Voltaire, de Diderot ou de Mably qui parleront. Bientôt en effet, de fougueux orateurs, des hommes de foi vont se lever pour donner à ces grandes idées la vie et la vigueur qui leur faisaient encore défaut. La réunion de ces deux éléments, l'héritage idéologique et les hommes nouveaux surgis pour défendre la liberté et l'égalité, concrétisera enfin l'esprit de la Révolution française.

Le 4 mai 1789, nul prélat ne rehausse par l'éclat de son esprit, par sa vie exemplaire la délégation du clergé. Aucun élément original ne sortira de ce corps nécrosé. Quant à la noblesse, qui se présente encore comme le dépositaire exclusif de la gloire militaire de la France, elle n'a trouvé aucun général prestigieux, aucun chef de la trempe des Vauban et des Turenne, pour que le peuple, un instant, pose sur ces députés le regard d'amour, ou du moins d'admiration, que suscite si souvent au sein des masses la présence de quelque noble et valeureux guerrier. Bien sûr, il y avait quand même le jeune (trente-deux ans) et blond La Fayette. Sa courageuse participation à la guerre d'Indépendance de l'Amérique lui valait, plus qu'à nul autre de son ordre, un crédit particulier. Personne alors ne pouvait pourtant soupçonner le rôle démesuré qu'allaient lui conférer sa « bonne étoile » et, surtout, ses incessantes compromissions.

La masse terne des représentants du tiers état recelait sans doute presque tous les éléments remarquables de la Révolution. Elle portait en elle le germe du grand bouleversement à venir : la Convention nationale et la République française. Mais en ce dernier jour faste de l'Ancien Régime, qui peut mettre des noms sur ces têtes-là ? Ce pâle jeune homme, tout empreint de gravité, qui, absorbé par ses pensées, marche au milieu de ses collègues, nul ne le connaît. C'est Maximilien Robespierre. Dans moins d'un an, tout Paris le connaîtra. Aujourd'hui cependant, c'est Mirabeau qui, parmi les députés du tiers, canalise les regards et les acclamations. Déjà on l'appelle « la Torche de Provence ». Sa laideur même a quelque chose de fascinant. Tous sont encore des ombres ; lui est déjà un homme illustre, une énorme tête léonine que porte un corps d'athlète. Personne n'ignore ses vices, ses aventures amoureuses, les scandales qu'il suscite un peu partout sur son passage. Versailles est plein du roman de ses extravagances et de ses captivités. Fils d'un marquis qui n'avait cessé de tourmenter son adolescence,

Honoré Gabriel Riqueti, comte de Mirabeau, auteur également d'ouvrages remarquables, *De la monarchie prussienne sous Frédéric le Grand, Essai sur les lettres de cachet,* etc., avait pourtant été, parce que rejeté par sa famille et les membres de la noblesse de sa région, élu député du tiers de Provence, à la suite, a-t-on pu écrire, de quelques habiletés que nous nous garderons bien de nommer des malversations...

Si, lors de ce mémorable défilé, le tiers état fut chaleureusement applaudi, qu'il y eût un grand silence lors du passage de la noblesse et du clergé, il est toutefois juste de souligner qu'un seul parmi les membres de l'aristocratie, le duc d'Orléans, fut longuement acclamé. Pour le peuple, Philippe d'Orléans, que l'on ne nommera bientôt plus que Philippe Égalité, représentait en effet un grand espoir : celui de savoir qu'un membre éminent de la haute noblesse était bien déterminé à combattre le vieil ordre féodal et à appuyer un certain nombre des revendications du tiers. De plus, ce grand maître tout-puissant de la franc-maçonnerie française était lié à Mirabeau, qu'il appelait volontiers « mon ami ». Enfin, il avait la réputation tout à fait justifiée de n'être pas chiche de ses deniers lorsqu'il s'agissait de soutenir une émeute populaire susceptible d'ébranler un peu plus encore l'édifice de la monarchie.

Le roi aussi fut applaudi, et ces applaudissements nourris allaient peut-être moins à la personne royale qu'à l'homme qui avait consenti à la réunion des états généraux pour donner à la France une législation digne du plus puissant des États européens. En somme, on n'acclamait pas Louis XVI, on le remerciait.

Quant au passage de Marie-Antoinette, il ne draina que le silence, ou même des cris hostiles et quelques « Vive le duc d'Orléans ! » Ce qui était une manière indirecte de l'insulter, car son animosité contre Philippe Égalité était de notoriété. Peu habituée à de telles manifestations et supportant mal d'être conspuée, la reine faillit même s'évanouir. Son premier contact avec la grande marée humaine du royaume ne laissait rien augurer de bon pour elle.

En fait, ce qui aurait dû être la grande fête de la fraternité réunissant tous les Français dans un même désir d'unité, dans une même espérance et une même volonté de sortir enfin le pays de la longue crise morale, sociale, économique et politique qui l'épuisait depuis trop longtemps déjà, se soldait par un échec. Le 4 mai 1789 n'annonçait pas la paix future des trois ordres, mais plutôt une prochaine guerre farouche, impitoyable. Dès lors, et à quelques exceptions près, il n'existait aucun courant de sympathie entre les trois composantes des états généraux. Chacun restant singulièrement replié sur ses intérêts, ses privilèges ou ses revendications. Il suffisait de voir cette absurde diversité de costumes imposée aux députés, pour comprendre tout le sens du mot fameux de Sieyès : « Trois ordres ? Non, trois nations ! »

Si le 4 mai les députés du tiers état s'étaient très légitimement sentis humiliés par le cérémonial de la procession, qui les tenait ostensiblement à l'écart des ordres privilégiés, le 2 mai déjà, la vieille monarchie avait refusé l'égalité naturelle de tous. Ainsi, en ce moment de cordialité, d'émotion spontanée, le roi glaça les députés du tiers qui, pourtant, étaient arrivés à Versailles tout emplis des préjugés les plus favorables pour ce monarque que l'on croyait, que l'on voulait bon. En effet, dès cet instant la Cour afficha sa volonté délibérée de maintenir les distinctions traditionnelles entre les ordres. Tandis que Louis XVI recevait les députés du clergé à huis clos dans son cabinet, ceux de la noblesse les portes ouvertes, selon le protocole habituel, il se faisait présenter la députation du tiers état dans sa chambre à coucher, en un morne défilé, qui interdisait tout dialogue entre le souverain et les représentants du peuple. A partir de cet instant déjà, la cause de la réconciliation nationale était perdue, d'autant plus que de telles vexations furent répétées comme à l'envi par un roi et une haute noblesse apparemment trop convaincus de l'infériorité naturelle des roturiers.

Revenons au 4 mai, lors de la messe à l'église Saint-Louis. Les privilégiés reçoivent des sièges désignés à leur nom ; les membres du tiers se casent comme ils le peuvent. Beaucoup seront forcés de rester debout. Lorsque l'évêque de Nancy, avant de prononcer son sermon, présente au roi « les hommages du clergé, les respects de la noblesse et les très humbles supplications du tiers état », plus personne n'est réellement en droit d'espérer que la voix du peuple sera entendue par le pouvoir au même titre que les voix mêlées des deux ordres privilégiés. Certes, on aurait encore voulu pouvoir imputer ces irritantes insolences aux officiers de la Cour, à quelques nobles poursuivant des chimères d'un autre âge, à quelques prélats infatués. Mais c'eût été se tromper grossièrement sur le caractère même du roi. Ce roi, qui n'accordait pas cette réunion des états généraux dans le but de rénover les institutions du pays et de lui offrir la chance d'une authentique concorde nationale, désirait que toute chose restât en place, et souhaitait qu'au terme de la réunion, le peuple calmé, apaisé, courbât à nouveau le dos en silence.

Le 5 mai, l'assemblée s'ouvrit, non au château, mais dans la grande salle de l'hôtel des Menus-Plaisirs situé sur l'avenue de Paris. Ce jour-là, le grand problème, à savoir si les votes auraient lieu par ordre ou aux voix, nominalement, n'était toujours pas tranché. Louis XVI tint à montrer son attachement aux moindres détails protocolaires, ceux-là même qui blessaient tant les membres du tiers. Ainsi, lors de l'ouverture des travaux, le roi se couvrit, imité immédiatement par la noblesse. Ce qui était l'usage. Derechef, les membres du tiers voulurent en faire autant. On entendit un long soupir de Louis XVI. Alors, pour interdire toute ébauche de rapport égalitaire entre sa noblesse et les représentants du peuple, ce monarque, que l'on a trop souvent qualifié de débonnaire, préféra se découvrir à nouveau.

L'assemblée eut à subir trois discours. Celui du roi, celui du nouveau garde des Sceaux, Barentin, et celui de Necker. Que dit Louis en cet instant si grave, en présence enfin des délégués de la nation, que le pouvoir avait négligé de consulter depuis cent soixante-treize ans ? Il ne chercha pas à charmer ou à convaincre par la majesté de son propos, encore moins par des arguments précis et réalistes, qui auraient peut-être été de nature à concilier, dès ce premier instant, les intérêts et les suceptibilités des trois ordres. Il se satisfit d'un discours larmoyant — dont l'esprit pourrait être résumé par cette formule : « Aidez-moi, mais ne demandez rien ! » —, assez médiocre dans sa forme, mais néanmoins plein de mises en garde sous-jacentes pour les députés qui se laisseraient séduire par les idées nouvelles et s'enhardiraient jusqu'à proposer des réformes attentatoires pour le vieil ordre des choses. Le roi grondait timidement et exprimait clairement sa sympathie pour le clergé et la noblesse, « qui se montraient disposés à renoncer à leurs privilèges pécuniaires ». Ainsi donnait-il le ton : les problèmes financiers en effet dominèrent dans les trois discours. Peu de choses furent dites sur la question des droits des citoyens ; pas un mot sur l'égalité civique ni sur la mise en chantier et la promulgation d'une constitution du royaume, problèmes qui pourtant étaient au cœur même du grand débat national. On en restait, une fois de plus, à la funeste terminologie absolutiste de l'Ancien Régime. Rien dans l'essence ne semblait pouvoir être remis en cause. Édifice monolithique, sacralisé par les siècles, la société française devait rester figée, échapper aux « perversions » idéologiques du temps. L'autorité royale procédait de Dieu, et l'inégalité humaine, fruit du hasard de la naissance — ou de la « volonté divine » ? — en était le corollaire.

Lorsque Louis XVI eut achevé son allocution, le garde des Sceaux s'adressa à son tour aux députés. Sa voix était si faible qu'elle se perdit dans l'immense salle des Menus-Plaisirs. C'était en fait de peu d'importance, puisqu'il s'évertua à répéter en termes plus précis ce que le souverain avait déjà sommairement exprimé. Les députés devaient se détourner de toute pensée réformiste, et plus que jamais mettre leurs idées et leurs actions en accord avec les antiques institutions du royaume. La France était divisée en trois ordres ; les deux premiers détenaient par nature des privilèges sociaux et politiques inaliénables auxquels ne pouvait aspirer le troisième. Il remercia ensuite, dans un style au pathos maladroit, la noblesse et le clergé de « leur grande générosité et de leur esprit d'abnégation ». Pas un mot pour les hommes du tiers état.

Comme Louis XVI et Necker, Barentin était convaincu que cette réunion solennelle ne pouvait avoir d'autre but que de débattre de l'impôt. Tous trois pensaient que si les privilégiés accordaient au tiers l'aumône de l'égalité fiscale, tout rentrerait bien vite dans l'ordre. De là, trois éloges, trois discours pour magnifier le « sacrifice » des ordres supérieurs, qui condescendaient à renoncer à leurs chères exemptions fiscales. Et ces éloges allèrent crescendo. Le roi s'était contenté de généralités, le garde des Sceaux insista davantage sur « l'humanité de la noblesse et du clergé ». Necker les battit tous les deux, en affirmant que « l'on ne trouve dans toute l'histoire nul héroïsme comparable à celui des seigneurs et des prélats ». Ainsi, le contrôleur général des finances, hier encore idole des villes bourgeoises, se rangeait délibérément du côté de la réaction aristocratique. Son discours, préalablement soumis à Louis XVI, fut si long qu'il en fit lire l'essentiel par son secrétaire. En substance, il s'agissait d'un exposé technique, pointilleux, mal structuré, et qui n'en dura pas moins de trois heures. Il avoua 56 millions de déficit, et proposa comme panacée à tous les maux du royaume un nouvel emprunt de 80 millions. Ce qui revenait à dire aux élus de la nation, et contre l'espérance de tous, que le monarque entendait bien limiter leur mandat à l'approbation automatique d'un subterfuge financier pour tenter de sauver une fois encore un système de gestion que des décennies d'échec avaient pourtant condamné. Puis Necker exprima le vœu que les représentants des deux ordres privilégiés, restant seuls et libres de leurs décisions, les prissent sans se concerter avec les membres du tiers, qui n'avaient d'ailleurs aucun droit pour délibérer d'une question qui ne les concernait pas : l'acceptation ou non par le clergé et la noblesse de l'égalité fiscale. Ensuite seulement, s'ils le désiraient, les trois ordres pourraient se réunir à nouveau pour débattre d'un certain nombre de points d'intérêt général. Mais Necker précisa qu'il estimait inutile pareille réunion, conseillant par là même aux prêtres et aux nobles d'éviter dorénavant tout contact avec les mandataires du peuple.

Dans les rangs du tiers, et parmi les plus libéraux d'entre les aristocrates, la déception fut grande. Manifestement la situation était bloquée ; rien ne pouvait évoluer. Ni le roi, ni le garde des Sceaux, ni le contrôleur général des finances n'avaient dit un mot sur la question fondamentale de la Constitution du royaume. Ce point crucial aux yeux de tout observateur de la situation en France paraissait donc tout à fait négligeable pour les principaux responsables de l'État, qui se refusaient à admettre qu'en un temps de crise des mentalités le politique et le social l'emportaient sur l'économique.

Même l'épineux problème du vote par tête, plutôt que par ordre, fut à peine effleuré. Necker laissa seulement entendre que, pour certaines questions, qu'il eut soin de ne pas préciser, il pourrait à l'avenir être éventuellement envisagé.

Les demi-mesures suggérées par le pouvoir vont encore hâter l'effondrement de l'ancienne société, en provoquant une succession ininterrompue de crises internes, qui feront des états généraux la plus grande occasion manquée de la monarchie. Au soir de la première journée de réunion, le conflit entre les ordres privilégiés et le tiers paraît inévitable et probable l'épreuve de force entre le régime et les éléments progressistes de la nation. Par son refus de trancher nettement, le roi affaiblit son autorité. En ordonnant, plutôt que de suggérer par la voix de Necker, la séparation des chambres (tiers, noblesse, clergé), il eût été assuré de l'adhésion sans partage des deux ordres supérieurs, qui, maintenant, malgré les bonnes paroles et les éloges flatteurs, semblent se méfier du souverain et de ses ministres. En revanche, s'il avait imposé la réunion en une même chambre des trois ordres, il aurait gagné la gratitude et la sympathie des hommes du tiers. Dans l'une ou l'autre de ces deux occurrences, il aurait recueilli les fruits d'une habile manœuvre. Obéi par une fraction importante des députés, son pouvoir exécutif n'aurait pas été remis en cause dès le premier jour. Son indécision, cette terrible indécision dont il ne put jamais se départir, scellait le destin et préparait l'inévitable tragédie.

Face aux hésitations de la monarchie et au mépris des privilégiés, le tiers, c'est-à-dire presque la nation tout entière, prend brutalement conscience d'une affligeante réalité : dans le grand débat qui s'ouvre, il ne devra compter que sur lui-même, sur ses propres initiatives, qui seront sans cesse contrariées par l'opposition larvée d'un pouvoir hostile à toute proposition émanant des élus du peuple. Dès le 5 mai, à la nuit tombante, tous les représentants du tiers des états de Bretagne se réunissaient autour de Le Chapelier et de Lanjuinais. Ils allaient se montrer particulièrement actifs. Le lendemain, 6 mai, sous l'impulsion énergique de ce groupe, prenant le titre de « députés des communes », les cinq cent cinquante délégués du peuple refusèrent de se constituer en chambre particulière. Ils prirent alors possession de la grande salle des Menus-Plaisirs, et, à leur suite une foule impatiente de quatre mille personnes investit les lieux.

Ce premier acte politique et d'autorité du tiers revêtait un caractère révolutionnaire : les mandataires des communes ne reconnaissant plus la traditionnelle division de la population française en trois ordres distincts, l'ébauche d'une nouvelle société voyait soudain le jour.

Cependant, le clergé à part, la noblesse à part allaient s'installer dans leurs chambres respectives, et, sans perdre un instant, ils décidaient que les pouvoirs et mandats des députés devaient être vérifiés par chaque ordre et en son sein. Forte de ce préalable, la majorité de la noblesse se déclara aussitôt hostile au vote par tête : cent quarante et une voix contre quarante-sept et de nombreuses abstentions. Au sein du clergé, la majorité fut moins manifeste : cent trente-trois voix seulement contre cent quatorze. Quant aux membres du tiers, assurés de l'adhésion populaire et déterminés à rester maîtres de la grande salle, ils déclarèrent qu'ils attendraient dans les lieux la venue des deux autres ordres. Or la question de la réunion des trois ordres pour toutes les grandes discussions était le fond du problème. Désormais, les députés du tiers savaient qu'ils pouvaient bouleverser les plans du régime. Non seulement leur représentation était double, mais de surcroît ils étaient certains de pouvoir compter sur l'appui d'au moins cinquante nobles libéraux et d'une centaine de curés sous la conduite du plus révolutionnaire d'entre tous, l'abbé Grégoire. Dès lors, la domination du tiers état devenait écrasante. Ce que, bien sûr, ne pouvaient admettre les conservateurs des deux premiers ordres, et encore moins le roi et son entourage.

L'enjeu était d'une telle importance qu'il ne pouvait donner lieu à des concessions réciproques. Ou la noblesse, qui, en fait, menait le jeu parmi les privilégiés, cédait, et c'était, incontinent, la fin des privilèges acquis au long des siècles, et le véritable début d'une ère nouvelle ; ou, devant la menace d'une intervention royale, les députés du troisième ordre se repliaient pour éviter l'affrontement avec le pouvoir, et c'était le maintien *ne varietur* de l'Ancien Régime, l'amère désillusion après les radieuses espérances qu'avait fait naître la convocation des états généraux. Les « députés des communes » le comprirent, et, unanimes, adoptèrent la tactique proposée par Mirabeau : il leur suffisait « de rester immobiles pour se rendre formidables à leurs ennemis ». Ainsi, le mécanisme même de l'assemblée était bloqué. Le tiers campait sur ses positions, répétant qu'il attendait le clergé et la noblesse. Il attendait dans le calme, vigilant et assuré maintenant de sa force nouvelle. Les privilégiés, pris de court, ne possédant plus l'esprit de corps indispensable pour mener à bien une action rapide, se tournèrent vers le roi, leur centre naturel.

Un mois d'expectative commence alors ; peu à peu les choses vont se décanter, et les hommes se regroupent naturellement selon leurs affinités. La majorité de la noblesse et du clergé autour du roi ; les représentants des communes avec le peuple. Ce peuple qui, à présent, pouvait voir siéger ses députés, puisque toutes les discussions qui suivirent le coup de force du 6 mai eurent lieu portes ouvertes. Les barrières étaient abolies : l'information se mit à circuler très vite entre Versailles et Paris. A Paris, une foule tumultueuse commençait à se faire menaçante, dans les faubourgs comme au Palais-Royal. Des réunions impromptues s'y constituaient, où les agitateurs, pour la plupart stipendiés par le duc d'Orléans, encourageaient la population à l'action directe contre le vieil ordre monarchique, qui se raidissait dans son orgueil.

Quant à l'évolution ponctuelle de la situation à Versailles, si la noblesse, encore assez monolithique, poursuivait son chemin et se déclarait constituée en assemblée le 11 mai, tous les membres du clergé ne marchaient plus d'un même pas, et, bientôt, les nombreux affrontements qui opposèrent les curés aux évêques contraignirent les religieux à proposer des réunions de conciliation entre commissaires nommés des trois ordres. Les députés du peuple, qui voulaient gagner du temps, en acceptèrent le principe. Mais, lors de ces entrevues, jamais ils ne cédèrent sur aucun point fondamental. Enfin, pour porter un coup mortel à la cohésion des deux ordres privilégiés, les membres du tiers suggérèrent au clergé la réunion des deux chambres, en attendant que la noblesse se décide à son tour à faire quelque geste d'apaisement. Parce qu'ils ne pouvaient plus tenir leurs curés, les évêques firent appel à Louis XVI et sollicitèrent sa médiation. Sans trop de conviction, le roi proposa aux commissaires des trois ordres l'arbitrage de ses ministres. Tout le monde accepta, et le 30 mai débutèrent enfin de nouvelles réunions tripartites. De trop nombreuses questions de procédure mirent rapidement en lumière les désaccords fondamentaux qui subsistaient ; les débats donnèrent lieu à des affrontements de plus en plus vifs, et, profitant de ces incessants désordres, la noblesse rejeta tout en bloc, et les procès-verbaux de séance et la nouvelle dénomination d'« assemblée des communes » adoptée par le tiers état.

Chapitre XI

L'ASSEMBLÉE NATIONALE

Tout le mois de mai et les premiers jours de juin se passèrent dans cette ambiance informelle et désordonnée, d'où toute étude de fond semblait devoir être exclue tant qu'une règle des travaux n'aurait pas été admise par tous, et que les deux ordres supérieurs n'auraient pas compris et admis la tournure nouvelle des événements. Le 9 juin l'impasse semble plus totale que jamais. Pourtant l'heure se fait urgente. L'effervescence populaire se développe un peu partout, à Versailles, à Paris, et même dans la proche province. Un public turbulent et peu respectueux des usages envahit fréquemment les tribunes de la salle des Menus-Plaisirs, d'où il multiplie ses intempestives invectives contre la royauté.

Maintenant les députés des communes se connaissent ; un véritable esprit de corps s'est créé, non seulement à la suite des interminables séances publiques, mais aussi grâce aux nombreuses réunions qui, hors de la grande salle officielle, rassemblent des députés de toutes les provinces, le plus souvent à l'initiative de ces élus bretons qui, décidément, se montrent singulièrement actifs. Déjà s'affirment certaines personnalités, certaines autorités, déjà se font reconnaître certains talents. Les plus illustres sont encore Mirabeau et Sieyès ; pourtant d'autres commencent à se singulariser : Le Chapelier, Rabaut Saint-Étienne, Barnave, Bailly, Target. Et l'on entend également parler de ce grave jeune homme venu d'Arras, Maximilien Robespierre, dont l'emphase fait parfois rire, mais qui sait convaincre par l'ardeur qui l'anime. Mirabeau s'intéresse à lui, et lance un jour : « Il ira loin, celui-là, il croit tout ce qu'il dit. »

Enfin, le 10 juin 1789, les députés des communes, à la demande de Sieyès, décident d'entreprendre une ultime démarche en invitant tous leurs collègues du clergé et de la noblesse à se rendre dans la salle des états généraux afin de procéder à la vérification des pouvoirs. L'appel général de tous les bailliages convoqués se fera le jour même, et il sera procédé à la vérification « tant en l'absence qu'en présence des députés privilégiés ». Cette mise en demeure fut transmise au clergé le 12 juin ; il promit d'examiner les demandes du tiers « avec la plus sérieuse attention ». Quant à la noblesse, fidèle à son attitude « autistique », elle fit savoir qu'elle en délibérerait dans sa chambre.

Le soir même, le tiers, sous la présidence de Bailly, entreprit l'appel général de toutes les circonscriptions convoquées en vue de la vérification en commun des pouvoirs des députés. Le corps des privilégiés commença alors à se désagréger : le 13, trois curés du Poitou répondirent à l'appel de leur nom. Le 14, puis le 16, le mouvement gagne en ampleur : dix-neuf députés ecclésiastiques, dont l'abbé Grégoire, acceptent de siéger aux Communes. Dorénavant les représentants du tiers ne sont plus tout à fait esseulés. Une nouvelle souveraineté vient de naître en France, mais elle n'en demeure pas moins encore tout informelle, sans nom et sans statut.

Le 15 juin, passant outre aux conseils de prudence émis par Mirabeau et Mounier, Sieyès demanda aux députés de « s'occuper sans délai de la constitution de l'Assemblée ». Représentant environ quatre-vingt-dix-sept centièmes de la nation, elle était en effet en droit de commencer sur-le-champ l'œuvre constitutionnelle, législative, économique et sociale que les Français attendaient d'elle. Là-dessus Sieyès, qui voulait consacrer la rupture avec le passé, proposa d'abandonner le titre obsolète et désormais vide de sens d'états généraux. Le 17 juin, le même Sieyès suggéra la pompeuse appellation d'« Assemblée des représentants connus et vérifiés de la nation française ». Mounier, plus sentencieux et plus légaliste encore, proposa « Assemblée légitime des représentants de la majeure partie de la nation, agissant en l'absence de la mineure partie ». La trouvaille était pour le moins trarabiscotée, et risquait au mieux de faire rire. Lapidaire, Mirabeau défendit une formule incomparablement plus nette : « Représentants du peuple français ». Finalement, sur proposition du député Legrand du Berry, Sieyès fit adopter ces deux mots, qui allaient bientôt devenir le symbole même des temps nouveaux : « Assemblée nationale ». Nulle autre expression n'aurait sans doute pu restituer davantage la légitime fierté que ressentaient ces hommes unis pour libérer leur pays de la gangue séculaire de l'absolutisme. Soudain, en l'espace de quelques jours, en prenant conscience de toute la force de ces mots nouveaux, les députés comprirent qu'ils incarnaient maintenant la seule véritable souveraineté, celle du peuple.

Enfin, par leur « Déclaration sur la constitution de l'Assemblée », le 17 juin 1789, les Communes officialisèrent la motion de Sieyès par quatre cent quatre-vingt-dix voix contre quatre-vingt-dix. Aussitôt après ce vote qui sur un coup d'audace abolissait *de facto* l'ancien pouvoir et le remplaçait par une nouvelle autorité législative indépendante du roi, à l'appel de leur président, Bailly, tous les députés présents se levèrent et, sous les applaudissements des nombreux spectateurs, se lièrent solennellement par un serment de fidélité aux fonctions qu'ils venaient eux-mêmes de définir. Le 18 juin, l'Assemblée nationale vota un décret assurant la perception de l'impôt et le service des intérêts de la dette publique, plaçant « dès à présent les créanciers de l'État sous la garde et l'honneur de la nation française ».

L'élan novateur du tiers et sa détermination achevèrent d'ébranler le clergé libéral, qui, le 19 juin, par cent quarante-neuf voix contre cent trente-sept, décida que la vérification définitive de ses pouvoirs serait faite en assemblée générale des ordres. Parmi les nobles, quatre-vingts se prononcèrent également pour leur réunion à la nouvelle assemblée. Cependant, cette soudaine révolution allait provoquer la radicalisation de l'attitude négative du plus grand nombre des aristocrates et des prélats. Une fois encore leur seul recours fut le roi. Ils se précipitèrent donc à Marly où le monarque s'était retiré depuis la mort de son fils aîné, survenue le 4 juin. Voici les termes de leur protestation : « Si les droits que nous défendons nous étaient purement personnels, s'ils n'intéressaient que l'ordre de la noblesse, notre zèle à les réclamer, notre constance à les soutenir auraient moins d'énergie. Ce ne sont pas nos seuls intérêts que nous défendons, Sire, ce sont les vôtres, ceux de l'État, ce sont enfin ceux du peuple français. »

Louis XVI cette fois n'hésitera pas. Encouragé par l'opposition de la noblesse, le voici déterminé à résister, prêt à l'affrontement ouvert avec ces impertinents qui osent s'ériger en « Assemblée nationale », en gardiens de la loi et du Trésor public ! Dès le 19 juin, le Conseil du roi casse les décisions du tiers. Pour que tout rentre dans l'ordre, sans pour autant rompre définitivement avec les représentants du peuple, une séance plénière est décidée. Le souverain y dicte, à des députés revenus, espère-t-il, de leurs folies, ses volontés et celles des privilégiés. La séance royale aux états généraux est d'abord prévue pour le 22 juin, puis elle est reportée au lendemain. Dans cette attente, et sous prétexte de préparatifs indispensables pour que cette réunion soit empreinte de toute la majesté voulue, Louis XVI fait fermer la grande salle de l'hôtel des Menus-Plaisirs.

Le 20 juin au matin, les députés de l'Assemblée nationale, qui n'avaient pas été avertis de cette décision, se retrouvent, sous une pluie battante, devant des portes closes. Après un moment d'hésitation, et même de désarroi pour certains, sur les indications du député Guillotin, ils se transportent à quelques pas de là, dans la salle du Jeu de paume. Lieu austère, éclairé par de hautes fenêtres, sans sièges, cette grande pièce est coupée à mi-hauteur par des galeries de bois, qui sont aussitôt envahies par un nombreux public. D'entrée, sous la présidence de Bailly, Mounier fait une déclaration préliminaire : « Blessés dans leurs droits et leur dignité, avertis de toute la vivacité de l'intrigue et de l'acharnement avec lequel on cherche à pousser le roi à des mesures désastreuses, les représentants de la nation doivent se lier au salut public et aux intérêts de la patrie, par un serment solennel. » Puis, au milieu d'un bel enthousiasme, tous les députés, à l'exception d'un seul, prêtent l'illustre « serment du Jeu de paume », affirmation sans appel de la volonté réformatrice des Communes. Le texte, rédigé par Target, est encore modéré dans les termes. Bailly le lit d'une voix forte, chaque phrase étant répétée par les élus du peuple :

« L'Assemblée nationale, considérant qu'appelée à fixer la Constitution du royaume, opérer la régénération de l'Ordre public et maintenir les vrais principes de la monarchie, rien ne peut empêcher qu'elle continue ses délibérations, dans quelque lieu qu'elle soit forcée de s'établir, et qu'enfin partout où ses membres sont réunis, là est l'Assemblée nationale ; arrête que tous les membres de cette assemblée prêteront à l'instant serment solennel de ne jamais se séparer et de se rassembler partout où les circonstances l'exigeront, jusqu'à ce que la Constitution du royaume soit établie et affermie sur des fondements solides ; et que, ledit serment étant prêté, tous les membres, et chacun d'eux en particulier, confirmeront par leur signature cette résolution inébranlable. »

Sur la toile fameuse, où le peintre David évoque cette mémorable scène, il a représenté Robespierre les mains serrées contre sa poitrine, comme s'il voulait contenir les battements trop précipités de son cœur. Ce geste s'expliquerait bien chez quelque La Fayette ; mais notre impassible Flamand dut, à coup sûr, prononcer le serment avec tout le sang-froid et la grave solennité religieuse qu'il aura jugés de mise. Toutefois, l'étrange posture donnée ainsi à Robespierre ne prétend pas reproduire l'exacte réalité. Le peintre nous campe l'« Incorruptible » dans une vision allégorique, en supposant sans doute qu'il regrettait de n'avoir pas deux cœurs pour les donner à sa patrie...

Le lendemain, 21 juin, était un dimanche, et l'on n'assista à aucune manifestation particulière. En revanche, le lundi 22, l'Assemblée nationale, réfugiée cette fois dans la grande nef de l'église Saint-Louis, accueillit en son sein cent cinquante membres du clergé. Nouvelle victoire, cependant quelque peu vaine, puisque l'avenir même de toute réforme paraissait maintenant suspendu aux décisions qui seraient prises à la séance royale. Nombreux étaient les députés pessimistes ; certains pourtant voulaient croire encore en un sursaut de générosité de la monarchie. De générosité, et de clairvoyance également, car si le roi optait pour le choc frontal avec la jeune Assemblée, toute solution de compromis deviendrait fort aléatoire entre des hommes ardents, désireux de donner à la France sa Constitution, et un monarque pétrifié dans son orgueil et convaincu de son « droit divin ».

Pour opposer à la marée montante de l'Assemblée un front uni, le roi, la haute noblesse, les prélats et les ministres se réunirent trois fois en séance extraordinaire, le 19 à Marly, le 21 et le 22 à Versailles. Appuyé par ses collègues libéraux, Saint-Priest, Montmorin et l'évêque La Luzerne, Necker prôna le compromis et la modération. Comprenant sans doute combien était désormais irréversible le courant révolutionnaire, le Genevois suggéra le maintien quoi qu'il en soit du projet de loi sur l'égalité fiscale, l'admission de tous aux fonctions publiques et le vote par tête, lorsque les états généraux pourraient être enfin de nouveau réunis régulièrement. Néanmoins, il proposa le maintien d'un certain nombre de droits et privilèges seigneuriaux, mais conseilla parallèlement de ne pas casser officiellement les décisions prises par le tiers réuni en Assemblée nationale. Grâce à ces mesures de sagesse, il pensait que le pouvoir éviterait l'affrontement avec la majorité des députés, espérant qu'ensuite tout rentrerait peu à peu dans l'ordre. Necker ne fut pas entendu. Le garde des Sceaux critiqua vivement les concessions préconisées, y voyant un aveu de faiblesse, une capitulation indignes d'un roi de France. Flatté peut-être de cette prise de position abrupte, Louis XVI abandonna Necker et ses rêves libéraux, pour se ranger du côté de la réaction aristocratique, qui correspondait si bien à l'essence même de son caractère.

Le 23 juin, le contrôleur général des finances, considérant à juste titre qu'il avait été désavoué, refusa de prendre part à la séance royale. Dès lors, les représentants du tiers et leurs amis, inquiets de surcroît à la vue de l'imposant dispositif militaire qui entourait l'hôtel des Menus-Plaisirs, comprirent qu'aucun accord ne pourrait intervenir. L'ultime chance d'éviter une rupture fondamentale s'évanouissait.

Louis XVI, habituellement aboulique, sait aujourd'hui ce qu'il veut. Il ordonne aux trois ordres de siéger en chambres séparées, casse les arrêtés du tiers, consent certes à l'égalité fiscale, mais maintient expressément « les dîmes, rentes et devoirs seigneuriaux ». Et, non content encore d'avoir exprimé un tel raidissement, il termine par une menace : « Si vous m'abandonnez dans une si belle entreprise, seul je ferai le bien de mes peuples. Je vous ordonne de vous séparer tout de suite et de vous rendre demain matin dans les salles affectées à votre ordre pour y reprendre vos délibérations. » Les mots tombent de glace ; l'émoi est grand parmi les membres du tiers. La noblesse et une partie du clergé se retirent en silence. Mais, refusant de se soumettre à la décision du monarque, les élus de la nation restent à leur place. Aussitôt le roi parti, le jeune marquis de Dreux-Brézé, grand maître des cérémonies, s'avance et, menaçant à son tour, intime aux députés l'ordre de quitter la salle des Menus-Plaisirs : « Messieurs, dit-il, vous connaissez les intentions du roi ! » Mais, que pouvait bien ce petit marquis infatué face à ces centaines d'hommes décidés et convaincus de la légitimité de leur action... Alors fusent trois réponses, qui resteront parmi les plus belles formules nées de cet esprit révolutionnaire, que plus rien désormais ne contraindra. Bailly d'abord : « La nation assemblée ne peut recevoir d'ordre ! » Sieyès ensuite : « Vous êtes aujourd'hui ce que nous étions hier. » Et enfin Mirabeau, de sa voix de tonnerre : « Nous sommes ici par la volonté du peuple et nous ne quitterons nos places que par la force des baïonnettes ! » Pantois, offusqué, impuissant, Dreux-Brézé tourne les talons, abandonnant la salle à cette force nouvelle, révélée à elle-même par l'aveuglement d'un roi.

Le tiers persiste. Il est l'Assemblée nationale.

Devant cette rébellion manifeste, le roi songea un moment à employer la force. Ordre fut même donné aux gardes du corps de disperser les députés. Les représentants de la noblesse ralliés au tiers s'y opposèrent. La Fayette et d'autres mirent la main à l'épée. Louis XVI n'insista plus. Les hommes du peuple de France, toutes origines confondues, demeuraient maîtres de la situation. Et, sans attendre, l'Assemblée nationale décida qu'elle maintenait ses précédents arrêtés, décrétant aussi l'inviolabilité de ses membres. De guerre lasse, ou parce qu'il comprenait enfin l'ampleur de l'événement et la détermination des hommes, le roi ne s'y opposa pas. Déjà, dans son discours du 23 juin, seul point positif, il avait consenti à garantir les libertés individuelles et celles de la presse. Ce qui, implicitement, en revenait à reconnaître les principes mêmes d'un gouvernement constitutionnel.

Le triomphe du tiers est dès lors plus manifeste de jour en jour : le 24 juin, la majorité du clergé vient se fondre aux députés des Communes. Le lendemain, quarante-sept députés de la noblesse, dont Clermont-Tonnerre, La Rochefoucauld, Du Port, gagnent à leur tour l'Assemblée nationale. Le 27 juin, Louis XVI lui-même donne son aval au fait accompli, en invitant son « fidèle clergé et sa noblesse » à se réunir au tiers état. Chacun a compris que le vieux monde inégalitaire n'est plus en mesure de lutter contre les forces montantes de la nation. Ce soir du 27 juin, Paris est illuminé. On chante, on danse. Le peuple se croit libre et maître de ses destinées. En ordonnant la réunion des trois ordres, la royauté entrait dans l'ère des concessions. Désormais, il n'y a plus d'états généraux ; l'autorité du roi est passée sous le contrôle des représentants de la nation. Quant à l'Assemblée, elle entendait bien construire sans retard, sur les ruines de l'Ancien Régime, juridiquement détruit, un édifice législatif cohérent et empreint d'un véritable esprit de justice. Le 7 juillet est créé un « Comité de Constitution » ; le 9 juillet, les députés déclarent l'Assemblée nationale constituante. En deux mois, par-delà d'inévitables turbulences, la révolution juridique s'achevait sans aucun recours à la violence.

Que fit Robespierre au long de ces deux mois qui virent se dérouler le premier acte du drame révolutionnaire ? Comment réagit-il à ces bouleversements, qu'il souhaitait de tout son être, mais dont la rapidité fut peut-être de nature à le surprendre ?

La députation du tiers d'Artois comprenait trois avocats, deux rentiers et trois cultivateurs. Dès son arrivée à Versailles, Maximilien résolut de se ranger du côté de ces derniers. Les affinités entre les trois hommes de la glèbe et notre délicat citadin n'étaient peut-être pas nombreuses. Néanmoins Robespierre préférait le courage et la rude sincérité de ces agriculteurs à la pédanterie d'avocats qui ne l'aimaient guère. Quant aux rentiers, ils étaient exclusivement des hommes d'argent, des matérialistes préoccupés de leur seule fortune sociale : tout ce que Robespierre abhorrait dans cette frange de l'ancienne bourgeoisie provinciale.

Avec ses nouveaux amis, Maximilien s'installa dans une hôtellerie de la rue Sainte-Élisabeth (aujourd'hui rue Duplessis, après avoir été rue Voltaire sous la Révolution). Les quatre hommes restèrent unis durant tout le séjour versaillais, et ne devaient se séparer qu'au moment du transfert de l'Assemblée à Paris. Il est difficile d'imaginer le premier contact de Robespierre avec la cité royale. Difficile aussi de le décrire alors dans ses émois, dans ses naïvetés. Car, le jeune député d'Arras découvrait un monde qui lui était totalement inconnu ; un monde d'élégance, où le bel esprit régnait encore en maître. Un court moment, il fut plutôt spectateur qu'acteur. Par timidité ou par prudence ? Pour les deux raisons sans doute. Observant le jeu scintillant de la monarchie, découvrant un laxisme moral qui lui fut toujours insupportable, il essayait néanmoins de sortir un peu de cet isolement mental que par nature il affectionnait. Il lisait très ponctuellement les gazettes, analysait les comptes rendus des séances et, inlassablement, recherchait dans les œuvres de Rousseau l'aliment intellectuel et spirituel indispensable à sa démarche politique. Rapidement pourtant, dès le mois de mai, il se fit quelques relations utiles, éliminant peu à peu les liaisons fastidieuses.

Parallèlement il se mit à évaluer le poids des réputations, négligeant celles qu'il devinait surfaites, se passionnant pour les personnalités qu'il estimait authentiques et susceptibles de servir la cause et les droits du peuple. Mais toujours, il procéda avec une extrême prudence, pas à pas. Peur de se compromettre auprès d'hommes trop éloignés de sa pensée ? Peur aussi des déceptions ? Car, nous le savons, cet émotif ne redoutait rien tant que la déconvenue dans ses rapports humains.

Dès les premiers jours de son séjour versaillais, Robespierre chercha à se mettre en rapport avec Necker. Il l'avait beaucoup admiré, lorsqu'il vivait encore à Arras, et en mai 1789, Maximilien voyait toujours en lui l'homme du destin auquel il avait consacré un si vibrant hommage. Le contrôleur général des finances n'était pas un personnage inaccessible. Il recevait volontiers penseurs, économistes ou politiciens qui sollicitaient un entretien. Dans le cas de Robespierre le terrain était déjà préparé par l'envoi de nombre de ses « mémoires » au ministre. Necker, qui se souvint de l'avocat d'Arras, lui fit bon accueil. Il l'invita même à dîner chez lui, à Paris, rue Michel-Lecomte, et sa fille, Mme de Staël, le rencontrant au petit Trianon, l'accabla de politesses. Elle voyait en lui, affirmait-elle alors, l'un des grands hommes de demain et l'un des plus brillants esprits de son temps.

Cette première démarche devait bientôt s'avérer vaine, Robespierre comprit très vite qu'il avait idéalisé Necker, en qui maintenant il ne voyait plus guère qu'un financier incapable de s'intéresser aux grandes questions sociales de l'heure. Un court moment aussi, le ministre avait cru qu'il avait trouvé chez cet avocat passionné un excellent allié au sein du tiers état. Mais, à son tour, il dut vite déchanter ; si les deux hommes parlaient de révolution, il ne s'agissait pas, manifestement, de la même. Necker voulait avant tout une réforme économique qui eût, selon lui, permis à la France de sortir rapidement du chaos financier dans lequel elle s'enfonçait depuis plusieurs décennies. L'avocat d'Arras rêvait d'un nouvel ordre social, d'une nouvelle légalité, qui fût populaire, sans pour autant prôner la destitution du roi, en qui il voyait le premier commis de l'État, le garant d'institutions égalitaires et, dans certains cas, l'arbitre capable de trancher dans un grand débat national. L'entourage du contrôleur général des finances, constitué tout à la fois de banquiers cosmopolites, de riches seigneurs et de quelques maîtres de philosophie sans originalité, acheva bientôt de rebuter Maximilien. Arras, maintenant, était loin, et confronté à la réalité quotidienne de la lutte politique, il comprit vite que les hommes de pouvoir ne se souciaient guère de son bel idéalisme.

Ensuite, il se rapprocha de Mirabeau, qu'il avait sans doute rencontré au « Club breton ». Ils furent, après les députés fondateurs tous issus des bailliages de Bretagne, parmi les premiers à lui apporter leur adhésion. Cette fois, il avait trouvé un homme à la mesure de ses espérances ; le tribun du peuple aux allures héroïques. En peu de temps, une entente mêlée d'estime réciproque s'instaura entre ces deux représentants du tiers. A ce propos, Louis Blanc relate, dans son *Histoire de la Révolution française*, l'anecdote suivante : « On avait vu, au milieu des chuchotements et des moqueries, Mirabeau contempler avec une curiosité pensive cet homme au pâle visage, au sourire étrange, dont la physionomie respirait une sorte de douceur vague, en qui tout annonçait la passion de l'ordre, et qui lui paraissait plein de respect de lui-même, tant il y avait de soin dans sa mise, de gravité dans son attitude et d'apprêt dans sa parole. »

Surprenante amitié que celle qui lia un moment « la Torche de Provence », forte stature, tempérament puissant, vie dissolue, au petit avocat flamand tout intériorisé, plein de pudeur et de sévérité. Rien en apparence n'était fait pour les rapprocher. Rien, si ce n'est peut-être leur égal amour de la liberté, leur profond désir d'araser les inégalités. Toutefois, autant Mirabeau était disposé aux compromissions pour arriver à ses fins, autant Robespierre était intraitable dans la forme et dans l'esprit. Ce qui ne devait pas l'empêcher de se montrer en compagnie du célèbre orateur et de s'intéresser de près à son journal, *Le Courrier de Provence*.

Mais à Versailles, les véritables compagnons de Robespierre furent bien davantage Pétion, Charles et Alexandre de Lameth, Lepeletier de Saint-Fargeau, tous quatre membres de l'Assemblée nationale et ayant à peu près le même âge que lui ou quelques années de plus. Les trois derniers étaient des élus de la noblesse, mais leurs idées — tout particulièrement celles de Lepeletier — étaient peu éloignées de celles défendues par Maximilien à ce moment.

Jérôme Pétion de Villeneuve, juriste de talent et député du tiers, bien qu'il fût originaire d'une famille de la petite noblesse de Chartres, devint rapidement l'ami le plus proche de Robespierre, et il était rare de ne pas les voir ensemble lors des débats de l'Assemblée constituante. Peu après la dissolution de cette assemblée (1791), l'élection de Pétion à la mairie de Paris (cf. *infra*) allait placer celui-ci dans une position fort délicate. En effet, homme d'ordre, contraint par ses nouvelles fonctions de s'opposer à toutes les entreprises illégales qui se dressaient contre l'autorité constituée, il perdit rapidement la confiance des chefs révolutionnaires, dans la mesure où ces derniers étaient de plus en plus souvent forcés de soutenir les actions insurrectionnelles de la Commune. Et, lorsqu'il y eut de nouvelles élections pour choisir les députés de la Convention nationale, Pétion devint le candidat de la bourgeoisie réactionnaire, de la « Gironde », contre Robespierre qui devait lui infliger une écrasante défaite. Élu enfin dans une autre circonscription, Pétion ne cessa plus alors de s'opposer à l'« Incorruptible ». Jamais cependant celui-ci n'attaqua spontanément son ancien ami. Il ne fit que riposter chaque fois que Pétion ouvrait les hostilités.

Le cas des frères Lameth est tout différent. Ils appartenaient à ce groupe de nobles libéraux, dont La Fayette resta comme le représentant archétypique, et qui, sous l'influence de la révolution américaine et des penseurs de l'époque, spécialement de Montesquieu, rêvaient d'instaurer en France une monarchie constitutionnelle. En fait, leurs efforts, parce qu'ils s'adressaient à un peuple contraint depuis trop de siècles, ne contribua qu'à ouvrir davantage encore la brèche par où déferla le torrent révolutionnaire. Les Lameth avaient pris part, sous Rochambeau, à la guerre d'Indépendance américaine. L'aîné, Charles, celui qui aida efficacement Robespierre lors de son élection comme député du tiers d'Arras, avait même été blessé à la bataille de Yorktown. A l'Assemblée constituante, tous deux siégeaient un peu plus à gauche que La Fayette. Secondés par Du Port et Barnave, ils organisèrent le Club des jacobins (issu du Club breton de Lanjuinais et Le Chapelier), lorsque l'Assemblée fut transférée à Paris. Mais, assez rapidement, ces tenants de la légitimité royale devaient entrer dans l'opposition, lorsque la vague de fond révolutionnaire se fit franchement républicaine. C'est-à-dire peu après la fuite de Varennes. Ils prirent alors ouvertement position pour la Cour, et fondèrent, en compagnie d'autres jacobins dissidents, un club politique rival, celui des feuillants. Après la chute de la monarchie, Charles parvint à gagner l'Angleterre, tandis qu'Alexandre passait la frontière du Nord avec La Fayette, lorsque les troupes de ce dernier refusèrent de marcher sur Paris pour y écraser l'insurrection républicaine.

Un certain temps, Robespierre et les frères Lameth avaient pourtant agi de concert au sein du Club des jacobins. Toutefois, des divergences fondamentales, non seulement quant au sort de la monarchie, mais aussi sur le principe du droit du peuple à l'insurrection, s'élevèrent assez rapidement entre ces deux aristocrates et le nouveau tribun du peuple. Et, dès après l'affaire de Varennes, lorsque Maximilien put réunir toutes les preuves de la secrète connivence des deux frères avec la Cour, l'inimitié se fit ouverte, extrême même.

Si les Lameth, nobles libéraux, qui rêvaient d'un régime composé d'un savant mélange de démocratie à l'américaine et de parlementarisme à l'anglaise, se réclamaient principalement des théories de Montesquieu, Michel Lepeletier de Saint-Fargeau, l'autre ami de Robespierre parmi les députés de la noblesse, était comme lui un fervent disciple de Rousseau. Cela, pour partie au moins, peut expliquer que la plus sincère amitié subsista entre l'élu du tiers d'Arras, et Lepeletier jusqu'à la mort de ce dernier, le 20 janvier 1793. Conventionnel, il avait voté la mort du roi, ce qui lui valut d'être assassiné dès le lendemain de ce scrutin mémorable par un certain Pâris, ancien garde du corps de Louis XVI.

Très riche, cet idéaliste sincère souhaitait ardemment la suppression de tous les privilèges de l'aristocratie, dont il jouissait pourtant lui-même. Et, de tous les révolutionnaires, il fut sans doute l'un des plus visionnaires. En effet, percevant combien l'œuvre du nouveau régime resterait fragile et peu assurée d'un avenir durable si elle n'était étayée par un certain nombre de mesures législatives destinées à donner davantage de moyens à chacun pour accéder enfin à une véritable égalité fondamentale, il conçut le projet de loi le plus radical, le plus généreux et le plus authentiquement démocratique en matière d'éducation publique. Lorsque, après sa mort, on montra à Robespierre ce texte de Lepeletier, il s'écria : « C'est admirable ! C'est le seul écrit digne de la Révolution ! » Aussitôt, il s'offrit de le soutenir devant la Convention, et ainsi fit-il avec succès. Succès relatif cependant, car la formule de Lepeletier, « projet d'éducation obligatoire », ne fut pas retenue par les députés. Or, en retranchant le mot « obligatoire », la majorité bourgeoise de la Convention ôtait à ce grand dessein toute sa portée révolutionnaire.

Peu à peu, le tableau s'ébauche. Nous commençons à mieux cerner le député Robespierre durant sa période versaillaise : son admiration pour Mirabeau, ses proches amis sont autant de points de détail qui nous renseignent sur ce que sera sous peu son cheminement politique et révolutionnaire. Certes, il nous resterait maintenant à l'approcher de plus près, à le voir vivre au jour le jour. Ce qui n'est guère possible : jamais il ne laissa transparaître dans ses écrits le moindre émoi personnel, le moindre fait concernant ses joies et ses peines. Tout au plus savons-nous qu'il restait à Versailles aussi studieux et appliqué qu'à Arras. Il passait à l'Assemblée la plupart de ses matinées et certaines de ses soirées. En dehors de cet emploi du temps tout professionnel, quand il ne rendait pas visite à Pétion, à Lepeletier ou à quelque autre, il réservait le plus clair de ses après-midi et une partie de ses nuits à lire et, surtout, à écrire, à polir patiemment ses prochains discours.

Pendant cette première période de sa carrière politique, tout en se choisissant quelques points d'appui indispensables à tout homme public qui débute, Robespierre se garde bien de s'engager définitivement, de s'attacher à aucun groupe, à aucune coterie. Dès la première séance des états généraux, il sait jauger la situation et juger lucidement ce monde politique qui s'affaire, remue, parle et déclame. Dans une lettre envoyée peu après à son fidèle Buissart, il remarque qu'il y a dans ce rassemblement d'hommes une minorité encore assez faible numériquement, qui se montre animée d'un sincère désir d'œuvrer à l'édification d'un nouvel ordre social. Il l'évalue à une centaine de membres sur les douze cents. En revanche, les personnages éminents sur lesquels, au cours de la campagne électorale, on avait fondé beaucoup d'espoirs, les Malouet, les Target, les Mounier, ont démontré, telle est du moins son opinion, leur parfaite inanité et leur incapacité manifeste à saisir le sens des événements extraordinaires qui étaient en gestation. Dès lors, remarque-t-il, il y a tout lieu de se préparer à prendre une place qui, tôt ou tard, sera disponible par la force même des turbulences révolutionnaires que ces politiciens seront inaptes à contrôler. En attendant, il lui importe de se préparer ponctuellement à sa future mission nationale, qui, conclut-il, commencera dans un avenir relativement proche. Il faut souligner la parfaite assurance et l'imperturbable sérénité dont fit preuve le jeune avocat arrageois au milieu de ses confrères du tiers état, pour la plupart bruyants et volontiers tragi-comiques dans leurs tonitruantes déclarations. Patiemment, il poursuit la réalisation d'un dessein mûrement réfléchi et soigneusement préparé. Il ne laisse rien au hasard, et rarement l'improvisation s'immisce dans son œuvre de représentant de la nation. Persuadé que la Révolution doit rendre au peuple souverain tous ses droits de gouvernement et de gestion des affaires publiques par l'intermédiaire de ses députés, il considère dès lors qu'il figure au nombre de ces élus déterminés et lucides, désintéressés et ardents, capables d'œuvrer sans plus tarder au salut de la patrie, et susceptibles de la faire passer sans trop de heurts d'un régime féodal à une démocratie réelle. On peut dire, en reprenant le propos de Mirabeau, qu'il sait où il va et comment il y va ; partant, il a toute la vigilance nécessaire pour ne jamais se laisser entraîner sur l'un de ces chemins de traverse, dont la route qu'il parcourt se trouve pourtant ponctuée à profusion.

Comme orateur, Robespierre a été apprécié de manière si diverse qu'on découvre incontestablement dans cette gamme d'opinions la marque de divers courants historiques et politiques. Carlyle le juge « aride comme le sirocco ». Selon Taine, « il n'a rien dit, et il parle pour parler ». A en croire Ernest Hamel, il s'est fait remarquer souvent tout au long de la session de la Constituante, et ses interventions ont exercé à de nombreuses reprises une influence décisive sur les délibérations de ses collègues. Quant à Mathiez, il le place au-dessus de Vergniaud, pourtant réputé pour son très grand talent oratoire. D'autres encore, comme Michelet et Aulard, se plaisent à le décrire alors à la manière d'un souffre-douleur, espèce de pauvre diable injustement bafoué et ridiculisé par ses impitoyables confrères. « Il fut convenu entre les nobles que cet ambitieux serait l'homme ridicule de l'Assemblée, celui qui amuse et doit amuser tout le monde, sans distinction de partis[1]. » Et, Aulard de renchérir : « Il fut pendant les premiers mois, le bouffon malgré lui et le plastron de l'Assemblée[2]. »

Dans les deux cas, l'exagération est manifeste, et un fait demeure acquis : pendant les deux années de son mandat de député à l'Assemblée

---

1. Michelet, *Histoire de la Révolution française*.
2. Aulard, *Les Orateurs de la Révolution*.

constituante, Robespierre accomplit d'un bout à l'autre le pénible trajet, qui fit d'un obscur élu de la province l'un des chefs de la Révolution, et bientôt sa conscience même. Ainsi, dès août 1790, sa réputation se trouve déjà suffisamment consacrée pour que, du fond de l'Aisne, le jeune Saint-Just lui écrive : « Vous que je ne connais que comme Dieu, par ses merveilles ! »

A lire ses discours, on ne peut s'empêcher d'approuver, au moins partiellement, la critique que porta sur lui le pasteur suisse Reybaz, l'un des proches collaborateurs de Mirabeau : Robespierre ne savait pas quand il devait s'arrêter. Presque toutes ses harangues, certes fort bien construites, sont longues, trop longues. De plus, il avait une manière bien à lui de se répéter, de revenir sans cesse sur un point précis, qui était l'axe même de son intervention. Cependant, comme le fait remarquer à juste titre Michelet, ce procédé peut être exceptionnellement efficace devant une assemblée, et à l'entendre, on ne pouvait guère ressentir cette lassitude qui saisit parfois le lecteur de ses textes. Pratiquement, de telles répétitions présentaient l'évident avantage de mettre l'argumentation en relief, de captiver l'attention des auditeurs, quelquefois même contre leur propre volonté, et d'émousser leur sens critique.

Quant au style, certaines interventions de Robespierre méritent bien, par endroits, le jugement péjoratif de Carlyle : oui, il pouvait être aride, par trop intellectuel, oublieux de la matière humaine pour ne se mouvoir qu'au cœur des sphères idéales d'une utopie désincarnée. Mais, il en est d'autres où, partiellement, voire d'un bout à l'autre, règnent une incontestable éloquence, une grande harmonie phraséologique, une extraordinaire vivacité d'expression alliées à une logique sans failles, qui s'avère en tous points ruineuse pour l'argumentation adverse. Cet homme, accoutumé aux longs raisonnements gigognes, savait aussi manier avec un rare bonheur la formule lapidaire, la phrase nette qui frappe tous les esprits et désintègre les thèses des contradicteurs.

L'appréciation qu'il convient de porter aujourd'hui sur l'œuvre oratoire de Robespierre doit s'élever enfin au-dessus des vieilles querelles. Fut-il un grand tribun ? Assurément. Et, si l'on juge l'orateur d'après l'influence qu'il exerça sur son auditoire, celle-ci fut rarement égalée dans l'histoire, si l'on excepte, bien entendu, certains phénomènes contemporains, Mussolini, Hitler, Staline, Mao-Ze-Dong...

D'aucuns affirment que la popularité dont il jouit assez rapidement est moins le fruit de ses talents que celui de son habileté à savoir flatter les pulsions, les désirs et les rêves de la grande masse. Ce qui revient à le confondre avec les trop nombreux démagogues que connut la Révolution. Rien n'est plus tendancieux et formellement inexact. En réalité, il s'avança très souvent à contre-courant, et fit toujours preuve d'un courage moral peu commun. Chaque fois qu'il estima l'opinion publique engagée dans une funeste direction, il la combattit de toutes ses forces, ne ménageant plus alors aucune amitié, aucune susceptibilité, au risque même d'être renié par ses plus fidèles partisans.

Plus que tout autre élément, ce qui fera sa force, bientôt redoutable, réside dans la solide architecture intellectuelle qui sous-tendait sa pensée et ses discours construits sur un mode rigoureux et empreints d'une irréfragable logique. Cette logique, son arme favorite d'orateur, était également la protection d'un timide qui ne s'avançait dans l'âpre combat qu'à force de volonté. N'allons pas croire pour autant qu'il distribuait une prose glacée à ses auditeurs : il lui suffisait un instant de laisser sourdre sa vraie nature pour faire aussitôt vibrer la corde émotionnelle de ceux qui l'écoutaient. A ce propos, rappelons-nous combien ses interventions attiraient le public féminin des tribunes, combien les femmes de toutes origines étaient bouleversées lorsqu'il parlait. Camille Desmoulins raconte dans une lettre à son père, qu'un jour à l'écouter, la moitié au moins des auditeurs, et cette fois sans distinction de sexe, avait les larmes aux yeux.

Tout autant qu'il savait convaincre par sa logique ou en laissant parler ses sentiments, Robespierre savait aussi atteindre la fibre de la spiritualité. Condorcet a dit un jour que la Révolution française était une religion. De tous les orateurs de la Révolution, nul n'égala jamais l'« Incorruptible » dans sa faculté à interpréter et à analyser la réalité spirituelle des événements. L'extrême probité de son existence, son incontestable moralité dans tous les domaines, privé ou public, l'autorisaient à exprimer des sentiments qui, sur les lèvres d'autres personnages politiques, eussent paru hypocrites et caricaturaux. Seul sans doute de tous les chefs révolutionnaires, il pouvait en toute légitimité parler de vertu et de spiritualité. Le sentiment proprement religieux qui naquit d'un soulèvement d'origine sociale, c'est Robespierre seul qui devait le canaliser et lui donner sa véritable dimension.

De mai à décembre 1789, Maximilien intervint vingt-cinq fois à l'Assemblée. On croirait volontiers que c'est là une activité oratoire tout à fait considérable. Il n'en est rien. La Révolution naissante se montrait en fait fort bavarde, et ses vingt-cinq discours ne pèsent guère face aux quarante-deux de Barnave, aux soixante-quinze de Target et aux cent vingt-deux de Mirabeau. Nous ne savons pas précisément comment furent accueillies ses premières déclarations. Encore inconnu, les journalistes écorchaient souvent son nom, qui, sous leurs plumes, devenait alors Robert-Pierre ou Robertz-Pierre. Le comparant à Mirabeau, « la Torche de Provence », de méchantes langues l'appelaient fréquemment « la Chandelle d'Arras ».

Un fait semble avéré : sa première intervention éclatante remonterait au 6 juin 1789, lors de l'apparition devant les Communes de l'archevêque d'Aix, venu inviter le tiers état à envoyer quelques députés pour conférer avec ceux du clergé et de la noblesse sur les moyens d'adoucir le sort des indigents. Cette intervention masquait mal le véritable dessein de son auteur : obtenir par surprise une réunion partielle des ordres qui fût contraire aux vues et aux intérêts des représentants du peuple. Pour reconstituer cette scène pittoresque, nous ne possédons qu'une source, le récit laissé par Étienne Dumont, secrétaire de Mirabeau, qui affirme en avoir été le témoin. Après le discours de l'archevêque, lisons-nous dans ses *Souvenirs*, « un député [Robespierre] prit la parole et renchérit sur les sentiments du prélat en faveur de la classe indigente ; mais il jeta le doute avec adresse sur les intentions du clergé. "Allez, dit-il à l'archevêque, et dites à vos collègues que, s'ils ont tant d'impatience à soulager le peuple, ils viennent se joindre dans cette salle aux amis du peuple : dites-leur de ne plus retarder nos opérations par des délais affectés ; dites-leur de ne pas employer de petits moyens pour nous faire abandonner les résolutions que nous avons prises, ou plutôt, ministres de la Religion, dignes imitateurs de Votre Maître [Jésus], renoncez à ce luxe qui vous entoure, à cet éclat qui blesse l'indigence ; reprenez la modestie de votre origine ; renvoyez ces laquais orgueilleux qui vous escortent ; vendez ces équipages superbes, et convertissez ce vil superflu en aliments pour les pauvres !" ».

A ce discours, remarque Dumont, répondit, non point des applaudissements, qui auraient été comme une vaine bravade, mais un murmure approbateur, confus et, en somme, beaucoup plus flatteur. On demandait partout qui était cet orateur ; il semblait n'être connu de personne, et ce ne fut qu'après quelques moments de recherche qu'on put faire circuler dans la salle et dans les galeries un nom qui, trois ans plus tard, devint le vivant symbole de la Révolution : Robespierre.

Déjà, dans ce discours improvisé qui ne fut restitué que de mémoire par Étienne Dumont, apparaissent nettement les deux pôles de la structure rhétorique de Maximilien : le fondement logique du raisonnement et l'appel à une spiritualité vraie et dépouillée.

Dès lors, un nombre sans cesse croissant de députés écoutera avec quelque attention les interventions de « la Chandelle d'Arras ». Quant au public, qui envahissait toujours davantage la salle des Menus-Plaisirs, il ne riait plus de sa voix trop faible et pointue ni de ses gestes souvent encore empreints d'une certaine gaucherie. De cette notoriété montante, et déjà bien importune pour certains, on ne peut guère douter, quand on voit Robespierre contraint de publier à ses frais un important discours qu'il n'avait pu lire à la tribune de l'Assemblée ; la clôture de la séance ayant été prononcée précipitamment, afin, semble-t-il de l'empêcher de parler, de peur sans doute de le voir bouleverser au dernier instant les décisions de la majorité. Il semble utile de s'arrêter maintenant quelques instants à ce discours, ce *Dire de Monsieur de Robespierre, député de la province d'Artois,* qui s'opposait franchement au « veto royal », soit absolu, soit suspensif. Le droit de veto était pour le roi celui de s'opposer définitivement — absolu — ou temporairement — suspensif — à une décision de l'Assemblée constituante. Nous y découvrons la clé de l'attitude de Maximilien face au projet de Constitution, dont on discutait alors les articles. Pour les conservateurs, privilégiés des deux ordres supérieurs, il s'agissait de fermer les portes par lesquelles la démocratie risquait d'envahir le nouveau régime. Pour les hommes de progrès, il fallait réduire au plus juste la prérogative royale, le gouvernement d'un seul. Nombreux étaient cependant les députés du tiers, qui pensaient ne pas devoir s'opposer au droit de veto royal, dans la mesure où celui-ci serait uniquement suspensif.

Le discours avorté de Robespierre, qui fut donc publié par ses soins vers le 20 septembre 1789, le classait définitivement parmi les plus radicaux d'entre les révolutionnaires, bien au-delà de Barnave, Mirabeau et autres partisans d'une révolution mitigée, ou, si l'on préfère, « raisonnable », qui donnerait à la grande et moyenne bourgeoisie des droits égaux à ceux des nobles, sans pour autant étendre ces droits à la petite bourgeoisie, aux artisans et aux paysans. Le système qui devait naître de ces réformes serait l'expression de la volonté des notables et des hommes d'argent, le triomphe des capitalistes de toutes origines, qui, enfin, accéderaient ainsi aux mêmes privilèges que ces aristocrates d'Ancien Régime qu'ils jalousaient tant. La masse laborieuse étant, de fait et de droit, exclue des bénéfices de la Révolution...

Le texte de Robespierre contient quelques formules qui annoncent un orateur de classe, un écrivain de race : « Celui qui dit qu'un homme a le droit de s'opposer à la loi dit que la volonté d'un seul est au-dessus de la volonté de tous. Il dit que la nation n'est rien et qu'un seul homme est tout. S'il ajoute que ce droit appartient à celui qui est revêtu du pouvoir exécutif, il dit que l'homme établi par la nation pour faire exécuter les volontés de la nation a le droit de contrarier et d'enchaîner les volontés de la nation. Il a créé un monstre inconcevable en morale et en politique, et ce monstre n'est autre que le veto royal. Il faut se rappeler que les gouvernements quels qu'ils soient sont établis par le peuple et pour le peuple, que tous ceux qui gouvernent, et par conséquent les rois eux-mêmes, ne sont que les mandataires ou les délégués du peuple. »

Voilà pour le « veto absolu ». Et, voici à présent pour cette forme édulcorée et aberrante du veto, appelée « veto suspensif » : « Pourquoi faut-il que la volonté de la nation cède pendant un temps quelconque à la volonté d'un homme ? Pourquoi faut-il que le pouvoir législatif soit paralysé dès qu'il plaira au pouvoir exécutif, tandis que celui-ci peut toujours exercer une activité redoutable à la liberté ! »

Il ne serait certes pas ardu de démêler dans ce texte ce que Robespierre doit aux philosophes, à tous les penseurs du XVIIIe siècle : Montesquieu et la séparation des pouvoirs, l'Encyclopédie et le despotisme éclairé, Rousseau et la souveraineté du peuple, Mably et l'égalité juridique des citoyens, voire Fénelon et la théorie des « antiques assemblées nationales ». Cependant, le propos de Maximilien demeure nouveau par sa forme, et sa nouveauté réside surtout dans la rigueur stylistique qu'il utilise pour enchâsser les différentes propositions et les constituer en un véritable corps de doctrine homogène. On sait néanmoins qu'il ne fut pas entendu par ses collègues : Barnave, l'inventeur du veto suspensif devait l'emporter. Le temps des grandes réformes radicales n'était pas encore venu.

Toutefois, cette position de principe, prise par celui que l'on commençait déjà à nommer l'« Incorruptible », jointe à ses interventions sans cesse plus nombreuses, plus vigoureuses et plus hardies en faveur de la liberté, de la volonté du peuple, à son affirmation inlassablement répétée que la Révolution risquait d'être étouffée par « une conspiration connue de tout le monde », allusion au « complot aristocratique », qui regroupait dès lors nombre de nobles farouchement hostiles à la promulgation d'une Constitution nationale, achèvent de mettre en vedette, dès la fin de l'été 1789, l'humble député d'Arras. Les plus acharnés d'entre les royalistes, notamment ceux qui se sont regroupés autour de l'abbé Royou, le rédacteur en chef des *Actes des Apôtres* et de Gauthier, l'inspirateur de *L'Ami du Roi*, le prennent désormais pour l'une de leurs cibles favorites. Ils raillent sa pensée comme son éloquence, sa personne comme sa tenue, et colportent à son sujet mille fables pour tenter de le discréditer. A l'inverse, les plus bouillants d'entre les « patriotes » se reconnaissent en lui, d'enthousiasme adoptent ses positions et le défendent vigoureusement. *Les Révolutions de Paris*, *La Sentinelle du peuple* et *Le Patriote français* le louent dans leurs colonnes, l'acclament et déclarent qu'il est l'homme des temps nouveaux. Brissot, les frères Lameth, Buzot et Mirabeau l'appuient lorsqu'il monte à la tribune. Il n'est plus seul. Déjà, il est devenu un « personnage », l'une des figures de proue de la Révolution naissante.

En trois ou quatre mois, Maximilien s'est hissé au-dessus du commun des représentants. Qu'on le loue ou qu'on le blâme, il est désormais connu de tous ceux qui se passionnent pour la « chose publique ». Consécration suprême, jusque dans sa province natale, on l'attaque ou on l'exalte. Le 20 décembre 1789, un de ses anciens collègues du barreau d'Arras lui écrit : « Polisson, tu ne cesseras donc pas de rester à l'auguste Assemblée nationale, où les honnêtes gens rougissent d'être avec toi. » Cependant qu'un ami le prévient : « Je crois que si vous veniez maintenant à Arras, vos jours n'y seraient pas en sûreté. »

Du petit avocat arrageois au tribun du peuple, l'homme aurait pu changer ; il aurait pu, comme tant d'autres, rechercher le succès dans les salons, essayer d'éblouir par sa faconde. Tant de places semblaient alors à conquérir ! Il reste immuable. Cette attitude constante, ses ennemis, comme ses thuriféraires abusifs d'hier et d'aujourd'hui, la figent en une sorte de statue dépourvue de vie réelle, d'humanité vraie. Les uns ne cesseront jamais de le peindre aux couleurs d'une idole pétrie d'orgueil, de vanité et de méfiance jalouse, mue exclusivement par une irrésistible ambition. Les autres l'encensent sans retenue. Pour ces derniers, il est un saint doué d'une infaillibilité thaumaturgique ; ils l'imaginent seulement les yeux fixés sur les étoiles de la liberté et de l'égalité, trop souvent entravé dans sa marche messianique par les obstacles sournois que sèment sous ses pas la haine des notables et l'envie de tribuns moins doués. La réalité est vraisemblablement plus simple : homme dénué par nature de tout désir corrupteur et de toute ambition personnelle, Maximilien se consacra corps et âme à son idéal, mais avec ses faiblesses humaines et ses rancunes, pour la plupart excrétées par son extrême émotivité.

Ses sentiments cachés, ses rêves dissimulés, nous ne pouvons les connaître. Il voulut n'être que la représentation même de sa pensée, de sa vocation de libérateur du peuple. Héraut d'un âge nouveau, il se refusa toujours à livrer l'intimité profonde de ses pensées : le secret de sa vie intérieure n'appartient pas à l'histoire. Celui qui tente de reconstituer les phases de son existence doit essayer de cerner la réalité de l'homme en s'aidant seulement de cette modeste information que sont les faits ponctuels. De son être profond, des replis de son psychisme nous n'appréhenderons jamais que les apparences. Ce qui devait perdre Maximilien Robespierre, ce fut son intransigeance, dictée par sa morale austère et son sens de la vertu civique, alliée à une confiance excessive dans la puissance de son art oratoire.

Chapitre XII

AU CARREFOUR DES DESTINÉES

Dans les premiers jours de juillet 1789, la Révolution était, on le sait, accomplie de droit. Grâce à l'énergie des élus du tiers état, la souveraineté nationale s'était substituée sur le plan juridique à l'absolutisme royal. Cependant le peuple, l'immense marée humaine, n'était pas encore entré dans l'arène. Il allait pourtant bouleverser tout l'horizon politique français en l'espace de quelques semaines. En effet, face aux menaces de moins en moins voilées de la réaction nobiliaire, la soudaine irruption populaire devait modifier définitivement l'équilibre des forces et imposer à la révolution bourgeoise une nouvelle perception de la réalité fondée sur l'impondérable de la rue.

A la veille de la grande convulsion, l'impasse paraissait totale. D'une part, les représentants des communes de France rassemblés et solidaires, de l'autre, les députés des ordres privilégiés et le noyau dur de la vieille monarchie. A tous, l'affrontement semblait inévitable. Le recours à l'armée était envisagé par la noblesse et par le roi. Le moyen était certes extrême, et nul n'en sous-estimait les conséquences. Mais, pour un pouvoir à ce point menacé dans son essence, il était bien l'*ultima ratio*.

Le 26 juin 1789, la veille du jour où il intimait aux ordres privilégiés de rejoindre leurs collègues du tiers à l'Assemblée nationale, Louis XVI décidait d'appeler autour de Paris et de Versailles vingt mille hommes de troupe. Le plan du souverain était simple et brutal : dissoudre par ce coup de force la nouvelle Assemblée et anéantir pour longtemps la prétendue autorité législative des députés. Exemple frappant, s'il en est, du comportement si souvent double du roi : ce qu'il octroyait d'une main, il s'appliquait à le ravir de l'autre.

Depuis les premiers jours de mai, depuis la séance inaugurale des états généraux, l'attitude des masses avait été vigilante. Les plus déshérités, tout comme les bourgeois, attendaient trop des transformations politiques en cours pour relâcher leur attention. Cet état d'éveil, et même d'agitation, promettait, à n'en point douter, une explosion de colère à la moindre dérobade de Louis et de ses ministres. Il n'existait plus de huis-clos parlementaire : c'était à présent le pays tout entier qui suivait les débats et les événements de Versailles. Pressés par leurs électeurs, les députés entretenaient régulièrement les populations de tous les faits politiques. Un peu partout, des gazettes avaient été créées, qui relataient et commentaient les discussions de l'Assemblée. La France n'avait jamais connu cela : une véritable opinion publique était maintenant en gestation. La bourgeoisie, ici encore, entendait bien mener le jeu et ne pas relâcher son emprise, ni sur les deux ordres privilégiés, qui apprenaient à compter politiquement avec elle, ni sur le peuple anonyme, susceptible de devenir son fer de lance, si l'autorité royale s'opiniâtrait dans son raidissement.

A Paris, les quatre cent sept électeurs qui avaient nommé les députés de la circonscription se réunirent le 25 juin afin de constituer une municipalité, ou mieux, une « commune » officieuse. A Rouen, à Lyon, les anciennes municipalités désemparées par la rapide évolution de la situation s'adjoignaient de nouveaux électeurs choisis parmi les notables libéraux. Partout l'aristocratie refluait et l'autorité passait aux mains des bourgeois. Aussi, quand le coup de force de la Cour se précisa, dans tout le pays les nantis du tiers état contribuèrent activement à stimuler la résistance populaire. Ils mobilisèrent ainsi à leurs fins politiques la petite-bourgeoisie des artisans et des boutiquiers si nombreuse dans les grandes villes, et tout particulièrement à Paris, celle-là qui durant toute la période révolutionnaire fournit les cadres des insurrections. Spontanément, les compagnons et les ouvriers suivirent le mouvement et vinrent grossir le front déjà redoutable du tiers ordre.

La convocation des états généraux avait suscité dans le peuple un grand espoir de régénération nationale. Or, voici que par leur aveuglement, par leur refus de céder aux demandes les plus légitimes du tiers, les aristocrates empêchaient dorénavant l'éclosion tant attendue de ce renouveau. L'opposition de la noblesse au doublement de la représentation du tiers, puis au vote par tête avait enraciné cette idée, que les nobles défendraient par tous les moyens leurs privilèges. Bientôt, complot aristocratique et crise économique se lièrent dans l'esprit populaire. Les nobles furent accusés, bien à tort sans doute, d'accaparer les grains, de cacher d'immenses fortunes, qui auraient pu servir à redresser l'économie nationale... Jour après jour, les passions s'exacerbèrent. Le peuple des rues comme les bourgeois les plus favorisés n'en doutèrent plus : Louis XVI n'était animé que d'un seul dessein, disperser par la force cette Assemblée nationale qui portait tous leurs espoirs. On soupçonna le gouvernement de vouloir provoquer les Parisiens, afin de faire donner les troupes concentrées autour de la capitale, et plus particulièrement ces régiments étrangers honnis de tous et tristement réputés pour leur brutalité. Le 1er juillet 1789, Marat publia un pamphlet : « Avis au peuple, ou les ministres dévoilés. O mes concitoyens ! Observez toujours la conduite des ministres pour régler la vôtre. Leur objet est la dissolution de notre Assemblée nationale, leur unique moyen est la guerre civile. Les ministres soufflent la sédition ! Ils vous environnent de l'appareil formidable des soldats et des baïonnettes ! » La gravité de la situation ne pouvait échapper à l'Assemblée nationale. Le 8 juillet, sur le rapport de Mirabeau, elle décidait d'une adresse au roi, pour réclamer l'éloignement immédiat des troupes qui encerclaient Paris et Versailles. Les termes de ce texte étaient quelque peu ironiques : « Eh ! Pourquoi un monarque adoré de vingt-cinq millions de Français ferait-il accourir à grands frais autour du trône quelques milliers d'étrangers ? » Le 11 juillet, Louis XVI fit répondre par Barentin, le garde des Sceaux, que les troupes n'étaient destinées qu'à réprimer ou plutôt à prévenir de nouveaux désordres. Mais, le même jour, le roi allait pourtant brusquer inconsidérément les choses et détériorer une situation déjà si tendue : alors que nul parmi les députés ne s'y attendait, il renvoya Necker et appela au ministère un contre-révolutionnaire déclaré, le baron de Breteuil, avec le maréchal de Broglie à la Guerre. Face à ce bouleversement inattendu, qui laissa un instant l'Assemblée interdite, l'irruption du peuple parisien dans l'histoire de la Révolution sauva le processus démocratique en cours.

Le 12 juillet, la nouvelle du renvoi de Necker est connue de tous à

Paris. Elle y est reçue comme une catastrophe. On devine aussitôt que c'est là un premier pas dans la voie d'une répression aux développements encore imprévisibles. Parallèlement, aux rentiers et aux financiers le renvoi du contrôleur général des finances apparaît comme la menace d'une prochaine banqueroute : les agents de change se réunissent immédiatement et décident la fermeture de la Bourse en signe de protestation. En un jour les billets de la Caisse d'escompte perdent 100 livres, passant de 4 265 à 4 165 livres. Les salles de spectacle sont fermées. Des réunions, des manifestations sont improvisées aux carrefours et sur les places. Au Palais-Royal, le jeune Camille Desmoulins harangue la foule encolérée. Dans les jardins des Tuileries, une colonne de manifestants se heurte à un détachement du régiment étranger « Royal Allemand » du prince de Lambesc. L'affrontement est bref mais violent ; les mercenaires royaux tirent. Il y a des blessés et des tués. A cette nouvelle, on sonne le tocsin ; en moins d'une heure, toutes les boutiques des armuriers sont pillées : la foule parisienne a pris les armes. Désormais, elle refuse de les rendre.

Le 13 juillet, l'Assemblée nationale déclare que Necker et les ministres renvoyés emportent « son estime et ses regrets » ; dans le même temps, elle décrète la responsabilité des ministres en fonction dans les événements qui se déroulent à Paris. Mais ces mots sont vains ; ils ne peuvent rien contre un état de fait : les députés peuvent rugir, remercier, condamner. Ils restent impuissants, plus que jamais dépossédés du vrai pouvoir. Et, c'est le peuple, par son action spontanée et rapide, qui va renverser la situation et conférer à ses représentants les véritables instruments de l'autorité : à Paris, une nouvelle souveraineté est en train de naître.

Dès le 10 juillet, les électeurs du tiers état s'étaient de nouveau réunis à l'hôtel de Ville, émettant le vœu de « procurer au plus tôt à la ville de Paris l'établissement d'une garde bourgeoise ». Le 12 au soir, ils adoptaient un arrêté, publié le 13 au matin, qui instituait un « Comité permanent ». L'article 5 de ce texte prévoyait « qu'il serait demandé à chaque district de former un état nominatif de deux cents citoyens connus et en état de porter les armes, qu'ils seraient réunis en corps de milice parisienne, pour veiller à la sûreté publique ».

Que l'on ne s'y trompe pas : il ne s'agissait pas encore des « sections » de la « Commune insurrectionnelle de Paris », mais seulement d'une garde bourgeoise destinée à la défense des intérêts de tous les possédants, non seulement contre les abus du pouvoir royal et de ses troupes, mais aussi contre la menace des catégories sociales les plus défavorisées et jugées « dangereuses » par les tenants de l'ordre bourgeois.

Dans la journée du 13 juillet, l'émeute parisienne se développe. Des groupes d'hommes et de femmes parcourent la ville à la recherche d'armes, menaçant de fouiller les hôtels des aristocrates. Déjà, dans les rues on ouvre des tranchées, on élève des barricades de fortune. Depuis l'aube, les artisans du fer forgent des piques. Mais que peut une foule armée de piques contre des bataillons disciplinés et munis de bons fusils ? Ce qu'il faut au peuple, ce sont des armes à feu et des munitions. En vain, la foule en réclame au prévôt des marchands. Dans l'après-midi, les gardes françaises, qui ont reçu l'ordre de quitter Paris, refusent d'obéir au pouvoir versaillais et se mettent à la disposition de l'Hôtel de Ville. Le 14 juillet, dès l'aube, la population de la capitale exige un armement général. Devant le refus des milices bourgeoises, une nombreuse troupe d'artisans et d'ouvriers, d'hommes et de femmes se porte incontinent aux Invalides, où elle s'empare de trente-deux mille fusils, d'autant de baïonnettes et de plusieurs centaines de milliers de cartouches. Sa prochaine étape : la Bastille, cet arrogant symbole de l'ordre féodal qui semble toujours défier les Parisiens. Avec ses remparts hauts de trente mètres, ses fossés remplis d'eau et larges de vingt-cinq mètres, l'antique forteresse est défendue seulement par quatre-vingts invalides encadrés de trente suisses. Mais, les artisans du faubourg Saint-Antoine, les premiers à encercler l'enceinte de la prison, sont bientôt renforcés par deux détachements de gardes françaises et par de nombreux bourgeois de la milice disposant de cinq canons, dont trois sont immédiatement mis en batterie. Après une fusillade peu nourrie, cette intervention décisive force le gouverneur de Launay à capituler. Il fait abaisser le pont-levis. La Bastille est prise ; le peuple se rue dans le sombre dédale de ses couloirs.

De Versailles, l'Assemblée nationale avait suivi les événements parisiens avec beaucoup d'attention et même d'anxiété. Dans la journée du 14, deux députations sont envoyées au roi pour solliciter quelques concessions. Arrive alors l'extraordinaire nouvelle : la Bastille est entre les mains des Parisiens insurgés. Comment Louis XVI va-t-il réagir ? La soumission de Paris, à n'en pas douter, exigerait une pénible guerre de rues, qui ternirait un peu plus encore l'image de la monarchie aux yeux du peuple. De grands seigneurs libéraux, dont le duc de Liancourt, engagent le monarque, dans l'intérêt même du trône, à éloigner les troupes de la région parisienne. Après quelques heures d'hésitation, contre l'avis même de Marie-Antoinette et de son entourage immédiat, le roi opte enfin pour l'apaisement et la temporisation. Le 15 juillet, il se rend à l'Assemblée nationale pour y annoncer officiellement le renvoi de tous les régiments qui ceinturaient Versailles et la capitale.

A Paris les choses vont vite : profitant de la victoire populaire, la bourgoisie s'empare de l'administration de la ville. Le Comité permanent de l'Hôtel de Ville devient la « Commune de Paris », dont le député Bailly est élu maire, tandis que La Fayette est nommé commandant de la milice, qui reçoit le nom de « garde nationale ».

Louis XVI, achevant sa reculade, consent le 16 juillet au rappel de Necker.

Robespierre restait, bien évidemment, étranger à tous ces événements, qui avaient en quelques heures modifié le jeu politique de la France, plus que des semaines de débats à l'Assemblée. Il se trouvait à Versailles lorsque parvinrent des rumeurs si alarmantes que la Constituante décida qu'elle siégerait en permanence. Ainsi fit-elle, durant trois jours et trois nuits. Pâles, hagards, en proie à mille émotions contradictoires, les députés persistaient cependant à délibérer, tandis que des messagers arrivaient porteurs de nouvelles toujours plus graves et plus troublantes : affrontements entre les troupes royales et les ouvriers des faubourgs ; Paris en armes, Paris en flammes ; invasion des Invalides ; les gardes françaises font cause commune avec le peuple ; la Bastille est prise ; son gouverneur, M. de Launay a été tué, on promène sa tête au bout d'une pique... Et, naturellement, les rumeurs les moins avérées, « Paris en flammes », étaient celles qui retenaient le plus l'attention d'une Assemblée enfiévrée, à qui l'on annonçait, aussi indûment, que cent mille Parisiens en armes, pourvus de pièces d'artillerie, marchaient sur Versailles, perpétrant tout au long du trajet saccages et massacres. On ne vérifiait rien, on accréditait toutes les alarmes. Certains frémissaient de peur, d'autres d'aise : enfin la Révolution, la Révolution totale, incontrôlable, le flux igné, lave inconsciente, qui recouvre tout sur son passage. Le grand drame émoustillait tous les esprits. L'ancien ordre des choses semblait dans un rêve, dans un cauchemar, s'effondrer.

Une rumeur dominait toutes les autres, et qui semblait plus avérée : les Parisiens vont en masse se rendre à Versailles, si le roi ne se rend pas à Paris sans retard. Au bout de quelques jours, le 17 juillet, bien à contre-cœur, Louis XVI accepta d'entreprendre ce déplacement. Il allait donc se rencontrer avec les furies parisiennes, pour essayer d'apaiser la rage révolutionnaire des faubourgs ! Plusieurs centaines de députés l'accompagnèrent. Robespierre était du nombre. Par sa présence dans la capitale, le roi sanctionnait les résultats de l'insurrection du 14 juillet. A l'Hôtel de Ville, il fut accueilli par Bailly, le maire, qui lui présenta solennellement la nouvelle cocarde tricolore, symbole de l'alliance, clama Bailly, entre le monarque et son peuple. Louis XVI, visiblement très ému, put à peine proférer ces paroles : « Mon peuple peut toujours compter sur mon amour. » La populace applaudit ; on entendit cent mille « Vive le roi ! » cent mille « Vive la nation ! » La paix allait-elle revenir ? Hélas ! La faction la plus dure du parti aristocratique ressentit profondément la déchéance du souverain, qui, en quelques heures, de « roi de France par la grâce de Dieu », acceptait soudain de se soumettre aux volontés populaires, et, *de facto*, consentait de n'être plus que le « roi des Français »...

Dès lors, les chefs de la noblesse prirent le parti d'émigrer sans retard, plutôt que de demeurer encore solidaires d'une royauté disposée à de telles concessions. Le comte d'Artois, futur Charles X, s'en alla, dès l'aube du 17 juillet, pour les Pays-Bas, avec sa famille et sa suite ; le prince de Condé et tout son entourage le suivirent bientôt ; le duc et la duchesse de Polignac gagnèrent la Suisse, le maréchal de Broglie, le Luxembourg. Autant de refuges contre une Révolution que l'on ne pouvait encore identifier. Mais aussi, autant de refuges financiers. Car, ces gens-là, redoutables seigneurs de l'Ancien Régime préféraient oublier la « terre natale » que d'avoir à faire face à une remise en cause de leurs privilèges et de leurs fortunes. Bien que la France connût un régime fiscal relativement homogène et bien contrôlé, de nombreuses « fuites de gens et de capitaux » avaient pu être perpétrées au long de ce XVIIIe siècle financier. Mais, à l'aube de la Révolution le phénomène prit des allures beaucoup plus graves, beaucoup plus redoutables pour l'équilibre du budget national. Ainsi, dès ses premiers pas, le nouveau régime, monarchiste pourtant dans son essence, allait avoir à pâtir du peu de vertu civique des « grands du royaume ». Indirectement, et bien qu'il n'en fût pas la tête pensante, Louis XVI subira quelques années plus tard le contrecoup de cet effondrement financier du royaume, dû, il est vrai, à la fuite, avec leurs fortunes d'un certain nombre de hauts personnages du régime, qui, par là même, achevèrent de déséquilibrer la balance monétaire de la France. Le roi et le principe même de royauté n'étaient cependant pour rien responsables de cette terrible désagrégation de 1789. On trouva seulement en temps utile des coupables parmi ceux-là même qui eurent le courage de rester en place.

Si la royauté sortait singulièrement amoindrie, et même déchue, de ces journées impromptues de juillet 1789, la bourgeoisie parisienne apparaissait triomphante. Elle avait réussi à instaurer son pouvoir dans la capitale, à faire reconnaître sa souveraineté par le roi lui-même. Victoire réelle de la bourgeoisie, le 14 juillet devint bien plus encore : un symbole de liberté. Si cette journée du 14 juillet 1789 consacrait l'arrivée au pouvoir d'une nouvelle classe, elle signifiait aussi l'effondrement des anciennes structures monarchiques, dans la mesure où la « prise de la Bastille » l'incarnait aux yeux d'une nation fiévreuse et ardente. En ce sens, elle parut ouvrir un immense espoir à de nombreuses populations opprimées et jusque-là par trop silencieuses.

Dans une lettre à son ami Buissart d'Arras, Robespierre restituait l'ambiance de cette peu banale excursion, où l'on vit un roi, naguère encore monarque absolu, s'incliner devant ses sujets victorieux. Ce qui tout particulièrement retint son attention, ce fut cette foule enthousiaste, qui criait confusément : « Vive le roi, vive la nation ! » Il relate qu'il a vu des moines portant la cocarde tricolore épinglée à leur soutane, le fusil sur l'épaule. Sur le perron d'une église, qu'il ne situe pas, il aperçut le curé, au milieu de ses fidèles, portant l'étole ornée de la même cocarde. A Paris, une ferveur unanime semblait naître alors, et tous les corps de la patrie semblaient s'élever à l'unisson pour en appeler à une régénération de la France.

Le soir même, Louis XVI rentrait à Versailles. Pressentait-il que cette première concession à « son peuple » était le commencement de sa déchéance ? Peut-être éprouvait-il plutôt un sentiment de satisfaction comparable à celui d'un dompteur peu expérimenté qui revient sain et sauf d'une cage pleine de fauves redoutables et inconnus ?

Maximilien Robespierre demeura à Paris quelques jours, après le départ du roi. Il se rendit à la Bastille pour y contempler les sombres cellules désormais désertes. Il se montra aussi au Palais-Royal, haut lieu des réunions révolutionnaires de cet été 1789. Partout, il recueillait des acclamations, mais c'étaient ses insignes de député, qu'il arborait fièrement, qui provoquaient le chaleureux accueil. Lui-même, la grande masse des Parisiens l'ignorait encore.

La prise de la Bastille ne fut pas un simple événement exemplaire par son symbole. Au contraire, elle agit comme une amorce, et libéra la fureur populaire que plus rien ni plus personne ne semblait pouvoir contenir. A l'ébullition d'un instant succéda comme une grande marée irrationnelle. A Paris, le 22 juillet, la populace en armes massacra Joseph François Foullon, intendant général des armées et son gendre Bertier de Sauvigny, après un simulacre de procès à l'Hôtel de Ville, où les deux hommes furent accusés d'avoir été des « affameurs publics ». Il n'y avait plus ni défense ni instruction ; seulement des procédés expéditifs qui ne donnaient aucune chance aux prévenus. Les hurlements de la foule faisaient office de verdict.
En province, l'émeute gagna rapidement la plupart des grandes villes. A Nancy, à Angers, à Bordeaux, à Rennes, se créèrent spontanément des « comités révolutionnaires ». La loi, la force publique semblaient s'être évanouies. On incendia nombre d'hôtels particuliers appartenant à la noblesse ou à la grande bourgeoisie. Les troupes demeuraient dans leurs cantonnements, n'intervenant plus, et les appels réitérés aux pouvoirs locaux restaient lettre morte. A Toulouse, une garde municipale fut organisée, sans qu'il y eût une « révolution municipale ». Une autorité insurrectionnelle, sans chefs désignés, sans doctrine, s'arrogeait un peu partout les pleins pouvoirs, spontanément. Aux cris des foules répondaient les invectives des meneurs d'un instant. Et souvent l'irréparable était commis. Partout, du Nord au Midi, le pouvoir royal s'évanouissait ; nulle trace de la centralisation administrative ne semblait plus subsister ; presque tous les intendants abandonnèrent en catastrophe leurs postes. La perception des impôts fut suspendue, parce que plus personne n'osait se charger de pareille besogne. « Il n'y a, selon un contemporain, plus de roi, plus de parlement, plus d'armée, plus de police. »

Les autonomies locales, si longtemps brimées par l'absolutisme, se réveillèrent brutalement, et donnèrent libre cours à toutes leurs fantaisies. La vie municipale foisonna à nouveau, mais dans le plus grand désordre, dans la plus terrible impéritie. Certes, en quelques jours, la France s'était « municipalisée », mais cette municipalisation était pour l'heure encore une cavale folle, dont nul ne pouvait présumer des foucades.

Parallèlement, les paysans se soulevèrent ; ils envahirent les châteaux ; de tous les parchemins, chartes, lettres patentes, actes de cession et autres titres de noblesse, « magiques » à leurs yeux, ils firent de vains feux de joie. Ils s'imaginaient ainsi détruire les liens de leur longue servitude, allant parfois jusqu'à incendier le château féodal lui-même, voire jusqu'à faire pleine mesure en massacrant le seigneur du lieu. Cette « révolte agraire » ne naquit pas, à l'inverse de celle des villes, spontanément des suites de l'insurrection parisienne. En fait, durant tout le printemps déjà, des troubles avaient éclaté en de multiples régions, en Provence, dans le Cambrésis, en Picardie, dans les parages même de Paris et de Versailles. Cependant, le « choc du 14 juillet » n'en exerça pas moins une influence décisive. Ce qui avait été jusque-là des faits isolés se généralisa. Dès le 17 juillet, quatre insurrections éclatèrent, dans le Bocage normand, dans le Nord, de la Scarpe à la Sambre, en Franche-Comté, en Mâconnais. Ces révoltes paysannes, visant avant tout l'aristocratie terrienne, étaient menées par des hommes sans doute frustes, mais décidés à obtenir sans plus attendre l'abolition des antiques droits féodaux. Ce que l'on nomma « la grande peur de la fin juillet 1789 » donna à ce mouvement de révolte un irrésistible élan. Les nouvelles qui arrivaient de Paris et de Versailles, déformées, démesurément grossies, prenaient partout un retentissement extraordinaire, et s'enflaient encore à mesure qu'elles pénétraient plus avant de village en village.

Révoltes agraires, crise économique, complot aristocratique, crainte des brigands conjuguaient maintenant leurs effets pour susciter une véritable atmosphère de panique. Des rumeurs circulaient, propagées par des gens affolés ; des bandes de pillards se répandaient partout, fauchant les blés encore verts, brûlant les villages, violant les femmes, tuant les enfants... Pour lutter contre ces périls, réels ou imaginaires, les paysans s'armaient de faux, de fourches, de fusils de chasse, tandis que le tocsin jetait l'alarme de proche en proche. La panique s'amplifiait à mesure qu'elle se répandait. L'Assemblée, la Cour, Paris, la presse s'émouvaient à leur tour. La France était confrontée à un chaos spontané. Mirabeau, qui gardait la tête froide, soupçonna les ennemis de la liberté de contribuer à propager ces fausses alarmes, et, dans le numéro 21 de son *Courrier de Provence*, il conseilla le calme et la circonspection : « Rien ne frappe davantage un observateur que le penchant universel à croire, à exagérer les nouvelles sinistres dans les temps de calamité. Il semble que la logique ne consiste plus à calculer les degrés de probabilité, mais à prêter de la vraisemblance aux rumeurs les plus vagues, sitôt qu'elles annoncent des attentats et agitent l'imagination par de sombres terreurs. Nous ressemblons alors aux enfants de qui les contes les plus effrayants sont toujours les mieux écoutés. »

Le tiers état, composé dans sa majorité de bourgeois propriétaires, était bien loin d'avoir désiré ces excès. Or, voici que la Révolution se mettait à prendre des allures grossières. Le sang déjà souillait les grands principes, les sublimes déclarations, car il y a un abîme entre les rêves des idéalistes et les énergies primitives qu'ils libèrent en ouvrant cette jarre de Pandore qu'est le ressentiment populaire. Dès lors, nul ne gouverne plus le vaisseau de l'État ; chacun s'agrippe où il le peut ; les écueils sont nombreux et l'embarcation désemparée à bien peu de chances de revenir intacte vers des eaux tranquilles. Fin juillet, début août 1789, ceux des députés qui inclinaient le plus vers la tendance conservatrice prenaient peur, et auraient volontiers accepté un rapide retour à l'ancien ordre du royaume. Certes, ce n'était pas encore le cas de Mirabeau, des frères Lameth ou de Barnave. Ceux-là savaient d'instinct que les grandes convulsions étaient inévitables. « Le sang qui coule n'est pas un sang innocent », proclamait Barnave à la tribune de l'Assemblée.

Robespierre ne pensait pas autrement, lorsqu'il énonçait devant la Constituante le « bilan de l'émeute parisienne et de ses conséquences » : « La liberté publique [conquise], peu de sang répandu, quelques têtes abattues sans doute, mais des têtes coupables. » Ainsi, en peu de mots, mais combien définitifs et précis, se trouve résumée son appréciation du premier tourbillon révolutionnaire. Et, il est à souligner que cette prise de position marque chez Maximilien l'inauguration de toute une série d'interventions analogues. Chaque fois qu'une affaire de troubles révolutionnaires se trouve évoquée devant l'Assemblée, il se lève pour prendre la défense des rebelles présumés et pour mettre en garde ses collègues contre des condamnations injustes ou trop précipitées. Cependant, durant les quatre semaines qui ont suivi l'explosion de juillet 1789, il n'a pu prendre qu'une part très modeste aux débats. La tribune restait alors accaparée par les plus illustres d'entre les députés, et ce n'est qu'au prix de sollicitations réitérées que les orateurs moins ou peu connus arrivaient à placer de temps en temps un discours, au demeurant rarement écouté avec une grande attention.

Robespierre, qui s'était familiarisé très promptement avec les particularités de la technique parlementaire, sut pourtant en user pour émettre avec pertinence quelques réflexions toujours animées du même esprit : défense du peuple injustement accusé par la noblesse et la grande bourgeoisie, nécessité d'en arriver très vite à un nouveau mode de rapport entre les classes de la nation, dénonciation ponctuelle des abus de l'ancien pouvoir et des lâchetés présentes d'un exécutif qui préférait condamner les excès des foules en colère plutôt que de se pencher sur les causes réelles de la colère populaire. Ainsi put-il, en l'espace d'un peu plus d'un mois, se créer une personnalité politique bien nette. Et, dès lors, son attitude intransigeante de défenseur des masses opprimées devint le signe distinctif auquel désormais ses collègues surent le reconnaître dans le tourbillon des députés qui, sans laisser de trace, se succédaient à la tribune de l'Assemblée.

Le 31 juillet 1789, il déclarait : « Voulez-vous calmer le peuple, parlez-lui le langage de la justice et de la raison. Qu'il soit sûr que ses ennemis n'échapperont pas à la vengeance des lois et les sentiments de justice succéderont à ceux de la haine. » Quant à lui, de tout son être, il se refusait à la violence, et s'il soutenait le peuple dans ses explosions incontrôlées, c'est qu'il y voyait l'ultime recours utilisé par les opprimés pour tenter de briser leurs chaînes ancestrales. Personnellement, il ne préconisa jamais l'usage de la force. Il répugna toujours à confier aux vicissitudes d'une bataille des rues le sort de la cause qu'il défendait et à laquelle il s'identifiait corps et âme. Sa méthode consistait en une action de propagande constante, acharnée. Par elle, il le percevait très consciemment, la résistance de ses adversaires serait minée, corrodée, et leur affaiblissement porté si loin qu'ils abandonneraient sans plus lutter leurs ultimes positions défensives. Hélas ! sa position idéologique ne lui permettait guère de s'élever contre les excès des masses, même si, dans le secret de sa pensée, il comprenait combien massacres, pillages et incendies creusaient un fossé de plus en plus large entre les différentes classes de la nation. Homme de système, théoricien, logicien de la rhétorique révolutionnaire, il fut ainsi pris assez fréquemment au piège qu'involontairement lui tendait le peuple, ce peuple qu'en toute circonstance il entendait cependant défendre et justifier. Ses détracteurs auront beau jeu de s'en servir pour ternir sa mémoire. Les révoltes paysannes de juillet-août 1789 illustrent bien cet enfermement psychologique et idéologique. Lorsque à l'Assemblée nationale, Lally-Tollendal se leva pour réclamer des mesures de rigueur contre les insurgés des campagnes, le petit avocat d'Arras, qui, naguère, avait commis un pamphlet stigmatisant la violence employée par les pouvoirs publics contre les paysans, se dressa pour s'écrier : « Qu'est-il donc arrivé, qui autorise Monsieur Lally-Tollendal à sonner le tocsin ? On parle d'émeute! Cette émeute, Messieurs, c'est la liberté. Ne vous y trompez pas ; le combat n'est pas à sa fin. Demain peut-être, se renouvelleront des tentatives funestes ; et qui les repoussera, si d'avance nous déclarons rebelles ceux qui se sont armés pour notre salut ? »

Inconditionnel, il soutenait donc la cause de la révolution populaire, quand bien même nul ne pouvait plus contester que ses voies devenaient rudes et meurtrières, entraînant peu à peu tout le pays dans le désordre et bientôt dans la désolation.

Chapitre XIII

LA MARCHE SUR VERSAILLES

Ce qu'il est convenu d'appeler les « journées d'octobre 1789 », dont les causes profondes sont sans doute à rechercher dans la crise économique et politique du régime, furent cependant déclenchées par un incident bien mineur, le banquet des gardes du corps du roi. En effet, au château de Versailles, le 1er octobre 1789, les officiers nobles des gardes du corps offrirent un banquet à ceux du régiment des Flandres, récemment arrivés à Paris. Lorsque parut la famille royale, l'orchestre attaqua *O Richard, ô mon roi, l'univers t'abandonne !* Le ton était donné. Échauffés par le vin, les officiers se mirent alors à fouler aux pieds des cocardes tricolores, en arborant à leurs revers et à leurs tricornes la cocarde blanche de la royauté et la cocarde noire de la reine.

L'incident en lui-même aurait pu en rester là ; purement anecdotique. Il attestait seulement d'un fait connu de tous, l'animosité d'un grand nombre d'officiers de souche aristocratique pour la Révolution montante et les réformes déjà en cours, comme leur attachement − en soi, parfaitement louable − pour l'Ancien Régime, qui les avait formés et éduqués. Ils appartenaient à un monde clos, précieux, parfois subtil, et détestaient les bruits de la rue, sans pour autant vouloir en comprendre les raisons profondes.

Cependant, l'affaire ne devait pas rester en vase clos. Le 3 octobre, elle était connue de tout Paris. C'était, aux yeux du peuple, un outrage perpétré contre la nouvelle légalité. Les gazettes s'en emparèrent, le peuple s'indigna, on s'assembla aux carrefours. Le dimanche 4 octobre, la ville entière semblait être descendue dans la rue. A nouveau, le Palais-Royal devint un véritable forum, où des gens enfiévrés, croyant refaire le monde, votaient d'illusoires motions. Le *Fouet national*, journal révolutionnaire extrémiste, imprimait cet entrefilet : « Depuis lundi, les bons Parisiens ont toute la peine du monde à avoir du pain. Il n'y a que Monsieur le Réverbère [allusion aux pendaisons "à la lanterne"] qui puisse leur en procurer, et ils dédaignent de recourir à ce bon patriote. »

Une fois de plus, la faim allait être le facteur déterminant d'un soulèvement populaire. Le 5 octobre, au matin, une jeune fille pénétrait brusquement dans le corps de garde du quartier Saint-Eustache, s'y emparait d'un tambour et ressortait aussitôt pour battre la caisse, en criant : « Suivez-moi ! Suivez-moi ! A l'Hôtel de Ville ! » Peu à peu des femmes du quartier des Halles rejoignirent cette étrange apparition. Un cortège se forma, hétéroclite, où se coudoyaient femmes hagardes ayant chez elles leurs enfants affamés, maraîchères aux larges hanches, faméliques journalières, couturières, filles de boutique, filles de la rue et quelques jouvencelles en quête d'inattendu. Pas un seul homme. Et elles le criaient bien haut : « Ce sont tous des couards ! » Elles, les femmes de Paris, allaient la faire, la Révolution, la vraie ! Toute femme rencontrée au passage devait bon gré mal gré se joindre au tonitruant cortège : celle qui refusait avait aussitôt les cheveux coupés ras. Arrivées devant l'Hôtel de Ville, elles étaient six à sept mille. Toutes les portes de l'édifice public étaient closes. Personne pour recevoir la bande. Alors, la fille au tambour se remit à battre de plus belle, et toutes se ruèrent à l'assaut. Les portes volèrent en éclats. A l'intérieur, elles trouvèrent des prisonniers qu'elles libérèrent. Puis, pénétrant dans les bureaux, elles éventrèrent les armoires administratives, lacérèrent tous les documents qui leur tombaient sous la main. A force d'aller et de venir dans le vaste bâtiment, nos furies finirent par trouver des piques, des fusils, des pistolets et même deux canons, qu'elles traînèrent en place de Grève.

Les escouades d'Érinyes en étaient là de leur action, lorsque enfin un homme osa paraître. C'était un long personnage décharné, aux traits basanés. Elles le reconnurent : « C'est Maillard, le héros de la Bastille ! » Cet être étrange avait été en effet l'un des meneurs les plus téméraires lors de la prise de la vieille prison. Mais, quand il n'y avait pas de Bastille à investir, Maillard, avec son aspect lugubre, son allure solennelle et ses vêtements sombres, incarnait bien la profession qui était la sienne : huissier de justice ! Profitant de cet accueil triomphal, Maillard se risqua à poser une question d'une voix qu'il espérait autoritaire : « Que voulez-vous, pourquoi ces désordres, ces pillages ? » La réponse ne se fit pas attendre : « Du pain ! Du pain ! » L'huissier de répondre : « Je ne peux pas vous en donner, je n'en ai pas moi-même ! » Des voix s'élevèrent alors parmi les femmes : « Nous allons le prendre là où il y en a, à Versailles ! Oui, à Versailles, et nous ramènerons le roi à Paris. Oui, c'est à Paris qu'il doit être, pas à Versailles ! »

Telle était leur foi simple : il suffisait de se rendre à Versailles en masse, et le roi leur trouverait provende. Le roi, car il était brave homme, les suivrait et s'installerait dans la capitale. Pareille certitude populaire prouvait bien que le souverain conservait encore une espèce de pouvoir magique aux yeux des masses. Mais, à la moindre déception, ce prestige disparaîtrait maintenant comme neige au soleil.

Face à la détermination de ces femmes, Maillard hésita un instant, puis se décida quand même à prendre la tête de l'insolite cortège. Il s'avança donc, tout de noir vêtu, une demi-douzaine de femmes le suivait en tambourinant. Derrière, véritable personnage sorti d'un roman de cape et d'épée, une amazone aux habits écarlates, superbe et grave, chevauchait, ses noirs cheveux au vent sous un chapeau à plumet et la pique à la main, le sabre au côté et deux pistolets dans la ceinture. C'était Théroigne de Méricourt, de son vrai nom, Anne-Josèphe Terwagne, née à Marcourt, dans le pays de Liège, en 1762. Elle avait été chanteuse et courtisane à Londres, maintenant elle était à Paris l'égérie de la Révolution.

Derrière Théroigne marchait l'armée des femmes de Paris armées de fusils et de pistolets, mais aussi d'antiques hallebardes, de massues, de piques et de couteaux de cuisine... Un groupe, un peu distancé par le gros de la troupe, suivait tant bien que mal en tirant l'un des deux canons pris à l'Hôtel de Ville. Enfin, un détachement d'hommes ! Quelques centaines d'ouvriers du faubourg Saint-Antoine, les « vainqueurs de la Bastille ».

Parallèlement, dans tous les quartiers de Paris, les hommes à leur tour s'animaient ; le tocsin sonnait, et, bon gré mal gré, La Fayette fut contraint de prendre la tête de « l'armée des hommes », forte maintenant de vingt mille Parisiens. Mais, alors que les détachements féminins déjà prenaient la route de Versailles, les rassemblements masculins étaient encore bien informels. Et, il fallut attendre dix-sept heures pour que les hommes s'engageassent à leur tour sur la route.

Retrouvons à présent l'armée des femmes à sa sortie de Paris. Un bel enthousiasme les animait, et elles marchaient d'un bon pas. Hélas, octobre est un mois bien instable en région parisienne, et à peine avaient-elles franchi les barrières de la capitale qu'une forte pluie se mit à tomber ; il soufflait un vent froid. Mais nulle ne songeait à faire demi-tour. Pour se donner du cœur au ventre, on y allait de chansons de la vieille France et des chants nouveaux de la Révolution. Arrivée à Sèvres, la troupe fit halte pour se restaurer ; tout ce qu'elle put trouver se réduisit à huit miches de pain et quelques bouteilles de vin. Une miche pour huit mille personnes !

Malgré la faim, la pluie et la boue, on arriva à Versailles. Et, le canon était toujours là — mais était-il même chargé, et la poudre mouillée valait-elle encore quelque chose ? La troupe s'arrêta un moment devant l'édifice où l'Assemblée constituante siégeait. Elle espérait un accueil chaleureux, une adhésion inconditionnelle à leur action. Mais les membres de l'Assemblée ne savaient trop comment réagir. Les députés du tiers, et *a fortiori* leurs collègues des autres ordres, n'éprouvaient pas tous — loin de là ! — des sentiments de sympathie spontanée pour cette foule de femmes crottées et excessives qui se pressaient en vociférant devant leurs portes. Mirabeau lui-même, aussitôt qu'un messager personnel lui eut appris cette marche impromptue sur Versailles, s'était glissé derrière le siège du président de l'Assemblée, et lui avait coulé ce conseil dans l'oreille : « Feignez d'être malade. Rendez-vous au palais. Dites, si vous le voulez, que vous tenez ce renseignement de moi : Paris marche sur nous. Pas un instant à perdre ! » Il semble que, pour la première fois, les députés du tiers, tous liés à la bourgeoisie, aient alors pris pleinement conscience du danger qui menaçait désormais leur propre classe, si on laissait l'esprit révolutionnaire débridé mettre en ébullition les couches les plus profondes de la société. Et, à dater de ce jour, beaucoup de ces députés furent résolus à faire halte sur la voie de la Révolution, pour se porter plus fermement du côté du roi, afin d'organiser désormais une réaction monolithique des trois ordres contre l'irruption dans la vie publique de cette populace qu'ils méprisaient tout autant que leurs collègues de la noblesse et du clergé.

Dans cette affaire, une fois encore, Robespierre se retrouvait seul. Car il se refusait à proposer ou à avaliser quelque mesure juridique qui eût été de nature à restreindre les droits du peuple à s'exprimer, même si cette expression parfois empruntait les voies de la révolte et du désordre. Ce jour-là, il attendit longtemps avant de parler ; il savait trop qu'en de telles circonstances sa voix aurait clamé dans un désert singulièrement hostile. Seul, ou presque seul, il considérait ces femmes éreintées, poussées par la faim et le désespoir, avec mansuétude et peut-être avec amour. Il regardait silencieusement ces visages blafards, où se lisaient non seulement les horribles privations, mais aussi la tragédie d'une existence d'où le mot « espoir » semblait à jamais exclu.

Quand Maillard, enfin reçu dans l'enceinte de l'Assemblée, fit part aux élus des sollicitations de cette malheureuse troupe qu'il menait, il y eut un long silence. Silence de politiciens empêtrés, et qui surtout ne voulaient guère prendre part à un débat aussi explosif. Alors pourtant Robespierre se leva, et, face à l'implacable indifférence des nantis, il se fit l'avocat des déshérités. Il essaya, avec toute sa fougue, de faire entendre la grande misère du peuple. Il s'épuisa en vain, et descendit de la tribune les poings crispés, en haussant les épaules, mouvement qui, dans l'avenir, trahira souvent sa rage impuissante. Mais Maillard et les Parisiennes l'avaient écouté : pour la première fois, Maximilien Robespierre et Paris, le Paris des humbles, se regardaient face à face. Paris se souviendra de cette voix énergique, sèche peut-être, et peu timbrée. Paris se souviendra de l'ardeur généreuse du petit député. Désormais, Maximilien pourra venir dans la capitale, non plus en député que l'on acclame, parce qu'il arbore ses insignes, mais en ami des Parisiens ; qu'il soit orné des attributs de sa fonction ou non. On le reconnaîtra, lorsqu'il dira son nom ; il trouvera aussitôt des amis, des compagnons, bientôt des disciples. L'obscur avocat arrageois, député du tiers, oubliait à présent ses anciennes timidités provinciales ; devant un pouvoir despotique en voie d'effondrement, devant une assemblée de notables apeurés, face à la houle populaire qui crie ses souffrances et son désarroi, il a définitivement choisi. Toujours, il sera le héraut du pauvre et de l'opprimé, toujours par sa terrible logique de dialecticien, il fera taire les ennemis de l'égalité réelle. Maintenant, et jusqu'à sa chute, le voici à la tribune ; roide, immuable, impitoyable, lorsqu'il s'agira de demander des comptes au pouvoir d'argent, et pour réclamer l'équité au nom de tout le peuple de France.

Versailles, à qui les émotions n'avaient point été épargnées ce jour-là, fut encore réveillé vers minuit par un sourd grondement de tambours. La Fayette arrivait enfin, à la tête des vingt-mille Parisiens qui, partis vers dix-sept heures du centre de Paris, n'avaient certes pas hâté le pas pour arriver dans la cité royale. Si la marche des femmes, conduite par Maillard, avait revêtu un caractère presque héroïque, on ne pouvait en dire autant des colonnes que La Fayette traînait derrière lui. Bien sûr, on y trouvait de très nombreux éléments de la garde nationale, en armes et en uniformes, mais on pouvait également y rencontrer d'invraisemblables bandes d'énergumènes ivres déguisés en femmes, des filous, des vagabonds, toute la racaille des bas-fonds de la grande ville, qui, escomptant un prochain désordre, ne voulait pas manquer la curée. Tout ce monde, maintenant mêlé aux femmes de la première vague, transformait le solennel Versailles en un étrange campement, une cour des miracles, qui venait rire des fastes de la royauté sous les fenêtres mêmes du plus beau palais du monde.

Arrivé dans les appartements royaux vers une heure du matin, La Fayette fut aussitôt introduit auprès du roi, qui le reçut debout, en proie à d'âpres angoisses ; à ses côtés s'agitaient quelques courtisans insomniaques. Mais Louis, seul peut-être, souhaitait la paix des cœurs et la paix civile. Seul aussi, il était sans doute effrayé à l'idée qu'il faudrait faire « donner la troupe » contre son peuple. Pourtant, son éducation et sa fonction lui interdisaient de faiblir, et ce roi, que trop souvent l'on a peint sous les traits d'un valétudinaire, sut garder quelque majesté.

La Fayette s'inclina profondément devant le monarque, les deux mains serrées sur le cœur, et dit : « Sire, vous voyez devant vous le plus malheureux des hommes. Si j'avais cru servir mieux aujourd'hui Votre Majesté en portant ma tête sur l'échafaud, Votre Majesté ne me verrait pas ici ! » Homme double, et parfois triple, ne sachant jamais trop quel camp choisir, si ce n'est celui de la puissance, dévoré d'ambition, mais non dénué de courage physique, pour une fois La Fayette assuma pleinement la responsabilité de la marche des vingt mille Parisiens sur Versailles. Était-ce un élan spontané ou un mouvement de fatigue face à des désordres qu'il ne comprenait plus ?

Après avoir ainsi salué son roi, le « héros des Amériques » s'occupa longtemps encore de disposer ses troupes de la façon la plus décente qui fût. Les fusils furent mis en faisceaux, les quelques canons amenés en un parc unique, gueule basse, caissons détachés. Il avait fait ponctuellement son devoir de soldat, et ne voulait pas s'occuper des bandes interlopes qui horrifiaient les bons Versaillais. Là-dessus, assurément fourbu, il s'en fut se coucher chez son beau-frère de Noailles.

Mais, dès l'aube — La Fayette, qui n'était pas Bonaparte, dormait encore, méritant ainsi le titre illustre de « général Morphée » — une importante troupe de manifestants pénétra, armes à la main, dans le palais, et jusqu'à l'antichambre des appartements de la reine. Un affrontement spontané opposa alors cette foule aux gardes du corps, dont plusieurs furent tués. Et, sans plus attendre, la populace parisienne se mit en devoir de piller et de détruire. La Fayette s'éveilla à temps pour prévenir de pires calamités ; les gardes nationaux vinrent en hâte mettre fin aux désordres et firent évacuer le palais. Peu de temps après, le roi, accompagné de la reine et du dauphin, consentit à se montrer au balcon du palais, avec La Fayette. Devant la foule grondante, le général prit la main de la reine et la baisa. Des Français ne pouvaient qu'applaudir ce galant spectacle. Les acclamations fusèrent bientôt. Mais un cri revenait sans cesse : « Le roi à Paris ! » Après quelques tergiversations, dont il avait le secret, Louis XVI céda : il acceptait de se rendre à Paris et de demeurer désormais au milieu de « son peuple ». Sur l'heure, l'Assemblée constituante déclara qu'elle était inséparable de la personne du roi.

A treize heures, au son du canon, les gardes nationaux ouvrirent la marche, suivis de chariots de blé et de farine, escortés par les femmes de Paris, véritables héroïnes de ces journées, en un immense cortège héroïco-comique. S'y coudoyaient des soldats portant des miches de pain fichées sur leurs longues baïonnettes, des filles, des femmes coiffées de tricornes militaires et juchées sur des chevaux ou à califourchon sur des canons ; les gardes du corps du roi, sans armes et nu-tête, la suite du roi dans ses somptueux carrosses, La Fayette caracolant à la portière de la berline où Louis XVI et les siens avaient pris place. Derrière, dans des voitures fermées, suivaient une centaine de députés, dont Robespierre. Et puis, de nouveau, pataugeant gaiement dans la boue, la foule encore, immense et joyeuse. Tout avait été improvisé en quelques heures : le roi et sa famille étaient enlevés à leur palais, symbole, s'il en était, de leur pouvoir déchu.

Pour un temps, tout ce monde semblait réconcilié. Pourtant, dans son carrosse, la reine taciturne, mains jointes sur ses genoux, lèvres pincées, ne souriait pas, ne répondait à aucun des saluts du peuple et des gardes nationaux. Louis XVI était las. Il se sentait comme un bouchon livré aux caprices des vagues. La fête joyeuse, turbulente, espiègle même, entourait les belles voitures de la famille royale et de la Cour. Un instant, le peuple de Paris crut qu'il escortait un parent lointain. Il voyait le roi ; il le regardait à travers les vitres du carrosse. Louis, parfois, essayait de sourire. Mais il sentait surtout monter en lui une immense fatigue.

A dix heures du soir, le roi entrait aux Tuileries. Une page de l'histoire de France était tournée. Là-bas, Versailles allait devenir un palais du souvenir, souvenir non seulement de la puissance et du faste, mais aussi de toute une organisation de l'État français. Conçue par Louis XIV pour être le centre de toute la mécanique royale, le lieu de convergence de toutes les questions débattues dans le royaume, doucement la grande machine s'arrêtait. Bientôt, Versailles ne sera plus qu'un spectre lointain, spectre de la puissance raisonnée et raisonnable, mais rêve aussi. Un rêve qui, du Nord au Midi, aura dominé les pulsions et les désirs avortés de la nation française. Maintenant, la grande « centrale cybernétique » qu'avait été ce palais merveilleux allait lentement se confondre avec d'autres lieux du culte et du pouvoir : Thèbes, le Forum romain, l'Agora d'Athènes, les grandes ziggourats de Babylonie...

L'Assemblée nationale dans son ensemble ne tarda guère à rejoindre le roi dans la capitale. Dès le 12 octobre, elle vint siéger à l'archevêché, pendant que les artisans et des décorateurs achevaient de préparer la grande salle du Manège qui lui était réservée.

Les journées révolutionnaires d'octobre 1789 avaient bouleversé l'équilibre des partis. Le peuple de Paris avait imposé sa voix, non seulement à la monarchie, mais aussi à l'Assemblée nationale, qui déjà s'assoupissait dans une douce somnolence de convention. Les plus lucides, dont Robespierre, perçurent rapidement que la politique nouvelle de la France ne se ferait plus seulement à l'intérieur des cénacles clos, mais que désormais elle serait soumise à l'influence des mouvements populaires. Les « monarchiens », parti de la résistance aristocratique, comprirent que leur opposition au changement de régime et de société devenait inopérante. Ils se retirèrent aussitôt de la lutte, tels Mounier, Malouet et bien d'autres, préférant aller grossir sans plus attendre le flot de la « seconde émigration ». Partisans d'une révolution des notables, ils avaient voulu arrêter le mouvement révolutionnaire au moment où ils l'avaient jugé dangereux pour les intérêts des classes possédantes. Ils durent attendre dix années pour voir s'instaurer le Consulat, un régime qui enfin satisfaisait leurs vœux en faisant table rase des derniers acquis de la Révolution, ceux-là même que le Directoire avait pourtant cru devoir préserver afin de ne pas réanimer la flamme insurrectionnelle des masses populaires.

Mais l'heure était à l'euphorie ; déjà on voyait s'ébaucher un grandiose contrat social, qui unirait dans une même fraternité toutes les classes de la société française autour d'un roi, arbitre exécutif de la nation. Camille Desmoulins, l'ancien camarade de Maximilien à Louis-le-Grand, dans le numéro 1 des *Révolutions de France et de Brabant*, n'hésite pas à écrire : « Paris va être la reine des cités, et la splendeur de la capitale répondra à la grandeur, à la majesté de l'empire français ! » Les choses semblaient bien simples aux yeux de ces naïfs idéalistes : il ne s'agissait plus que d'achever l'œuvre de régénération du pays, dans une vibrante communion entre tous les citoyens et leur roi. Seuls quelques hommes clairvoyants se gardaient d'un trop grand optimisme. Robespierre, bien sûr, mais surtout Marat, qui écrivit dans le numéro 7 de son *Ami du peuple* : « C'est une fête pour les bons Parisiens de posséder enfin leur roi : sa présence va faire bien promptement changer les choses de face ; le pauvre peuple ne mourra plus de faim. Mais ce bonheur s'évanouirait bientôt comme un songe, si nous ne fixions au milieu de nous le séjour de la famille royale, jusqu'à ce que la Constituante soit complètement consacrée. *L'Ami du peuple* partage la joie de ses chers concitoyens, mais il ne se livrera pas au sommeil ! »

Le bilan de juillet à octobre 1789 est assez net : l'insurrection populaire avait assuré le triomphe de la bourgeoisie et l'anéantissement politique des ordres privilégiés. Grâce aux violentes actions de masse, toutes les tentatives de contre-révolution avaient été brisées. L'Assemblée nationale, victorieuse de la monarchie, mais redoutant maintenant de se trouver à la merci du peuple, se fit prudente et se défia désormais tout autant de la démocratie intégrale que de l'absolutisme. Désireuse de sauvegarder la primauté contre tout retour offensif de l'aristocratie, la majorité bourgeoise s'appliqua à affaiblir le plus possible l'institution monarchique. Craignant d'appeler les masses populaires à la vie politique et à l'administration des affaires publiques, elle se garda de tirer des affirmations solennelles de la Déclaration des droits, et des conséquences qui, naturellement, en eussent découlé.

Chapitre XIV

PARIS

Le 6 octobre 1789, Robespierre quitte Versailles et suit la Constituante à Paris. Où va-t-il se loger ? Cette fois, il entend s'isoler de ses collègues. Il choisit en conséquence un quartier assez éloigné des Tuileries, la rue de Saintonge, au 8 (aujourd'hui 64), en plein cœur du Marais. Il habite un modeste appartement meublé au troisième étage, qu'il loue à un certain M. Humbert. De ses fenêtres, il découvre les hauts de la porte Saint-Martin et ceux de la porte Saint-Denis. Son horizon est net ; il se dessine sur un ciel dégagé des toits inopportuns, ce qui, même à l'époque, était déjà relativement rare dans Paris. La pièce principale est grande, rectangulaire, plus confortable et mieux aérée que celle qu'il ira occuper plus tard chez le menuisier Duplay. Un étroit et obscur couloir conduit dans une cuisine minuscule. A côté se trouve une seconde pièce, qui donne sur la cour. Elle ne communique pas avec la première et est assez exiguë. Quelle pouvait en être la destination ? Selon Charlotte Robespierre, son frère partageait son appartement « avec un jeune homme de ses amis, qu'il aimait beaucoup », et c'est donc dans cette seconde pièce que ledit jeune homme avait dû se loger. Il s'agit de Pierre Villiers, auteur dramatique assez fécond, né en 1760 et mort en 1843, dont on connaît surtout les *Souvenirs d'un déporté*, parus en 1802. Six pages de ce livre sont consacrées à ses relations avec Robespierre. Le fait que Villiers était alors en rapports suivis avec le député de la Constituante ne fait aucun doute. Toutefois, il serait bon de préciser combien de temps : « J'ai passé sept mois de l'année 1790 auprès de Maximilien Robespierre », écrit-il. Les trois premiers mois de son séjour rue de Saintonge, Maximilien a dû les vivre seul, puisqu'il y vint loger dès le début d'octobre 1789. Mais ensuite ? Avait-il accepté la cohabitation avec Villiers, ou bien le recevait-il à certaines heures fixes de la journée, en qualité de collaborateur, qui remplissait auprès de lui les fonctions de secrétaire ? La question pourrait être posée, malgré l'affirmation de Charlotte : « Lorsque l'Assemblée constituante eut été transférée de Versailles à Paris, Maximilien prit, de moitié, avec un jeune homme de ses amis, un appartement fort modeste. Leur ménage était celui de deux garçons qui ne sont presque jamais chez eux et qui mangent chez le restaurateur. » Villiers, pour sa part, est beaucoup moins affirmatif. En aucun passage de son récit, il ne dit formellement qu'il habitait sous le même toit que son ami. A le lire, on a plutôt l'impression qu'il se rendait chez lui tous les jours comme un employé consciencieux. Par exemple, la phrase : « J'arrive un matin chez lui de meilleure heure qu'à mon ordinaire », reflète nettement plus l'apparition d'un homme arrivant du dehors et pénétrant dans un appartement que celle d'une personne qui y loge habituellement.

Pierre Villiers, alors modeste officier de dragons, écrivait épisodiquement dans le *Mercure de France*, faisait des vers, tout en menant une vie terne et effacée. Où et comment Robespierre l'avait connu ? Impossible de le déterminer. A l'en croire, il remplissait ses fonctions de secrétaire gratuitement. Pourquoi pareil désintéressement ? Par amitié, ou parce qu'il épousait pleinement les opinions de Robespierre ? Sans doute pour les deux raisons à la fois. Pratiquement, ses fonctions consistaient à copier les discours de l'orateur et à tenir la caisse, c'est-à-dire à régler les dépenses de Maximilien, qui lui remettait, pour cet usage, les sommes qui lui revenaient au titre de son indemnité de député. C'est Villiers qui expédiait à Charlotte environ 200 livres par mois. Somme qui ne devait guère être suffisante, puisque dans une lettre datée du 9 avril 1790, elle écrivait : « Occupe-toi, cher frère, de m'envoyer ce que tu m'as promis. Nous sommes encore dans un grand embarras. » C'est lui, également, qui réglait les menues dépenses, assez nombreuses, auxquelles Robespierre était contraint pour faire face à son train de député. Ainsi, selon Villiers, en un seul mois, le port de ses lettres s'élevait à 271 livres et 13 sous. Ces questions financières — certes bien secondaires — nous permettent d'infirmer la légende selon laquelle Robespierre se serait trouvé alors dans une situation matérielle très précaire. Non seulement il peut se loger tout à fait confortablement, mais il lui arrive aussi de passer une soirée au théâtre. Et, quand il sort, il n'hésite pas à prendre un fiacre. Quant à sa garde-robe, elle apparaît fort bien garnie en cravates, foulards, en bas de soie, habits de bonne coupe, etc.

Toujours selon Pierre Villiers, Robespierre avait à cette époque une maîtresse, jeune femme de condition modeste, dont le nom est resté inconnu, et à laquelle il versait une pension mensuelle de 135 livres. Il la traitait, paraît-il, avec un certaine froideur, mais toujours avec correction. Certains jours, il lui arrivait de refuser de la recevoir.

Villiers nous dit que, dès 1790, il ne manquait pas d'admirateurs, qui lui proposaient quelque secours pécuniaire, « ne demandant pourtant rien en retour, pas même un remerciement ». Mais, l'« Incorruptible » ne voulait rien entendre, et si Villiers cherchait à intervenir, il se mettait en colère. Il advint qu'une Anglaise, écrivain ayant eu son heure de gloire à l'époque, Miss Freeman Shepherd, envoya une traite souscrite au crédit de Robespierre, le priant d'en user à son gré pour la cause du bien public. Derechef, il coupa court, écartant vivement la proposition. La dame, comme on peut s'en douter, s'en montra on ne peut plus contrariée, et l'accusa de manquer de courtoisie. Mais, Maximilien restait imperturbablement sourd à tous ces arguments...

La Cour et le duc d'Orléans répandaient des largesses, et l'on sait que Mirabeau n'hésita pas à en profiter ; ces subsides allant en effet remplir la bourse de certains députés opportunistes. Robespierre lui-même se vit offrir une somme considérable, sous prétexte qu'il la répartirait avec une charité et une équité sans faille. Sa réponse fut nette : le généreux donateur serait bien mieux inspiré en distribuant lui-même ses largesses. A un autre émissaire, chargé auprès de lui de propositions analogues, il ne répondit pas un mot, le laissant décontenancé et contraint de se retirer tout confus.

Qu'il s'agît de faveurs sociales ou de séductions féminines, Maximilien se montrait également imperturbable. A Versailles déjà, et davantage à Paris, les invitations lui furent largement prodiguées. Il excitait la curiosité par sa raideur, il passionnait par sa flamme lorsqu'il montait à la tribune pour défendre le peuple, ce « quart état », laissé pour compte par les trois ordres officiels. Les plus fins observateurs devinaient déjà qu'il portait en lui, bien plus que les leçons de Rousseau et de Mably, une nouvelle sensibilité vibrante, frémissante, héroïque. La sensibilité des quatre-vingt-quinze pour cent de la population française, qui, pour des raisons économiques, et parce que cette grande masse était jugée redoutable, n'avaient pu s'exprimer dans les premiers mois de la Révolution, sinon par des actions d'éclat, par des marches forcées de Paris à Versailles, pour arracher tout ce monde, Cour et députés confondus, à l'apparente indifférence dont il faisait montre chaque fois qu'il s'agissait d'aborder de front la véritable tragédie de la misère populaire. On comprend pourquoi, lui, Maximilien Robespierre, député aujourd'hui reconnu, et même remarqué, déclina presque toutes les offres, toutes les invitations. Il ne tenait guère à se mêler aux cohortes d'un tiers état bourgeois, certes vitupérant, mais aussi totalement fermé à toute forme de discussion fondamentale dès qu'il s'agissait, non seulement de débattre, mais surtout d'agir pour sauver de la famine le « quart peuple » de France.

Aux privilégiés d'un autre âge, privilégiés par tradition, entourant un régime obsolète et un roi, sans doute de bonne volonté, mais psychologiquement incapable de s'adapter aux conditions nouvelles, succédaient maintenant d'autres privilégiés dénués de scrupules : spéculateurs de toute espèce, notaires de province, bien plus redoutables que les nobles de vieille tradition. Car, et c'est là le drame fondamental de la Révolution française qui dans son essence avorta, ces « élus du peuple » ne défendaient plus rien, ni les vieux principes, qui jadis avaient fait la gloire de la monarchie, ni quelque valeur humaniste, et encore moins la grande masse paupérisée à l'extrême. Ils se battaient seulement pour acquérir, pour posséder davantage. Seule la puissance matérielle immédiate les passionnait, les animait. Et, s'ils désiraient secrètement voir s'accroître le chaos des rues, c'était essentiellement pour justifier la mise en place d'un nouveau régime drastique et de répression, dont la population ferait inévitablement les frais. Le peuple, qui croyait ses souffrances abolies, ne savait pas encore que des hommes, pourtant depuis peu sortis de ses rangs, échafaudaient un nouvel ordre économique et social, qui, à court terme, le contraindrait bien plus encore.

Le combat qui se déroulait à Versailles et à Paris n'opposait, en somme, que des privilégiés, titrés ou non titrés, mais tous farouchement attachés à la puissance personnelle qu'une révolution de compromis pouvait leur octroyer par droit de constitution. Battant le pavé, chantant *La Carmagnole* devant les édifices publics où se réunissaient les élus de la nation, la populace ne croyait déjà plus, et à juste titre, qu'elle tirerait quelque avantage du changement de régime : le régime qui venait, s'il enlevait au roi et à la Cour une partie de ses anciens pouvoirs, n'était nullement déterminé à octroyer à la nation tout entière les droits que le « quart état » était cependant décidé à obtenir, même s'il fallait recourir à une action insurrectionnelle. Action qui, en ces années-là, était rarement le résultat de simples désordres spontanés, mais bien plus celui d'une intolérable misère, qui, explosant soudain, débouchait sur l'envahissement de la rue et la menace extrême d'un saccage général.

Maximilien Robespierre, malgré son dégoût naturel pour la violence, en percevait pleinement le sens, et savait qu'elle était à court terme à nouveau inévitable. Des palabres, si souvent vides de sens, entre les députés ne pouvaient rien résoudre. Presque tous étaient seulement attachés à la forme libérale de la Révolution, peu nombreux étaient ceux qui comprenaient qu'il s'agissait dorénavant de passer à un autre ordre de la société française ; qu'il fallait abattre la grande barrière qui contenait encore la majorité du peuple hors du débat politique. Les députés de la Constituante, malgré leurs grandes déclarations fraternelles, restaient en somme des personnages qui, mentalement, participaient bien plus des automatismes sociaux et financiers du régime qu'ils s'opiniâtraient à abattre, que d'une véritable volonté d'instaurer désormais une France nouvelle, sociale, réellement équitable, et qui, à tous, jusqu'au moindre paysan des Cévennes, donnerait enfin, non seulement la parole, mais surtout la possibilité juridique d'influer sur les nouvelles lois de l'État.

N'ayant alors que de faibles moyens efficaces à sa disposition, Robespierre préféra parler peu de ces grands problèmes devant l'Assemblée. Bien sûr, il les abordait parfois en de vibrantes déclarations, qui apparaissaient comme autant d'actes de foi. Mais il n'était guère en mesure d'infléchir le cours des choses. Prudent et méthodique, il se contenta de ne se rallier jamais à aucune motion qui eût été pernicieuse pour le peuple. En lui grondait maintenant tout son idéalisme révolutionnaire. En l'espace de quelques mois, « la Chandelle d'Arras » était bien devenu l'« Incorruptible », l'homme pour lequel il n'est d'autre combat que celui qui conduit à l'émancipation de la France tout entière, et, bientôt, pense-t-il, de toute l'Europe. Car les voix de l'égalité et de la liberté sont éminemment contagieuses, et la France qui s'éveille ne pouvait manquer d'éveiller les peuples voisins.

Dès l'installation de la Constituante à Paris, le 8 octobre 1789, un incident désagréable pour l'amour-propre de Robespierre éclata. Ce jour-là, l'Assemblée nationale discutait le plus sérieusement du monde des formules dont le roi devrait désormais user pour promulguer les lois. Maximilien, piaffant d'impatience — il n'avait plus parlé à la tribune depuis le départ de Versailles —, se précipite devant ses collègues. Il a dans la main un long projet, qu'il espère pouvoir lire d'un bout à l'autre. Tout d'abord, il exprime le désir que toutes les formules usitées jusqu'à présent soient abolies, puisqu'elles ressortent toutes de l'ancien ordre politique aujourd'hui disparu. Il convient, selon lui, de les remplacer par une forme noble et simple, qui annoncerait le droit naturel et le caractère sacré de la loi. Voilà qui est en effet solennel et joliment dit. Et notre orateur de continuer fièrement, en offrant un exemple de ce qu'il croit être un bel équilibre entre les anciennes annonces et le « nouveau style » : « Louis, par la grâce de Dieu, et par la volonté de la nation, roi des Français, à tous les citoyens de l'empire français : Peuple, voici la loi que tes représentants ont faite et à laquelle j'ai apposé le sceau royal. Que cette loi soit inviolable et sainte pour tous ! »

A ce moment, une voix inconnue et rocailleuse, doublée d'un fort accent méridional, tonitrue : « Eh ! Il ne nous faut point des cantiques ! » Comme frappé de stupeur, Maximilien s'arrête, sort de son rêve. Il pose ses feuillets sur le petit bureau derrière lequel il se tient. Il tremble. Il ne peut même pas ouvrir la bouche. Il baisse les yeux, se pince le nez, cependant qu'au même instant une véritable explosion de fou rire paralyse les députés et le public. En quelques secondes, l'Assemblée tout entière est saisie de la plus incroyable crise d'hilarité. Notre homme du Nord ne pouvait dès lors plus rien face à ce déferlement joyeux. Il se contracta un peu plus encore, serra les poings, tenta vainement de rester immobile, tandis que son visage cramoisi se couvrait de tics. Pourtant, que l'on ne s'y trompe pas, l'assistance n'était nullement hostile à l'orateur. Cette irruption de rire n'étant en effet que le résultat du contraste entre la gravité un peu compassée de Maximilien et l'extraordinaire faconde de cette saillie toute méridionale.

Carra, dans ses *Annales patriotiques*, prétendit que, malgré ces rires, « ses observations [celles de Robespierre] avaient été soutenues par un grand nombre de députés ». Le tour que prit l'incident incombe au président Mounier, qui n'a pas su imposer un minimum de réserve à l'Assemblée. *Le Moniteur*, en rendant compte de la séance, écrivit en effet : « Il [Robespierre] parle longtemps au milieu du tumulte qu'excite la divergence des opinions. Il fatigue l'Assemblée par la rédaction d'une formule très plaisante et qu'il voulait toujours lire, quand on ne se taisait pas, et qu'il ne laissait pas, quand on faisait silence. » Mais comment lutter, lorsque l'on est tout empreint de sérieux législatif contre un accès de gaieté folle qui rendait les députés fort peu réceptifs à toute grave déclaration ? Il dut abandonner la tribune, assez vexé sans doute, quelque peu honteux même. C'était la première fois qu'il se voyait publiquement tourné en ridicule.

Deux semaines après ce qu'il avait ressenti comme une profonde humiliation, Robespierre allait pouvoir venger son cher amour-propre par une éclatante victoire oratoire. C'est son discours du 21 octobre 1789, sur les dangers de la loi martiale accordée aux municipalités, qui le signala impérativement à l'attention générale. Ce jour-là, tous ses collègues comprirent qu'ils se trouvaient en face d'une force vive avec laquelle désormais il allait falloir compter. Déjà, la veille au soir, Maximilien était intervenu énergiquement dans la discussion du mandement de l'évêque de Tréguier, région, où, selon le prélat, « règne partout l'esprit de révolte et du plus dangereux fanatisme ». Devant cette remarque de l'évêque, Robespierre eut bien soin de ne pas condamner les révoltés. En s'adressant à ses confrères, il se montra inquiet, pessimiste, adoptant à peu près le même ton qu'un Marat. Selon l'« Incorruptible », « le salut de l'État est en péril, une conspiration des plus atroces a été formée, la patrie ne cesse d'être menacée, les ennemis du bien public n'ont peut-être pas encore renoncé à leurs trames et nous plongerions dans une sécurité coupable ! »

Maximilien ne se trompait pas : des mouvements suspects, qui sentaient la provocation royaliste, agitaient le peuple, tout particulièrement le peuple très mal informé des lointaines campagnes. Les journées révolutionnaires des 5 et 6 octobre avaient démontré que la flamme révolutionnaire qui s'était allumée en juillet ne s'était pas éteinte, et qu'il suffisait de bien peu de chose pour la faire jaillir, plus forte et plus redoutable que jamais. Privilégiés des deux ordres supérieurs et bourgeois ne cachaient plus leur inquiétude : la Révolution qu'ils avaient voulue paisible et raisonnable leur échappait tout à fait. Elle s'étendait partout, traînée de poudre incontrôlable, mettant en péril les pâles réformes qu'ils avaient concoctées à leur seul avantage. Faute de mieux, puisque l'ancien ordre absolutiste s'était bien écroulé, ils tentaient maintenant de s'appuyer sur les nouvelles institutions qu'une Assemblée constituante balbutiante essayait de dresser comme un ultime rempart contre des désordres populaires, qui risquaient d'emporter bientôt les restes du vieux monde qu'une assemblée de notables timorés espérait quand même préserver vaille que vaille. Pour ces nobles, qui hier encore se croyaient hommes de progrès, pour ces bourgeois, qui tremblaient pour leurs propriétés mobilières et immobilières, une seule défense était apparue solide : celle de l'autorité municipale en qui ils voyaient le garant de l'ordre établi et de la propriété. Donner aux municipalités des droits accrus sur les populations revenait à museler les mouvements de masse, qui, partout, auraient été confrontés, avec leurs fourches et leurs vieux fusils, aux gardes nationaux bien nourris et fortement armés.

L'affaire du meurtre du boulanger François, accusé d'accaparer le pain pendant qu'on en manquait à Paris, reste aujourd'hui encore des plus confuses. Selon Robespierre, qui ne s'en expliqua que plus tard (en 1792), il s'agissait d'une manœuvre montée par La Fayette « pour obtenir, grâce à cette provocation manifeste, le recours à la loi du sang, à Paris, et dans toute la France ». En réalité, rien ne prouve que le geste extrême de la foule exaspérée, s'emparant du boulanger pour le mettre à mort, n'ait pas été un acte spontané, isolé, tout à fait dénué de sens politique. Les hommes de la réaction surent pourtant l'exploiter aussitôt, afin de jeter un discrédit catégorique sur le mouvement révolutionnaire dans son ensemble. On avait trouvé chez l'infortuné boulanger François, lors de la perquisition effectuée dans sa boutique, dix douzaines de petits pains réservés spécialement aux députés de l'Assemblée nationale. La populace ne manqua pas de les réquisitionner sur l'heure. Le fait se répandit. Bientôt des propos peu flatteurs allèrent bon train sur le compte des députés. Parallèlement, une délégation de la Commune se présentait à la Constituante pour insister sur la nécessité de voter la loi martiale de toute urgence. Sans attendre, Barnave appuya cette requête, tout en reconnaissant qu'il fallait également s'occuper de « découvrir les manœuvres coupables qui occasionnaient ces mouvements ». Sa motion suscita de vives réactions sur les bancs de la gauche, qui comprenait très bien dans quelle voie allait l'engager le vote de la loi réclamée.

En période de troubles, il est toujours aisé de susciter des frayeurs instinctives qui, à court terme, jettent la confusion, désorganisent une assemblée encore peu assurée de ses pouvoirs, et permettent l'instauration d'un régime militaire, alors accueilli à bras ouverts. C'est la voie ouverte au césarisme. Et, pour l'heure, il existait un César en puissance, qui piaffait d'impatience : La Fayette. François Buzot, futur député girondin, exprima ce sentiment dans une intervention trop sommaire : « Il ne suffit pas d'effrayer le peuple par des lois sévères, il faut encore le calmer », observa-t-il en suggérant la création rapide, et déjà plusieurs fois souhaitée, d'un tribunal destiné à juger les « ennemis du peuple ». Jusqu'alors, Robespierre avait écouté. Maintenant, il se lève et se dirige à pas rapides vers la tribune. On lui accorde la parole. A l'accoutumée, ses discours étaient rédigés, pointilleux, corrigés sous tous les angles.

Cette fois il improvise et laisse parler son cœur. Ses phrases jaillissent comme autant de mises en garde, comme autant de traits impromptus. Au début, il s'inspire de la proposition de Buzot. Mais, aussitôt, il l'amplifie considérablement, lui communiquant une nouvelle force. Pour lui, les choses sont nettes : ce n'est pas la loi martiale qui va ramener l'ordre et la paix. « Quand le peuple meurt de faim, il s'attroupe », constate-t-il du haut de son inébranlable logique. Il ne faut pas qu'il s'attroupe ? Fort bien : qu'il soit assuré de ses subsistances. Et d'analyser le processus : « Il faut donc remonter à la cause des émeutes ! » Il attaque : on verra alors, assure-t-il, qu'on se trouve en présence d'un vaste et monstrueux complot, qui n'a d'autre but que d'abolir la Révolution et d'instaurer sur toute la France un régime militaire, qui permettra bientôt le retour triomphal de tous les anciens privilèges. C'est pourquoi on doit « prendre des mesures pour en découvrir les auteurs et pour étouffer les conjurations qui nous menacent ! »

Ces mesures sont de deux ordres : il faut d'abord que la municipalité remette à l'Assemblée « toutes les pièces qu'elle a sur cette foule de conspirations contre le peuple, qui se succèdent sans cesse ». Puis, reprenant à son compte l'idée de Buzot, il propose la création d'un « tribunal définitif et non provisoire », pour juger les ennemis de la nation. Toutefois, à l'inverse de Buzot, il ne se contente pas d'en poser seulement le principe. Son esprit précis et méthodique ne peut se satisfaire de déclaration de principe, et même lorsqu'il improvise, comme c'est le cas ici, Robespierre entre aussitôt dans les détails et offre séance tenante aux députés un plan précis de ce nouvel organisme juridique, dont l'absence, selon lui, se fait de plus en plus cruellement sentir. D'évidence une mesure s'impose : « Ne laissez pas le procureur du roi remplir les fonctions de procureur de la nation. » Les crimes contre la liberté ne peuvent être jugés que « par la nation elle-même ou par ses représentants ». Concrètement, cela signifie que les éléments destinés à composer ce tribunal pourraient, sinon devraient, être pris au sein même de l'Assemblée nationale.

Quelle devrait être la compétence reconnue de cette nouvelle instance ? Ici encore, Maximilien se montre précis et ses phrases étonnent tant elles sont impérieuses : « Vous vous occuperez de tous les complots, de toutes les trames contre la chose publique et la liberté nationale. » C'est alors que, spontanément, il livre le fond de sa pensée : « Que l'on ne nous parle plus tant de Constitution, ce mot nous a que trop endormis ! » Il faut, estime-t-il, s'occuper des réalités ponctuelles, quotidiennes, de tout ce qui se passe à Paris, en France, poursuivre inlassablement les complots contre la démocratie naissante. Il serait funeste de se bercer d'illusions en rêvant à la Constitution « qui ne serait qu'une chimère, si nous n'apportions remède à nos maux actuels ».

Ce discours lancé avec élan et passion, fort de la spontanéité des phrases improvisées qui s'enchaînent avec bonheur, n'a pas été sans provoquer nombre de réactions contradictoires au sein de l'Assemblée. « La chaleur vraiment patriotique, vraiment héroïque de Monsieur de Robespierre », écrit *La Sentinelle du peuple*, « a semblé à plusieurs membres de l'Assemblée l'avoir emporté trop loin ; il a été rappelé à l'ordre. » Le marquis de Ferrières, qui avait assisté à la séance, jugea nécessaire de reproduire le texte de cet étonnant discours dans ses *Mémoires*, tout en évitant d'y ajouter quelque commentaire personnel. Le député Cazalès pria Maximilien de mettre sous les yeux de l'Assemblée les preuves de la conjuration dont il parlait. Mais l'orateur, qui savait que dans un temps de révolution, il suffit d'accuser pour être cru, négligea de répondre et vint tranquillement s'asseoir à sa place.

Le débat devait en rester là, pourtant le député d'Arras avait, pour la première fois, retenu l'attention unanime de l'Assemblée. A partir de ce moment, la droite découvrait réellement qu'elle avait en face d'elle, non point un petit idéologue fiévreux, mais un authentique tribun du peuple qui, si l'occasion lui en était donnée, persévérerait jusqu'au triomphe politique, juridique et social de sa pensée.

Chapitre XV

L'AVENTURE JACOBINE

Le drame de la Révolution allait dorénavant se développer principalement dans deux enceintes parisiennes : à l'Assemblée nationale et au Club des jacobins. De part et d'autre, la participation de Maximilien Robespierre devait revêtir une importance sans cesse grandissante, jusqu'aux journées de 1794, où sa voix et ses idées, pour un temps trop court, subjuguèrent ces deux cénacles.

A l'Assemblée, Maximilien s'était affilié au groupe politique le plus résolument révolutionnaire, celui qui appelait de tous ses vœux de grandes réformes susceptibles de donner enfin au peuple sa liberté et sa légitimité. Nous dirions aujourd'hui qu'il s'agissait de l'extrême gauche. Certes, l'influence de ce groupe fut longtemps minime, mais la détermination, le feu sacré qui habitaient ses membres devaient assez rapidement lui conférer un rôle déterminant dans l'avenir de la Révolution. La population parisienne, massée dans les galeries ouvertes au public de la grande salle du Manège servant de lieu de réunion à l'Assemblée nationale, ne cessait d'applaudir Robespierre et ses amis. Cet appui inconditionnel du peuple fut, tout au long de la carrière de notre député, un élément fondamental de son influence et de son rayonnement. Il avait des travaux parlementaires une idée bien à lui : les députés devaient siéger sous les yeux et les oreilles du public, qui pouvait, à tout moment, sanctionner ou rejeter une motion par ses cris et ses vitupérations. C'était en quelque sorte l'ébauche d'une « démocratie directe », un peu improvisée, mais qui, hélas, s'abîma trop souvent dans les clameurs incessantes et les vociférations, rendant précaires tous les travaux des élus de la nation, et surtout leur libre arbitre.

« Un édifice vaste et majestueux, écrit Robespierre, ouvert à douze mille spectateurs, devrait être le lieu des séances du Corps législatif. Sous les yeux d'un si grand nombre de témoins ni la corruption, ni l'intrigue, ni la perfidie n'oseraient se montrer ; la volonté générale serait seule consultée ; la voix de la raison et de l'intérêt public serait seule entendue... » Beau rêve en vérité, mais il faut bien remarquer que, dans ce cas précis, Maximilien, qui pourtant manquait bien moins de sens pratique que d'aucuns le prétendirent, était prisonnier de son idéologie : il imaginait déjà le peuple français tout entier rassemblé et légiférant. C'était ne pas tenir compte du climat extrêmement passionnel de l'époque et de l'importance des énormes intérêts qui étaient en jeu.

C'est à Versailles qu'avait pris naissance le Club des jacobins, tout au moins dans l'esprit, puisque l'appellation ne vint qu'à Paris. Les députés bretons, gens hardis, d'esprit pratique, s'étaient groupés en club dès leur arrivée pour la réunion des états généraux. Réunis au café Amaury, ils discutaient les mesures qui devaient être, selon eux, soumises aux délibérations du corps constituant tout entier. On ne tarda pas à remarquer que les Bretons votaient comme un seul homme, comme une véritable entité insécable. L'inclination personnelle inspirait au contraire le plus souvent les députés des autres provinces, qui semblaient tout à fait dénués d'esprit de corps. Dès lors, l'intérêt suscité par leur club s'accrut ; bientôt certains non-Bretons demandèrent à y être admis. La mentalité de clan n'étant en rien celle des fondateurs, ils accueillirent volontiers quiconque partageait plus ou moins leurs idées politiques. Finalement se joignirent à eux presque tous les députés professant des opinions réformatrices ou franchement démocratiques, y compris des nobles, tels La Fayette et Noailles, ce dernier pourvu de la plus riche fortune de France. L'influence du club fut considérable dès le mois de juin 1789 ; non seulement il était parfaitement organisé pour exercer sur l'Assemblée une action concertée, mais il pouvait également compter sur des sympathies à la Cour et dans les bureaux des ministères. Partant, il était remarquablement bien informé sur tout ce qui pouvait se tramer en coulisses.

Lorsque l'Assemblée s'installa à Paris, le club s'y reconstitua aussitôt, avec pour principaux parrains, Du Port, Barnave et Alexandre de Lameth. L'organisation se procura sans difficulté un local, l'ancien réfectoire du couvent des dominicains, situé rue Saint-Honoré. Le loyer annuel s'élevait à 200 livres auxquelles s'ajoutait une somme égale pour le mobilier. Quant au nom de « jacobins », il trouve son origine dans le fait que longtemps on ne connut à Paris les dominicains que sous ce vocable, parce que leur premier couvent avait été fondé rue Saint-Jacques.

Bientôt, le réfectoire ne suffit plus, tant les réunions drainaient de monde, députés et Parisiens passionnés de politique. On loua à sa place la vaste bibliothèque qui occupait l'étage au-dessus de la chapelle. Enfin, en mars 1792, donc après l'abolition des ordres monastiques, le club obtint de l'Assemblée l'usage de la chapelle elle-même.

A son origine, le club n'admettait en son sein que des députés ; il y eut un temps ou plus de quatre cents d'entre eux en firent partie. Mais les strictes règles d'admission s'assouplirent assez vite, et l'on décida d'accorder l'éligibilité aux écrivains ayant consacré au moins un ouvrage à la cause du bien public. Condorcet fut le premier à être reçu à ce titre. Plus tard encore, tout particulier obtint le même droit, pourvu qu'il fût présenté et patronné par six membres du club. Toutefois, même alors, les jacobins restèrent une compagnie d'hommes politiques, de bourgeois et de représentants des professions libérales. En somme, une institution qui devait quelque peu rappeler à Robespierre son académie d'Arras. Du reste, Maximilien s'y sentait tout particulièrement à l'aise. Il affectionnait d'autant plus le club qu'il y était bien moins souvent interrompu ou contredit qu'à l'Assemblée. Il y parlait avec plaisir, beaucoup plus détendu que face à ses collègues parlementaires qui, trop fréquemment à son goût, le contraient non sans une certaine véhémence.

Le nom de « jacobins », donné un peu par dérision aux membres de l'association, leur déplut tout d'abord — ce fut tout particulièrement le cas pour Maximilien. Ne possédaient-ils pas une appellation officielle, « Les Amis de la Constitution » ? Ils n'acceptèrent de s'intituler eux-mêmes « jacobins », qu'après la chute de la royauté. Le nom alors avait totalement perdu sa vieille connotation religieuse, pour n'être plus que la marque prestigieuse d'une très puissante association politique. Peu à peu, au début presque insensiblement, le club se transforma, son esprit même se modifia ; bientôt il prit un aspect nettement prolétarien, sans doute, en particulier, grâce à l'action de Robespierre. Ce mouvement commença dès 1791 : cette année-là, des jacobins dissidents, en organisant un nouveau club, celui des « feuillants », prirent bien soin d'en exclure les citoyens « passifs », c'est-à-dire ceux qui étaient trop pauvres pour être soumis à l'impôt. Cela nous indique assez clairement combien les citoyens « passifs » allaient infléchir l'esprit du jacobinisme dans un sens de plus en plus populiste. On remarquera avec intérêt que cette métamorphose d'une société, au départ certes libérale, mais néanmoins élitiste et bourgeoise, en un rassemblement à majorité populaire ne porta nullement ombrage aux discours de Robespierre, si souvent pédagogiques et pleins d'allusions culturelles aux institutions et à l'histoire de l'ancienne Rome. Au contraire, les prolétaires buvaient littéralement ses paroles et l'ovationnaient sans cesse. Le style noble de l'orateur leur plaisait et même les flattait, bien qu'ils fussent souvent incapables de le suivre dans ses subtiles incidentes. L'homme du peuple aime admirer ses meneurs, et il admirait les longues interventions didactiques de Maximilien, comme il était également sensible à la distinction et à la mise impeccable de son orateur favori. L'« Incorruptible » incarnait à ses yeux l'ordre dans la Révolution, et une certaine forme de sécurité.

Peu après que le Club des jacobins se fut organisé à Paris, il commença à essaimer en province, où des cellules locales se créèrent un peu partout, dans le Nord, dans le Centre, dans le Midi. Ces clubs provinciaux entretenaient du reste une correspondance suivie avec l'organisme central de Paris. Dès le mois d'août 1790, on compte déjà cent cinquante-six clubs en province. L'historien Aulard estime qu'il en exista plus de mille à l'apogée de la Révolution. Quant au nombre des membres de ces clubs, on l'a évalué en chiffres ronds à deux ou trois cent mille. Ce chiffre étonnant est peut-être un peu excessif, si l'on remarque qu'en novembre 1791, le club de Paris comptait seulement mille deux cent onze membres. Comme nous ne possédons que des fichiers locaux très fragmentaires, il nous est impossible de quantifier exactement cet extraordinaire développement du jacobinisme dans les provinces. La vente des biens ecclésiastiques vint contribuer d'une manière non négligeable à l'expansion du mouvement jacobin. Entre avril et septembre 1791, cette expropriation fournit environ 800 millions de livres au Trésor public ; c'est à la même période que les jacobins enregistrèrent leur plus vaste développement.

Ainsi, dans les seuls mois d'août et de septembre, il se constitua quelque six cents de leurs filiales. Le rapport est facile à saisir. Ceux qui investissaient leurs économies en propriétés d'origine ecclésiastique attachaient du même coup leur fortune au char de la Révolution. Que la réaction vînt à l'emporter, non seulement ils perdraient leurs biens, mais ils ne devraient pas douter non plus des représailles de la droite. Ce qui explique clairement leur ferme désir de s'affilier aux jacobins, la seule société politique puissante, dont tous les efforts étaient tournés vers l'extension du mouvement révolutionnaire et l'anéantissement des forces encore vives de la réaction. Dans ce processus, où les calculs immobiliers remplacent les véritables motifs politiques d'une adhésion au jacobinisme, il importe de remarquer que les biens-fonds de l'Église étaient vendus par grandes parcelles et achetés le plus souvent par des spéculateurs, qui n'avaient d'autre dessein que de les revendre en multipliant leur mise de départ. Le résultat fut simple : les pauvres perdirent le plus clair des profits de la confiscation, tandis que les spéculateurs se transformèrent en jacobins enragés. En 1794, l'influence de tels profiteurs tournera au détriment du club, dont les objectifs sociaux, économiques et politiques étaient bafoués par ces chancres capitalistes.

Les clubs des jacobins furent des centres d'instruction politique. Ils attisaient l'enthousiasme du peuple pour la cause révolutionnaire et aidaient le gouvernement, quand il eut passé entre des mains jacobines, à faire respecter ses décisions dans toutes les provinces. Ils s'employaient très activement à réaliser des réquisitions pour l'armée, démantelaient avec beaucoup d'efficacité les complots aristocratiques et s'en prenaient à toute forme de déviation parlementaire, qui risquait de ramener la réaction bourgeoise au pouvoir. De décembre 1793 à la chute de Robespierre, la France fut largement soumise à l'emprise jacobine, préfigurant par là les groupes de pression modernes qui, tantôt déstabilisent les régimes en place, tantôt consolident l'appareil totalitaire du parti unique. Ce vice profond semble inhérent à toute révolution qui se radicalise pour ne pas périr.

L'Assemblée constituante, et après elle la Législative puis la Convention tentèrent bien, mais en vain, de freiner le développement des clubs. Trop de députés y adhéraient déjà. Pour ce qui est des jacobins, les différentes assemblées les respectèrent et les redoutèrent. Le jeu parlementaire en était quelque peu faussé, mais, dès 1790, il était trop tard pour réagir. Toute dissolution du club eût entraîné de telles vagues dans l'opinion que d'inutiles émeutes eussent été à craindre. De fait, le club de Paris aurait pu, presque à volonté, soulever les foules pour intimider les députés. Même s'ils s'affichaient conservateurs, les élus préféraient composer avec cette force nouvelle et parfaitement adaptée à la situation de crise permanente qui sévissait tant à Paris que dans les provinces.

La croissance quasi spontanée du Club des jacobins allait donner à Robespierre un instrument particulièrement apte à servir ses desseins. Il voulait de toutes ses forces la libération des masses populaires ; seul, avec ses quelques amis à l'Assemblée, jamais il n'aurait été en mesure de contrer la révolution bourgeoise. Grâce à la structure très souple des jacobins, il allait, en peu de temps, être en mesure de faire sans cesse pression sur l'Assemblée, sans pour autant s'écarter de la légalité, ce qui lui importait beaucoup.

Il ne faudrait pas cependant exagérer l'étendue de la renommée que s'était conquise Robespierre chez les jacobins au bout de quelques mois de participation à leur activité politique. Il avait encore en face de lui quelques retentissants ténors qui n'entendaient nullement laisser le jeune élu du tiers d'Artois subjuguer cette assemblée et ses structures provinciales. L'influence de Mirabeau gardait encore tout son éclat et l'autorité du grand tribun demeurait immuable. Dans les premiers jours de la Constituante, Robespierre s'était rapproché de Mirabeau et à plusieurs reprises « la Torche de Provence » l'avait très énergiquement soutenu dans ses interventions à la tribune. Dans les premiers mois de 1790, leurs rapports semblaient encore excellents. Mais, dès les premiers jours du mois de mai, les deux hommes cessèrent rapidement de se considérer en amis pour se regarder en rivaux. Mirabeau ne supportait guère l'influence du « petit député » ; il aurait désiré en faire un homme lige : c'était bien mal connaître Robespierre.

A la séance du 3 mai 1790, Maximilien était intervenu à la Constituante dans la discussion relative au plan de la municipalité de

Paris. Sa proposition d'admettre le principe de la permanence de districts fut applaudie à la fois par la droite et par les tribunes qui exprimaient, du moins en partie, l'approbation de l'opinion populaire. Mirabeau se leva pour combattre cette motion « sans rechercher les applaudissements perfides ». Il le fit sur un ton dédaigneux et ironique : « M. de Robespierre apporte à la tribune un zèle plus patriotique que réfléchi », lui lança-t-il négligemment, et il termina par cette recommandation qui s'adressait ostensiblement à Robespierre : « Surtout ne prenons pas l'exaltation des principes pour le sublime des principes. » Pour l'heure les choses en restèrent là, mais pour la première fois, Mirabeau appliquait tout son art à essayer de paralyser Robespierre qu'à tort il croyait encore subjugué par sa forte personnalité.

Quelques jours plus tard, le 31 mai, survint un nouvel incident, plus déterminant et qui laissait entrevoir une rupture définitive. Maximilien avait pris part à l'Assemblée nationale à la discussion concernant la constitution civile du clergé. Après avoir présenté quelques observations sur la nomination des évêques et sur l'évaluation des traitements des ecclésiastiques considérés désormais comme officiers publics, il poursuivit : « J'ajouterais une observation d'une grande importance et que j'aurais peut-être dû présenter d'abord. » Puis, profitant d'un silence attentif des députés et du public, il crut bon d'aborder, le premier dans cette enceinte, la très délicate question du mariage des prêtres. Aussitôt, le vacarme se déchaîne ; des protestations s'élèvent qui couvrent sa voix. Pourtant quelques rares applaudissements, venus principalement des tribunes, le soutiennent faiblement. Maximilien ne se laisse pas désemparer par ce désordre et il tente de continuer. Bientôt l'immense majorité des députés manifeste si bruyamment sa désapprobation que Robespierre, pâle de colère, ferme son dossier et descend de l'estrade sans plus pouvoir émettre un mot.

Mirabeau fut particulièrement courroucé : si Maximilien recevait ce désaveu public comme une insulte, le député de Provence ne voyait dans l'échec oratoire de son collègue qu'une maladresse qui compromettait son propre plan. Il comptait lui-même présenter sous peu à l'Assemblée cette motion et la considérait, d'ores et déjà, comme susceptible de lui assurer un de ses plus grands triomphes. Par sa maladresse, par sa hâte, pensait-il, Robespierre avait pour longtemps gâché l'un de ses plus étonnants discours. Par sa précipitation à vouloir être le premier à aborder ce délicat sujet, Robespierre avait bouleversé l'ordre des choses, l'ordre législatif que lui, Mirabeau, entendait bien conduire par sa faconde et son prestige. Mirabeau, qui avait pu admirer la flamme et le zèle de Robespierre, n'avait jamais cru en l'autorité naturelle de ce jeune tribun. Depuis des mois, il songeait faire du célibat des prêtres une grande affaire qu'il mènerait tambour battant... C'était l'une de ses bottes secrètes, qu'il se gardait pour la bonne heure : et voilà que ce petit prétentieux faisait, en une seule bévue, s'effondrer toute sa tactique oratoire. Mirabeau n'avait pas travaillé seul à ce problème : depuis plusieurs semaines déjà, il avait demandé à l'un de ses fournisseurs attitrés de discours, le Suisse Reybaz, un superbe texte sur l'abolition du célibat ecclésiastique. Et il avait engagé des sommes rondelettes pour que ce travail fût le plus percutant possible. Bref, Robespierre avait désorganisé tout le jeu oratoire de Mirabeau. En l'apprenant, Reybaz se montra encore plus désappointé que son « patron » : qu'allait-il faire de tout ce travail commandé, maintenant que « la Chandelle d'Arras » avait brouillé les cartes ?

Mirabeau n'était pas homme à renoncer pour autant à un projet qui lui tenait à cœur. Il persista. Cependant, dans une lettre, on peut lire tout le ressentiment qu'il éprouvait désormais pour le coquin qui lui ravissait ses bonnes idées : « M. Reybaz paraît découragé de ce que Robespierre m'a escamoté la motion sur le mariage des prêtres. Je crois, moi, qu'il est des hommes que l'on ne vole point... Il est évident que Robespierre gâtera la cause et nuira au succès, d'où il suit qu'il faudra seconder ou plutôt relever la motion par un discours très sage et très intelligent ; comme aussi qu'il faut nécessairement un peu se hâter, puisque nous dépendons désormais des lunes de M. Robespierre[1]. »

Pourtant, malgré le peu d'audience que reçut le discours avorté de Maximilien, les quelques paroles qu'il avait pu prononcer ne furent pas sans retenir l'attention de nombreux ecclésiastiques. « Quelques jours après sa motion sur le célibat des prêtres, écrit Villiers, il fut inondé de lettres de félicitations de la part des religieux et religieuses. » Vers latins, français, grecs, hébreux même arrivaient des quatre coins de France. Les poèmes de mille cinq cents vers pleuvaient rue de

---

1. Lettre du 2 juin 1790.

Saintonge. Un jeune prêtre d'Amiens, Célestin Lefetz, qui deviendra par la suite membre du jury révolutionnaire à Arras, lui écrit en juillet 1790, à propos du mariage des prêtres : « Tous les hommes sages et sensés le demandent à hauts cris, et le regardent comme une nécessité absolue. Vous voyant au-dessus des clameurs de ces êtres qui trouvent si bien leur avantage dans le désordre et la confusion des abus, je vous supplie, Monsieur, de faire usage des grands talents que vous avez pour l'abolition d'un état si contraire à la nature, à la politique et à la religion même. L'Europe entière bénira votre nom. » A Arras où la bourgeoisie se montrait de plus en plus hostile à Robespierre, l'écho est cependant tout différent. « Ta motion pour le mariage des prêtres te fait regarder comme un impie par tous nos grands philosophes artésiens [sic], lui écrit son frère. Tu perdrais l'estime des paysans si tu renouvelais cette motion. On a recours à cette arme pour te nuire ; on ne parle que de ton irreligion. Il serait peut-être bon de ne plus la soutenir. »

La rupture entre Robespierre et Mirabeau parut définitivement consommée à la séance des jacobins du 6 décembre 1790. Le débat qui eut lieu ce jour-là à la Constituante à propos de l'organisation de la garde nationale est un des plus significatifs pour cette période de la Révolution où la bourgeoisie, tâtonnante et indécise, effrayée aussi devant l'incapacité de ses représentants face au raz de marée populaire, essayait de trouver les mesures susceptibles de la défendre dans ses biens, maintenant tout aussi menacés par les masses encolérées que ceux des nobles et du clergé. Elle avait bien compris le péril que représentaient ses bandes d'affamés, qui depuis les journées insurrectionnelles de juillet et d'octobre 1789 s'étaient largement pourvues d'armes volées dans les dépôts et chez les armuriers. Il fallait donc désarmer le peuple, et, avant tout l'exclure de la garde nationale qui devait rester une milice bourgeoise destinée à protéger la fortune et les biens des possédants contre toute atteinte de l'anarchie et du désordre. Dans ce sens, le Comité de constitution élabora et fit présenter à l'Assemblée un projet de décret accordant le droit de servir dans la garde nationale aux seuls citoyens actifs, ceux dont la fortune permettait de payer des impôts. A titre exceptionnel, les citoyens passifs déjà enrôlés « pouvaient être autorisés à en remplir les fonctions pendant toute leur vie, selon des règlements qui restaient encore à définir ». Le député du centre, Antoine d'André, considéra que cette faible concession était encore excessive :

« Dans beaucoup d'endroits, disait-il, des citoyens non actifs se sont armés et ont excité des troubles ; le décret qu'on vous propose semblerait autoriser tous ces mauvais sujets, très dangereux pour la tranquillité publique, à être conservés dans la garde nationale. »

Maximilien qui avait, mais en vain, demandé la parole au cours de la séance, utilisa le soir même la tribune des jacobins pour soumettre le projet du Comité de constitution à une critique impitoyable. Écouté avec une attention soutenue par une assistance nombreuse, il put donner libre cours à sa « sainte indignation », pour reprendre l'expression utilisée par Camille Desmoulins dans le compte rendu paru dans *Les Révolutions de France et du Brabant*, son journal. Et Desmoulins de conclure : « Discours admirable. » « Il fut singulièrement applaudi », confirme *Le Patriote français*. Tant qu'il s'agissait d'exposer la base morale et la nature juridique de ce droit « d'être armé pour défendre la liberté et l'existence de la commune patrie » qui est « aussi sacré que celui de la défense naturelle et individuelle, dont il est la conséquence », tout allait bien, nul murmure réprobateur, et Robespierre put développer librement ses arguments, interrompu seulement par de fréquents et vigoureux applaudissements. Mais soudain tout change : le voici qui s'en prend à d'André, à ses propos qu'il juge injurieux et blessants pour la dignité du peuple. Le ton change aussitôt, l'orateur devient passionné, violent : « Cessez de calomnier le peuple, s'écrit-il, en le représentant sans cesse indigne de jouir de ses droits, méchant, barbare, corrompu ! C'est vous qui êtes injuste et corrompu. C'est le peuple qui est bon, patient, généreux. » Profitant de l'occasion, il élargit aussitôt le débat, abandonne d'André et ses insinuations. Il s'agit maintenant de défendre le peuple une fois de plus contre les attaques convergentes de ses ennemis, « les riches et les hommes puissants ». « Cruels et ingénieux sophistes, poursuit Maximilien, c'est en vain que vous prétendez diriger par les petits manèges du charlatanisme et des intrigues de cour une Révolution dont vous n'êtes pas dignes ; vous serez entraînés comme de faibles insectes dans son cours irrésistible ; vos succès seront passagers comme le mensonge et votre honte immortelle comme la vérité. »

Mirabeau présidait la séance. Jusqu'ici, il avait écouté patiemment, sans l'interrompre, l'orateur. Mais, arrivé à cet endroit du discours de Robespierre, il jugea opportun de le rappeler à l'ordre sous prétexte qu'il n'était permis à personne, et surtout pas à un membre de l'Assemblée nationale, de critiquer un décret rendu. « Cette interruption excita un grand soulèvement dans l'Assemblée », note Desmoulins. Les applaudissements à l'adresse de Robespierre redoublent. Mirabeau, très irrité, se sentant personnellement atteint par les propos de celui que naguère il considérait comme un disciple, lui ôte la parole d'autorité. Alors, cris, protestations, vociférations fusent de partout : « Continuez ! Continuez ! » Le vacarme va durer une heure et demie.

Finalement, Mirabeau, profitant d'une accalmie dans la tempête, et après avoir vainement agité sa sonnette, grimpe sur son fauteuil, et hurle à pleins poumons : « Que tous mes confrères m'entourent ! » Il espérait ainsi que l'assistance tout entière se précipiterait vers lui pour se serrer fidèle et confiante autour de son illustre président. Déception : une minorité ridicule, quelque trente membres répondirent à son appel. Et l'Assemblée presque dans sa totalité se groupe autour de Robespierre. Désormais les choses étaient nettes : pour la première fois, deux hommes, dont l'un représentait l'avenir de la Révolution et l'autre son passé déjà terni par les compromissions et les intrigues, s'affrontaient en adversaires résolus. L'intervention de Charles de Lameth parvint enfin à calmer l'assistance. Peu à peu le silence revint et, imperturbable, Robespierre termina la lecture de son discours.

Dans les semaines qui suivirent, il le fit imprimer et s'occupa activement de lui assurer la plus large diffusion. Camille Desmoulins fut l'un des premiers à recevoir un exemplaire destiné à son journal. Mais Camille, qui s'était marié le 29 décembre, était encore en pleine lune de miel. Il négligea quelque peu le texte de son ami. Maximilien attendit plusieurs semaines, puis, en date du 14 février 1791, il éclata : « J'observe à M. Camille Desmoulins, lui écrit-il, que ni les beaux yeux, ni les belles qualités de la charmante Lucile ne sont des raisons de ne point annoncer mon ouvrage sur la garde nationale qui lui a été remis », et, ne connaissant que trop bien l'étourderie de son ancien condisciple, qui aurait pu égarer le précieux mémoire, il joint à sa lettre un second exemplaire, en insistant sur l'importance du sujet et sur la nécessité de le porter sans plus attendre à la connaissance des lecteurs de son journal. Mieux encore, il lui fait parvenir par la même occasion une lettre de félicitations que la Société patriotique de Marseille vient de lui adresser à propos de ce même discours, avec prière de le reproduire également. « Je prie Camille de ne pas l'égarer, termine-t-il, et de tâcher de renvoyer aussi les lettres d'Avignon et les réponses que je lui ai remises. »

Cela nous éclaire assez bien sur le sens pratique de Robespierre : afin de soigner sa notoriété montante, il faisait insérer dans la presse — tout particulièrement par Desmoulins — les lettres de félicitations qui lui venaient de province, comme le texte de toutes ses interventions qu'il jugeait importantes. Cette « stratégie publicitaire », pourrions-nous dire, lui assurait une influence de plus en plus étendue et la certitude que son nom et ses interventions seraient connus de toute la France. Cet idéaliste était doué d'un sens pratique tout à fait remarquable lorsqu'il s'agissait de propager sa pensée.

Chapitre XVI

ROBESPIERRE AU MILIEU DU GUÉ

Au long de l'année 1790, les apparitions de Robespierre à la tribune de la Constituante se firent de plus en plus nombreuses, de plus en plus percutantes aussi. En moins d'une année, par son opiniâtreté, par sa foi dans le message révolutionnaire qu'il voulait faire connaître à la nation tout entière, il réussit, non sans devoir affronter les railleries et le scepticisme, à vaincre la lourde indifférence que si longtemps ses collègues avaient manifestée à son égard. Désormais, lorsqu'il monte à la tribune, il ne tremble plus ; il est assuré de ses moyens, de ses arguments, même sa voix, naguère si sourde et faible, porte maintenant et ébranle la grande salle du Manège. Il ne rougit plus lorsqu'une remarque perfide l'atteint : il croise les bras, attend et sourit. Il sait que le peuple des tribunes l'écoute et l'acclame. Il se sait la vie et l'avenir de la Révolution. Croyance secrète, tout intérieure, mais qui le porte et le soutient dans les heures difficiles. Il ne brigue aucune magistrature illustre ; il désire être seulement le tambour sur lequel résonnent les clameurs des peuples, les misères innommables des masses oubliées. Tout entier, il s'est consacré à ce sacerdoce.

C'est en missionné des malheureux, des déshérités qu'il parle et qu'il s'élève contre la terrible indifférence des puissances d'argent qui déjà étouffent le grand élan révolutionnaire. Bientôt d'autres se joindront à lui, moins par admiration pour l'homme que par idéal. Il clame cet idéal de la révolution totale qui doit briser toutes les chaînes de tous les opprimés, et déjà sa voix ne porte plus dans le désert, déjà, on l'applaudit, déjà la confiance du peuple le porte vers d'autres hardiesses. Nul ne l'arrêtera plus. Personne ne peut plus le démonter, et la plus grande partie de l'Assemblée commence à vouer un respect sincère à ce petit homme. Depuis longtemps déjà, depuis ses classes au collège Louis-le-Grand, il devinait confusément cette énergie qu'il portait en lui, et qui, au cours de l'année 1790, se révèle brusquement, étonne les députés, suscite l'admiration de Marat et de Desmoulins et d'autres publicistes, tandis que les pauvres, les affamés, qui ne se connaissaient plus de saints protecteurs à force d'en invoquer trop et en vain, s'en découvrent un enfin, debout, de chair et d'os : Maximilien Robespierre.

Les députés, pourtant lassés par l'avalanche continuelle des discours, se taisent maintenant respectueusement lorsqu'il parle au nom de ces millions de silencieux. Les protestations de la droite, les interruptions suscitées par l'un de ses éclats, les rappels à l'ordre même sont un fidèle baromètre de l'attention publique, de même que les applaudissements frénétiques qui l'accueillent depuis les tribunes. Il n'est pas encore l'homme de la situation. Mais il est déjà l'homme qu'on écoute, et que même ses adversaires apprennent à respecter pour l'ardent courage de ses opinions. L'abbé Royou, longtemps détracteur acharné de Maximilien, se rend à la réalité, et finit par voir en lui, en mars 1791, « un des plus ardents apôtres de la liberté qui en pousse, il est vrai, les suites beaucoup trop loin, mais qui, du moins, est conséquent dans ses principes ».

Pour bien juger la conception que Robespierre s'était dès lors formée de son rôle sur la grande scène de la politique nationale, le meilleur moyen est de s'adresser à lui-même et d'interroger ses propres écrits, car s'il ne parlait jamais de sa vie personnelle, il se plaisait cependant à s'analyser sur le plan de la politique et des idées. A la fois lucide et sincère, il n'hésitait pas à communiquer ces analyses souvent pénétrantes à ses auditeurs ou à ses lecteurs, selon le cas et les circonstances, avec cette minutieuse et scrupuleuse exactitude dont il essaiera toujours de faire preuve. Sous ce rapport, son *Adresse au peuple français* qu'il fit paraître en juillet 1791 est bien révélatrice.

Quelle était alors l'attitude de Robespierre vis-à-vis du corps de la représentation nationale à laquelle il appartenait ? Se croyait-il unique, à part, loin de la houle ? Point du tout : il tient à souligner dès le début qu'il n'a jamais eu l'intention de s'isoler, de se détacher de ses collègues, de se tenir en dehors de la tâche commune. Les principes qu'il a apportés à l'Assemblée et qu'il a constamment soutenus sont, selon lui, « ceux que celle-ci a solennellement reconnus comme les seules bases légitimes de toute constitution politique et de toute société humaine ». Partant, il considère qu'il n'y a aucune divergence de vues entre lui et la Constituante quant à la nature et au caractère général de l'œuvre qu'elle est appelée à accomplir. C'est dans les méthodes de réalisation qu'un désaccord assez grave va se manifester.

L'« Incorruptible » estime que tous les décrets de l'Assemblée doivent s'inspirer de ce double principe : égalité des droits et souveraineté de la nation. « L'égalité des droits, souligne-t-il, doit s'appliquer à tous les citoyens. » Car il ne faut jamais oublier que « la nation renferme aussi la classe laborieuse ! » Quant à lui, non seulement il se considère comme le représentant de celle-ci, mais il ajoute, puisque la nation est un tout insécable, « du moins autant que les autres ». Et il précise cette déclaration par une note personnelle : « Je tiens à ses intérêts [ceux de la classe laborieuse] par ce sentiment impérieux qui m'avait toujours attaché à la cause des malheureux. » Quelques mois plus tard, il réitérera cette profession de foi : « Je défends surtout les pauvres ! » A ses yeux, son rôle est donc déterminé avec une précision absolue : dès que l'on s'attaque au peuple, Robespierre doit être présent pour prendre en main sa défense et pour dévoiler les intrigues des « ennemis de la liberté ».

Parallèlement, il considère qu'il y a lieu de veiller jalousement à la sauvegarde de la souveraineté de la nation qui, estime-t-il, « n'est pas une vaine fiction, mais un droit sacré qui doit être réalisé ». Il en résulte que « l'autorité des mandataires du peuple a des bornes définies par les droits imprescriptibles » de celui-ci : c'est pourquoi « tout acte contraire à ces droits ne peut être légitime ». De cette proposition préliminaire, il va tirer trois conséquences : 1. les représentants du peuple ne peuvent déclarer constitutionnel « que ce qui l'est par la nature même des choses, et non ce qu'il convient à quelques-uns d'appeler ainsi » ; 2. il doit exister pour la nation des « moyens constitutionnels de faire entendre, au moins dans certains cas, sa volonté suprême » ; 3. l'indépendance absolue des représentants du peuple est « un monstre dans l'ordre moral et physique ».

Plus notre idéaliste avance dans le cours de la législature et plus il est forcé de constater que ses collègues violent les saints principes qu'il juge intangibles, puisque se trouvant à la base même de la raison d'être de la liberté. Il jugera ainsi ses collègues, corrompus et cauteleux, en avril 1792 : « Courtisans ambitieux, habiles dans l'art de tromper, qui, cachés sous le masque du patriotisme, se réunissent souvent aux phalanges aristocratiques pour étouffer ma voix. » On peut lire également son dépit, sa déception face à une Assemblée si éloignée de la vertu civique qu'il prônait avec tant de flamme, dans une lettre du 17 juin 1791, à un de ses correspondants de Béthune : « Je ne vous envoie point d'avis du Comité de constitution. Qu'aurais-je pu espérer de ce tripot, de cette association d'hommes presque tous gangrenés ? S'il existe un moyen d'anéantir les droits du peuple, ils ne le laisseront jamais échapper. » Phrases terribles une fois encore et définitives : Robespierre sait que, pour des raisons d'efficacité politique, il ne peut quitter l'Assemblée ou s'éloigner trop de ses collègues.

Cependant, de tout son être, il appelle la fin d'une telle assemblée composée de « coquins, d'affameurs et d'hommes sans foi ». C'est bien là ce qui l'oblige rapidement à se composer une attitude particulière, à s'ériger en gardien fidèle des principes de la Révolution, si maltraités par des hommes qui « depuis longtemps » se sont révélés indignes de les servir. Il ne veut plus être que l'œil vigilant qui veille au salut du peuple et aux respects des acquis de la Révolution. Tâche écrasante et souvent nerveusement insoutenable. Mais, sentinelle incorruptible du peuple, dont il est le mandataire, le voici prêt à sacrifier sa vie à son « souverain ». « Dans le commencement de la Révolution », dira-t-il aux jacobins en juin 1791, « lorsque j'étais à peine aperçu dans l'Assemblée nationale, lorsque je n'étais vu que de ma conscience, j'ai fait le sacrifice de ma vie à la vérité. » Une déclaration de stoïcien qui se souciait peu de sa vie, de la sécurité de sa personne. Celle d'un homme capable de vouloir immédiatement la réalisation de ses rêves sociaux, parce qu'il y voyait le chemin nécessaire à la transformation de la société française. Il savait bien que se dressaient contre lui toutes les formes de l'égoïsme, toutes les rages personnalistes de ceux qui, par éducation ou par intérêt, privilégiaient l'individu et aussi la frayeur des petits qui, mal informés, redoutaient qu'une révolution totale ne leur enlevât le peu qui leur restait.

Au fur et à mesure de son contact, souvent conflictuel, avec le corps de la représentation nationale, une conviction prend corps chez Robespierre : la première consultation électorale, celle de 1789 pour les états généraux, du peuple français, a abouti à un échec. Ce peuple, fatigué et amoindri par des siècles de misère, n'a pas su se donner des représentants dignes de lui. Les hommes qu'il a envoyés à la Constituante s'avèrent tout à fait incapables de se maintenir au niveau des circonstances et de promulguer les décrets qui rendraient à la nation toute sa souveraineté. Il comprend que la Révolution est la vie même : un mouvement perpétuel. Les élus, rassemblés à Versailles puis à Paris, sont inaptes à se hisser jusqu'à une telle perception de la nouvelle réalité politique, issue d'une Révolution qui ne s'achève pas sur des déclarations solennelles et sans lendemain, mais doit aboutir au respect du droit de chaque citoyen, qu'il soit ou non en mesure de payer l'impôt.

Pour Robespierre, une solution radicale est donc nécessaire : le renouvellement de l'Assemblée nationale. Aucun des députés actuels ne doit être réélu. Ainsi les destinées de la France et le sort de la Révolution se trouveraient remis en d'autres mains. Le jeu de la démocratie ne serait plus faussé par des habitudes, des conventions issues du passé absolutiste. Une nouvelle Assemblée, pétrie des principes absolus de liberté et d'égalité, pourrait se mettre aussitôt à l'œuvre. Lui-même, il acceptait volontiers d'être privé de son mandat de député lors de la prochaine législature. Personnellement, il avait désormais tout avantage à rester en dehors d'une Assemblée appelée à pratiquer une première expérience constitutionnelle face au pouvoir monarchique qui, pour déchu qu'il était, n'en restait pas moins une dangereuse force de pression qui jouissait encore d'un certain prestige et de redoutables fonds secrets. Il pressentait en revanche avec une très grande acuité le rôle déterminant qui sous peu allait être celui des clubs, et plus particulièrement celui de la Société des jacobins qui, en cette fin d'année 1790, était précisément en train de se débarrasser de ses éléments modérés. Il lui importait donc d'attacher son sort à cette nouvelle force politique et de contribuer à augmenter sa vigueur et son rayonnement. Par là même, son autorité et son prestige, loin de diminuer, ne faisaient que croître dans les milieux populaires où, déjà, l'on se comptait pour les prochains combats. En revanche, ceux-là que l'on nommait encore les « hommes du jour », les Lameth, les Barnave, les Du Port, tous ceux en somme qui persévéraient dans cette tactique imprudente qui consistait à éviter autant que possible le contact avec les masses révolutionnaires, ceux-là dépossédés de leur charge de député, se trouveraient privés de tout point d'appui et, malgré les manœuvres qu'inévitablement ils tenteraient, voués à un effondrement certain, à une lente mort politique.

Chapitre XVII

LE TEMPS DES GRANDS PRINCIPES BILAN DE LA PREMIÈRE RÉVOLUTION

Solennellement proclamés, toujours invoqués, par les uns avec enthousiasme, avec ironie par d'autres, par l'immense majorité avec un respect profond, les principes sur lesquels la bourgeoisie constituante a construit son œuvre sont, aux dires mêmes de leurs pères fondateurs, entés sur la raison universelle. Ils ont trouvé leur expression la plus retentissante dans la « Déclaration des droits de l'homme et du citoyen », dont « l'ignorance, l'oubli ou le mépris » constituent, selon les termes mêmes du préambule, « les seules causes des malheurs publics ou de la corruption des gouvernements ». Désormais, tout au moins en théorie, les « réclamations des citoyens fondées sur des principes simples et incontestables », ne pourront que « tourner au maintien de la Constitution et au bonheur de tous » : croyance optimiste, s'il en est, dans la toute-puissance de la raison, incontestable héritage de la philosophie des lumières.

La Déclaration des droits de l'homme et du citoyen, son sens et sa forme.

Adoptée dès le 26 août 1789, la Déclaration des droits de l'homme constitue ce que l'on peut, sans exagération, appeler le catéchisme de l'ordre nouveau. Sans doute, la pensée de tous les constituants ne s'y trouve pas : il n'y est pas expressément question de la liberté économique, à laquelle la bourgeoisie tenait tout particulièrement. Néanmoins, dans son préambule, qui rappelle la théorie du droit naturel, et dans ses dix-sept articles, rédigés sans plan préalable, la Déclaration précise avec beaucoup de clarté l'essentiel des droits de l'homme et des droits de la nation. Elle le fait avec un souci de l'universel qui dépasse singulièrement le caractère empirique des libertés anglaises telles qu'elles avaient été proclamées à la fin du XVIIe siècle. Quant aux déclarations américaines de la guerre d'Indépendance, elles s'étaient bien réclamées de l'universalisme du droit naturel, mais non sans certaines restrictions qui en limitaient considérablement la portée.

Pour les constituants de la jeune Révolution française, les droits de l'homme lui appartiennent antérieurement à toute société et à tout état : ce sont des droits « naturels et imprescriptibles » dont la conservation est le but de toute association politique (article 2). « Les hommes naissent et demeurent libres et égaux en droit » (article 1). Ces droits sont la liberté, la propriété, la sûreté et la résistance à l'oppression (article 2). Ce droit de résister à l'oppression légitimait davantage, pour la bourgeoisie révolutionnaire, les révoltes passées qu'il n'autorisait les insurrections futures. Marat, Robespierre, Danton le comprendront autrement. La liberté est définie comme le droit de « faire tout ce qui ne nuit pas à autrui » ; elle n'a donc de bornes que la liberté des autres (article 4). La liberté est d'abord celle de la personne, la liberté individuelle, garantie contre les accusations et les arrestations arbitraires (article 7) et par la présomption d'innocence (article 9). Maîtres de leurs personnes, les hommes peuvent parler et écrire, imprimer et publier, étant précisé que la manifestation des opinions ne doit pas troubler l'ordre établi par la loi (article 10). Libres, les hommes le sont aussi d'acquérir et de posséder : la propriété est un droit naturel imprescriptible selon les termes mêmes de l'article 2, inviolable et sacré selon l'article 17 ; nul ne peut donc en être privé, si ce n'est par nécessité publique légalement constatée et sous la condition d'une juste et préalable indemnité (article 17) : confirmation implicite du rachat des redevances seigneuriales.

L'égalité est étroitement associée par la Déclaration à la liberté : elle avait été âprement réclamée par la bourgeoisie à l'encontre de l'aristocratie, par les paysans face à leurs seigneurs. Mais il ne peut s'agir que d'égalité civile. La loi est la même pour tous ; tous les citoyens sont égaux à ses yeux ; dignités, places et emplois publics sont également accessibles à tous sans distinction de naissance (article 6). Les distinctions sociales ne sont plus fondées que sur l'utilité commune (article 1), les vertus et les talents (article 6). L'impôt, indispensable, doit être également réparti entre tous les citoyens, en raison de leurs moyens (article 13).

Les droits de la nation sont consacrés par un certain nombre d'articles. L'État ne constitue plus une fin en soi ; il n'a d'autre but que de conserver aux citoyens la jouissance de leurs droits ; s'il y manque, ils résisteront à l'oppression (article 2). La nation, c'est-à-dire l'ensemble des citoyens, est souveraine (article 3) ; la loi est l'expression de la volonté générale ; tous les citoyens, soit personnellement, soit par leurs représentants, ont droit de concourir à sa formation (article 6). Divers principes ont pour but de garantir la souveraineté nationale. D'abord, la séparation des pouvoirs sans laquelle il n'est point de constitution (article 16). Ensuite, le droit de contrôle des citoyens, par eux-mêmes ou par leurs représentants, sur les finances publiques et sur l'administration (articles 14 et 15).

Œuvre de fervents disciples des philosophes du XVIIIe siècle et paraissant s'adresser à tous les peuples, la Déclaration des droits de l'homme n'en portait pas moins la marque de la bourgeoisie. Rédigée par des constituants, libéraux et propriétaires, elle fourmille de restrictions, de précautions et de conditions, qui en limitent la portée. Juriste et fin analyste, Mirabeau le notait dans le numéro 31 de son *Courrier de Provence* : « Une Déclaration des droits de l'homme, applicable à tous les âges, à tous les peuples, à toutes les latitudes morales et géographiques du globe, était sans doute une grande et belle idée ; mais il semble qu'avant de penser si généreusement au code des autres nations, il eût été bon que les bases du nôtre fussent, sinon posées, du moins convenues. » En effet, chaque fois que l'Assemblée sera confrontée à l'examen des fondements naturels des droits de l'homme, « on la verra frappée de l'abus que le citoyen en peut faire ; souvent la prudence le lui exagérera. De là ces restrictions multipliées, ces précautions minutieuses, ces conditions laborieusement appliquées à tous les articles qui vont suivre : elles qui substituent presque partout des devoirs aux droits, des entraves à la liberté et qui, empiétant à plus d'un égard sur les détails les plus gênants de la législation, présenteront l'homme lié par l'état civil, et non l'homme libre de la nature ».

En effet, les constituants, esprits pragmatiques et prudents, firent sous une formulation de portée universelle, œuvre de circonstance ; légitimant les révoltes passées contre l'autorité royale, ils entendaient bien se prémunir contre toute tentative populaire visant à bouleverser l'ordre qu'ils instauraient. Œuvre sublime au premier regard, la Déclaration des droits de l'homme était en réalité une subtile mécanique mise en place pour la protection de l'ordre bourgeois et son développement économique. De là viennent sans doute les nombreuses contradictions internes que l'on peut aisément y déceler. L'article 1 proclame tous les hommes égaux ; mais il subordonne étrangement cette égalité à l'utilité sociale ; n'est formellement reconnue, à l'article 6, que l'égalité devant l'impôt et devant la loi ; l'inégalité découlant de la richesse demeure intangible. La propriété est proclamée à l'article 2 comme un droit naturel et imprescriptible de l'homme. Mais l'Assemblée, hormis quelques rares esprits de progrès, dont Robespierre, ne se soucie guère de l'immense masse de ceux qui ne possèdent rien et n'auront jamais les moyens de posséder quoi que ce soit. La liberté religieuse elle-même reçoit de singulières restrictions à l'article 10 ; les cultes « dissidents » ne sont tolérés que dans la mesure où « leurs manifestations ne troublent pas l'ordre établi par la loi » ; la religion catholique reste celle de l'État, seule entretenue par lui ; les protestants et les juifs devant se contenter d'un « culte privé ». Tout citoyen peut parler, écrire, imprimer librement, stipule l'article 11 ; cependant, il existe des cas particuliers où la loi pourra réprimer « les abus de cette liberté ». Les journalistes patriotes s'élèvent avec vigueur contre cette très insidieuse atteinte à la liberté de la presse. Ainsi, Loustalot, dans le numéro 8 des *Révolutions de Paris* : « Nous avons rapidement passé de l'esclavage à la liberté ; nous marchons plus rapidement encore de la liberté à l'esclavage. Le premier soin de ceux qui aspireront à nous asservir sera de restreindre la liberté de la presse, ou même de l'étouffer ; et c'est malheureusement au sein de l'Assemblée nationale qu'est né ce principe adultérin : que nul ne peut être inquiété pour ses opinions, pourvu que leur manifestation ne trouble pas l'ordre établi par la loi. Cette condition est comme une courroie ; elle s'étend et se resserre à volonté : en vain, l'opinion publique l'a-t-elle rejetée ; elle n'en servira pas moins à tout intrigant qui sera parvenu à un poste pour s'y maintenir ; on ne pourra ouvrir les yeux à ses concitoyens sur ce qu'il a été, sur ce qu'il a fait, sur ce qu'il veut faire, sans qu'il ne dise qu'on trouble l'ordre public. »

Lorsqu'il fut nécessaire de remodeler la réalité sociale de la France, les juristes et les logiciens de l'Assemblée constituante ne s'embarrassèrent guère de principes généraux ni de raison universelle. Réalistes, obligés de ménager les uns pour contraindre les autres, ils se soucièrent fort peu des nombreuses contradictions qui marquèrent leur œuvre, persuadés qu'en servant les intérêts de leur classe, ils sauvegardaient la Révolution, qu'ils considéraient menacée tout à la fois par le « complot aristocratique » et par les turbulences du peuple. Ainsi, les droits civils ne furent pas accordés sans hésitation à tous les Français. Les protestants n'obtinrent le droit de cité que le 24 décembre 1789 ; le 28 janvier 1790 les juifs du Midi ; ceux de l'Est, en particulier grâce à l'action de Robespierre, le 27 septembre 1791 seulement. L'esclavage, aboli en France le 28 septembre 1791, fut maintenu aux colonies, malgré les interventions répétées de Robespierre. Son abolition aurait lésé les intérêts des grands planteurs représentés à l'Assemblée, en particulier par les frères Lameth ; et l'on se souvient, à cette occasion, du cri de Robespierre : « Que périssent donc les colonies ! » Même les hommes de couleur libres virent leurs droits politiques contestés. Finalement, le 24 septembre 1791, l'Assemblée constituante décida que tous les hommes de couleur seraient privés des droits de citoyen... Aux travailleurs, l'Assemblée interdit l'association et la grève : la loi Le Chapelier, qui restera en vigueur pendant plus de quatre-vingts ans, votée le 14 juin 1791, après une série de grèves dans les ateliers parisiens, établit la liberté du travail et interdit aux ouvriers de s'associer pour la défense de leurs intérêts.

De même, la réalité des droits politiques fut réservée à une minorité. La Déclaration des droits de l'homme proclame que tous les citoyens ont le droit de concourir à l'établissement de la loi. Mais par la loi du 22 décembre 1789, la Constituante n'accorda cependant le droit de suffrage qu'aux possédants. Les citoyens furent répartis en trois catégories. Les « citoyens passifs » étaient exclus du droit électoral, car exclus du droit de propriété. Selon Sieyès qui inventa cette triste nomenclature, ils ont droit « à la protection de leur personne, de leurs propriétés, de leur liberté », mais non à prendre une part active dans la formation des pouvoirs publics. Environ trois millions de Français furent ainsi privés du droit de vote. Les « citoyens actifs » étaient, d'après Sieyès, « les vrais actionnaires de la grande entreprise sociale » ; ils payaient au minimum une contribution égale à la valeur locale de trois journées de travail, c'est-à-dire d'une livre et demie à 3 livres. Au nombre de plus de quatre millions, ils se réunissaient en « assemblées primaires » pour désigner les municipalités et les électeurs.

Les électeurs, à raison d'un pour cent des citoyens actifs, soit environ cinquante mille pour toute la France, payaient une contribution égale à la valeur locale de dix journées de travail, soit de 5 à 10 livres ; ils se réunissaient en « assemblées électorales », dans les chefs-lieux de département, pour désigner les députés, les juges, les membres des administrations départementales.

Les députés, enfin, qui formaient l'Assemblée législative, devaient posséder une propriété foncière quelconque et payer une contribution de 1 marc d'argent (environ 52 livres). A l'aristocratie de naissance, ce système électoral censitaire à deux degrés, faisait succéder l'aristocratie d'argent. Le peuple était éliminé de la vie politique.

Tandis que le rapporteur du Comité de constitution faisait valoir que l'établissement d'un cens électoral entraînerait une émulation certaine parmi les « passifs » qui n'auraient d'autre désir que de s'enrichir pour devenir « actifs », puis « électeurs » ; l'opposition démocratique de l'Assemblée protesta en vain, l'abbé Grégoire et Robespierre en particulier. « Tous les citoyens, quels qu'ils soient, ont droit de prétendre à tous les degrés de la représentation », déclara l'« Incorruptible » à l'Assemblée, le 22 octobre 1789. « Rien n'est plus conforme à votre Déclaration des droits, devant laquelle tout privilège, toute distinction, toute exception doivent disparaître. La Constitution établit que la souveraineté réside dans le peuple, dans tous les individus du peuple. Chaque individu a donc droit de concourir à la loi par laquelle il est obligé et à l'administration de la chose publique qui est la sienne, sinon il n'est pas vrai que tous les hommes sont égaux en droits, que tout homme est un citoyen. »

Les journaux démocrates furent plus violents encore. Loustalot, dans le numéro 17 des *Révolutions de Paris*, s'éleva contre cette nouvelle aristocratie de l'argent, stigmatisa l'absurdité d'un décret qui eût exclu

Jean-Jacques Rousseau de la représentation nationale. Marat, dans son *Ami du peuple*, en date du 18 novembre 1789, montra les effets funestes du régime électoral pour les classes populaires qu'il appelait à la résistance : « Ainsi, la représentation devenue proportionnelle à la contribution directe remettra l'empire entre les mains des riches ; et le sort des pauvres, toujours soumis, toujours subjugués et toujours opprimés, ne pourra jamais s'améliorer par des moyens paisibles. C'est là sans doute une preuve frappante de l'influence des richesses sur les lois. Au reste, les lois n'ont d'empire qu'autant que les peuples veulent bien s'y soumettre ; et s'ils ont brisé le joug de la noblesse, ils briseront de même celui de l'opulence. »

Camille Desmoulins ne fut pas moins véhément dans le numéro 3 de ses *Révolutions de France et de Brabant* : « Il n'y a qu'une voix dans la capitale, bientôt il n'y en aura qu'une dans les provinces contre le décret du marc d'argent. Il vient de constituer la France en gouvernement aristocratique, et c'est la plus grande victoire que les mauvais citoyens aient remportée à l'Assemblée nationale. Pour faire sentir toute l'absurdité de ce décret, il suffit de dire que Jean-Jacques Rousseau, Corneille, Mably n'auraient pas été éligibles. Mais que voulez-vous dire avec ce mot de "citoyen actif" tant répété ? Les citoyens actifs sont ceux qui ont pris la Bastille, ce sont ceux qui défrichent les champs, tandis que les fainéants du clergé et de la Cour, malgré l'immensité de leurs domaines ne sont que des plantes végétales pareilles à cet arbre de votre Évangile, qui ne porte point de fruits et qu'il faut jeter au feu. »

Chapitre XVIII

LA CONQUÊTE DE L'ESPRIT PUBLIC

Le 2 avril 1791, se mourait Mirabeau. La mort lui fut clémente, en venant le chercher alors que la preuve de sa trahison restait encore sous clé aux Tuileries, dans l'armoire de fer. Le parfait acteur qu'il était sut égayer jusqu'à cette heure suprême ; tous les propos qu'il tint, il les choisit comme pouvant se fixer dans les mémoires. Il compte assurément parmi les plus grands orateurs de tous les temps, épris de renommée, passionné par les plaisirs des sens, gros mangeur et rude buveur, amoureux des fleurs comme des femmes. En guise de principes, on se rappelle le conseil qu'il donnait à un jeune homme : « Voulez-vous réussir dans la vie ? Supprimez votre conscience. » Si l'on en croit Michelet, ce système ne réussit pas pleinement à Mirabeau lui-même qui « mourut de la haine du peuple ». Le grand historien aurait pu ajouter : et de l'amour des femmes. Cette personnalité frémissante, épanouie, a beaucoup plus retenu l'attention des biographes que la figure assez rigide de Robespierre. Or, dans le déroulement de l'histoire, l'importance de Robespierre l'emporte de loin sur celle de Mirabeau. Et l'historien Lefebvre a pu écrire que Mirabeau a dû sa réputation d'homme d'État à sa mort prématurée. La puissance du mouvement révolutionnaire échappa totalement à son esprit. S'il en avait eu l'exacte notion, il ne se fût jamais prononcé en faveur du veto royal, mesure qui, par rétroaction, concourut directement à la chute de la monarchie. Sur ce point comme en d'autres circonstances, les conseils donnés au roi par Mirabeau se sont révélés pitoyables. Chateaubriand a dit : « Aux yeux de la postérité, Mirabeau restera essentiellement le champion de l'aristocratie et Robespierre celui de la démocratie. » Il est certain que Maximilien souhaitait lui aussi, au moins pour un temps, le maintien de la monarchie, mais contrairement à Mirabeau, il comprit que seule la démocratie pourrait la sauver. Certes, on ne peut nier que Mirabeau rendit d'immenses services dans les débuts de la Révolution. Plus tard, il lui a fait obstacle, et son obstruction aboutit principalement à accroître la force de l'explosion populaire à laquelle cependant il fallait s'attendre. Sa disparition de la scène révolutionnaire n'y a rien changé. Il avait perdu toute influence sur les masses. Naguère encore, on avait pu l'appeler affectueusement « notre petite mère Mirabeau ». Peu avant sa mort, des plaisantins lui montraient la corde qui servirait à le pendre. S'il avait survécu dans la tourmente, ou il aurait émigré, ou la guillotine eût compté une victime de plus.

Rien de pareil chez Robespierre : à l'édifice révolutionnaire il apportait la clé de voûte. Otez-le, la Révolution s'écroule. Que dire de la politique extérieure, puisqu'il entendait faire à la première occasion « la paix sans conquête » ! Il serait présentement bien vain de débattre la question : entre ces deux hommes, lequel fut le plus grand ? Ou même, l'un des deux mérite-t-il d'être appelé grand ? Mais il importe néanmoins de souligner qu'à sa mort Mirabeau était un homme fini, qui avait lancé tous ses traits et fréquemment raté la cible ; dans le cas de Robespierre, c'est la peur des traits qu'il décocherait encore qui accéléra le complot de ses adversaires et les décida à le mettre à mort pour qu'il ne puisse plus révéler toutes leurs turpitudes. La Mort de Mirabeau demeure historiquement dépourvue d'importance ; celle de Robespierre a changé le cours de l'histoire.

Mirabeau disparu, Maximilien acquit plus d'assurance et de hardiesse. Non qu'il craignît « la Torche de Provence » en théorie, mais le débit oratoire du Méridional l'incommodait souvent, et comme tribun il n'est pas exagéré de dire que Mirabeau l'avait considérablement surpassé. En tout cas, qu'on l'attribue à la mort du Provençal ou au sentiment de sécurité dont se pénétra Robespierre en constatant son prestige croissant en dehors de l'Assemblée, il est certain que peu après, une note nouvelle se laisse discerner dans ses discours. Ce sont les accents de l'autorité. Quand l'Assemblée recevait quelque critique émanant d'un fin politicien, c'était Robespierre, le chef d'un petit groupe minoritaire, qui se levait pour parler au nom de tous ses collègues. Il lui arriva même de dire à plusieurs reprises, et non sans une pointe d'arrogance : « Telles sont les instructions que je donne à l'Assemblée ! » Dès le printemps 1791, il semble avoir deviné qu'il était autre chose que le meneur d'une minorité radicale, et que par sa voix plutôt que par celle du parti le plus nombreux, s'exprimaient les plus authentiques aspirations du peuple français.

Apprenant que Charles de Lameth s'était mis à donner des avis à la Cour, il lui porta un coup direct, ainsi qu'à ceux qui pourraient être tentés d'abandonner le camp populaire, en présentant une proposition de loi qui interdisait à tout député d'accepter un emploi de ministre ou tout autre office octroyé par la Cour, durant quatre années après l'expiration de son mandat. Ainsi en fut-il décidé.

Le 16 mai 1791, le député Thouret présenta au nom du Comité de constitution un projet relatif à l'organisation du Corps législatif. Ce projet renfermait quatre-vingt-dix-neuf articles. Parmi eux, l'article 7 posait clairement la question de la rééligibilité des députés. Selon l'usage, le rapporteur fit d'abord l'énumération des questions qui restaient à résoudre. La première fut : « Les membres de la législature pourront-ils être élus à une seconde législature ? » Clameurs sur les bancs de la gauche : « Non ! Non ! Pas question ! » Mais Robespierre se lève, fixe ses amis, puis interroge du même regard froid les autres membres de l'Assemblée, et, de son banc, déclare : « Cette question est délicate, nous ne pouvons la discuter avec dignité, et surtout avec impartialité, qu'autant que nous serons dépouillés de tout intérêt personnel. Il faut, pour l'examiner de sang-froid, que nous nous placions à l'instant dans la classe des citoyens privés. Je demande donc qu'à l'instant il soit décrété, sans rien préjuger pour les autres législatures, que les membres de celle-ci ne seront pas réélus. » Il salue l'Assemblée et se rassied. Aussitôt, voici qu'éclatent de frénétiques applaudissements. Mais ils viennent des bancs de la droite, qui manifeste à ce propos un bel enthousiasme. L'explication en est simple et le journal *Le Point du jour* du lendemain l'analyse précisément : « L'espérance d'une nouvelle Assemblée constituante s'empare des membres du côté droit.

Cette Assemblée pourra peut-être renverser les lois nouvelles ; ils sont assurés de n'être pas réélus ; mais de quelle manœuvre ne se serviront-ils pas pour se ménager un parti formidable dans la prochaine législature !... »

La gauche reçut fort mal la proposition de Robespierre. D'aucuns crurent y décerner une mesure générale, définitive ; d'autres, tout en ayant perçu la portée de sa motion, ne s'en montraient pas moins mécontents. Robespierre faisait-il inconsciemment le jeu de la droite ? Pétion, alors ami de Maximilien, tenta vainement de préciser le sens strictement limité de cette proposition. Rien n'y fit et, assurés d'avoir la majorité, ils demandèrent d'aller immédiatement aux voix pour « enterrer » cette folle initiative. Thouret essaya bien de calmer l'Assemblée : « Ne nous pressons pas », supplia-t-il. Rien n'y faisait, on criait : « Au vote ! Au vote ! »

C'est alors que Maximilien obtint la parole et monta à la tribune pour y défendre sa proposition. Ce qu'il fit avec habileté, et son discours peut être cité comme un très grand modèle de l'éloquence parlementaire sous la Révolution. Pour commencer, l'orateur offre à ses collègues l'exemple « des plus grands législateurs de l'Antiquité, qui après avoir donné une Constitution à leur pays se firent un devoir de rentrer dans la foule des simples citoyens ». Le stratagème ne pouvait que se révéler efficace, tant les députés de 1791 s'assimilaient volontiers aux grands hommes de la République romaine. Bien sûr, ce qu'il demande ne laisse pas d'être pénible : « L'ambition d'être membre du Corps législatif est le seul objet qui puisse exciter l'ambition d'un homme libre. »

C'est la grandeur de cette abnégation qu'il faut analyser et prendre en considération. « Concevez-vous, poursuit-il, quelle autorité imposante donnerait à votre Constitution le sacrifice prononcé par vous-mêmes des plus grands honneurs auxquels vos concitoyens puissent vous appeler ! Combien les efforts de la calomnie seront faibles lorsqu'elle ne pourra plus reprocher à un seul de ceux qui l'ont élevée d'avoir voulu mettre à profit le crédit que sa mission même lui donne sur ses commettants pour prolonger son pouvoir ! » Ensuite, il évoque une objection formulée par les partisans de la réélection qui « semblent croire à la nécessité de conserver dans la législature prochaine une partie des membres de l'Assemblée actuelle parce que, pleins d'une juste confiance en vous, ils désespèrent que nous puissions être remplacés par des successeurs également dignes de la confiance publique ». Tel n'est pas l'avis de Robespierre, et il estime qu'en réfutant cette critique il exprime en fait l'opinion de tous ses collègues : ce qui lui arrive bien rarement. Plus rare encore est de l'entendre dire qu'il « partage ce sentiment honorable pour l'Assemblée actuelle qui est à la base de cette opinion ». Cette fois, il s'agissait d'emporter un vote, autant que possible unanime. Il n'y avait donc pas lieu d'hésiter à flatter quelque peu l'amour-propre de ses auditeurs, d'autant plus qu'aussitôt après, il leur offrait cette déclaration qui, toute logique et incontestable qu'elle fût, ne devait guère recevoir l'agrément de tous : « Nous n'avons ni le droit ni la présomption de penser qu'une nation de vingt-cinq millions d'hommes, libre et éclairée, est réduite à l'impuissance de trouver facilement sept cent vingt défenseurs qui nous vaillent... » Et pourtant on applaudit ; on applaudit à gauche et à droite, et ces applaudissements interrompirent bien souvent l'orateur tout au long de son discours qui dura plus de deux heures et qui produisit sur toute l'Assemblée, à en croire le *Journal de Paris*, « de ces effets qu'on ne produit pas sans un vrai talent, mais que le plus grand talent ne produit jamais lorsqu'il ne sert pas d'organe aux vérités qui élèvent l'âme ».

Robespierre triomphe donc, et sa motion sera votée par une écrasante majorité. Une nouvelle fois, il avait pu juger de sa force de persuasion et de son autorité. La presse est à peu près unanime à saluer l'action de Maximilien. Ainsi, Marat écrit-il le 18 mai : « Nous pouvons enfin espérer de voir l'Assemblée entièrement renouvelée. Nous y perdrons peut-être quelques députés intègres, Grégoire, Pétion, et surtout l'incorruptible Robespierre, mais aussi nous n'aurons plus à redouter ces représentants d'ordres privilégiés qui n'existent plus, ennemis implacables de la liberté ; ces jugeurs royaux, ces robins oppresseurs, et surtout ces juristes rapaces, infidèles représentants du peuple qu'ils ont trahi et dépouillé de ses droits pour les vendre aux despotes. » Camille Desmoulins fait chorus : « Il [Robespierre] a plus craint pour la chose publique, de la réélection des Le Chapelier, des Desmeunier, des d'André, des Beaumetz, etc., qu'il n'a espéré de la sienne. Voilà le vrai patriote ! »

Pendant les jours qui suivirent, et bien que l'impression du discours de Robespierre fût votée à l'unanimité, il y eut de nombreux combats d'arrière-garde menés par le triumvirat Du Port, Barnave, Lameth. On se perdit en considérations générales sur l'abnégation des actuels députés qui avaient reçu la confiance de la nation. Le débat s'enlisa, mais resta vain. Le 18, Barère proposa une sorte de solution transactionnelle qui réduirait considérablement les résultats de la victoire remportée par Robespierre à la séance du 16 mai : « Les membres d'une législature pourront être réélus à celle qui suivra, mais ils ne pourront être continués ensuite qu'après l'intervalle d'une législature. » De la sorte, on serait tranquille pendant quatre ans. Ce qui est beaucoup, en temps de révolution. L'idée plut à beaucoup de députés. Une fois encore tous voulurent parler en même temps. Cette fois Robespierre ne put même pas se faire entendre. La séance du 18 mai prit fin sans qu'on aboutît à une solution. Le vote eut lieu le lendemain et ce fut la motion de Barère qui l'emporta. Pour peu de temps cependant, car les événements vont se précipiter : bientôt c'est la fuite du roi et les fusillades du Champ-de-Mars (juin-juillet 1791). Alors Robespierre pourra, dans l'émoi général, faire enfin triompher son projet sur la non-rééligibilité des députés de la Constituante.

Dans les jours qui suivirent, Maximilien ne parut pas à l'Assemblée nationale. Cas extrêmement rare chez lui, car dans ses fonctions de représentant du peuple, il faisait toujours preuve d'une assiduité tout à fait remarquable et d'une ponctualité dont peu de ses confrères auraient pu égaler l'exemple. On a dit qu'une courte maladie l'avait obligé à garder la chambre. Mais il n'est pas impossible qu'il ait été lassé et dépité du débat devenu stérile sur la réélection.

Enfin, le 30 mai, il réapparaît, et c'est pour défendre un projet de loi tendant à abroger la peine de mort en France. Écoutons-le : « Un homme qui fait égorger un enfant, qu'il peut désarmer et punir, paraît un monstre. Un accusé que la société damne n'est tout au plus pour elle qu'un ennemi vaincu et impuissant. Il est devant elle plus faible qu'un enfant devant un homme fait. Ainsi, aux yeux de la vérité et de la justice, ces scènes de mort qu'elle ordonne avec tant d'appareil ne sont autre chose que de lâches assassinats, que des crimes solennels, commis non par des individus mais par des nations entières, avec les formes légales. Le législateur qui préfère la mort aux moyens plus doux qui sont en son pouvoir outrage le peuple, émousse le sentiment moral chez le peuple qu'il gouverne, semblable à un précepteur malhabile qui, par le fréquent usage des sentiments cruels, abrutit et dégrade l'âme de son élève.

Écoutez la voix de la justice et de la raison. Elle nous crie que les jugements humains ne sont jamais assez certains pour que la société puisse donner la mort à un homme condamné par d'autres hommes sujets à l'erreur. Qu'importent ces stériles regrets, ces réparations illusoires que vous accordez à une ombre vaine, à une cendre insensible ? »

Il ne fut pas suivi ; sa motion resta en souffrance ; les sensibilités bourgeoises qui animaient l'Assemblée étaient bien peu disposées à voter un tel texte dans une période où la violence fusait de partout.

Robespierre ne fut jamais un être avide de sang : cette déclaration du 30 mai 1791 en témoignerait bien à elle seule. Néanmoins, il se trouva parmi les hommes qui dirigeaient la France dans un des moments les plus tragiques de son histoire. Sa marge de manœuvre était mince ; on croyait sans cesse découvrir des complots de toutes parts, et de réels existaient bien, dont le but était d'anéantir l'œuvre révolutionnaire. Alors, oui, il frappa ; il accepta de cautionner de nombreuses exécutions qu'il croyait nécessaires. Mais, en aucun cas, il ne se rendit, comme les Tallien, les Barras, les Fouché, responsable d'abominables massacres. Tout au contraire, il essaya toujours de limiter le nombre des exécutions, même en pleine Terreur, alors qu'il ne cessait de croître.

A l'automne 1790, Robespierre fut avisé par la ville de Versailles de son élection aux fonctions de premier magistrat du tribunal de ce district. Grand honneur qu'il s'empressa d'accepter. Dans une lettre écrite un peu plus tard à la section locale des « Amis de la Constitution », il rêve : il parle du soulagement qu'il eût éprouvé, lui le provincial toujours mal adapté à Paris, à se retirer dans la paisible atmosphère de la cité de Versailles maintenant débarrassée des tumultes de la Cour. Peut-être songeait-il même à cette époque à épouser la charmante Annette Duplessis, sœur de Lucile, qui allait peu après devenir la femme de son ami Camille Desmoulins. On a supposé qu'il y eut, vers cette époque, fiançailles de Maximilien et d'Annette. Rien n'est moins certain. Tous ces jeunes révolutionnaires ont ainsi, par bouffées, caressé la douce ambition d'une retraite paisible, exempte enfin de toutes les perturbations de la terrible vie publique. Desmoulins, par exemple, presque aussitôt marié, parle d'abandonner sa carrière pénible de journaliste révolutionnaire, de rentrer au barreau et de se consacrer avant tout à ses devoirs d'époux. Un autre, l'austère, le terrible Saint-Just, l'implacable jeune dieu de la frénésie révolutionnaire, rêve aussi d'un gîte ignoré à la campagne, dans la seule compagnie des livres et d'une femme aimée. Rien de tel ne leur fut jamais accordé. La destinée les appelait à traverser l'agitation bruyante et les cruels tumultes, pour aboutir à l'échafaud, leur tâche à jamais inachevée. Au reste, eussent-ils pu trouver le bonheur dans l'isolement obscur ? La Révolution était devenue leur passion, leur maîtresse ; sa tourbillonnante ardeur bouillonnait au plus profond de leur âme.

Robespierre abandonna son rêve versaillais au bout de peu de mois, quand il fut élu accusateur public de la Ville de Paris. Il retrouvait la fournaise et un poste officiel sans doute bien plus important. Il oublia Versailles et reprit avec acharnement son travail. Il se croyait seul capable de mesurer toutes les conséquences de la Révolution, seul aussi à pouvoir les mener à bien.

Chapitre XIX

VARENNES

Juin 1791 : la fuite du roi constitue l'un des faits essentiels de la Révolution. Sur le plan intérieur, elle démontra l'opposition inconciliable de la royauté et de la nation révolutionnaire ; sur le plan extérieur, elle allait précipiter le conflit. A compter du jour où ils furent installés à Paris, le roi de France et sa famille étaient, non officiellement mais en fait, prisonniers aux Tuileries. D'abord il avait semblé que le sentiment royaliste allait refleurir parmi les Parisiens, heureux de détenir le roi au milieu d'eux, chose toute nouvelle. On s'attroupait volontiers devant le palais, réclamant que le roi parût à sa fenêtre. Lorsqu'il déférait à cette demande et se montrait avec son air bonhomme, chacun l'acclamait. Cependant la nation n'avait pas moins en lui un otage, destiné, estimait-elle, à la garantir contre les réactions des mouvements aristocratiques et contre les hostilités qui ne tarderaient plus à s'élever du dehors : déjà la France vivait sur le pied de guerre. Et l'on redoutait principalement ce second péril. Car si différents qu'ils pussent être entre eux, tous les gouvernants des autres pays européens partageaient le même souci prédominant : maintenir leurs sujets dans une étroite soumission, et donc loin de la contagion française. Il ne pouvait leur échapper que la Révolution déborderait bientôt les frontières, très perméables, de la France, si on n'anéantissait pas le mal à sa source. Par ailleurs, Léopold d'Autriche était frère de Marie-Antoinette et les émigrés, en nombre toujours croissant, ne cessaient d'ourdir machinations et complots. Le peuple de Paris, bien informé par ses gazettes, n'ignorait rien de tout cela. Mais il ne croyait pas encore à la guerre, se sentant rassuré par la présence des otages royaux.

La garde du palais était confiée à La Fayette, élu chef de la garde nationale ; ce n'était certes pas du goût de tous les Parisiens qui, de plus en plus nombreux, mettaient en doute les sentiments républicains de cet aristocrate passé maître dans les jeux subtils de la double trahison. La Fayette ne pensait pas au salut de la royauté, encore moins à celui de la Révolution ; il pensait à lui et se voyait déjà le nouveau César d'une France soumise à son ordre militaire. Que lui importait dès lors si un pouvoir lige appelé royauté ou république faisait office de façade nationale ! Pour l'heure, La Fayette semblait au mieux avec la famille royale.

Au printemps de 1791 et au début de l'été, un bruit courut : le roi allait fausser compagnie à La Fayette qui fermerait sans doute les yeux. Marat, très bien informé, par de nombreux agents, publie même un exposé de la fuite projetée, dont plus tard de nombreux détails se trouveront vérifiés. Les avertissements ne manquaient pas. Le maire Bailly en recevait d'une dame de la Cour. La Fayette lui aussi était dans le secret et se taisait. L'Assemblée n'était pas dénuée de renseignements, elle non plus ; et de même pour les jacobins. Chacun savait à quoi s'en tenir : la garde nationale occupait tous les abords du palais. Un factionnaire ne quittait plus la porte de la chambre à coucher de la reine. Et pourtant, le 21 juin 1791, Paris en s'éveillant, apprit que la famille royale n'était plus aux Tuileries...

L'après-midi de ce même jour, Robespierre rendait visite à son ami Pétion, rue Saint-Honoré, tout près de la salle de l'Assemblée. Avec eux, se tenaient Brissot, pâle et sombre, et Manon Roland, une agréable personne âgée de trente-six ans, venue récemment de Lyon avec son mari, beaucoup plus avancé en âge. Spirituelle, ambitieuse, douée d'une verve peu commune et d'une rare vivacité intellectuelle, Mme Roland allait devenir l'inspiratrice de la Gironde. Déjà, nombre de chefs de la gauche se réunissaient dans son petit salon de la rue Guénégaud. On y voyait souvent Pétion, Buzot, futur amant de Manon. Robespierre y était parfois invité ; son intimité lui permettait même d'y venir dîner à l'improviste. Ce jour-là, Pétion avait amené ses amis chez lui, en sortant de l'Assemblée, dont la séance, ininterrompue depuis neuf heures du matin, venait d'être levée à trois heures et demie. Elle s'était ouverte pour entendre le président, au milieu d'un angoissant silence, annoncer que le roi avait été enlevé par des ennemis du bien public ! Pure fiction, bien sûr, imaginée à la hâte pour sauver, s'il en était temps encore, la monarchie. Fiction que l'on maintiendra obstinément, envers et contre tout, bien que Louis XVI, en s'enfuyant, eût laissé une longue lettre dans laquelle il exposait les raisons de son départ.

Hors de l'Assemblée, dans les rues de la capitale, l'agitation atteignait déjà les limites de la violence. Les gens des faubourgs, par dizaines de milliers, marchaient résolument vers le centre de la cité, arborant fièrement les fameuses piques dont cinquante mille avaient été forgées au moment de la prise de la Bastille. On entendait de sourds roulements de tambours. Le peuple était en marche, prêt une fois encore à bouleverser le jeu politique. Maintenant, face aux Tuileries, devant l'Hôtel de Ville et la salle du Manège, où se tenait l'Assemblée nationale, d'imposantes masses humaines attendaient. La nouvelle avait été reçue par le peuple comme un signal d'alarme : la famille royale partie, plus rien, disait-on, ne pourrait préserver le pays d'une invasion étrangère, secondée, à n'en point douter, par un soulèvement royaliste à l'intérieur. La nervosité était extrême. Ces craintes de la population, Robespierre les partageait pleinement. Naturellement enclin aux soupçons, il subodorait l'existence d'un vaste complot, englobant la Cour, les royalistes, la bourgeoisie et l'Assemblée elle-même, à l'exception toutefois de la poignée de ses amis.

S'ils étaient exagérés, ses soupçons n'étaient pas pour autant nés de son imagination. Certes, l'Assemblée n'avait pas désiré que le roi aille chercher refuge à l'étranger, mais il ne lui aurait pas déplu de voir la Cour établie sans encombre à bonne distance de Paris ; elle aurait même été capable de l'y rejoindre. Car cette Assemblée, composée dans sa grande majorité de notables, n'aimait guère la capitale qui de son côté le lui rendait bien, exception faite pour Robespierre, Pétion et quelques-uns de leurs partisans. Dans l'Assemblée, le sentiment révolutionnaire ne s'était pas développé comme dans le pays, et surtout, comme à Paris, ce « bas exécutif » de la France. Loustalot, l'auteur de la phrase immortelle : « Les grands ne nous semblent tels que parce que nous sommes à genoux ; levons-nous ! » déclarait, dans *Les Révolutions de Paris*, qu'il était grand temps de congédier un certain nombre de députés. Marat, plus radical, demandait la dissolution de l'Assemblée ; avec sa rage coutumière, il avait déjà conseillé de couper la langue aux députés et d'empaler sur leurs sièges ces dignes personnages ! Il n'est pas surprenant que de très nombreux membres de la Constituante aient éprouvé de l'antipathie pour Paris et rêvé d'une tranquille retraite dans quelque paisible cité provinciale.

Robespierre, en revanche, qui connaissait bien ce désir de nombre de ses collègues, y voyait complicité active et trahison. Le roi, pensait-il non sans raison, n'aurait pas pu s'échapper sans la connivence de Bailly et de La Fayette. De plus, la fable absurde que répandait l'Assemblée touchant l'enlèvement, ne prouvait-elle pas sa propre culpabilité ? « Cette Assemblée, déclare l'"Incorruptible" est la stipendière de la tyrannie ! » Il voit maintenant le but de ce long et minutieux complot : massacrer le peuple des rues, faire une « Saint-Barthélemy des patriotes ». Cette fois son imagination se trouble : ses amis n'abondent pas dans son sens. Pétion, gros homme satisfait, ne s'excitait pas volontiers. Il riait des alarmes de Maximilien voyant, lui, le bon côté de la fuite royale : c'était une excellente occasion pour en finir d'un coup avec cette encombrante et inutile monarchie. Demain on pouvait proclamer la république ! Robespierre se contenta de hausser les épaules : à quoi servirait donc l'instauration d'une république quand tant d'ennemis au-dedans et au-dehors se préparaient à anéantir l'œuvre de la Révolution ? Monarchie, république, des mots vides de sens, s'ils ne sont pas accompagnés de véritables institutions démocratiques, s'il n'existe pas une Assemblée nationale décidée à respecter son souverain, c'est-à-dire le peuple ! D'après Brissot, La Fayette avait favorisé la fuite du roi, précisément pour rendre la république possible. N'était-il pas républicain de cœur ? Robespierre était exaspéré : il connaissait le faible de Brissot pour La Fayette, cet ambitieux éperdu de notoriété, prêt à toutes les exactions pour prendre le pouvoir, prêt, s'il le fallait, à faire massacrer cent mille Parisiens. Mme Roland rapporte qu'à ce moment de la discussion, Maximilien se mit à ricaner nerveusement, rongeant ses ongles. Une nouvelle fois, il haussa les épaules en laissant tomber : « Qu'est-ce qu'une république ? » Son rire à cet instant marque probablement tout à la fois la dérision qu'il affichait face à des projets peu construits et l'état d'extrême tension dans lequel il se trouvait.

Cette nuit-là, toute l'activité gravita autour du Club des jacobins. La salle était comble, l'atmosphère tendue. A mesure qu'entraient les différents chefs de file, le public et les membres déjà en place les acclamaient. Danton s'y trouvait. Considérons-le un instant, taillé en Hercule, il a une face épaisse qui n'est pas sans rappeler le bouledogue, des joues pesantes ravagées par les piqûres de la petite vérole. Les yeux en vrille ; au reste ses chairs bouffies les tiennent presque cachés. La chevelure est noire, hérissée ; le nez court, épais ; les lèvres fortes et sensuelles. L'ancien avocat au Conseil du roi (1787-1791) ressemble plus à un lutteur de foire qu'à un homme public. En parlant, il gesticule avec violence, comme pour balayer toute objection, fréquemment il se frappe la poitrine, quand ce n'est pas le pupitre de la tribune. Il a la voix profonde, retentissante, d'une portée bien supérieure à celle des plus énergiques tribuns. Déchaîné, Danton ferait trembler les vitres et vibrer les murs. Capable de donner à son éloquence de sublimes élans, il retombe, hélas, souvent dans un langage brutal et trivial. Barère, témoin d'ailleurs assez prévenu contre lui, prétend que La Halle lui eût envié les propos qu'il tenait à des auditoires populaires. Longtemps Danton apparut comme la figure de proue de la Révolution ; des historiens peu scrupuleux en firent un pur héros de la république naissante. Parallèlement, les mêmes critiques ont négligé ou même méprisé Robespierre, trop froid, trop réservé, trop correct peut-être aussi dans une période où le débraillé se portait comme une décoration. Les robespierristes ont accusé Danton d'avoir été stipendié par la Cour ; ils le chargent d'une lourde responsabilité dans les massacres de septembre ; ils lui attribuent nombre de malversations dans son administration des finances publiques, et le rendent complice de Dumouriez lorsque ce général trahira. En outre, il aurait littéralement pillé la Belgique durant la campagne du Nord, et tenté d'obtenir, pour sauver le roi, plusieurs millions de l'ambassadeur d'Espagne et du Foreign Office de Londres : ce dernier ministère l'eût tenu à sa solde en qualité d'agent provocateur. Le tableau est noir ! Trop noir pour être totalement vrai. La première accusation, Danton stipendié par la Cour, est certainement fondée. Ce qui reste difficile à définir est la nature des services rendus par Danton à la famille royale. Aulard et quelques autres historiens, dont Michelet lui-même, soutiennent qu'en retour des subsides reçus, Danton ne procura aucune information à la Cour. Difficile à croire. Mathiez, et toute l'école des études robespierristes inclinent plutôt à voir en Danton non seulement un agent provocateur au service du roi, mais aussi un authentique espion travaillant pour le Foreign Office d'Angleterre. Le débat reste ouvert. Toutes ces accusations, vraies ou fausses, circulèrent du vivant de Danton, et le temps viendra où Robespierre, qui portait une sincère affection à ce grand lutteur, la mort dans l'âme, sera convaincu qu'un grand nombre de ces terribles soupçons étaient bien fondés.

En cette nuit qui suit la fuite du roi, l'« Incorruptible » et le « Très Corruptible » (Mathiez) sont encore les meilleurs des amis. Quand Robespierre, paraissant à la tribune des jacobins, fut salué par des applaudissements enthousiastes, ceux de Danton n'étaient pas les moins frénétiques. L'orateur sollicita le plus grand silence et la plus sérieuse attention. La demande fut aussitôt respectée : chacun comprenait combien l'heure était grave. Maintenant tous les regards se portent sur l'orateur, toutes les oreilles vont s'efforcer d'entendre jusqu'au moindre mot. Mme Roland se trouvait dans la galerie réservée aux femmes ; en face Camille Desmoulins, sur un banc, le corps penché en avant, le menton sur la balustrade. Robespierre voulait ce soir-là feindre la froideur, presque l'indifférence. Comme il le fit souvent, il fixa ses auditeurs en ajustant ses fines lunettes teintées. Puis il croisa les bras un instant. D'un geste machinal, il rejeta ses lunettes sur le front, toussota, comme s'il cherchait le ton juste de l'attaque. Il était nerveux, irrité, anxieux même.

Son discours nous est parvenu presque en entier grâce au long compte rendu qu'en fit Camille Desmoulins dans son journal. Le ton est donné dès les premiers mots : « Ce n'est pas à moi que la fuite du premier fonctionnaire public devait paraître un événement désastreux. Ce jour pourrait être le plus beau de la Révolution, il peut le devenir encore... Mais pour cela il faudrait prendre d'autres mesures que celles qui ont été adoptées par l'Assemblée nationale, et je saisis un moment où la séance est levée pour vous parler de ces mesures qu'il me semble qu'il eût fallu prendre et qu'il ne m'a même pas été permis de proposer. » Ce n'est pas de ces mesures qu'il va entretenir l'assistance. Un très grave danger menace la liberté : la trahison s'abrite dans le sein de la Révolution. La tâche la plus urgente serait donc de démasquer les traîtres qui se cachent sous des apparences de patriotisme. La menace extérieure ne l'effraie pas. « Que toute l'Europe se ligue contre nous, et l'Europe sera vaincue », proclame-t-il. Ce qui l'inquiète bien davantage, « c'est que depuis ce matin, tous nos ennemis parlent le même langage que nous ».

Il jette alors à l'assistance cette phrase définitive, terrible : « L'Assemblée nationale trahit les intérêts de la nation. » Cette fois l'accusation est nette, catégorique. Impossible d'en atténuer la portée. Maximilien, le premier, prévoit les conséquences de son geste. Il sait parfaitement à quoi il s'expose. Il n'ignore pas que dans cette salle même, où viennent de retentir ces paroles décisives, bon nombre d'auditeurs ne partagent pas sa méfiance inquiète. « Je sais, continue-t-il, qu'en accusant ainsi la presque universalité de mes confrères, les membres de l'Assemblée, d'être contre-révolutionnaires, les uns par ignorance, les autres par terreur, d'autres par un ressentiment, par un orgueil blessé, d'autres par une confiance aveugle, beaucoup parce qu'ils sont corrompus, je soulève contre moi tous les amours-propres, j'aiguise mille poignards et je me dévoue à toutes les haines ; je sais le sort qu'on me garde. » Peu lui importe. Dès le début de sa carrière politique, il a fait le sacrifice de sa vie. « Aujourd'hui que les suffrages de mes concitoyens, qu'une bienveillance universelle, que trop d'indulgence, de reconnaissance, d'attachement m'ont bien payé de ce sacrifice, je recevrai presque comme un bienfait une mort qui m'empêchera d'être témoin de maux que je vois inévitables [...]. Je viens de faire le procès de toute l'Assemblée nationale ; je lui défie de faire le mien. » Telle apparaît, toujours selon Camille Desmoulins, la conclusion de son discours. « Il fut écouté, écrit celui-ci, avec cette attention religieuse dont on recueille les dernières paroles des mourants... J'en fus affecté jusqu'aux larmes en plus d'un endroit, et lorsque cet excellent citoyen, au milieu de son discours, parla de la certitude de payer de sa tête les vérités qu'il venait de dire, m'étant écrié : "Nous mourrons tous avec toi !" plus de huit cents personnes se levèrent toutes à la fois, et entraînées comme moi par un mouvement involontaire, firent un serment de se rallier autour de Robespierre et offrirent un tableau admirable par le feu de leurs paroles, l'action de leurs mains, de leurs chapeaux, de tout leur visage, et par l'inattendu de leur inspiration soudaine. »

Dans ce discours, relativement bref, se reflète avec une parfaite précision l'attitude qu'adoptera désormais Robespierre à l'égard de la royauté définitivement compromise dans son esprit par la tentative de fuite de la famille royale. Dès l'époque de la « fuite de Varennes », Robespierre ne se sent nullement embarrassé pour fournir une réponse nette à la question qui inévitablement vient se poser lorsqu'on aborde le problème de la responsabilité du monarque : le roi peut-il être jugé ? Oui, mais à son avis, il faut distinguer : inutile de l'inquiéter quand il s'agit des causes insignifiantes, « mais pour des crimes capitaux, il n'y a pas de doute que la justice ne doive étendre sa main jusque sur une tête ointe ». Une fois touché ce point délicat, il n'hésite pas à tirer, dès le 14 juillet 1791, toutes les conséquences logiques d'un principe énoncé ; « Mais, me dira-t-on, un crime tel que celui que méditait le roi [passer la frontière et transmettre aux Autrichiens de nombreux et importants renseignements sur les forces et les défenses françaises] mérite-t-il la mort dans un cas particulier ? » Autrement dit : peut-on admettre que ce qui doit être considéré comme un crime capital dans le second cas ne le serait pas dans le premier ? C'est à cette interrogation sous-entendue que doit se reporter la phrase en apparence sibylline qui, dans un raccourci fulgurant, résume la matière de longues dissertations : « La seule question est un crime ; la réponse en serait un autre. » Cela étant acquis, il n'y a pas lieu de s'attarder sur une constatation qui exprime l'évidence même. Le moment n'est pas encore venu, estime Robespierre, de la traduire par des actes. Mais en attendant des mesures de rigueur sont nécessaires : « Je dis seulement que pour la conservation même de cette considération si nécessaire à l'effet de la royauté, il n'est plus possible qu'un roi qui s'est déshonoré par un parjure, de tous les crimes le plus antipathique à l'humeur française, un roi qui de sang-froid allait faire couler celui des Français, il n'est plus possible qu'un tel roi se montre encore sur le trône, le dernier de ses sujets se croirait déshonoré en lui. »

Quand le roi arriva dans la nuit du 21 au 22 juin à Varennes, il s'arrêta, avec sa famille et leur petite suite, dans une auberge. Cependant à Sainte-Menehould, Louis XVI, qui ne se cachait guère, avait été reconnu par le fils du maître de postes, Drouet ; ce dernier rejoignit à Varennes la berline arrêtée et fit barricader le pont sur l'Aire. Quand le roi voulut repartir, il trouva le pont barré. Le tocsin sonna, les paysans s'ameutèrent ; les hussards de Bouillé, censés assurer une garde à distance de la berline royale, fraternisèrent avec le peuple. Le 22 dans la matinée, la famille royale reprit piteusement le chemin de Paris au milieu d'une haie de gardes nationaux accourus de tous les villages. Le 25 au soir, le roi faisait son entrée dans Paris, au milieu d'un silence de mort, entre deux haies de soldats, fusils renversés. Ce fut le « convoi de la monarchie ».

La proclamation rédigée par Louis XVI avant sa fuite ne laissait aucun doute sur ses intentions : rejoindre l'armée de Bouillé, général qui lui était tout acquis, de là, l'armée autrichienne des Pays-Bas ; puis revenir en force sur Paris, dissoudre l'Assemblée et les clubs et rétablir son pouvoir absolu. Toute la politique secrète de Louis XVI avait tendu à provoquer une intervention de l'Espagne et de l'Autriche en sa faveur. Dès octobre 1789, il avait envoyé un agent secret, l'abbé de Fonbrune, auprès du roi d'Espagne, Charles IV ; il s'était appliqué à envenimer le conflit avec les princes d'Alsace, afin de déséquilibrer la France sur sa frontière rhénane. Louis XVI ne fut pas l'homme simple et faible, presque irresponsable, qu'on nous représente souvent. Doué d'une certaine intelligence, il a mis une grande opiniâtreté au service d'un seul but : rétablir son autorité absolue, même au prix d'une trahison envers la nation. Autant d'éléments qui seront d'accablantes charges contre le monarque, lors de son procès. Mais les choses n'en étaient pas encore là. Louis XVI, Marie-Antoinette et la Cour vont réintégrer les Tuileries : il eût été délicat de se débarrasser déjà de cette monarchie. D'autres tâches plus urgentes allaient encore solliciter l'attention des Français pendant quelques mois. L'insoutenable n'était pas encore atteint. Et même à ce point déchu, Louis XVI demeurait en titre le premier fonctionnaire de l'État. Il signerait donc encore, même contre son gré.

Les « constitutionnalistes », comme l'on nommait dorénavant la gauche conservatrice à l'Assemblée, ayant vu de près le péril de perdre leur roi, étaient ébranlés dans leur conviction de l'indispensable nécessité de sa présence. Certes, ils avaient largement contribué à priver la royauté de ses dignités et pouvoirs ; et voici qu'après le triste retour, ils la couvraient de ridicule en prenant, fût-ce aux dépens d'une élémentaire décence, certaines mesures destinées à prévenir toute autre tentative de fuite : un garde national ne quittait pas de toute la nuit la chambre de la reine. Mais ces actions spectaculaires masquaient en fait une orientation politique insidieuse et toute différente. Écoutons Barnave, l'un des plus purs représentants de ce courant bourgeois disposé à toutes les félonies, pourvu que cesse l'insurrection populaire : « La Révolution ne saurait, sans péril grave, franchir une nouvelle étape. Si, dans la direction de la liberté, l'étape prochaine est l'abolition de la monarchie, dans la direction de l'égalité, il se démontrera que cette étape se réalisera par une attaque contre l'institution de la propriété privée elle-même. Chacun doit donc comprendre que, dans l'intérêt commun, il faut que la Révolution cesse. » Paroles qui se passent de commentaire, et qui à elles seules justifient amplement les alarmes de Robespierre quant à ce « complot contre la liberté qui a son siège à l'Assemblée nationale ».

La fuite du roi produisit l'effet exactement contraire sur divers autres groupements politiques, où l'on jugeait maintenant le moment venu de se passer définitivement de la royauté. Au nombre de ces hommes se trouvaient des intellectuels modérés, devenus républicains depuis un certain temps, et qui désormais allaient militer en ce sens. D'autres encore n'auraient pas jusqu'alors pu concevoir la possibilité pour une nation de subsister sans un roi. Parmi les premiers se distinguent Condorcet, qui dans son salon avait présidé à de nombreuses discussions sur la future mise en place d'un régime républicain, Thomas Paine, citoyen français *honoris causa*, qui séjournait à Paris, Brissot, Bonneville, Desmoulins, et bien d'autres encore. Les membres du Club des cordeliers et beaucoup d'ouvriers des faubourgs sont en revanche à compter dans la seconde catégorie. Pour tenter de sauver la monarchie, les constitutionnalistes feignaient de s'en tenir à la fiction d'un enlèvement du roi. Ils allaient jusqu'à proposer l'arrestation et le procès de quiconque aurait joué quelque rôle dans la fuite. Quant au roi et à la reine, victimes supposées de l'enlèvement et personnes inviolables, il suffirait de leur demander un témoignage devant des commissaires désignés pour le recueillir.

Que pensait donc Robespierre de toute cette agitation, de ces manœuvres aussi dilatoires que dangereuses, pour l'avenir des institutions et des autres acquis de la Révolution ? A cette époque, son attrait pour le mouvement républicain n'avait rien d'excessif : il observait et attendait que la crise se décante, considérant ce mouvement comme dangereux, parce que prématuré. Si l'on établissait une république, cela ne serait, estimait-il, que nominalement. En réalité, la France se retrouverait aussitôt soumise à une dictature de la bourgeoisie, avec, sans doute, La Fayette à sa tête. Or Maximilien considérait un tel état de choses comme moins favorable aux progrès de la démocratie et de l'indispensable réforme sociale que ne le serait le partage du pouvoir entre la Cour et la bourgeoisie, avec les masses populaires pour arbitre. A l'encontre de beaucoup de ses contemporains radicaux, le mot « république » ne le fascinait pas. A la suite de Jean-Jacques Rousseau, il croyait qu'une république peut être aristocratique et oppressante pour le peuple, et une monarchie constitutionnelle tout à fait démocratique. « Qui voudrait, disait Robespierre, échanger les sublimes destinées du peuple français contre la constitution de ces États-Unis de l'Amérique qui, fondée sur l'aristocratie des richesses, décline déjà vers le despotisme monarchique ? » Et il formulait cette question significative : « Est-ce dans les mots de république ou de monarchie que réside la solution du grand problème social ? » Cependant, dans les jours qui suivirent immédiatement le retour du roi, il n'était pas encore, il s'en faut, aussi explicite.

Il semble s'être intentionnellement tenu alors dans le vague. Malgré ses trahisons répétées et cette honteuse fuite, le roi restait, quoi qu'il en soit, comme un garant de la stabilité nationale. La république, c'était l'aventure, aventure que d'aucuns trouvaient bien tentante. Mais le risque d'un césarisme « fayettiste » était encore trop grand pour passer déjà sur l'autre rive. Néanmoins, l'idée républicaine avait, au cours de ces derniers mois, fait de tels progrès que Robespierre, légaliste dans l'âme, ne la combattait pas. Il s'en tenait à une réserve prudente que l'on peut qualifier d'attentiste. S'il avait nettement affiché une hostilité de principe contre l'idéal républicain, non seulement il eût été en désaccord formel avec une partie de sa pensée héritée de Jean-Jacques Rousseau, mais il se serait aussi trouvé relégué dans le même camp que Barnave et Lameth, qui depuis quelque temps déjà s'étaient montrés sous leur vrai jour de conservateurs monarchiens. Puisque aussi bien il croyait que l'emballement républicain s'éteindrait aussi vite qu'il avait éclaté, il résolut de ne prendre aucune position définitive.

Voici donc ce qu'il déclara alors aux jacobins, dans un modèle d'éloquence où l'équivoque et le classicisme se mêlent harmonieusement : « On m'a accusé au sein de l'Assemblée d'être républicain : on m'a fait trop d'honneur. Je ne le suis pas. Si on m'eût accusé d'être monarchiste, on m'eût déshonoré. Je ne le suis pas non plus. Les mots république et monarchie, pour beaucoup d'individus, sont vides de sens.

Le mot république ne signifie aucune forme particulière de gouvernement, il appartient à tout gouvernement d'hommes libres. » Un seul fait apparaît ici clairement : l'orateur désirait n'être pas clair. Tant que la situation resta confuse, tant que, de part et d'autre, les tribuns, les journalistes s'agitèrent, se passionnèrent pour des idées, dont ils étaient bien incapables de définir la forme exacte et surtout l'aboutissement politique, Robespierre persista dans cette tactique : il savait qu'à ce jour, à trop s'engager dans une voie, il risquait de compromettre le combat qu'il menait pour l'émancipation totale de toutes les couches de la population française. A l'Assemblée, il pratiqua plusieurs fois une habile escrime. Virtuellement, Barnave et lui se trouvaient d'accord pour l'essentiel dans la question de la légalité royale ; toutefois Robespierre sut manœuvrer de manière à ne pas mécontenter la tendance populaire, qui inclinait à réclamer une transformatoin fondamentale de l'État afin d'instaurer une république, libérée de tous les vestiges de l'Ancien Régime, tandis que Barnave perdait rapidement le peu de popularité qui lui restait.

Dès lors, Maximilien agit avec une remarquable habileté. Après avoir fait une concession spectaculaire aux mouvements populaires en réclamant un plébiscite sur la question royale, qui, il le savait, ne serait pas accordé par l'Assemblée, il laissa libre cours à sa colère lors de son discours sur l'inviolabilité du roi, le 14 juillet 1791 : « Je n'examinerai pas si le roi a fui volontairement de lui-même, ou si de l'extrémité des frontières un citoyen l'a enlevé par la force de ses conseils. Je n'examinerai pas si les peuples en sont encore aujourd'hui au point de croire qu'on enlève les rois comme les femmes [...]. Je veux examiner, avant tout, quelles sont les bornes du principe de l'inviolabilité. Le crime légalement impuni est en soi une monstruosité révoltante, dans l'ordre social, ou plutôt il est le renversement absolu de l'ordre social, si le crime est commis par le premier fonctionnaire public, par le magistrat suprême. Je ne vois là que deux raisons de plus de sévir : la première, que le coupable était lié à la patrie par un devoir plus saint, la seconde, que, comme il est armé d'un grand pouvoir, il est bien dangereux de ne pas réprimer ses attentats [...]. Mais, nous a-t-on dit, si le roi commettait un crime, il faudrait que la loi cherchât la main qui a fait mouvoir son bras. Mais si le roi, en sa qualité d'homme, et ayant reçu de la nature la faculté du mouvement spontané, avait remué son bras sans les agents étrangers, quelle serait donc la personne responsable ? Si un roi appelait sur sa patrie toutes les horreurs de la guerre civile et étrangère ; si à la tête d'une armée de rebelles et d'étrangers, il venait ravager son propre pays, et ensevelir sous les ruines la liberté et le bonheur du monde entier, serait-il inviolable ? Le roi est inviolable ! Vous l'êtes aussi ; vous ; mais avez-vous la faculté de commettre un crime ? Et oseriez-vous dire que les représentants du souverain ont des droits moins étendus pour leur sûreté individuelle que celui dont ils sont venus restreindre le pouvoir, celui à qui ils ont délégué, au nom de la nation, le pouvoir dont il est revêtu ? Le roi est inviolable ! Mais les peuples ne le sont-ils pas aussi ? Le roi est inviolable par une fiction ; les peuples le sont par le droit sacré de la nature ; et que faites-vous en couvrant le roi de l'égide de l'inviolabilité si vous n'immolez pas l'inviolabilité des peuples à celle des rois ? Il faut en convenir, on ne raisonne de cette manière que dans la cause des rois... »

Les conséquences intérieures de Varennes furent donc assez contradictoires : la fuite du roi entraîna l'essor du mouvement populaire et démocratique ; mais la crainte du peuple amena la bourgeoisie régnante à renforcer son pouvoir et à maintenir la monarchie. Certes, le mouvement démocratique s'affirma plus fort que jamais au lendemain de Varennes : « Nous voilà enfin libres et sans roi », triomphaient les cordeliers. Plus encore, la fuite du roi constitua un élément décisif dans le renforcement de la conscience nationale parmi les masses populaires. Il leur démontra la collusion de la monarchie avec l'étranger et suscita jusqu'au fond des campagnes une émotion intense. On redouta l'invasion, les places des frontières se mirent spontanément en état de défense. L'Assemblée tira de la garde nationale cent mille volontaires disposés, si le péril étranger se précisait, à marcher aux frontières. Le réflexe à la fois social et national joua comme en 1789. Quand, à Varennes, les hussards accourus, qui devaient protéger la fuite du roi, passèrent au peuple, ce fut au cri de « Vive la nation ! » Le 22 juin 1791 au soir, vers Sainte-Menehould, le comte de Dampierre, un seigneur de la région venu saluer Louis XVI au passage, fut massacré par les paysans. Dans la peur de 1791, la ferveur nationale constitua sans doute un ressort presque aussi puissant que la haine sociale. La fuite du roi parut comme la preuve que l'invasion était imminente ; les masses populaires se mobilisèrent au sens militaire du mot.

La bourgeoisie constituante garda cependant son sang-froid : elle craignait la jacquerie et elle redoutait tout autant les mouvements populaires urbains. Prudente, l'Assemblée suspendit le roi et le veto royal, elle organisa la France en république de fait. Mais elle barra délibérément la route à la démocratie.

Barnave s'écria aux jacobins, le 21 juin : « La Constitution, voilà notre guide ; l'Assemblée nationale, voilà notre point de ralliement ! » Louis XVI fut absous malgré les protestations de Robespierre ; on ne fit de procès qu'aux auteurs de l'« enlèvement » : au général de Bouillé qui, par sa lettre du 26 juin 1791 à l'Assemblée, en avait réclamé l'entière responsabilité, mais qui était en fuite, et à quelques comparses décrétés d'accusation les 15 et 16 juillet. Barnave, dans un discours véhément, le 15 juillet 1791, posa le véritable problème : « Allons-nous terminer la Révolution, allons-nous la recommencer ?... Un pas de plus serait un acte funeste et coupable, un pas de plus dans la ligne de la liberté serait la destruction de la royauté, dans la ligne de l'égalité, la destruction de la propriété. » En somme, malgré la trahison royale et le péril aristocratique, la bourgeoisie constituante entendait que la nation demeurât celle des propriétaires : pour elle, la Révolution était terminée.

Chapitre XX

LE CHAMP-DE-MARS

Dans Paris, l'idéal démocratique n'avait cessé de progresser. Lorsque le 16 juillet l'Assemblée maintint le roi en fonction, le peuple manifesta son mécontentement en fermant les théâtres. Ce soir-là, au Club des jacobins, dès le début de la séance un membre en accusa un autre d'avoir fait une réflexion blessante à propos de Robespierre. La jeune gloire de Maximilien était déjà telle dans ce cénacle que se permettre pareille offense était alors pécher contre le Saint-Esprit. L'accusé déclara qu'on l'avait mal compris. Rien n'y fit, le tumulte redoubla ; on proféra des menaces, on s'injuria. Le président de séance se couvrit, geste rituel qui, habituellement, faisait, comme par enchantement, cesser tout désordre. Or, cette fois, il n'en fut rien. Au même moment, Robespierre faisait son entrée, aux imprécations succédèrent de chaleureuses acclamations. Informé de l'incident, il demanda le silence. L'ayant obtenu, il fit remarquer que chacun avait parfaitement le droit de parler de lui à sa guise. Et les acclamations de redoubler. Ce trait de tolérance éclaire une fois encore la véritable psychologie de Robespierre qui, toujours, s'efforça, contrairement à ce que disent les fables colportées par ses détracteurs, de prendre des positions modérées et, le plus souvent, ouvertes à la discussion. A une attaque particulièrement perfide de Brissot et de Guadet, voici ce qu'il répondit : « J'aime bien qu'on m'accuse ; je regarde la liberté de dénonciation, dans tous les temps, comme la sauvegarde du peuple, comme le droit sacré de tout citoyen ;

et je prends ici l'engagement formel de ne jamais porter mes plaintes à d'autre tribunal que celui de l'opinion publique. » Dans son discours sur la liberté de la presse, il dira de même que jamais il ne voudrait demander réparation légale contre aucune attaque écrite, fût-ce une excitation à des voies de fait sur sa personne. Ce détachement, dont il se montra fréquemment capable, est un des traits caractéristiques, et paradoxaux, de sa nature : « infiniment d'amour-propre », d'indifférence ou même d'abandon pour des choses le touchant pourtant de très près.

Ce 16 juillet au soir, circonspect et prudent, Robespierre comprit qu'il lui était nécessaire de manœuvrer habilement afin que les jacobins ne prennent pas une position trop tranchée sur la question de la république qui, désormais, était sur toutes les lèvres. Depuis la fin juin en effet, et bien qu'il n'en fût en rien l'instigateur, un large mouvement, principalement animé par les cordeliers, se développait, qui tendait à pousser Maximilien vers un rôle de guide populaire, qu'il ne désirait guère alors assumer.

Quelques jours auparavant un incident avait fait grand bruit dans les milieux politiques et journalistiques. Des patriotes, restés inconnus, voulant sans doute rendre hommage au combat acharné de l'« Incorruptible » avaient déposé sur l'autel de la patrie au Champ-de-Mars (énorme charpente haute de trente-trois mètres édifiée l'année précédente pour la fête de la Fédération qui commémorait le premier anniversaire de la chute de la Bastille) son portrait orné de l'inscription : « A celui qui a bien mérité de la patrie. » Ce n'était pas très prudent, et la presse réactionnaire s'en empara, titrant : « La nation rassemblée a demandé Robespierre pour roi » ; « Robespierre se prépare à la dictature », etc. Le 16 juillet, la salle des jacobins fut soudain envahie par une foule évaluée à quatre mille personnes, menées manifestement par des partisans du duc d'Orléans, qui réclamaient à grands cris la déposition de Louis XVI. Manœuvre grossière bien plus inspirée par les ambitions personnelles du duc d'Orléans que par une réelle volonté de parvenir à la république. Dans le plus grand désordre, de nombreux orateurs se succédèrent alors à la tribune jusqu'à une heure du matin. Laclos exigea la rédaction immédiate d'une énergique pétition républicaine qui serait portée en cortège solennel dès le lendemain sur l'autel de la patrie. Robespierre tenta à plusieurs reprises de s'y opposer. Il avait conscience du danger de cette manœuvre, et ne manqua pas, dans son *Adresse aux Français,* de le souligner : « Je les combattis parce que je ne sais quel funeste pressentiment et des indices trop certains m'avertissaient que les ennemis de la liberté cherchaient depuis longtemps l'occasion de persécuter la Société [des jacobins], et d'exécuter quelque sinistre projet contre les citoyens rassemblés. » La veille déjà, de très bonne heure, plusieurs sociétés patriotiques, les cordeliers en tête, s'étaient rendues sur le Champ-de-Mars et avaient rédigé sur l'autel de la patrie une pétition à l'adresse de l'Assemblée nationale lui demandant de « suspendre toute détermination sur le sort de Louis XVI, jusqu'à ce que le vœu bien prononcé de tout l'empire français ait été efficacement émis ». Six commissaires furent nommés pour porter cette pétition à l'Assemblée gardée par les troupes de La Fayette. Après de grandes difficultés, ils réussirent enfin à pénétrer dans la salle des séances et demandèrent à s'entretenir avec Robespierre et Pétion. Selon l'usage, leur requête fut transmise au président, Charles de Lameth, qui la communiqua à Pétion, lequel la notifia à son tour à Maximilien. Peu après, les deux députés se dirigèrent vers la sortie, non sans avoir reçu la recommandation de Lameth d'exhorter les pétitionnaires au calme et à la modération, Robespierre ayant simplement haussé les épaules en répondant qu'il trouvait pareille recommandation superflue. Près de la porte du Carrousel, les six commissaires les attendaient. Aussitôt une conversation passionnée s'engagea, les citoyens sollicitant les deux députés de s'entremettre auprès du président de l'Assemblée pour obtenir lecture de leur pétition. L'« Incorruptible » et Pétion de répondre que celle-ci était désormais inutile, puisque le décret sur le sort de Louis XVI venait d'être rendu, l'Assemblée s'étant dans sa majorité refusée à en appeler à une consultation des départements. Désappointés, les délégués insistèrent. En vain. Sur les conseils des deux députés, de guerre lasse, ils finirent par renoncer à leurs projets, à la seule condition que ceux-ci consentissent de déclarer par écrit qu'ils s'étaient fidèlement acquittés de la mission dont les avaient chargés leurs commettants. Ils obtinrent satisfaction et reçurent le document suivant : « Citoyens, six personnes nous ont communiqué une pétition sur l'affaire du roi, adressée à l'Assemblée nationale. Si les témoignages de cette confiance sont honorables pour nous, nous ne pouvons vous dissimuler qu'elle nous expose aux calomnies de ceux qui veulent imputer aux défenseurs de la liberté tous les mouvements spontanés de l'opinion publique. C'est à vous à nous défendre contre la malveillance par une conduite sage et digne d'un peuple éclairé. La pétition qui nous a été présentée était devenue inutile, parce que le décret a été porté.

« Signé Robespierre et Pétion. »

Il était donc bien clair que Maximilien non plus que son ami ne voulaient patronner aucune action sur la question royale échappant aux décisions de l'Assemblée. Pourtant, la lecture de ce texte ne produisit guère l'effet souhaité sur la foule rassemblée au Champ-de-Mars. Non seulement le projet de la pétition ne fut pas abandonné, mais au contraire il fut confirmé par l'action du parti de Philippe d'Orléans, le lendemain aux jacobins. L'assistance du club ne suivit pas cette fois Maximilien dans ses conseils de modération. Vers une heure trente du matin, le 17 juillet, un texte fut rédigé en toute hâte et transmis au Cercle social qui se chargea de le faire imprimer d'urgence. L'Assemblée nationale, prévenue de la tournure des événements et se rendant compte de la gravité de cette situation nouvelle, résolut de combattre le mouvement populaire, dont l'ampleur la débordait et risquait maintenant de mettre en péril le délicat équilibre politique de cette France d'après Varennes. Le département de Paris et le maire furent mandés à la barre de la Constituante. Charles de Lameth, qui présidait la séance, leur adressa un discours exagérément dramatique, dont le dessein était, manifestement, de protéger les acquis de la révolution bourgeoise contre le péril populaire : « L'Assemblée nationale a appris avec surprise que le décret rendu hier a été pour quelques séditieux un moyen de tromper, d'égarer le peuple. Elle vous ordonne de vous servir de tous les moyens que la loi vous a confiés pour réprimer les désordres, en découvrir les auteurs et les faire poursuivre par la loi. » C'était en appeler directement, et sans retard, à la répression, par tous les moyens, pour juguler la montée désormais inévitable de la révolte des masses.

M. de la Rochefoucauld, président du département, répondit en assurant la représentation nationale que « les précautions les plus promptes et les plus sûres vont être prises pour le rétablissement de la tranquillité publique ». Déclaration nette : tout sera fait pour que le nouvel ordre, privilégiant les tenants économiques du pouvoir, la noblesse libérale et la bourgeoisie financière, ne souffre pas d'une irruption des sombres colonnes de la suburre parisienne risquant de l'emporter par un nouveau coup de force. Le soir même, avec un empressement exemplaire, on vota l'article suivant : « L'effet du décret du 25 juin, qui suspend l'exécution des fonctions royales et du pouvoir exécutif dans les mains du roi, subsistera jusqu'à ce que l'acte constitutionnel soit présenté au roi et accepté par lui. » En d'autres termes, dès que Louis XVI aurait accepté de se soumettre à la Constitution et il n'y avait aucune raison que dans sa présente situation il oppose quelque refus, l'Assemblée était toute disposée à « oublier l'affaire de Varennes ».

Ce soir-là, fatigué par ces intrigues, Robespierre, qui ne s'était pas déclaré de façon catégorique sur la question royale, pouvait penser que la cause du roi triomphait et que la monarchie sortait victorieuse de l'épreuve. Ce n'était pas encore pour lui une question primordiale. Déjà, il pressentait que la nouvelle manifestation du Champ-de-Mars ne servirait que de prétexte pour intensifier les poursuites contre les patriotes et accroître encore les représailles contre les mouvements populaires. Jamais peut-être, il ne s'était, depuis le début de son action à l'Assemblée, senti à ce point démuni et impuissant. Les quasi-injonctions de Charles de Lameth, la réplique de La Rochefoucauld constituaient pour lui autant d'indices. Il voulait, plus que tout, empêcher ce nouvel affrontement dont le peuple, une fois encore, sortirait meurtri. Que faire ? Agir. Agir vite : après une nuit de réflexion, il se montra dès le matin fermement décidé à contrecarrer la grande manifestation populaire du Champ-de-Mars, qu'il savait manipulée par le clan orléaniste. Pour lui, la tribune de l'Assemblée nationale était le seul lieu où il pût encore essayer de sauver la situation.

Avant de quitter son domicile de la rue de Saintonge, il reçut la visite d'un membre des jacobins, le chevalier de La Rivière. Maximilien, inquiet, tenaillé par la conviction qu'un nouveau drame de la Révolution se préparait, le dépêcha chez les jacobins de sa part, afin d'obtenir l'arrêt de l'impression de la pétition, seule solution, selon lui, pour éviter un affrontement entre le peuple de Paris et les troupes de La Fayette. Le chevalier se rallie aux raisons de Robespierre et se hâte vers les jacobins, tandis que, le cœur peut-être un peu apaisé, l'« Incorruptible » se rend à la séance de l'Assemblée nationale. A cette heure matinale, les locaux du club sont encore sans grande animation. Quelques militants sont cependant déjà là, dont trois membres du comité. L'envoyé de

Maximilien leur transmet sa demande et, après une longue discussion, obtient enfin que l'ordre soit donné sans retard au Cercle social de suspendre l'impression déjà en cours de la pétition. Mais cette action n'avait désormais plus aucune chance d'être efficace : dès l'aube la population s'était lentement amassée sur le Champ-de-Mars. Personne ne pouvait plus arrêter le mouvement. L'irréparable allait se produire.

A l'Hôtel de Ville, le maire Bailly finit, à contrecœur, par céder. Dès cinq heures et demie du matin, la flamme rouge de la loi martiale flottait à une fenêtre de la maison commune. Parallèlement les colonnes militaires convergeaient vers le Champ-de-Mars. Tout était en place pour le drame. Spectacle impressionnant à le considérer depuis la haute plate-forme de l'autel de la patrie : régiments de la garde nationale, marchant tambour battant, sous l'uniforme bleu, baïonnette au canon étincelant sous les rayons du soleil de juillet, dragons caracolant sur leurs chevaux piaffants, canons d'artillerie de campagne.

La Fayette était là, bien en évidence, vêtu de bleu et d'or, sur son cheval blanc. Bailly lui-même, à pied, ceint de son écharpe tricolore, suivait le cortège militaire, tenant à la main un rouleau de papier. Derrière lui venait un soldat portant l'étendard rouge attestant la proclamation de la loi martiale. Arrivée à proximité du Champ-de-Mars, la troupe fit halte, entourant de tous côtés le vaste espace quadrangulaire.

Alors s'avança Bailly ; peu convaincu de son autorité, il déroula sa proclamation et d'une voix qu'il voulait forte, en donna lecture au peuple rassemblé. Huées et grognements, rires et invectives lui répondirent. Les plus hardis se hasardèrent même à lancer quelques pierres en direction du maire et de la troupe, qui resta impassible. Soudain claqua un coup de pistolet, atteignant à la jambe l'aide de camp de La Fayette. Alors, spontanément, sans avoir reçu d'ordre, la garde nationale fit feu, non pas sur la grande foule éparse sur toute l'étendue du Champ-de-Mars, mais en ajustant précisément les groupes de pétitionnaires massés sur les escaliers de l'autel de la patrie. La suite ne fut que cris d'épouvante, hurlements des blessés, râles des hommes et des femmes touchés à mort, pleurs d'enfants terrorisés. Maintenant la multitude se précipitait en désordre, trébuchant sur les corps, maudissant les hommes de troupe. Un nouveau feu de salve porta la panique à son comble. Où fuir ? Toutes les issues de l'esplanade étaient gardées par des hommes en armes. Enfin, les dragons chargèrent, sabre au clair, frappant éperdument ces grappes humaines désemparées. Devant la rapidité avec laquelle s'était déroulée cette tragédie, La Fayette fléchit, et, au moment où ses canonniers s'apprêtaient à anéantir un peuple désarmé, il se porta à cheval sur leur front, les arrêtant d'un geste impérieux de sa main dressée. Peu à peu, le tumulte cessa, les coups de fusil se firent plus rares, puis cessèrent tout à fait. Les héros de cette affreuse journée furent ces soldats d'un régiment de la garde nationale qui, apercevant la foule épouvantée qui cherchait la fuite dans leur direction, abaissèrent leurs armes, ouvrirent leurs rangs, laissèrent passer les malheureux, puis, se remettant en ligne, présentèrent la farouche barrière de fer de leurs baïonnettes aux dragons ivres de carnage, les contraignant ainsi à interrompre leur charge meurtrière. A l'heure du drame, Robespierre, entouré d'une trentaine de membres, se trouvait chez les jacobins. Plus tard, dans sa *Réponse à Jérôme Pétion*, il affirmera que le local du club était environné par les « satellites de La Fayette », et que, de ce fait, lui et ses compagnons couraient un réel danger. C'est fort probable. A la faveur de la panique générale, au milieu de la confusion qui régnait aux alentours des Tuileries et de la rue Saint-Honoré, il eût été facile à la soldatesque déchaînée de se livrer à des voies de fait sur la personne de l'« Incorruptible », quitte ensuite pour en finir avec la contestation populaire, à présenter ces actes comme le résultat d'une explosion de colère spontanée des amis de l'ordre. Jamais les coupables n'auraient été démasqués, et la réaction bourgeoise aurait ainsi mis un terme à la vie et à l'œuvre de celui en qui elle voyait déjà son plus implacable adversaire. Les ennemis de Maximilien n'ont pas hésité à présenter son attitude comme le signe d'une évidente poltronnerie. Ce qui est absurde, non seulement pour les raisons qui viennent d'être avancées mais également parce que, s'étant par tous les moyens opposé à la pétition, on ne pouvait guère lui reprocher de ne pas s'être trouvé sur le Champ-de-Mars à l'heure fatidique. Aubard a raison lorsqu'il écrit qu'on se le représenterait difficilement partageant les coups de poing, ou encore prenant part à une bataille rangée : la violence n'était pas son arme, et il eût été incapable de s'y fondre. Néanmoins, jamais il n'apparaîtra comme ayant cédé à un mouvement de peur. Ses actes furent toujours le résultat de sa réflexion et de son respect des formes de la légalité.

Peu à peu, ce 17 juillet, le soir venant, les membres du Club des jacobins commencèrent à affluer sur les bancs et dans les tribunes.

Maintenant, de toutes parts, on acclamait Robespierre. Il parla brièvement pour en appeler au sang-froid. Puis, il se rendit à sa place pour écouter les témoins oculaires du drame de la matinée.

Soudain éclata un affreux vacarme à l'une des portes de la grande salle ; une bande débraillée de gardes nationaux entra en brandissant ses armes, l'injure aux lèvres, le geste menaçant. Rapidement, un groupe de solides jacobins parvint à les expulser. On trouva opportun de fermer les portes à clé, et même de les barricader. L'angoisse s'était installée et l'atmosphère était lourde. Le moment se prêtait mal aux grands discours théoriques et, sur son banc, Maximilien faisait silence. De temps en temps, d'autres gardes nationaux, revenant du Champ-de-Mars, non sans avoir célébré leur triste victoire dans les cabarets rencontrés en chemin, cognaient de leurs crosses de fusil les portes des jacobins en proférant les pires menaces : « Ah, vous n'ouvrez pas, mais on va foutre le feu à votre sale baraque ! » « Mais il n'y a pas un homme, un vrai, là-dedans ! » « Ils parlent, ils parlent et ils envoient leurs gens au massacre. C'est leur tour maintenant », etc.

D'autres encore menaçaient de venir pointer leurs canons sur les jacobins et de tout réduire en cendres. Enfin, très tard dans la soirée, le calme revint peu à peu ; les cris, les vociférations s'évanouissaient dans la nuit moite. De nombreux membres du club s'apprêtaient maintenant à sortir à la faveur de l'obscurité. Robespierre lui-même était résolu à rejoindre son appartement de la rue de Saintonge. La perspective de traverser les vastes étendues urbaines peu sûres en une nuit d'insurrection, pour arriver dans son repaire du Marais, ne devait guère le séduire. Un des jacobins formant le petit groupe de patriotes venu se serrer autour de lui dans ces heures troubles, le maître menuisier Duplay, qui habitait rue Saint-Honoré, non loin du club, lui offrit de passer la nuit sous son toit. Robespierre accepta. Et ainsi s'est trouvé inauguré son séjour parmi la famille Duplay, l'un des épisodes les plus connus et les plus souvent décrits de sa biographie. L'installation de Maximilien chez le menuisier se fit en deux étapes : d'abord, il y vint, à partir du 18 juillet, passer quelques nuits, retournant quand même rue de Saintonge de façon sporadique ; ensuite, à partir du milieu du mois d'août, l'« Incorruptible » fit amener tous ses effets chez les Duplay, où il s'installa enfin.

Quelle était donc cette famille Duplay, dont le nom va revenir si souvent dans l'histoire de Robespierre ? Le père, notre jacobin, Maurice Duplay était, un homme de haute taille, aux yeux gris, à la physionomie alerte, âgé de cinquante-cinq ans. Patron ébéniste de son état, il avait un certain temps délaissé son métier. Propriétaire de trois maisons à Paris, qui lui rapportaient environ 15 000 livres par an, il jouissait, de surcroît, de 150 000 livres de rentes, représentant un capital amassé en quarante ans de travail. La maison qu'il habitait avec sa famille, rue Saint-Honoré, avait été louée par lui aux religieuses de la Conception moyennant un loyer annuel de 1 800 livres. Vers le début de 1793 les locataires étaient devenus rares et ceux qui restaient payaient mal. Il fut obligé de reprendre son métier de menuisier. Appelé à faire partie du jury du tribunal révolutionnaire, sur recommandation de Robespierre, il exerça rarement ses fonctions, et pour se dispenser de répondre aux convocations, il invoqua souvent comme excuse le travail dont il était chargé par le gouvernement. C'est ce qui le fit acquitter en floréal an III, lors du procès des anciens membres du tribunal révolutionnaire. Maurice Duplay avait quatre filles et un fils, Jacques-Maurice, âgé de treize ans en 1791. Des quatre sœurs, Éléonore, Sophie, Victoire, Élisabeth, l'une, Sophie, était déjà mariée et habitait Issoire avec son mari, l'avocat d'Auzat. Fin 1792, les Duplay accueillirent chez eux leur neveu, Simon Duplay, volontaire, qui eut la jambe gauche emportée par un boulet à la bataille de Valmy. Mme Duplay régnait sur ce petit monde paisible avec une douceur et une amabilité constantes.

Des jacobins au domicile des Duplay, Maximilien fut reconnu à plusieurs reprises. On raconte même qu'un homme aurait crié : « S'il nous faut un roi, pourquoi pas lui ? » L'ébéniste, qui rayonnait de satisfaction en amenant chez lui un hôte distingué, présenta Robespierre à sa femme, qui partagea aussitôt le naïf plaisir de son époux. Le député fut prié d'entrer dans le salon adjacent. On appela bientôt les autres membres de la famille afin qu'ils viennent s'incliner devant ce jeune héros de la Révolution. L'aînée des trois filles qui, cette nuit-là, firent connaissance avec Robespierre, s'appelait Eléonore. Elle avait vingt-deux ans. A en juger par son portrait conservé au musée Carnavalet, sa beauté n'avait rien de très remarquable. Cependant elle possédait assurément d'heureuses qualités humaines qui firent impression sur l'« Incorruptible » : elle deviendra plus tard, tout au moins officieusement, sa fiancée. Des commérages parfaitement indignes de foi disent qu'ils furent amants. Tout semble prouver le contraire. Éléonore, dans sa paisible existence, conserva pour Robespierre un amour profond et indestructible. Bien que plus tard son père ait recouvré sa fortune et se soit ainsi trouvé en mesure de lui donner une dot appréciable, elle ne s'est jamais mariée. Elle garda précieusement, durant plus de vingt ans, les manuscrits de Robespierre ; elle n'en vint à les brûler que sur les conseils de certains amis qui redoutaient la colère des Bourbons et la Terreur blanche. Un médaillon, gravé par Collet et représentant l'« Incorruptible », resta en sa possession jusqu'à sa mort, qui survint en 1832. On a dit aussi que le 28 juillet 1794, elle était dans la foule, guettant un suprême regard de son ami, lorsqu'on le menait à l'échafaud. Elle porta le deuil de Maximilien, inhumé au Père-Lachaise, pendant trente-huit ans. Fait étrange, toute sa vie, elle perçut une pension de 1 500 francs l'an, que lui payèrent tous les gouvernements qui se succédèrent depuis la réaction thermidorienne jusqu'au règne de Louis-Philippe... Tous ces régimes, même l'Empire ou la Restauration bourbonienne, auraient-ils cultivé un étrange et ambigu respect pour l'« Incorruptible », au point d'allouer à sa « veuve » une pension morale, comme cela se fait pour celles qui furent les épouses des serviteurs de la patrie ?

Nous ignorons jusqu'à quel point Robespierre aima Eléonore Duplay. La pudeur extrême de Maximilien ne nous permet pas de répondre à cette question. Une sœur de la jeune fille, la future épouse du conventionnel Joseph Lebas, ne précise pas dans ses Mémoires ce que furent leurs relations. S'ils ont correspondu entre eux, toute trace de lettre ou de billet a disparu. Charlotte, la sœur de Robespierre, affirme qu'ils ne se sont jamais fiancés ; d'après son témoignage, Maximilien aurait tout au contraire suggéré l'idée d'un mariage entre son frère Augustin et Eléonore. Mais la sœur de Maximilien était animée d'une profonde aversion à l'égard des Duplay qui, pensait-elle, éloignaient son frère chéri de sa tendresse sororale et quelque peu abusive. Quoi qu'il en soit, l'amour qui a pu unir l'« Incorruptible » à la fille de l'ébéniste ne ressemblait pas à ce qui peut inspirer ou nourrir les belles légendes. Par inclination naturelle et par volonté, Maximilien réservait l'ardeur de son âme à son idéal, à son grand rêve politique. Sa vie, son bonheur ne comptent pas : il livre un terrible combat qui le porte souvent jusqu'aux bornes extrêmes de l'épuisement, et ce combat, il entend le mener sans halte afin de libérer tous les malheureux de France et en espérant aussi que sa voix, et non les canons, portera assez loin pour que les déshérités des nations voisines s'éveillent aussi. Il ne faut pas voir en lui un simple utopiste : il sait que la Révolution est fragile, que son œuvre elle-même ne survivrait pas à un grand bouleversement politique. Aussi le voit-on toujours tendu, angoissé, mais, malgré tout suffisamment maître de lui pour rédiger des discours qui, le plus souvent, laisseront ses ennemis sans réaction.

En ce 17 juillet, tous les Duplay étaient donc réunis au salon, un peu intimidés par cette irruption inattendue du personnage célèbre. On servit des rafraîchissements, mais la fatigue et une certaine gêne ne permirent guère le développement de quelque conversation. Bientôt, Mme Duplay et l'une de ses filles se retirèrent pour aller préparer la chambre de leur hôte. Peu après, Duplay l'y conduisit. Cette chambre, assez modeste, se trouvait au premier étage. Le plafond en était bas et lambrissé, comme dans un grenier. Un lit de bois, à rideaux bleus taillés dans une vieille robe de Mme Duplay, un petit bureau près de la fenêtre donnant sur la cour, un miroir posé sur la plaque de marbre du dessus de cheminée, trois chaises de paille : voilà tout le mobilier dans lequel va vivre jusqu'à sa mort l'un des hommes qui influença le plus le cours de l'histoire de France. Un cabinet de toilette attenait à la chambre. Plus tard on ajouta au mobilier une bibliothèque car, jusque-là, Maximilien empilait tout bonnement ses chers livres à même le sol. La maison des Duplay occupait l'emplacement du numéro 398 actuel de la rue Saint-Honoré. La façade, entièrement reconstruite, en est méconnaissable. Quant à la partie sur cour, les opinions divergent. Il semble pour le moins probable qu'elle ait subi une surélévation de plusieurs étages.

Chapitre XXI

LA FIN D'UN MANDAT

L'installation, pour l'instant encore provisoire, de Maximilien chez les Duplay donna à la presse réactionnaire tous les motifs d'écrire qu'il se cachait, qu'il craignait de se montrer en public. Or une chose apparaît certaine : Robespierre ne fuyait pas le contact avec le public ces jours-là. Si pendant trois jours il n'avait pas paru à l'Assemblée nationale, on le vit tous les jours à la tribune des jacobins. Sa première pensée est alors de faire entendre sa voix à ses collègues de la Constituante pour protester contre les calomnies dont on ne cesse de l'accabler, lui, et les jacobins qui s'attachent à défendre sa pensée et son action. Il rédige, dans le courant de la journée du 18 juillet, un projet d'adresse qui, le soir même, est présenté aux jacobins. C'est à la fois une justification de la conduite politique de la société, de la manifestation populaire qui avait été tentée la veille, et une dernière tentative de rappeler la représentation nationale à ses devoirs. « Nous ne sommes pas des factieux », proclament les jacobins par la voix de Robespierre. « Législateurs, ne vous alarmez pas si, dans les circonstances les plus critiques de la Révolution, les citoyens ont fait éclater quelques signes d'inquiétude et de douleur […]. Loin de vouloir troubler la paix publique, le véritable objet de nos soins et de nos inquiétudes est de prévenir les troubles dont nous sommes menacés. » Après ces considérations d'ordre général, survient, dans le meilleur style robespierriste, une suite de recommandations qui, par endroits, prennent l'apparence de véritables sommations : « Représentants, c'est à vous de réprimer l'activité des factieux […]. C'est à vous de protéger les amis de la liberté contre les vexations qu'ils peuvent éprouver, contre les attentats arbitraires à la liberté individuelle. » Il ressort nettement de ce paragraphe que, malgré tout, Robespierre et les jacobins renouvellent leur confiance à l'Assemblée. Le « souvenir des grandes actions » qui illustrèrent la carrière de la Constituante restait vivant. Que les députés soient donc dignes de leur passé encore si récent, et qu'ils terminent maintenant leur carrière comme ils l'avaient commencée. Tel est le vœu que Robespierre proposa d'adresser à l'Assemblée nationale. Les membres du club l'adoptèrent à l'unanimité, après y avoir introduit quelques changements de forme.

Cette solennelle adresse présentée à la Constituante fut de peu d'effet. Ce n'était plus un secret pour personne que les jacobins traversaient une crise grave, qu'ils étaient même en pleine scission et, dès lors, fort peu crédibles. Le départ du groupe entourant Charles de Lameth était sans nul doute le résultat de l'action persévérante de Maximilien, qui s'était donné pour but d'éliminer de la société révolutionnaire des jacobins les éléments opportunistes toujours disposés à transiger avec la réaction, voire avec l'étranger, et à entraver par tous les obstacles possibles un développement populaire de la Révolution. Parce que l'« Incorruptible » désirait s'opposer de toutes ses forces à l'arrêt de la Révolution, les vagues tentatives de réconciliation esquissées par quelques jacobins un peu tièdes ou modérantistes, qui, tout en restant fidèles à la société mère, regrettaient cette séparation, devaient trouver en Robespierre un irréductible adversaire.

Lorsque le 18 juillet il fut question d'envoyer une délégation chez les feuillants pour les ramener au sein de la société, Maximilien parvint très habilement à écarter ce projet en faisant insensiblement dévier l'ordre du jour de la séance. « Je ne viens pas, Messieurs, m'opposer à la mesure proposée par les préopinants d'envoyer une députation à l'Assemblée des feuillants », commence-t-il par déclarer. Pourtant, il voudrait bien soumettre à l'assistance une proposition « plus propre à ramener dans cette société les membres de l'Assemblée nationale, vraiment patriotes ». Il estimait que l'envoi de l'adresse dont il venait d'offrir le texte à l'attention de ses collègues remplirait parfaitement cette mission. Tel était désormais l'ascendant de Robespierre sur les jacobins que son raisonnement fut suivi sans plus d'objection. Peu à peu, en l'espace d'une année à peine, il était passé du rôle de membre actif et écouté à celui de guide moral et spirituel de la société. De nombreux jacobins voyaient leur sens critique à ce point aboli devant Robespierre qu'en l'écoutant parler, suggérer, réclamer, exiger, ils avaient l'impression que les paroles du tribun étaient les leurs propres, celles qu'ils auraient voulu prononcer, mais auxquelles ils ne pouvaient toujours arriver par manque d'audace ou de talent. Cette autorité réelle que Robespierre obtint sur les jacobins, il ne l'avait pas recherchée, elle n'était pas le résultat d'un long calcul et d'habiles combinaisons politiques. Les choses se firent comme à l'impromptu : la flamme qui animait Maximilien, la pureté indiscutable de ses buts, le courage qu'il mettait à défendre l'avenir d'une révolution populaire, quand les bourgeois estimaient la révolution achevée puisqu'ils avaient en effet terminé la leur, autant de raisons et bien d'autres encore amenèrent Robespierre à jouer ce rôle de grand nautonier des jacobins.

La question de la réconciliation fut de nouveau soulevée le 24. Robespierre resta de roc : ceux qui proposent pareille motion « ne connaissent point l'intérêt public ». La société « ne doit rien abdiquer de sa personnalité ». Quelques timides objections se firent entendre, mais sa motion n'en fut pas moins adoptée à l'unanimité.

A partir de ce moment, la scission entre jacobins et feuillants est un fait accompli. La grande majorité des sociétés affiliées de province restent fidèles au club de la rue Saint-Honoré. Certaines ne manquent pas à cette occasion de souligner l'importance qu'elles attachent à la présence de Robespierre au sein de la Société des jacobins. « Où sont les Pétion et les Robespierre sont aussi les vrais amis de la Constitution. » L'adresse du club de Marseille est particulièrement significative. Elle invite les jacobins de Paris à rendre hommage à l'« Incorruptible », « ce digne représentant de la nation, cet apôtre de la liberté nationale ». Il est, estiment les Marseillais, « cette sentinelle vigilante que rien ne peut surprendre ».

Pourtant, l'homme que l'opinion publique monte à présent au pinacle est fatigué, bien qu'à peine âgé de trente-trois ans. Ces deux premières années de lutte furent peut-être pour lui les plus difficiles. Il avait encore tout à apprendre du tripot politique, auquel il ne participait certes pas, mais dont il devait se garder sans cesse. Lorsqu'il réapparut pour la première fois à l'Assemblée, après la fusillade du Champ-de-Mars, le 21 ou le 22 juillet, on remarqua, assure le chroniqueur du *Babillard*, que

« la santé de ce député fameux paraît altérée ; son teint est devenu pâle, ses yeux enfoncés, son regard incertain et farouche. Il semble éprouver des tiraillements de nerfs douloureux » (23 juillet 1791).

Après avoir consommé la rupture avec les feuillants, les jacobins décidèrent de procéder à une petite épuration domestique. Ils élurent une commission de douze membres, chargée de réunir tous les documents précisant l'attitude de chaque membre du club, de proposer des expulsions, d'examiner avec la plus grande vigilance toute nouvelle candidature. La commission s'en remit pour ce travail à une sous-commission composée de Robespierre et de Pétion. Ce dernier étant plutôt enclin à l'indolence, il ne fallut pas longtemps pour que la mission inquisitoriale se trouvât dévolue au seul Robespierre. La conséquence immédiate en fut un nouvel accroissement de son autorité au sein du club.

En cet été 1791, venait de s'effectuer une vente de domaines de l'Église, qui faisait passer à des particuliers environ 800 millions de propriétés foncières. Les nouveaux possédants n'eurent rien de plus pressé que d'assurer leur position, en s'affiliant, à Paris comme en province, à la société la plus farouchement opposée à la restauration de l'Ancien Régime. En l'espace de deux mois, le nombre des clubs jacobins s'accrût de près d'un millier. Et, dès le mois de septembre 1791, Robespierre, qui n'avait pourtant aucune sympathie personnelle pour ce genre d'adhérents, se trouva être le chef spirituel et politique d'une vaste et puissante coalition, agissant dans tout le pays.

Cependant, malgré cet atout considérable, malgré son prestige montant, il allait encore être vigoureusement combattu au sein de l'Assemblée nationale. L'Assemblée ayant chargé une commission de codifier les lois constitutionnelles, le parti du même nom craignit que Louis XVI ne refusât de signer la Constitution si quelques-unes des dispositions n'étaient amendées dans le sens conservateur, notamment en restreignant davantage encore les conditions requises pour être électeur. Robespierre, fort de son autorité à l'extérieur de l'Assemblée, fit pour une fois bon marché des précautions oratoires dont il s'entourait ordinairement, et s'écria du haut de la tribune : « Si on peut attaquer encore notre Constitution après qu'elle a été arrêtée deux fois, que nous reste-t-il à faire ? Reprendre ou nos fers ou nos armes ! » C'était un appel à peine voilé à la révolte, à la guerre civile, adressé non seulement au roi et à ses ministres, mais à l'Assemblée elle-même, à la bourgeoisie pour l'heure triomphante. Il se fit dans la salle un silence consterné. Puis, des bancs des constitutionnels, se dressa Du Port en fureur ; fixant Maximilien, il lui montra le poing et le couvrit d'injures. L'« Incorruptible » resta de marbre. Il savait bien que l'Assemblée une fois séparée, le triumvirat, Du Port, Barnave, Lameth, et son club mort-né des feuillants, sombreraient sans tarder dans l'oubli, tandis qu'au chef des jacobins ne cesserait d'incomber un rôle toujours plus considérable. Aussi, Robespierre se détourna de l'imprécateur, haussa les épaules et, s'adressant au président, dit d'un ton paisible : « Monsieur le Président, je vous prie de dire à Monsieur Du Port de ne pas m'insulter s'il veut rester auprès de moi. »

Le président agita sa sonnette et, comme foudroyé, Du Port se rassit. Alors, Maximilien reprit l'attaque. Ce fut de loin la plus violente intervention que l'Assemblée constituante ait jamais entendue. Dans les grands débats, il usait fréquemment d'une méthode qui consistait à fixer longuement ses adversaires. Ce qu'il fit, tour à tour, avec Du Port, Barnave, Charles et Alexandre de Lameth, ses amis d'hier, aujourd'hui ses ennemis acharnés. Modulant sa voix, pour la rendre la plus perçante et la plus sarcastique possible, il se déclara assuré que l'Assemblée ne comptait aucun membre assez « lâche » pour comploter avec la Cour à propos d'un point quelconque de la Constitution, assez « perfide » pour suggérer à cette Cour tel amendement que la honte seule l'eût empêché de proposer lui-même à l'Assemblée, assez « ennemi de la patrie » pour oser se servir de la Révolution à des fins personnelles. Et la terrible énumération de continuer, soulignant ponctuellement, nettement, tout ce dont il se prétendait certain qu'aucun de ses collègues ne pourrait se rendre coupable. Procédé adroit s'il en fut, car chaque député présent soupçonnait le triumvirat de s'être rendu coupable d'une bonne part au moins de ces trahisons. Les radicaux laissaient bruyamment éclater leur joie ; les galeries s'agitaient, riaient à gorge déployée, nobles et clercs s'adressaient des hochements de tête ; sans plus d'égards, pour les constitutionnels qui, ils le sentaient bien, ne tarderaient pas à tomber dans l'impuissance, ils en venaient à s'abandonner au rire, non sans mêler leurs applaudissements à ceux de la gauche. Le divertissement était général. Du haut de la tribune, Robespierre triomphant laissait sourdre un sourire presque imperceptible. Pendant ce temps, pétrifiés, livides de rage, mais impuissants, Du Port, Barnave et les frères Lameth ne savaient trop que répliquer. Barnave pensait à la conversation intime qu'il avait eue avec la reine, alors qu'il ramenait la famille royale de Varennes à Paris, et peut-être se remémorait-il son ferme propos de rester désormais dévoué à la reine. Pour l'instant, il se mordait silencieusement les lèvres.

Vint enfin le 13 septembre, jour où le roi dut se présenter devant l'Assemblée pour jurer solennellement fidélité à la Constitution nouvelle. Les constitutionnels, comme toujours contradictoires dans leur attitude envers la Cour, firent voter que, pendant la prestation du serment, le roi devrait se tenir debout, tête nue, tandis que les députés resteraient assis et couverts. Malouet, le chef de la faction royaliste ayant osé l'objection que cette procédure était purement formaliste, voire rituelle, l'un des députés radicaux fit remarquer que M. Malouet gardait toute liberté de s'aller agenouiller devant Louis XVI, si tel était son vif désir. Il convient, avant de considérer cette attitude, certes rogue de l'Assemblée, de se souvenir des humiliations endurées peu d'années auparavant, à Versailles, par le tiers état, ce tiers état qui avait précisément été contraint d'écouter à genoux les paroles du monarque.

Heureusement Louis XVI sut se montrer digne, de cette dignité qui lui était naturelle à défaut de véritable majesté. Il accepta sans sourciller que la cérémonie se déroulât comme les députés en avaient décidé. Mais, de retour au palais des Tuileries, il fondit en pleurs : tout son orgueil, son simple amour-propre d'homme humilié, avait été blessé.

Robespierre et Pétion sortaient grands vainqueurs de cette aventure de la Constituante, qui maintenant prenait fin. Sa dernière séance eut symboliquement lieu le 30 septembre. Son dernier acte fut de faire amnistier tous les condamnés pour émeutes et révoltes depuis 1788. Quand les députés sortirent, une foule immense se pressait au-dehors, le cou tendu, guettant l'apparition des deux chefs de la gauche. Ils étaient ensemble. A peine les eut-on aperçus que les acclamations s'élevèrent de toutes parts, assourdissantes. Les mouchoirs s'agitaient, les chapeaux fendaient l'air. Une délégation s'avança, présentant à chacun d'eux une couronne de laurier au nom du peuple de Paris. Heureux mais sans doute gênés par un tel déploiement, un tel enthousiasme, les deux amis balbutièrent quelques mots de remerciement et tentèrent d'échapper à cette ivresse populaire en montant dans un fiacre. Vaine initiative ! En quelques secondes, les chevaux furent dételés et la foule se mit en devoir de les remplacer, s'attelant au fiacre, menant l'équipage en triomphe. Aussitôt, presque courroucé, Robespierre sauta en bas et, bien haut, déclara à tous ceux qui pouvaient l'entendre, qu'il n'était pas digne d'hommes libres de se muer en bêtes de trait pour exprimer leur sympathie à des citoyens qui n'avaient fait que leur devoir envers le peuple qui les avait choisis. Pétion descendit aussi du fiacre, mais ne dit rien. Un témoin raconte qu'à les voir ainsi côte à côte, on remarquait combien Pétion n'était que sourires et accueillait aimablement les vivats. En revanche, Maximilien fronçait les sourcils, serrait les poings et semblait tout à la fois absent et mal à l'aise.

L'« Incorruptible » semblait très sincèrement contrarié par cette joie échevelée qui le circonvenait. Il n'avait pas désiré la gloire pour lui-même, mais une célébrité suffisante pour que sa voix soit reconnue afin d'agir de toutes ses forces dans le sens de ses idées généreuses. Cette notoriété lui était venue à force de travail et d'intégrité. L'apogée de sa popularité, il ne l'attint qu'en 1793-1794. Mais déjà, il était l'homme vers qui tous les regards se tournaient. La Cour, la noblesse, les riches le redoutaient comme nul autre. On pouvait déjà voir son portrait gravé à la devanture de très nombreuses librairies et arboré à la place d'honneur dans des milliers de logis, et tout particulièrement, ce qui n'était pas sa moindre gloire, chez les pauvres gens. Au théâtre Molière, chaque soir, la foule qui ne laissait jamais une place libre éclatait en applaudissements frénétiques quand l'acteur représentant Robespierre confondait le prince de Condé et le cardinal de Rohan. Cependant pour l'homme de réflexion, le visionnaire de la Révolution qu'il était, les regards qu'en ces heures triomphantes il pouvait porter sur la foule le laissaient plein d'angoisse encore, car il savait que si un bout de chemin vers la liberté, beaucoup moins, hélas, vers l'égalité, avait été parcouru depuis le 5 mai 1789, la route restait longue et dangereuse pour en arriver enfin à cette grande émancipation populaire à laquelle il travaillait inlassablement.

Depuis le 1er octobre 1791, Maximilien, rentré dans la vie privée, n'est plus qu'un simple citoyen. Il peut arborer dès à présent le titre d'accusateur public près le futur tribunal criminel du département de Paris : il a été élu à ce poste par l'assemblée électorale de Paris le 10 juin 1791. Mais l'installation de ce tribunal ne paraît guère prochaine et, pour le moment, l'ex-député d'Arras dispose de beaucoup de loisirs.

Comment les employer ? Les manifestations d'enthousiasme, dont il venait d'être l'objet, constituaient, de la part du peuple de Paris, un renouvellement solennel du mandat dont il avait été investi en 1789. Il s'agissait donc pour lui de continuer à le remplir, au mieux des intérêts de ses commettants qui, dans son esprit, n'étaient plus aujourd'hui les seuls habitants de sa province natale, mais la nation française tout entière. Aussi, pour lui, rien n'a changé. Il a été avant le 1er octobre l'œil vigilant du peuple au sein de l'Assemblée nationale, il le sera désormais encore, avec cette seule différence que son activité aura pour théâtre l'enceinte de la Société des jacobins au lieu de celle de la représentation nationale.

Il assista sans doute à la séance inaugurale de la nouvelle Assemblée. Quelle fut sa première impression ? Intérêt, curiosité, attente sans doute. Parmi ceux qui prirent place sur les bancs des députés, il ne connaissait presque personne. Les élus de son ancienne province, devenue en partie le département du Pas-de-Calais, étaient des étrangers pour lui. Il y avait bien Carnot parmi eux, son ancien confrère de l'académie d'Arras. Mais leurs relations depuis l'arrivée de ce dernier à Paris restèrent aussi officielles et sommaires qu'elles l'avaient été autrefois à Arras. On ne sait même pas si, à cette époque, l'occasion de se rencontrer s'était présentée aux deux hommes, Carnot n'ayant jamais mis les pieds aux jacobins, bien qu'il ait jugé bon de s'inscrire à cette société dès le début de la session. Le nouveau député d'Arras, Densy, était un jeune avocat des plus distingués et d'un grand talent, à en croire Mme Marchand qui, froissée de l'indifférence de Robespierre à son égard, prônait à présent son successeur comme un homme absolument remarquable, allant jusqu'à écrire : « Ce jeune orateur honorera le choix des électeurs du département. On ne le verra pas à l'Assemblée nationale défendre en forcené tous les scélérats et les incendiaires. » C'était, on ne peut plus clairement, s'attaquer à Maximilien qui, souvent, avait pris le parti du peuple insurgé. Il est vrai que Densy affichait des opinions nettement réactionnaires ; ce qui ne devait guère favoriser le rapprochement avec celui qu'il était appelé à remplacer par la volonté des électeurs arrageois. A cette séance du 5 octobre, Robespierre remarque un nouveau député : Georges Couthon[1], de Clermont-Ferrand, député du Puy-de-Dôme qui

---

1. A ce moment Couthon marchait déjà avec difficulté, mais la paralysie ne l'avait pas encore contraint à utiliser cette chaise mécanique d'invalide, aujourd'hui indissociable de son image.

dès ce jour-là, proposa que fût simplifié et démocratisé le protocole régissant les rapports entre le roi et l'Assemblée. La motion fut retenue. Maximilien nota le nom de ce nouveau représentant du peuple.

Le surlendemain pourtant, Robespierre fut amèrement déçu en apprenant que les législateurs, influencés par des rumeurs que les modérés et les ex-constituants avait fait courir à travers la ville à propos d'une illusoire insurrection populaire, avaient pris peur et rapporté le décret qu'ils venaient de voter. C'est sur cette fâcheuse impression du triomphe inévitable de la réaction que l'« Incorruptible » quitta Paris pour se rendre à Arras. Pourquoi ce voyage ? On admet communément qu'après deux années de très intense activité politique il éprouvait le désir bien légitime de prendre quelques semaines de repos parmi les siens, au sein de sa cité natale. Parallèlement, il s'agissait aussi pour Maximilien d'une espèce de liquidation définitive des liens qui le rattachaient encore, peu ou prou, à cette ville d'Arras où il avait vécu les années de son enfance et où il avait non seulement débuté dans la carrière juridique, mais aussi appris à formuler de plus en plus clairement ses idées politiques. Depuis un certain temps déjà, sa résolution de rompre entièrement toute attache matérielle avec Arras était irrévocable. En janvier 1791 déjà, il avait fait au district d'Arras une demande en dégrèvement de sa contribution mobilière « pour raison d'avoir abandonné définitivement les lieux qu'il habitait » et, en effet, de retour, ou plutôt de passage, à Arras, il logea à l'auberge. Dès le 20 septembre 1790, époque à laquelle il rêvait parfois encore à un doux retour à la vie provinciale, il écrivait à un correspondant de Béthune qui n'a pu être identifié : « Si je retourne en Artois, Béthune serait le lieu que j'habiterais avec le plus de plaisir. Certes, le séjour de mes nombreux et implacables ennemis ne me convient sous aucun rapport [il faisait allusion aux Arrageois]. Mais pour habiter Béthune, il faudrait que je puisse y trouver un état qui rendît pour moi l'exécution de ce projet possible. Si j'étais nommé président du tribunal du district, il me semble que cet objet serait rempli. »

Chapitre XXII

L'EUROPE ET LA FRANCE DANS LES DERNIERS MOIS DE L'ANNÉE 1791

Les conséquences politiques extérieures du retour de Louis XVI à Paris, après la triste affaire de Varennes, ne furent pas moins considérables que sur le terrain intérieur. La fuite du roi comme son arrestation suscitèrent en Europe une vive émotion et une prise de conscience monarchique. « Quel exemple effrayant ! » déclara le roi de Prusse. Mais encore une fois, tout dépendait de l'empereur. De Mantoue, Léopold II, frère de Marie-Antoinette, proposa aux cours une première union sacrée pour sauver la famille royale et la monarchie française. Désormais, la peur de la contagion révolutionnaire s'emparait des souverains et des chancelleries. Cependant, les calculs et les intérêts l'emportèrent sur le sentiment de solidarité monarchique : le concert européen contre la France s'avéra impossible à réaliser. La politique des feuillants aveugla et rassura Léopold sur le sort de Louis XVI. Pour masquer sa reculade. L'empereur se contenta de signer avec le roi de Prusse Frédéric-Guillaume la fameuse déclaration de Pillnitz du 27 août 1791, qui ne menaçait les révolutionnaires d'une intervention européenne qu'au conditionnel. Les deux souverains se déclaraient disposés à agir promptement, d'un mutuel accord, avec les forces nécessaires, mais à condition que les autres puissances fussent décidées à joindre leurs efforts aux leurs ; alors et dans ce cas seulement, l'intervention aurait lieu. La déclaration de Pillnitz fut prise, comme ses auteurs le désiraient, au pied de la lettre par l'opinion française. Cette ingérence étrangère parut insupportable, la Révolution se sentit menacée dans son essence, et le sentiment patriotique en sortit considérablement renforcé. C'était, fort habilement, amener les Français à un état d'exaspération tel que, tôt ou tard, ce seraient eux qui déclareraient la guerre.

Lorsque l'Assemblée constituante se sépara le 30 septembre 1791, ce fut aux cris de « Vive le roi ! Vive la nation ! » Ses dirigeants pensaient bien avoir scellé l'accord de la royauté et de la bourgeoisie censitaire, à la fois contre la réaction aristocratique et contre la poussée populaire. Mais le roi n'avait accepté qu'en apparence la Constitution de 1791 ; la nation ne se confondait pas exactement avec la bourgeoisie, ce que prétendaient pourtant la majorité des députés. Lorsque la crise s'était nouée au moment de Varennes, l'Assemblée avait ordonné une levée de cent mille hommes pris dans la garde nationale : se défiant de l'armée de ligne, armée royale, mais refusant de s'appuyer sur le peuple, l'Assemblée s'en remettait à la nation, telle que la définissait la Constitution censitaire. Les événements déjouèrent ses calculs. Après Pillnitz, la guerre parut inévitable. Face au péril, la bourgeoisie dut, non sans réticences, faire appel au peuple. Or, celui-ci n'entendait pas, après avoir aboli le privilège de la naissance, subir plus longtemps celui de l'argent. Mené par Robespierre, Marat et quelques autres, il réclama sa place dans la nation. Les problèmes politiques et les problèmes sociaux n'allaient pas manquer de se trouver posés en termes nouveaux, plus redoutables, plus conflictuels.

L'essai de monarchie libérale instituée par la Constitution de 1791 ne devait même pas durer une année. Prise entre la réaction aristocratique menée par le roi et la poussée populaire qui se faisait de plus en plus forte, la bourgeoisie au pouvoir, pour conjurer les difficultés intérieures, n'hésita pas à envenimer les difficultés extérieures ; elle jeta bientôt, avec la complicité du roi, la France et la Révolution dans la guerre étrangère. Mais la guerre est rarement affaire de logique : elle déjoue tous les calculs des politiciens. Elle insuffla au mouvement révolutionnaire de nouvelles énergies et, en l'espace de quelques mois, entraîna le renversement du trône et, pour un temps relativement court (jusqu'au 28 juillet 1794), l'effondrement de la bourgeoisie régnante. Le conflit avec l'Europe aristocratique, imprudemment déclenché, sans troupes suffisamment aguerries, sans une réelle cohésion dans les armements et dans le ravitaillement, contraint en effet la bourgeoisie révolutionnaire à faire appel au peuple et, partant, à lui accorder nombre de concessions d'importance. Ainsi put s'élargir en quelques semaines le contenu social réel de la nation. Cette véritable *nation française*, dans l'acceptation moderne de cette expression, semblait douter de cette guerre qui, à la fois nationale et révolutionnaire, permit d'élargir la perception charnelle de la patrie ; à la fois aussi guerre du tiers état contre l'aristocratie et guerre de la nation contre l'Europe d'Ancien Régime coalisée. Devant la menace de l'aristocratie française et européenne en guerre contre la nation à l'intérieur et sur les frontières, la fragile armature censitaire s'effondra sous la poussée populaire.

La bourgeoisie dont l'unité a fait la force jusqu'au printemps de 1791 s'est divisée depuis Varennes ; la déclaration de Pillnitz n'a fait qu'accentuer ses divisions naguère encore masquées aux yeux du public. Dès lors, tant dans l'Assemblée que dans le pays, elle ne présentait plus à ses adversaires un front uni. Au sein de l'Assemblée, la majorité des députés était certes toujours d'origine bourgeoise ; les propriétaires et les avocats y dominaient. Les électeurs nommés par les assemblées primaires avaient désigné les nouveaux députés du 29 août au 5 septembre 1791, c'est-à-dire après le massacre du Champ-de-Mars et dans l'émotion suscitée par la déclaration de Pillnitz. Les sept cent quarante-cinq députés de l'Assemblée législative qui se réunirent pour la première fois le 1er octobre 1791 étaient tous des hommes nouveaux, selon le vœu émis par Robespierre, transformé en décret le 16 mai 1791. Ils étaient jeunes pour la plupart, la majorité étant constituée d'hommes de moins de trente ans, inconnus encore, beaucoup d'entre eux ayant fait leur apprentissage politique et commencé à agir dans les assemblées communales et départementales. La droite comprenait deux cent soixante-quatre députés, qui s'inscrivirent aux feuillants. Adversaires de l'Ancien Régime comme de la démocratie, ils étaient partisans de la monarchie au pouvoir limité et de la primauté de la classe bourgeoise, telles que la Constitution de 1791 les avait établies. Mais les feuillants se divisèrent en deux tendances, ou plutôt en deux clientèles. Les « lamethistes » suivirent les mots d'ordre du fameux triumvirat, qui ne siégeait plus à l'Assemblée, mais qui n'en choisissait pas moins la plupart des nouveaux ministres, ainsi de Lessart aux Affaires étrangères.

Les « fayettistes » prirent leur inspiration auprès de La Fayette qui, dans son immense vanité, souffrait d'avoir été supplanté par les triumvirs dans les faveurs de la Cour.

La gauche était constituée de cent trente-six députés inscrits généralement au Club des jacobins. Elle était guidée en particulier par deux députés de Paris : Brissot, journaliste qui donna son nom à une faction (les « brissotins ») et le philosophe Condorcet, éditeur des œuvres de Voltaire. Elle subit rapidement l'ascendant de quelques brillants élus du département de la Gironde, Vergniaud, Guadet, Grangeneuve, Gensonné, etc., d'où le nom illustre qui leur restera dans l'histoire de girondins. Nouvellistes, avocats, professeurs, les brissotins forment une nouvelle génération de révolutionnaires. Issus, pour la plupart, de la moyenne bourgeoisie, ils n'en étaient pas moins en excellentes relations avec la haute bourgeoisie et les milieux d'affaires des grands centres portuaires de Bordeaux, Marseille, Nantes, banquiers et armateurs dont ils défendaient maintenant les intérêts à l'Assemblée nationale. Si par leur origine et leur formation philosophique, les brissotins penchaient vers la démocratie politique, par leurs relations, par leur tempérament, ils étaient portés à respecter la richesse et à la servir. A l'extrême gauche, quelques démocrates étaient partisans du suffrage universel, comme Robert Lindet, Couthon, Carnot. Trois députés, liés d'une étroite amitié, Basire, Chabot, Merlin de Thionville, formaient le « trio cordelier » ; sans grande influence sur l'Assemblée, ils exerçaient une action certaine sur les clubs et les sociétés populaires. Le centre, entre feuillants et brissotins, comprenait une masse incertaine de trois cent quarante-cinq députés, les « indépendants » ou « constitutionnels », sincèrement attachés à la Révolution, mais sans opinion précise, comme sans personnalité marquante.

Dans Paris, clubs et salons reflétaient les opinions de l'Assemblée et contribuaient à accentuer les luttes politiques. Les salons réunissaient les chefs des différentes factions et leur donnaient un moyen de concerter. Le salon de Mme de Staël, fille de Necker, et maîtresse de Narbonne le ministre de la Guerre, devint, par excellence, le foyer du parti fayettiste. Vergniaud groupait ses amis à la table ou dans le luxueux salon de la veuve d'un fermier général, Mme Dodun, place Vendôme. Les brissotins se réunissaient dans le salon de Mme Roland. Âme de la Gironde, elle exerça une très grande influence sur les idées par l'intermédiaire de ses amis, voire de son mari, l'honnête et médiocre Roland, ancien inspecteur des manufactures. Quant aux clubs, que nous connaissons déjà bien, ils ne cessèrent de prendre de l'importance dans les derniers mois de 1791 et durant les années qui suivirent. Si les feuillants ne furent fréquentés que par les constitutionnels, bourgeois modérés, les jacobins, dont la cotisation était très faible, n'avaient cessé de se démocratiser. Ils représentaient maintenant une des plus importantes forces politiques de la nation grâce, on l'a vu, à leurs nombreuses cellules de province. Les cordeliers formaient l'aile gauche du jacobinisme ; accueillant les éléments les plus débraillés, les plus extrémistes, leur action visait trop souvent un soulèvement populaire, quelquefois sans qu'aucune véritable raison ait pu être alléguée. Enfin, les sections parisiennes, au nombre de quarante-huit, permettaient aux citoyens actifs de suivre les événements politiques et de les contrôler dans une certaine mesure. Elles se réunissaient régulièrement en assemblées générales. Peu à peu, elles devinrent le foyer intense de la vie politique populaire et contribuèrent au progrès de l'esprit démocratique et égalitaire, principalement à partir de juillet 1792, époque à laquelle les citoyens passifs y entrèrent en masse.

De l'Assemblée nationale jusqu'aux salons et aux clubs, une nouvelle vie politique était en train de prendre forme en France, avec une réelle interdépendance des différentes parties, qui ne manqua pas de susciter l'émulation des idées et aussi, dans certains cas, permit la promptitude des grands mouvements populaires. Ces systèmes de pression, au demeurant fort efficaces, agissaient sur les décisions des députés, les lois et les décrets étant au moins aussi tributaires de l'avis des clubs que de l'opinion des députés.

Les nombreux problèmes de tous ordres que l'Assemblée constituante n'avait pas résolus et qu'elle léguait à la Législative, amenèrent rapidement un conflit entre le roi et l'Assemblée, qui ne put être liquidé par des moyens constitutionnels, tant les difficultés étaient multiformes. Difficultés économiques et sociales d'abord. A l'automne 1791, les troubles reprirent dans les villes et les campagnes. Dans les villes, ils étaient dus au premier chef à la baisse de l'assignat et au renchérissement des subsistances, particulièrement des denrées coloniales, café, sucre, rhum, consécutif au soulèvement des Noirs de Saint-Domingue maintenus en esclavage, malgré les généreuses promesses des révolutionnaires. Fin janvier 1792, des désordres se produisirent dans Paris : la foule assemblée devant les boutiques d'épiciers les obligeait à baisser le prix de leurs marchandises. Dans les campagnes, la hausse du prix des blés, le maintien anachronique de certaines redevances féodales suscitèrent de véritables émeutes. Dès novembre 1791, un peu partout se produisirent des pillages de convois de grains et de marchés municipaux. De la fin de l'année 1791 au courant du mois de mars 1792, dans le Centre, dans le Midi, les châteaux des émigrés furent pillés et incendiés : les masses paysannes réclamaient la suppression totale et immédiate du régime féodal. Confrontés à la violence de cette menace sociale, l'Assemblée hésita et se divisa.

Difficultés religieuses ensuite. Le clergé réfractaire, qui refusait de prêter serment à la Constitution, poursuivait son agitation et entraînait derrière lui de très nombreux catholiques dans l'aventure contre-révolutionnaire. Dès le mois d'août 1791, les réfractaires avaient provoqué des troubles d'une certaine ampleur en Vendée. Le 26 février 1792, ils contribuèrent à soulever les paysans de la Lozère contre les patriotes de Mende. Il y eut de nombreuses victimes de part et d'autre. Désormais, l'étroite liaison entre les réfractaires et les aristocrates éclatait au grand jour. Le 16 octobre 1791, les aristocrates fomentaient un véritable soulèvement en Avignon et massacrèrent le secrétaire greffier de la commune, Lesenger, chef du parti démocratique de cette ville. Aussitôt, les patriotes ripostèrent par les massacres de la Glacière.

Difficultés extérieures enfin. Les émigrés, que le comte de Provence, frère du roi, avait maintenant rejoints, multipliaient les provocations : publication d'un premier manifeste annonçant l'imminente invasion de la France révolutionnaire, attaques violentes et sans cesse réitérées contre l'Assemblée, concentration de troupes aux ordres du prince de Condé sur le territoire de l'électeur de Trèves, à Coblence. De toutes parts, les menaces contre la Révolution semblaient bien se préciser.

Chapitre XXIII

RETOUR AU PAYS

Parti de Paris dans la journée du 12, Maximilien arriva à Bapaume le 14 octobre. Quelques jours avant son arrivée, un bataillon de gardes nationaux parisiens avait fait son entrée dans la ville dans une indifférence à peu près générale, ce qui ne fut pas du goût de ces hommes, qui se prenaient trop aisément pour des héros de la Révolution. A ces défenseurs de la patrie, on donna pour unique logement une caserne désaffectée d'une épouvantable malpropreté. De plus, nul ne songea même à leur procurer la moindre provende. Cette négligence, qui masquait mal un évident mépris, eut pour conséquence de les mettre de fort méchante humeur. Aussi, se présentèrent-ils incontinent à l'hôtel de ville afin de recevoir un traitement plus décent. Face à ces jeunes gens énergiques menés par un certain Gorsas, neveu d'un journaliste parisien influent, les représentants de la commune promirent de faire le nécessaire sans retard, espérant qu'ainsi tout allait rentrer dans l'ordre. Or, ce ne fut pas le cas. En effet, lors de ces pourparlers, les guerriers parisiens remarquèrent qu'une magnifique tapisserie armoriée ornait l'un des murs de la salle commune. Très stricts sur le plan du civisme, ils crurent pouvoir y flairer le signe évident d'une mentalité dangereusement contre-révolutionnaire. Les magistrats, sans doute fort étonnés par un pareil rigorisme, jugèrent préférable d'abandonner la pauvre tapisserie à ces terribles gardiens de la Révolution. Les gardes nationaux se mirent en devoir d'arracher du mur ce symbole de l'esclavage féodal, le portèrent en place publique et y mirent le feu devant quelques badauds qui n'y comprenaient rien. Après quoi ils exécutèrent autour de ce bûcher improvisé une danse patriotique qui eut pour effet de tempérer leur méchante humeur. Dès le lendemain, la municipalité, prudente, affichait une ordonnance prescrivant aux habitants de faire disparaître sans délai toutes les armoiries demeurées encore en évidence. Images vivantes et déconcertantes de l'esprit révolutionnaire vu par le petit bout de la lorgnette.

Ainsi se présentaient les choses à Bapaume lors de l'arrivée de Robespierre. L'ayant reconnu, le jeune Gorsas et ses compagnons ne manquèrent pas d'organiser une réception triomphale en son honneur. Visiblement ému par la chaleur dont l'entouraient ces jeunes soldats, Maximilien en parla dans une lettre qu'il adressa alors au menuisier Duplay, ainsi que de la visite « que ne dédaignèrent pas de lui rendre en corps le directoire du district de la municipalité quoique aristocrate ». Notre « Incorruptible », malgré la froideur qu'il aimait le plus souvent afficher, était sensible aux marques de respect et d'admiration qu'on pouvait lui prodiguer. Cependant de tels moments restèrent très rares dans sa carrière. Rapidement, la maîtrise du caractère l'emportait, et il dominait aussitôt des sentiments auxquels il refusait de donner libre cours. Ce fut sans doute, de sa part, une grave erreur non seulement humaine, mais surtout tactique, car il s'aliéna de la sorte des hommes qui dans les moments les plus tragiques de son existence se seraient peut-être rangés à ses côtés, s'il avait pu davantage laisser parler son cœur et un peu moins sa raison.

Le lendemain, Robespierre vit arriver à Bapaume le bataillon de Seine-et-Oise, si du moins ce terme militaire peut convenir à un groupe d'hommes harassés, sans armes et même sans uniformes, ignorant quand et où ils recevraient les uns et les autres. Mais ceux-là, déjà la foi révolutionnaire les faisait marcher.

Sur ces entrefaites, et venant de la route du Nord, voici que se présente dans la petite cité un détachement de la garde nationale d'Arras chargé de former l'escorte d'honneur de l'« Incorruptible ». Une heure plus tard surgit à la porte de la ville une lourde voiture amenant Charlotte, Augustin Robespierre et la si fidèle Mme Buissart. Après ces touchantes retrouvailles, tout le monde prit part au banquet offert par les patriotes de Bapaume. Mais le festin, qui lui ne fut qu'une simple collation, à peine terminé, Maximilien s'installa dans la voiture : direction Arras. Spontanément, une douzaine d'officiers des deux bataillons parisiens se joignirent au cortège. Aussitôt, leur exemple entraîna les soldats. Et, si on en croit Desessarts, écrivain pourtant très hostile à Robespierre, « plus de deux cents jeunes militaires, tant officiers que soldats, s'offrirent à lui servir de cortège, et sans attendre sa réponse, entourèrent sa voiture, et s'acheminèrent avec lui à Arras. Une vingtaine d'entre eux prirent les devants et partirent à toute allure annoncer la grande nouvelle à la population arrageoise ». Toujours selon le même Desessarts, « il était neuf heures du soir à son entrée dans la cité natale. Aussitôt ses partisans s'agitent, courent les rues comme des forcenés et commandent aux citoyens d'illuminer leurs maisons. Beaucoup obéissent ; ceux qui refusent ont leurs vitrines cassées et dans un instant la plus grande agitation règne à Arras ». Cette relation trouve son écho dans le propre témoignage de Robespierre : « Je fus surpris de voir les maisons de mes ennemis les aristocrates illuminées, ce que je n'ai attribué qu'à leur respect pour le vœu du peuple ! » Charlotte elle-même écrivit : « Les rues qu'il devait traverser avaient été spontanément illuminées ! »

Ce qui se passa ensuite nous est connu grâce à un journal, *L'Orateur du Peuple*, dans son numéro 41 : « La voiture paraît, escortée d'une douzaine de volontaires parisiens à cheval ; les cris de "Vive la nation, Robespierre et Pétion" se sont fait entendre de toutes parts. C'est à qui verra, touchera, embrassera le premier, l'intrépide défenseur de la liberté. A peine l'orateur chargé de lui exprimer les sentiments de ses concitoyens peut-il saisir un instant de silence : l'illustre ex-député se voit contraint, par ceux qui l'entourent, de descendre et de recevoir, au milieu des plus vifs applaudissements, deux couronnes civiques, l'une pour lui, l'autre pour son ami de Chartres, Pétion. » Charlotte va plus loin encore dans la description de cette liesse populaire, et affirme que le peuple voulut même dételer les chevaux et traîner la voiture, « mais, ajoute-t-elle, Maximilien descendit de voiture pour n'avoir pas le chagrin de voir le peuple le traîner ; car, il nous le dit en particulier, il était indigne d'un peuple libre de s'atteler à une voiture comme des brutes pour traîner un homme ».

Les pauvres d'Arras et des campagnes avoisinantes se souvenaient de l'ardent défenseur des opprimés qu'il avait été dans sa ville, et ils savaient aussi combien il avait combattu pour leur cause, à Paris, à l'échelle nationale. Ce soir-là, ils voulaient lui exprimer leur gratitude. Entouré par cette foule aimante, Robespierre souriait, essayait de se départir un peu de sa raideur. Pas un instant, il ne se ferma ni ne prit l'air grave et absent qu'on lui connaît. Enfin, après une heure passée ainsi dans la rue, il put lentement se frayer un chemin et se rendre à l'auberge du Petit-Pol où il avait retenu une chambre.

Pourtant Maximilien put juger qu'à Arras, plus qu'ailleurs encore, ses ennemis ne désarmaient pas. Ainsi, la municipalité s'était non seulement abstenue de prendre part à cette manifestation qui, pourtant, célébrait un élu de la cité, mais de plus, elle jugea nécessaire de couper court aussitôt que possible à cet élan d'enthousiasme populaire, estimé excessif et déplacé. L'« Incorruptible », dans sa lettre à Duplay, remarque : « Je ne fus pas plutôt entré chez moi, qu'elle (la municipalité) envoya des alguazils de la police portant l'ordre d'éteindre les lampions. Ce qui ne fut pas partout ponctuellement exécuté. »

Le lendemain la fête devait reprendre de plus belle au grand dam de l'administration locale. Le bataillon de la garde nationale de Seine-et-Oise arrive au grand complet, au son de ses fifres et de ses tambours. Se trouvant à Bapaume, si près d'Arras, il n'avait pas voulu rater l'occasion de venir saluer une fois encore le héros de la Constituante. Pour rassurer la population quant à leurs intentions, les soldats firent halte sur la place publique et offrirent à la foule de nouveau rassemblée un intermède musical et chorégraphique. Puis, après avoir suffisamment chanté et dansé avec beaucoup d'entrain, ils se rendirent chez Robespierre. « Ils vinrent chez moi, écrira-t-il à Duplay, en faisant retentir l'air d'acclamations extrêmement désagréables pour l'oreille d'un Feuillant. Il n'est point arrivé d'autre malheur. » Peu après, les gardes nationaux quittèrent Arras au plus vif soulagement des bourgeois et des aristocrates.

Dès le dimanche 16 octobre, Maximilien assista à Arras à la séance solennelle de la « Société des Amis de la Constitution », qui tenait à lui offrir, à titre individuel, une couronne civique de plus. Le *Journal général du Pas-de-Calais*, dans son numéro du 25 octobre, donna une relation franchement hostile et tendancieuse de cette séance. « On rapporte, écrit le journaliste, qu'une lanterne étant sur la table, Monsieur Guffroy a dit : "Messieurs, M. Robespierre fait l'observation qu'il faut éteindre cette lanterne. Il a raison, c'est celle de Diogène, et nous avons trouvé un homme !" Grands applaudissements et la lanterne est éteinte... » Quant au discours que Robespierre prononce à cette occasion, nul ne l'a reproduit. Tout ce que nous apprenons c'est que « l'honorable n'a parlé que de ce qu'il a fait et de ce qu'il aurait voulu faire » et qu'il a « conclu qu'il y avait des motions intéressantes dont on devait s'occuper ». Le ci-devant capucin Potier l'aurait alors interrompu pour lui poser la question : « Quelles sont au juste ces motions ? » « Elles sont en si grande quantité que je ne saurais par où commencer », tenta de répliquer Maximilien pour couper court à une discussion qui risquait de s'enliser. Mais des voix se font entendre dans l'assistance. « Nous vous prions d'en énoncer quelques-unes. » L'orateur hésite encore un moment, visiblement contrarié. Enfin, il cède : « Eh bien, par exemple, les gardes nationales ne sont pas habillées, il faudrait s'occuper de cela. » De fait, la situation se révélait tout à fait scandaleuse. Déjà à Bapaume, la tenue plus que misérable des soldats de la Révolution, revêtus de pitoyables défroques, avait retenu son attention. Or, ceux d'Arras ne valaient guère mieux. Et pourtant au moins cent tailleurs locaux étaient censés travailler à leur habillement depuis plus de deux mois. Seulement les uniformes ne venaient toujours pas. Et puis, comme si le miracle existait encore sous la Révolution, dès le lendemain du jour où Robespierre eut fait part à la Société de ses observations, les livraisons commencèrent à une cadence précipitée...

Après quelques jours passés à Arras et dans les environs immédiats, Maximilien entreprit une incursion à Béthune, ville située à moins de trente kilomètres. Sans doute voulait-il se rendre compte par lui-même de l'état de son département. Sur son séjour dans cette cité, nous avons deux témoignages presque contradictoires. Le premier est constitué par l'article dithyrambique de la *Chronique de Paris*, en date du 4 novembre. L'autre, paru dans *le Moniteur,* sous forme de communiqué officiel, est daté du 3 novembre. C'est dans ce texte froid, objectif, que l'on trouve les renseignements intéressants que l'on cherche en vain dans le compte rendu de l'illustre journal de Condorcet. A Béthune aussi, c'est la garde nationale qui se porta avec le plus d'enthousiasme à la rencontre de Maximilien. Les soldats du 13e régiment de cavalerie partagèrent le désir de fêter l'« Incorruptible ». Lorsqu'ils vinrent solliciter de leurs supérieurs l'autorisation d'aller faire une garde d'honneur à l'illustre tribun, le commandant de la place, appuyé en cela par les représentants de la municipalité, s'y opposèrent fermement : « M. Robespierre n'est plus un député en place. » On ne pouvait trouver signe d'hostilité plus tranché. Cependant, d'aucuns trouvèrent le moyen de passer outre et de tourner la difficulté de façon tout à la fois élégante et symbolique : « Plusieurs citoyens, montés sur les chevaux et précédés d'un trompette du 13e régiment de cavalerie, lui firent leur compliment à plus d'une lieue de la ville », note le correspondant de la *Chronique*. La garde nationale, moins tributaire des entraves de la discipline militaire, encore rigoureusement respectée dans certaines régions, se porta en masse à la rencontre de Robespierre dès que sa voiture apparut dans les faubourgs de la cité. Elle se rangea alors, comme une véritable garde du corps, autour du véhicule qu'elle escorta au pas tout au long du trajet, jusqu'à l'auberge du Lion d'Or, où notre héros avait retenu une chambre. Le propriétaire des lieux, un certain Sieur Bouthillier, s'écria, au comble de la joie en accueillant son hôte illustre : « Si je n'avais qu'un lit, et que le roi et M. Robespierre se présentassent en concurrence, je préférerais ce dernier. » La phrase, on peut s'en douter, eut un évident succès. A Paris, notamment, les gazettes royalistes s'en emparèrent en l'arrangeant quelque peu. Tel journaliste malicieux prétendit que le propriétaire du Lion d'Or aurait encore ajouté : « Quant à Louis XVI, il coucherait dans la rue ! »

Le lendemain de son arrivée à Béthune, le dimanche 30 octobre, Maximilien assista à une séance publique des « Amis de la Constitution ». Une foule dense voulut s'y rendre. Mais les membres de la municipalité, du tribunal, du directoire du district brillaient par leur absence. Du reste, élément symptomatique quant à la mentalité bourgeoise triomphante dans ces provinces, on n'y vit pas un seul représentant de l'autorité publique. Mais comme partout lorsque l'« Incorruptible » apparaissait, l'élément féminin se fit particulièrement remarquer. Les dames de Béthune « envièrent aux hommes l'honneur de lui donner la couronne civique », tant et si bien « qu'on le leur déféra », lisons-nous dans la *Chronique de Paris*. Le journaliste de poursuivre son récit : « Mais sa modestie ne souffrit pas qu'on en ornât sa tête ; il la posa sur son cœur. » Toute la séance aurait pu ainsi se passer en félicitations, en admirations, en congratulations si, lassé sans doute par tout ce pompeux appareil, Robespierre ne s'était levé et n'avait réclamé d'une voix qu'il voulait douce, mais qui ne masquait plus son irritation, qu'on ne s'occupât plus de lui. Devant cette injonction du grand homme, on obéit, à contrecœur. Mais tout au long des délibérations d'une séance que Maximilien désirait discrète, les discours, les délibérations furent cependant fréquemment interrompus par des cris de joie, des « Vive Robespierre » ; « Vive le sauveur du peuple ! », etc. Après cette vaine séance, toute consacrée au héros, bien contre sa volonté, eut lieu un banquet. La salle des fêtes de Béthune était bien trop petite ce jour-là. Plusieurs citoyens durent se contenter de stationner à l'entrée ou de contempler à travers les fenêtres comment se restaurait le Défenseur de la liberté.

Maximilien ne prolongea pas son séjour à Béthune au-delà de trois jours. Ensuite il revint à Arras. Dans sa lettre à Duplay, déjà citée, et qui est postérieure de quelques jours (le 17 novembre), il écrit, sur un ton peut-être mélancolique, peut-être désabusé : « Je me propose sérieusement cette fois de retourner dans quelques jours à Paris. Je ne suis pas digne de séjourner dans cette terre sainte... » Phrase énigmatique. On s'en tirerait à bon compte, si l'on voulait y voir de l'ironie. Robespierre, qui fut toujours un esprit religieux, frémissant aux mystères de l'univers, mais un mauvais catholique, put être touché par la foi populaire des campagnes flamandes. La Révolution n'avait pas en ces parages abîmé l'âme croyante de la paysannerie. Redoutait-il que certains idéaux populaires importés de Paris fussent de nature à détériorer ce substrat traditionnel qu'en son être il respectait, ou encore, se ressentait-il maintenant trop loin de sa souche artésienne, déplacé, étranger dans son pays ? Il savait aussi combien les autorités municipales et les notables d'Arras lui étaient hostiles, combien tout ce monde avait jugé excessives les manifestations de sympathie populaires dont il avait été entouré. Il quitta Arras le 23 novembre dans la soirée. Le 24, il était à Lille, dernière étape de son itinéraire septentrional, pour y être reçu par la « Société des Amis de la Constitution », filiale lilloise des jacobins, souchée sur l'ancienne « Union patriotique de Lille », créée peu après la chute de la Bastille. Le fondateur de cette société, l'avocat Louis-Nicolas Staat, dit Sta, devenu procureur-syndic du département du Nord, était en relations suivies avec Robespierre depuis plusieurs années déjà. A Lille, comme à Béthune, l'« Incorruptible » eut droit à une grande séance patriotique et à un banquet ; notre seule information quant à cette journée du 24 novembre est, une fois encore, l'abbé Proyart : « Lille passait encore pour peu affectionnée à la Révolution. » La visite de Maximilien semble donc avoir un but déterminé : susciter des vocations révolutionnaires dans cette cité frontière. Et le vigoureux discours patriotique qu'il prononça à la séance de la Société porta ses fruits dès les jours suivants, tant son audience était grande et puissant son don de persuasion. Écoutons Proyart : « Il déplora publiquement l'aveuglement des habitants de Lille, il félicita les vrais Jacobins, gourmanda les modérés et sut si bien inoculer ses principes qu'en une seule nuit les frères de Lille, croissant en sa présence comme les champignons, se montrèrent au niveau de ceux de Paris. »

Après de vives acclamations, la mémorable séance s'acheva par un hymne patriotique et outrancièrement antiaristocratique, qui se termina par une exhortation révolutionnaire hostile à la noblesse : « Mangeons son cœur, buvons son sang ;/C'est un repas exquis que mon goût assaisonne ;/Et que la liberté vous permet et vous donne... » Après le banquet, Maximilien reçut une nouvelle couronne civique, qu'il se contenta, une fois encore, de porter sur son cœur. Puis, sans attendre le lendemain, il prit congé et monta dans la voiture qui, par petites étapes, allait le ramener quatre jours plus tard à Paris. Avec quelques souvenirs et des couronnes civiques, Robespierre emportait aussi un compagnon, un chien, un grand danois qui ne le quittera plus guère, Brount.

Chapitre XXIV

L'ORAGE APPROCHE

En arrivant à Paris, Maximilien s'empressa de se rendre chez son ami Pétion, qui avait été élu maire de Paris le 13 novembre, après la démission de Bailly. Lors de cette élection, et grâce à l'action efficace des jacobins et des sections parisiennes, Pétion avait obtenu 6 728 voix contre 3 100 pour La Fayette, son principal adversaire. Ce vote, pour tout légal qu'il fût, ne restituait pas vraiment la psychologie politique de la capitale, puisqu'il y avait en plus de 70 000 abstentions... devait-on conclure que Pétion n'était l'élu que d'une minorité révolutionnaire, non celui de tous les Parisiens ? Un fait tout au moins reste certain : la majorité des citoyens actifs, bourgeois qui estimaient la Révolution terminée, s'étaient totalement désintéressés de cette élection : ce qui laissait présager une sourde résistance des puissances d'argent à toute entreprise visant à instaurer davantage d'égalité sociale. Les hommes de progrès savaient déjà que le combat contre la réaction serait dur, sans pitié. Devant pareil refus des électeurs de manifester leur choix, ils comprenaient que le combat était commencé.

Robespierre avait très sincèrement manifesté sa joie en apprenant l'élection de son ami. Pétion allait l'éclairer sur la rapide évolution des données politiques et sur les menaces concrètes qui, de plus en plus, pesaient sur l'avenir de la France révolutionnaire. Tout au long de son voyage en Artois et en Flandre, Robespierre s'était sans doute tenu au courant des faits, des idées et des intrigues, par la lecture attentive des gazettes parisiennes et grâce aux informations que lui dispensaient ses quelques correspondants particuliers. Cependant, ces deux sources demeuraient fragmentaires et les nouvelles diffusées par la presse relativement peu sûre, puisque émanant d'organes par nature partisans, passionnés et, le plus souvent, stipendiés des différents partis. Une appréciation globale lui faisait pour l'heure défaut. Le maire de Paris n'eut aucune peine à préciser les faits : deux forces, intimement unies par des intérêts communs, par une commune volonté d'en finir avec le vaste mouvement de réformes né en 1789, œuvraient de plus en plus activement et ouvertement : les prêtres réfractaires, fanatiquement attachés à leurs prérogatives d'Ancien Régime s'employaient à soulever les campagnes contre la Révolution et, à l'étranger, les émigrés étaient déterminés à convaincre les souverains européens de l'urgence d'une action militaire préventive pour éviter la propagation des nouveaux idéaux dans leurs États et libérer le roi de France en qui ils voyaient désormais un otage de l'Assemblée nationale.

Robespierre savait combien ces deux forces contre-révolutionnaires étaient actives, voire implicitement soutenues par une grande partie de la réaction bourgeoise assurée de pouvoir composer davantage avec les tenants de l'ancien ordre aristocratique qu'avec le courant démocratique fermement déterminé à donner à chaque citoyen, quels qu'aient été sa richesse ou son dénuement, un droit politique égal. Déjà la gauche de l'Assemblée constituante s'était appliquée à les combattre avec acharnement. Mais en vain. Aujourd'hui, la Législative dominée par les éléments libéraux et conservateurs, était moins que jamais l'arme efficace pour vaincre ces deux périls conjugués. Lors de son séjour à Arras et à Lille, Maximilien avait pu apprendre de source bien informée avec quelle ampleur s'était développée dans le Brabant voisin l'action des émigrés, tolérée et peut-être même encouragée par les autorités autrichiennes d'occupation. Officiellement, la politique de l'empereur demeurait cependant équivoque. Dans son numéro 88, la *Gazette de Leyde* publiait une lettre de Vienne, datée du 15 octobre 1791 : « Il est certain que Sa Majesté [Léopold II] est bien éloignée de croire que dans l'état présent des choses, aucune puissance étrangère puisse intervenir, sous aucun prétexte, dans les affaires domestiques d'une nation indépendante. On peut dire que le parti que notre cœur vient de prendre met fin aux manœuvres qu'ont employées les chefs de l'émigration française pour allumer une guerre entre le corps germanique et leur patrie. » L'attitude de prudence et de réserve de Léopold II vis-à-vis de la Révolution française ne représentait pas celle de la majorité des dignitaires et de la noblesse du Saint Empire romain germanique. Son propre fils, le futur François II, était volontiers partisan d'une guerre de répression contre une France encore imprévisible et déjà si éloignée dans son essence des systèmes politiques de ses voisins.

Dans le second semestre de 1791, l'ampleur de la vague d'émigration avait atteint de telles proportions que les moins alarmistes des patriotes étaient fondés à penser que ces regroupements d'aristocrates seraient bientôt de nature à créer une situation de crise, favorisant les pires aventures militaires. En octobre, Robespierre n'avait-il pas déjà écrit d'Arras au menuisier Duplay : « Nous avons trouvé les auberges pleines d'émigrants [qui se dirigeaient vers les Pays-Bas]. Les aubergistes nous ont dit qu'ils étaient étonnés de la multitude de ceux qu'ils logeaient depuis quelque temps. » Or, Pétion vient encore renforcer l'« Incorruptible » dans ce sentiment du péril, en l'informant sur les nouveaux rassemblements royalistes de Coblence, encore bien plus nombreux et remuants que ceux qui s'agitaient dans les Flandres et le Brabant autrichiens. En effet, il s'agissait là, selon toutes les données recueillies, de mouvements organisés par des chefs déterminés à lever une véritable armée royaliste aux frontières de la France, afin de convaincre au plus tôt les princes allemands de marcher contre le nouvel État révolutionnaire, dès que la subversion menée dans les provinces par le clergé réfractaire serait en mesure d'ouvrir un second front.

Par ailleurs, il était relativement aisé d'apprécier les forces politiques en présence sur la scène française en cette veillée d'armes qui s'ouvrait à l'orée de l'année 1792. D'un côté, la Cour, de l'autre, l'Assemblée nationale, le roi et ses ministres opposés à la nation représentée par ses mandataires. Cependant, à l'intérieur de chaque camp, la situation apparaissait des plus confuses. Il n'existait plus d'unanimité autour de Louis XVI, lui-même bien incapable d'adopter un langage et une attitude empreintes de cohérence, ballotté qu'il était entre les différentes positions, souvent contradictoires, d'un entourage, dont chaque membre pensait désormais à la seule sauvegarde de ses intérêts. Psychologiquement, le roi ne pouvait percevoir l'ampleur des bouleversements qui, en moins de trois années, avaient à jamais transformé la société française. Il restait sincèrement en lui-même le perpétuateur de l'Ancien

Régime, et ses proches l'incitaient encore à radicaliser davantage cette option de fond. Il pouvait multiplier les déclarations de fidélité à la Constitution ; ni son cœur, ni sa volonté profonde ne suivaient les phrases de circonstance qu'il prononçait. Louis « souhaitait le bonheur de son peuple », qu'il croyait lié au rétablissement de la vieille monarchie du droit divin et des privilèges aristocratiques. Sa position n'était pas le fruit d'une âme sèche, mais celui d'une éducation, d'un dressage royal : il ne pouvait mentalement concevoir un autre ordre des choses. En cela résidait son drame personnel et son réel désarroi ; la royauté y succomba.

Nombreux furent ceux de son entourage qui l'incitèrent à s'opiniâtrer dans cette voie funeste. Ceux-là agissaient par calcul, sachant en effet que pareille position du roi entraînerait à brève échéance une grande crise du régime, dont ils espéraient bien sortir fortifiés. La Fayette fut parmi les plus subtils manœuvriers en ce jeu redoutable et léger, qui risquait de plonger bientôt la France dans le plus irréversible des chaos, politique, économique et social. En face, l'Assemblée législative, maladroite, timorée, peu assurée de ses pouvoirs, ne représentait pas le peuple tout entier, mais essentiellement les aspirations de la bourgeoisie montante, avide de puissance et de gains. Ses authentiques éléments démocratiques, minoritaires, manquaient d'audace et ne se risquaient pas à provoquer une crise de régime. Dans leur grande majorité, les Français pressentaient qu'ils n'avaient plus rien à attendre, ni d'un camp ni de l'autre. Déjà l'impasse constitutionnelle couvait, grosse de violences incontrôlables et d'excès de toutes sortes, mais parce qu'elle n'avait pas encore atteint son point de maturité, elle allait s'accroître encore et s'exagérer.

Les Feuillants, avec Barnave et les frères Lameth, persuadaient la Cour et la droite de s'opposer aux grands projets de réformes sociales souhaités naguère par de nombreux députés de la Constituante. Les jacobins, qui ne cessaient d'accroître leur implantation dans tous les départements, tentaient de rallier tous les éléments démocratiques de l'Assemblée aux options fondamentales de la Révolution en matière de droit social, d'égalité politique et de respect des individus, par-delà les anciennes barrières des privilèges et les nouvelles frontières de la fortune. Néanmoins, si ces deux courants se combattaient rudement en paroles, si les anathèmes et les menaces réciproques ne cessaient d'emplir les colonnes des journaux et si les joutes oratoires à l'Assemblée nationale devenaient chaque jour plus aiguës, rien, cependant, ne semblait de nature à modifier le rapport des forces. Pour un temps encore, la révolution bourgeoise, fondée sur la puissance économique de quelques-uns, paraissait bien dominer le champ clos de la politique nationale. Face à cet imbroglio, aux indécisions des uns, aux velléités des autres, face à de vaines passions qui épuisaient les législateurs et corrodaient le moral de la nation tout entière, les dangers d'une action concertée des émigrés et des forces réactionnaires cessaient d'être un vague épouvantail pour devenir une proche réalité, une éventualité aux pourtours de plus en plus précis : le moment opportun pour le déclenchement d'une grande offensive contre-révolutionnaire, qui tacitement recueillerait l'approbation royale, pouvait apparaître imminent.

La municipalité et le directoire départemental de Paris constituaient également deux forces inquiétantes, deux corps sur lesquels on ne pouvait guère compter. Pétion, maire de la capitale, était perdu au milieu d'une structure municipale nettement hostile à la Révolution, et son action s'en trouvait d'ores et déjà condamnée à l'échec. Quant au directoire du département, déterminé à contrecarrer toute décision émanant de l'hôtel de ville, sa seule composition permettait de comprendre qu'il n'était pas autre chose qu'une machine de guerre au service de la contre-révolution. Certes, il existait un homme qui s'opposait encore à ce courant, le nouveau procureur-général-syndic, Pierre-Louis Roederer, authentique jacobin. Mais ses membres les plus influents s'appelaient Talleyrand, le duc de La Rochefoucauld, Demeunier, Dandré et même M. de Beaumetz, ennemi juré de Robespierre qui, comme lui, avait choisi de se fixer à Paris au lieu de retourner à Arras. Ces noms, à eux seuls, se passaient de commentaires : tous étaient des ennemis résolus de la Révolution, qui souhaitaient et essayaient de susciter une grave crise des institutions, afin de conquérir le pouvoir législatif et de profiter d'un retour en force de l'autorité monarchique pour consolider leurs propres positions. Opportunistes aux vocations bourgeoises ou aristocratiques, ils étaient tous déterminés par inclination personnelle et par intérêt à s'opposer par tous les moyens, y compris l'alliance avec les émigrés, à la marche en avant des idées de progrès social.

A la nouvelle Assemblée nationale, que nous savons déjà timorée et peu disposée à poursuivre l'œuvre révolutionnaire, deux hommes s'y faisaient particulièrement remarquer, Jean-Pierre Brissot et le marquis de Condorcet, illustre mathématicien, mais homme politique aux idées floues. Malgré leurs indéniables qualités personnelles, ni l'un ni l'autre ne possédaient l'étoffe de l'homme d'État capable de s'élever au-dessus des passions partisanes. Le premier fut élu péniblement après son onzième ballottage ; le second, élu vingt-deuxième, n'obtint guère au scrutin de ballottage que 351 voix contre 347 face à l'obscur Treil-Pardaillan. C'est dire combien ces deux hommes représentaient peu l'opinion publique, combien aussi leurs idées ne participaient d'aucune unanimité nationale.

Malgré de profondes divergences politiques, Brissot et Robespierre s'estimaient encore. Ils s'étaient connus à Paris lorsque, sortant de Louis-le-Grand, Maximilien était entré comme clerc à l'étude du procureur au parlement Nolleau : Brissot, son aîné de quatre ans, y occupant déjà le même office. En 1791, Brissot était subjugué par l'enseignement d'un maître à penser, le baron prussien Anacharsis Cloots (1755-1794), ancien collaborateur de l'*Encyclopédie*, et qui se nommait pompeusement lui-même « l'Orateur du Genre humain ». Élevé en France, Cloots avait obtenu la nationalité française ; utopiste bien intentionné mais extravagant, il se livrait maintenant à des bouffonneries oratoires et livresques aussi insensées que redoutables, dans la mesure où ses écrits trouvaient un écho, souvent inconditionnel auprès d'un membre de l'Assemblée nationale du talent de Brissot. Ainsi, Cloots avait conçu le projet paranoïaque d'une république universelle ayant Paris pour capitale. Il préconisait pour réaliser ce rêve insensé la « propagande armée », sorte de nouvelle croisade sans croix contre tous les tyrans de la terre, croisade à laquelle leurs propres sujets étaient invités à participer aux côtés du peuple français, libérateur de l'humanité. En deux ans, ou même moins, estimait-il, ce programme pouvait être réalisé, tant il fondait d'espoirs sur la vocation messianique d'un genre nouveau que dans ses nuées il confiait à la France. Membre du Club des jacobins, anarchiste, Cloots irritait Robespierre et même Danton. Mais il parlait un langage héroïque qui touchait au cœur nombre de patriotes sincères, peu lucides, et avides d'épopées.

Homme de réflexion malgré son impulsivité naturelle, Brissot tentait de relativiser les théories de son mentor. Il se contentait d'envisager une ligue des nations, toute pacifique et pastorale. Écouté par bon nombre de ses collègues, il adopta le discours clootsien, suscitant un enthousiasme belliqueux plus que prématuré, non seulement au sein de l'Assemblée, parmi les plus extrémistes des jacobins, mais encore au sein même des comités et des groupements révolutionnaires de Paris et des provinces. Pareil langage excitait en effet la fibre guerrière d'un peuple déjà accoutumé depuis 1789 à se croire le dépositaire d'un mandat idéologique qui l'autorisait désormais à parler au nom de l'humanité tout entière. Cette ivresse missionnaire ne pouvait, à brève échéance, qu'engendrer un bellicisme funeste pour l'expansion des idées révolutionnaires.

Le projet ambitieux d'une vaste révolution à l'échelle de tout le continent ne fut cependant pas le seul moteur de son action et bientôt de sa perte. En lui le visionnaire se combinait trop à l'artificieux matérialiste. Il espérait résoudre la crise économique, qui frappait alors la France, par une brève guerre triomphale, qui, dans son esprit, ferait remonter le cours des assignats au-dedans comme au-dehors. Sa foi républicaine, à l'aube du drame militaire qui allait perturber le cours de la Révolution, ne peut pourtant être mise en doute : naïvement, il espérait qu'un conflit contre les États monarchistes ferait éclater au grand jour la collusion de la Cour avec les puissances ennemies de l'idéal révolutionnaire, de telle sorte que l'établissement d'une république deviendrait inévitable.

Cette position simpliste allait trouver en Robespierre un adversaire déterminé. Maximilien, en effet, ne se préoccupait guère de l'instauration prochaine d'une république qui ne profiterait qu'à la bourgeoisie d'argent. Pour lui, le système exécutif était de peu d'importance, et il considérait que faire de la fin de la royauté le but ultime de l'œuvre ne constituait nullement le fond du problème, qu'il percevait lucidement dans une transformation radicale des rapports politiques, économiques et sociaux entre les différentes couches de la population française. Ce but, l'égalité des droits, des pouvoirs et des devoirs unissant enfin tous les citoyens autour d'un pouvoir législatif assuré de sa force et de sa continuité, s'accommodait aussi bien de la royauté que de la république, dans la mesure où l'exécutif demeurerait soumis aux décisions de l'Assemblée nationale élue par la totalité du corps social.

Pour Robespierre, Brissot ou Condorcet ne représentaient que deux faces d'un même mal qui risquait d'anéantir tous les acquis de la Révolution, toutes ses promesses aussi. Dès lors, au sein de cette Assemblée législative, vers qui se tourner en toute confiance ? Qui pouvait y incarner le véritable souffle révolutionnaire ? Georges Couthon sans doute. Ses débuts prometteurs parmi les orateurs de la gauche laissaient deviner en lui un homme intègre, véritable démocrate, indifférent aux querelles partisanes et fort peu soucieux de ses intérêts. Mais, après quelques interventions énergiques et remarquées, corrodé par le mal impitoyable qui le gagnait peu à peu (la paralysie des membres inférieurs), il s'était abstenu de tout discours de fond. Maximilien Isnard, de Grasse, riche commerçant qui, oubliant toute prudence bourgeoise, avait rejoint le camp des patriotes, impressionna tout d'abord Robespierre par ses ardentes philippiques qui rappelaient quelque peu celles de Marat. Pourtant, bien vite, ce Méridional volubile ne laissa plus entendre que de fastidieuses redites ; rhéteur creux, d'une intelligence médiocre, il ne pouvait être compté au nombre de ceux qui apporteraient de nouvelles forces vives à la Révolution.

Si l'on s'en tenait aux perspectives politiques du moment, seul le trio girondin, Gensonné, Guadet et Vergniaud (les deux premiers originaires du département de la Gironde, le troisième de Limoges), semblait incarner quelque perspective nouvelle par leurs liens étroits, leur volonté réformatrice et leur constance aux séances de l'Assemblée. L'intelligence lucide du premier, l'esprit vif et hardi du second et la brillante éloquence du troisième se complétaient heureusement : tout semblait les désigner pour jouer un rôle de premier plan parmi leurs collègues et, pour un temps, ils allaient en effet dominer la Législative de leurs fortes personnalités. En les amenant à composer avec lui, puis en les attirant dans son orbite, Robespierre aurait pu influer très efficacement sur la politique de l'Assemblée. Il n'y songea même pas. Le trio incarnait par trop à ses yeux les intérêts de la bourgeoisie qu'il était déterminé à combattre sur tous les plans. Tout compromis de cet ordre aurait été pour lui l'expression d'un vil opportunisme que son intransigeance ne pouvait imaginer. Il excluait d'emblée toute alliance, même momentanée, avec les tenants d'une société économiquement stratifiée qui ne pouvait permettre l'éclosion d'une véritable égalité fondamentale entre les hommes. Les girondins, pour remarquables qu'ils fussent, défendaient les privilèges de la fortune ; jamais ils ne consentiraient à abattre les clivages sociaux nés de la puissance des uns et de la pauvreté des autres ; jamais Robespierre ne sollicita leur appui, même tactique. Une lutte, tout d'abord sourde, était ouverte : il ne s'agissait pas d'incompatibilité entre des natures trop différentes, mais bien d'un conflit de fond. Par-delà les événements fugitifs s'ouvrait le véritable débat. La Révolution allait-elle seulement profiter à un petit nombre de notables fermement décidés à défendre leurs acquis politiques et économiques ou, poursuivant son mouvement, allait-elle enfin offrir à tous les mêmes droits, les mêmes espoirs ? Alternative fondamentale qui, en ces temps de passions exacerbées, pouvait difficilement être résolue par des discours.

Face à la situation intérieure et internationale que Pétion venait de lui décrire comme de plus en plus alarmante, confronté à une Assemblée législative composée d'éléments par trop disparates, devant l'évidente montée des forces réactionnaires tant à Paris qu'en province, en cette fin novembre 1791, Maximilien comprit qu'il possédait un atout majeur : son prestige et son influence au sein du Club des jacobins. Il décida donc, pour un temps, de concentrer tous ses efforts dans cette enceinte de la rue Saint-Honoré. La Société des jacobins, déjà fortement marquée par sa personnalité et ses idées avant son voyage en Artois et dans les Flandres, allait maintenant devenir un instrument de plus en plus asservi à ses grands desseins politiques. Il y rencontra longtemps encore de véritables opposants. Néanmoins, son prestige grandissant, le retentissement national de ses interventions presque toutes publiées par les soins du Club, seront tels qu'en peu de mois les jacobins se transformeront en organe de son autorité. Depuis cette tribune, il va s'adresser au pays tout entier, et peut-être plus efficacement que depuis celle d'une Assemblée nationale où, pour le moment, sa voix se serait perdue dans le vacarme des discordes et des vaines diatribes. Citoyen sans mandat, il était libre de parler et d'exposer nettement ses positions et ses choix sans devoir, comme les députés, tenir sans cesse compte des alliances parlementaires et des fragiles équilibres d'assemblée.

Comme à l'Assemblée nationale, la situation aux jacobins manquait de netteté. De nombreuses ambiguïtés politiques, les options souvent discordantes de ses principaux acteurs ne permettent guère de parler déjà d'une idéologie jacobine. Officiellement « Société des Amis de la Constitution », le Club souffrait des contradictions internes nées des sensibilités et des choix encore fréquemment discordants de ses adhérents. Au niveau de la structure, il y avait d'abord la Société à proprement parler, ses séances, ses orateurs nombreux, un président majestueusement installé derrière son bureau, qui siégeait entouré de secrétaires. Telle était la façade hiératique, l'extérieur théâtral et pompeux, dont les uns parlaient avec une respectueuse admiration et les autres avec ironie, voire avec un mépris trop agressif pour ne pas dissimuler, en fait, l'envie ou le regret de ne point appartenir à cet illustre cénacle.

Tandis que quatre fois par semaine les voûtes conventuelles de la rue Saint-Honoré retentissaient sous les flots oratoires et les salves d'applaudissements, des hommes peu nombreux, vingt au plus fort de la mêlée, œuvraient inlassablement dans l'ombre : ils formaient le Comité de correspondance, véritable épine dorsale de la société révolutionnaire. Pendant que les ténors se succédaient à la tribune, proclamaient, en appelaient au peuple, ceux-là écrivaient, préparaient les grandes actions du lendemain, entretenaient des relations épistolaires précises et pertinentes avec toutes les sociétés disséminées en province. Le Comité de correspondance agissait efficacement, souvent avec une extrême rapidité : il répercutait à travers toute la France les directives parisiennes, suggérait aux patriotes de Marseille, de Lille ou de Lyon, de Rouen ou de Grenoble, l'attitude à prendre envers tel politicien, vis-à-vis de tel ou tel acte du pouvoir exécutif. Il était devenu en peu de temps le mentor des démocrates dans tout le pays. Sous son action, les départements apprenaient peu à peu à vivre et à penser selon une idéologie nationale cohérente et structurée. Par ses messages précis, fréquemment réitérés, le Comité parisien finissait par imposer sa manière de voir aux politiciens de la province, qui, à leur tour, influaient sur bon nombre de mandataires de toutes les provinces réunies à l'Assemblée nationale. A l'issue de ce circuit, qui pour la première fois de son histoire offrait à la France un réel ferment d'unité nationale fondé sur une rigoureuse communauté de pensée, l'œuvre du Comité de correspondance, censée n'être que la « courroie de transmission » de la société mère, finissait, paradoxalement, au terme d'un processus de rétroaction, par agir directement sur ses propres décisions, sur ses orientations fondamentales en répercutant les opinions et les psychologies régionales. Le fameux centralisme jacobin se doublait, dans les faits, d'une véritable dynamique de concertation permanente. Car si la doctrine élaborée à Paris était instillée dans toute la France, la voix des départements, non seulement émise par des notables politiques, mais aussi par la masse anonyme du peuple, revenait jusque dans la grande salle de l'ancien couvent dominicain.

Cette structure bipolaire des jacobins impliquait, pour celui qui désirait imposer ses vues à la société tout entière, une action elle-même dédoublée. Il ne pouvait se contenter de rassembler un groupe dont l'efficacité à la tribune s'appuyait sur la bruyante adhésion du public. Il devait aussi veiller à s'assurer le contrôle permanent du Comité de correspondance afin que l'action de ses membres répondît à ses desseins immédiats et à ses projets à long terme. Tel quel, le Club des jacobins apparaissait comme la plus importante arme qui pouvait s'offrir à un homme déterminé à canaliser le flux idéologique du temps.

Robespierre va se consacrer à cette tâche : son obstination sans faille, l'acuité de son analyse politique, sa parfaite connaissance des hommes qui sans cesse essayaient d'accaparer la machine jacobine à des fins personnelles, vont lui permettre de s'imposer rapidement à tous. Non par la force ni la menace larvée, mais simplement par son omniprésence lors des séances, par ses efforts oratoires et sa capacité à présumer de l'importance des événements en cours. A Paris tout d'abord, et presque simultanément dans les départements, le poids de ses paroles va se faire déterminant. Il ne négligera aucun effort, aucun détail : tous ceux qui en France auront accordé à la Société des jacobins quelque crédit politique reconnaîtront sa voix et la force de sa détermination chaque fois que le pays sera contraint de prendre une décision qui l'engagera tout entier et pèsera sur son destin, parfois sur sa survie.

Dès les premiers mois de 1791, il avait consacré la plus grande part de ses efforts à la réalisation de ce projet. Dans les premiers jours de l'automne, il apparaissait déjà comme le guide moral et politique du club. Cependant, au cours des six semaines qu'avait duré son absence, quelques orateurs ambitieux avaient réussi à s'imposer à l'attention de la société et du public des tribunes. Maximilien devra en tenir compte. Ainsi, voyait-on se succéder très régulièrement à la tribune Billaud-Varenne, Carra, Roederer et Réal. Le premier, ancien avocat au parlement de Paris, révolutionnaire intransigeant aux idées souvent abruptes et même violentes, sérieux et laborieux, rebutait fréquemment l'auditoire par un sectarisme poussé à outrance qu'il distillait à longueur de discours malheureusement fastidieux par leur ton. En fait, ils abondaient toujours en réflexions pertinentes et remarques pénétrantes sur la situation politique et sociale de la nation. Quand il parlait, c'était un ardent révolutionnaire qui témoignait, mais ceux qu'il aurait tant voulu enflammer sommeillaient pieusement.

Doué d'une tout autre complexion psychologique, Carra n'en était pas moins prolixe que Billaud-Varenne. Mais plus habile à la tribune, il savait intéresser son public par des sorties spririrtuelles, des attitudes comiques qui confinaient à la bouffonnerie. Toutefois, l'homme manquait de cohérence et même d'idéal : sur le coup, ses mots portaient parce qu'il savait amuser et détendre l'ambiance de séances enfiévrées, mais si ses extravagances verbales l'avaient fait remarquer un temps, les habitués des jacobins comprirent bientôt qu'il n'y avait rien à attendre de ce personnage incongru dénué de volonté politique précise et, plus encore, de doctrine.

Quant à Roederer, depuis la fin de l'Assemblée constituante, il n'arrivait pas à se résigner à n'être plus qu'un ancien député. Patriote sincère, il n'en était pas moins dévoré par l'ambition ; on le devinait cherchant toutes les occasions où il pouvait briller ; sa tactique lui avait déjà réussi puisqu'il était arrivé à se faire nommer procureur-syndic du département de la Seine, mais ce rôle de second plan ne lui convenait guère et, lors des réunions du club, il multipliait ses interventions à la tribune, moins par zèle révolutionnaire que par désir de se faire entendre et reconnaître, tant était dévorante chez lui une sourde soif de pouvoir qu'il n'assouvira guère que sous l'Empire.

Enfin, voici Pierre-François Réal, ancien procureur du Châtelet en 1784. Comme Roederer, il aimait les intrigues et parvint à se maintenir, après avoir été emprisonné quelque temps avant le 9 thermidor, sous tous les régimes. Jouant des coudes pour s'imposer, il était avide de n'importe quel emploi public, s'offrant partout où l'on avait besoin de n'importe qui pour n'importe quoi. Esprit turbulent, il prononçait des discours sur tous les sujets, toujours apparemment animé de la même ardeur révolutionnaire, il rédigeait de vibrantes pétitions patriotiques, recherchait les missions de confiance qui lui permettaient d'accumuler un maximum de renseignements sur l'organisation jacobine et les membres importants de la société. Bon administrateur, capable de rédiger des rapports de synthèse sur les sujets les plus embrouillés, il apparaissait comme la cheville ouvrière de l'organisation, homme à tout faire, membre indispensable qui savait tout, voyait tout, entendait tout.

Billaud-Varenne, Carra, Roederer et Réal ne manquaient pas de sens politique, et, si l'on excepte le second, ils auraient même pu constituer une force redoutable au sein des jacobins. Cependant, trop dissemblables pour unir leurs énergies, ils auraient été bien incapables de contrecarrer durablement l'autorité jacobine de Maximilien Robespierre. Ce que Billaud-Varenne eût du reste considéré comme une grave erreur tactique. L'« Incorruptible » n'incarnait-il pas l'esprit même de la Révolution populaire ?

Or, l'efficacité et l'autorité de Robespierre au sein de la Société des jacobins résidaient depuis longtemps déjà dans son assiduité et sa ponctualité liées à la cohérence de ses discours et à son évident don de persuasion. Les députés inscrits au club, prenant prétexte de la longueur des débats de l'Assemblée législative, se rendaient encore fort irrégulièrement dans la grande salle de la rue Saint-Honoré, et se présentaient le plus souvent très en retard, longtemps après l'ouverture de la séance ; Maximilien perçut cette faille des parlementaires et sut l'utiliser avec une adresse consommée. Il arrivait toujours l'un des tout premiers entouré de ses plus fidèles partisans et, dès son arrivée, les travaux étaient déclarés ouverts. Sans attendre les autres membres qui allaient peu à peu garnir les bancs, on entreprenait la rédaction du procès-verbal de la séance précédente. Tactique habile qui permettait d'en surveiller les moindres paragraphes et de les remodeler si nécessaire selon les besoins et les opportunités. Parallèlement, Robespierre ne négligeait jamais de se faire inscrire en tête de liste afin d'être assuré de pouvoir prendre la parole.

Cette extraordinaire constance explique le nombre tout à fait étonnant de ses interventions de décembre 1791 à avril 1792. Ne négligeant aucun effort, aucune fatigue, il régnait sur les jacobins par sa volonté, son obstination. Nul débat ne lui semblait assez futile pour s'abstenir ou même se faire remplacer par un ami. Les séances pouvaient commencer aux premières heures de la soirée et se poursuivre tard dans la nuit, toujours il était là, attentif, prêt à intervenir, déterminé à vaincre les oppositions. Il semblait alors infatigable, toujours en éveil, éloquent et d'une vivacité de repartie que nul jamais ne pouvait prendre en défaut. Cette attention et cette fougue lassaient ou irritaient. Certains abandonnaient vite la partie, convaincus qu'ils ne viendraient pas à bout de l'implacable logique de ses argumentations ni de son application à poursuivre une discussion jusqu'au terme qu'il lui avait assigné. Soutenu par ses admirateurs de plus en plus nombreux, de plus en plus inconditionnels, il savait aussi qu'il pouvait compter sur l'appui parfois véhément du public des tribunes.

Jean-Baptiste Louvet de Couvray, auteur d'un roman licencieux resté célèbre, *Amours du chevalier de Faublas,* révolutionnaire turbulent mais ennemi résolu de Robespierre, nous a laissé un portrait de l'« Incorruptible » lors des séances du Club des jacobins : « Tu parlais tous les jours, et chaque jour plus que les membres de la Société tous ensemble [...]. Toi, Robespierre, dans les moments de relâche où ta langue se reposait, ton corps en travail faisait représentation... Lors même que tu n'étais ni président ni secrétaire, tu restais en évidence, assis au bureau. De là, tes yeux toujours mobiles, parcouraient toute l'étendue de la salle. De là, tu sollicitais l'attention, les secours, les hommages des tribunes ; de là tu récompensais d'un coup d'œil les dévots et les adoratrices d'un coup de lorgnette. De là tu faisais passer tes ordres par tes aides de camp, qu'on voyait constamment voltiger du centre sur les ailes et, dans les occasions majeures, changer vingt fois de place, en vingt minutes parcourir tous les rangs. De là, tu ne craignais pas d'indiquer du geste ceux qu'il convenait de laisser parler, ceux dont il fallait forcer le silence ; et même on t'a vu quelquefois ordonner au président qu'il eût à mettre ou à ne pas mettre aux voix... »

Pour Louvet il est clair que Robespierre faisait peser sur les jacobins une véritable tyrannie idéologique, qu'il avait su organiser grâce au dévouement de ses « aides de camp » (*sic*) et à son omniprésence, qui finirent par lasser ou terroriser tous les opposants.

Chapitre XXV

ROBESPIERRE ET LA GUERRE

En décembre 1791, une conflagration entre les vieilles monarchies et la France révolutionnaire paraissait inévitable. A l'antagonisme des systèmes s'ajoutait le poids des intérêts. Des nombreux financiers bourgeois espéraient tirer de substantiels profits de ce conflit, qui, à terme, ferait le malheur des peuples, ensanglanterait l'Europe par d'incessantes batailles, créerait de nouveaux fossés entre les nations, mais alimenterait les caisses des grandes banques internationales, celles des industriels de l'armement et des subsistances, et permettrait également à de nombreux brasseurs d'affaires de réaliser en très peu de temps de nouvelles fortunes.

Dans les dernières années du XVIIIe siècle, les jeux étaient faits : la guerre cessait d'être l'*ultima ratio* destinée à départager deux princes et leurs armées de métier sur un champ de bataille plus ou moins circonscrit, pour devenir un fléau endémique, précipitant d'immenses masses humaines dans le chaos et la misère, trop souvent au nom d'idéaux ne dissimulant plus que la volonté de puissance de quelques chefs soutenus par de froids calculateurs financiers avides seulement d'accroître leurs empires. Ni morale, ni patriotisme, mais seulement une grande machine capitaliste, amorale et apatride.

Lorsque, dans le tome III, de son *Histoire socialiste*, Jean Jaurès pose la question : « Comment, dans l'automne de 1791, la Révolution se découvrit-elle subitement une âme guerrière ? », il reste prisonnier des clichés d'une vieille imagerie bourgeoise, qui voulut accréditer le trouble symbole d'une nation française unanime, déterminée à se battre pour « offrir au monde les bienfaits de la liberté et de l'égalité » (Michelet). A y regarder de plus près, cette « âme guerrière » se réduit à peu de chose : une centaine de politiciens ambitieux et intrigants, quelques journaux à leur service, une demi-douzaine de financiers qui voyaient dans la guerre le meilleur moyen de s'enrichir sans retard, et sans doute aussi la famille royale qui, si elle ne désirait pas fondamentalement ce conflit, espérait néanmoins secrètement la défaite des armées françaises. La victoire des monarchies européennes, l'invasion de la France par leurs troupes n'auraient-elles pas été en effet les plus sûrs moyens de rétablir la royauté dans sa forme absolue sous le contrôle momentané des forces d'occupation, qui, en l'occurrence, eussent constitué la plus efficace des protections pour le roi et sa famille ?

L'idéal guerrier, que l'on prête aujourd'hui encore si volontiers aux Français sous la Révolution procède en fait beaucoup plus d'un véritable modèle de la mythologie nationale, telle qu'elle fut élaborée tout au long du XIXe siècle et naïvement entretenue par l'école publique sous la IIIe République, que d'une réalité objective. Le peuple de 1791 ne souhaitait nullement en découdre avec les armées de Léopold II, lequel, on l'a déjà vu, n'était pas non plus décidé à prendre les armes contre la France révolutionnaire.

Il est regrettable qu'aujourd'hui encore on entretienne par habitude et par idéologie nationale la fable tragique du grand élan patriotique de 1791-1794. Ni la noblesse, dans ses éléments sincères, attachés davantage au salut de la France qu'à ses anciens privilèges, ni les bourgeois honnêtes, qui n'attendaient rien des agiotages de la spéculation internationale, ni les ouvriers et les paysans, qui n'entendaient rien aux clameurs agressives de quelques politiciens, ne se sont sentis concernés par les rodomontades des bellicistes. Le peuple français, c'est-à-dire toutes les classes sociales du pays confondues, n'aspirait qu'à la paix et à la remise en ordre des institutions et des outils de production quelque peu malmenés par la crise révolutionnaire et par plus de vingt années de troubles sociaux et d'échecs économiques.

Si l'on s'en tient aux faits, si l'on oublie le tumulte romantique, les épiques légendes hugoliennes et les vociférations de quelques-uns, la « glorieuse épopée » des soldats de l'an II n'a objectivement jamais existé. Certes, face à une guerre qu'ils n'avaient pas voulue, les Français ont souvent réagi avec héroïsme et détermination, et les célèbres victoires de la république (Valmy, Fleurus, etc.) ne sont en rien des mirages. Néanmoins, c'est l'idéalisme guerrier qui aurait présidé à l'heureuse issue de ces batailles qu'un historien moderne se doit de remettre en cause. Nul ne s'est encore penché avec suffisamment d'intérêt critique sur le phénomène des guerres de la Révolution. On s'est trop souvent contenté de répéter, de récrire les antiennes patriotiques : les Français s'étaient levés en masse au cri de « la Liberté ou la Mort ! » et l'Europe interdite les avaient vus déferler vers les frontières, avec ou sans fusil, avec ou sans chaussures.

En fait, si la guerre possède son dynamisme propre, qui, peu à peu suscite des vocations héroïques et façonne des figures de soldats et de martyrs admirables, il serait bien erroné de rêver encore à ses légions de braves prêts, sans trop savoir pourquoi, à toutes les abnégations, dressés en une formidable masse de sacrificateurs sereins conscients de leur mission historique, véritables apôtres armés d'une nouvelle foi, la chute des tyrans, porteurs extasiés d'une nouvelle Bible, la Déclaration des droits de l'homme. Au lieu de s'en tenir prudemment à ce respect de la légende nationale, qu'on lise attentivement les états de recrutement des années 1792 et 1793, et l'on se rendra vite compte que la « Levée en masse » se réduit à bien peu de chose : les armées françaises sont en effet, dans leur plus grande partie, composées encore des débris de l'ancienne armée royale ; les volontaires n'affluent pas ; des départements entiers font la sourde oreille aux roulements de tambour qui précèdent les officiers recruteurs, et les affiches patriotiques apposées sur les murs de toutes les villes, de toutes les communes, de tous les villages n'émeuvent guère un peuple qui désire bien plus connaître enfin la tranquillité et un espoir de prospérité que se plier à l'effroyable destin d'une nation en guerre. En ces années que l'on nous décrit si souvent comme la quintessence du patriotisme spontané, les insoumis, les fuyards, les déserteurs de toutes sortes n'ont jamais été aussi nombreux. Chaque bourgade de France recèle des embusqués, non de mauvais citoyens, mais des paysans, des ouvriers, des artisans qui préféraient se terrer que marcher vers une lointaine ligne de feu où claquent les étendards tricolores déchiquetés par la mitraille ennemie. Plus que les autres peut-être, les paysans, qui constituaient alors l'écrasante majorité de la population, se sont montrés singulièrement réfractaires. Manquaient-ils de courage ? Ni plus ni moins que ceux qui, maugréant, acceptaient cependant de marcher à l'ennemi. Mais ils aimaient leurs terres, leurs champs, leur pays, non une entité lointaine et glacée, vaguement incarnée par ces politiciens qui, dans le confort des assemblées, en appelaient au sacrifice d'un peuple exténué par des décennies de misère sans espoir.

Or l'espoir, 1789 leur avait appris à y croire ; 1789 leur avait donné un souffle nouveau. Soudain, ils avaient cru en cette France de la métamorphose, libérée de ses anciens interdits de castes, moins opprimante pour les plus démunis de ses enfants. Et, maintenant, des mots qui pour eux demeuraient abstraits les appelaient à de nouvelles privations, à de nouvelles souffrances. Et pourquoi ? L'empereur germanique, la Maison d'Autriche, les émigrés de Coblence, tous ces mots, tous ces noms qui grondaient comme une houle, faisaient marcher les divisions armées et acheminer d'innombrables pièces d'artillerie — souvent mal approvisionnées en poudre et munitions — vers les frontières du Nord et de l'Est, restaient lettre morte dans leurs esprits. Nombreuses seront les campagnes de France qui se fermeront à la Révolution par refus de la guerre étrangère, nombreux aussi les hommes de la terre qui, désespérés, préféreront prendre les armes contre le pouvoir de Paris, plutôt que de se soumettre à l'apparente fatalité guerrière.

Certes, tous les partisans de la guerre n'étaient pas des opportunistes et des spéculateurs ; certains idéologues peu conscients des réalités, tel Anacharsis Cloots, suivi par Brissot et ses amis, imaginaient dans leurs rêves enfiévrés que la vieille Europe monarchiste s'effondrerait tel un château de cartes à la vue des soldats de la liberté. Brissot déclara aux jacobins, le 16 décembre 1791 : « Cette guerre expiatoire va renouveler la face du monde et planter l'étendard de la liberté sur les palais des rois [...]. C'est à cette guerre sainte qu'Anacharsis Cloots est venu inviter l'Assemblée nationale, au nom du genre humain ! »

Ceux-là pensaient que l'idéal de progrès humain qui animait l'esprit révolutionnaire devait s'exporter sans délais, et qu'il n'existait d'autre moyen que la guerre, la conflagration armée étant, selon eux, seule susceptible d'éveiller les peuples et de les amener à se dresser aussitôt contre la tyrannie des monarques absolus. Cette idée, bientôt érigée en système, fut néfaste ; elle autorisa toutes les justifications des guerres de conquêtes qui, de 1798 à 1815, endeuillèrent la France et l'Europe entière.

En fait, si l'on excepte les régions belges de Charleroi, Namur et Liège, la plupart des pays conquis par les armées de la Révolution refusèrent l'idéal de liberté civique prétendument apporté par les armées françaises. Chaque peuple gardait sa sensibilité et le sens de son indépendance, avant de songer à se rallier à un vaste mouvement de « libération » qui aurait eu la France comme chef d'orchestre. L'intrusion des armées françaises devait choquer les Flamands, les Hollandais, les Allemands, même ceux qui aspiraient le plus à la constitution d'authentiques républiques démocratiques. Les excès, nombreux, des armées de la Révolution, leur haine primaire et iconoclaste de la religion, détournèrent de la France nouvelle des populations qui, peut-être, en seraient venues spontanément à rechercher l'amitié et la protection des Français. Au contraire, ces invasions, suites logiques des victoires de l'an II, exacerbèrent des sentiments nationalistes jusqu'alors inconnus en Europe. Dès ce moment, des provinces, des pays qui auraient pu devenir de sincères alliés de la France, allaient réveiller de vieilles traditions locales pour y puiser le ferment d'une opiniâtre résistance contre ceux qu'ils regardaient désormais comme des envahisseurs.

Dès lors, on verra ces gens se grouper derrière leurs princes et leurs rois, tout absolus qu'ils fussent, plutôt que d'accepter cette « liberté forcée », imposée par une France devenue conquérante et peu soucieuse des susceptibilités et des particularismes des peuples. Étrangement, seule la lointaine Pologne, qui n'eut pas à se soumettre à l'ordre militaire français, trouva dans les idées révolutionnaires venues de Paris les aliments d'un grand soulèvement national contre la Russie et la Prusse. En 1794, en effet, aux accents de *La Marseillaise,* Cracovie et puis Varsovie entrèrent en insurrection contre les occupants. Les chefs de ce mouvement, hélas vite étouffé, Tadeusz Kosciusko, Jan Henryk Dombrowski et Jozf Poniatowski étaient tous trois pétris des idéaux de liberté et d'égalité engendrés par la Révolution française, entre 1792 et 1794. Là-bas, sans canons et sans baïonnettes, l'esprit nouveau s'était répandu.

L'attitude de Robespierre face à la guerre que l'on voulait imposer à la France dans les derniers mois de 1791 fait l'objet de tant de controverses, qu'il est bon de s'y arrêter un moment. Ses thuriféraires ont voulu faire de lui un homme d'État particulièrement soucieux du bien commun, opposé à la guerre, parce qu'il en percevait dès l'abord toutes les conséquences à moyen et à long terme, voire un pacifiste intégral se refusant à envisager toute action militaire. Ses adversaires tentèrent d'expliquer ses grands discours contre la déclaration de guerre par une mesquine réaction de jalousie à l'égard de Brissot, qui, par ses discours bellicistes, enflammait alors la classe politique et attirait sur lui l'attention de la plupart des journalistes.

En fait, Maximilien ne s'en est jamais tenu à une ligne de conduite idéologique contre le conflit armé avec les puissances européennes. Il a seulement voulu comprendre la situation et en analyser toutes les données, considérant la guerre comme un mal qu'il fallait *a priori* essayer d'éviter, mais sans pour autant la refuser à tout prix. Connaissant l'état de délabrement des finances publiques, l'évidente impréparation des armées françaises, le manque flagrant de matériel moderne, l'état piteux des fortifications sur les zones frontalières et, aussi, le peu de motivation guerrière des populations, il inclinait à considérer toute déclaration de guerre rapide comme un acte irréfléchi, aux conséquences fâcheuses pour l'avenir de l'œuvre révolutionnaire : toute l'énergie qui serait dépensée pour soutenir économiquement et politiquement une action armée était de nature à retarder ce qui pour lui importait plus que tout : la mise en application des grandes réformes sociales qui feraient enfin de la France une authentique démocratie égalitaire. Néanmoins, il savait combien étaient redoutables ces rassemblements d'émigrés, à Bruxelles, à Trèves et à Coblence. Loin de négliger le péril représenté par ces attroupements royalistes aux frontières de la France, il aurait cependant désiré trouver le moyen de le pallier sans recourir aux armes. Pétion, et ses informateurs particuliers, l'avaient parfaitement renseigné sur les intentions des émigrés.

Ceux-ci n'avaient qu'un but : provoquer à court terme une intervention des puissances étrangères contre la Révolution. L'empereur d'Allemagne, le roi de Prusse, l'impératrice de Russie étaient littéralement assaillis de mémoires leur affirmant que quelques bons régiments appuyés par les forces des émigrés n'auraient guère de difficultés à vaincre rapidement l'armée française totalement désorganisée et à rétablir l'ordre aristocratique dans un pays en proie aux convulsions révolutionnaires. Prudents, les souverains européens se dérobèrent à ces incitations pourtant sans cesse réitérées, et se refusèrent clairement à offrir leur aide militaire à ces Français déterminés à susciter une guerre contre leur pays. Cependant, ils leur permirent — calculs ou laxisme ? — de s'organiser et de préparer à leur guise une offensive, puisqu'ils se prétendaient à ce point assurés de leur force et de la déliquescence militaire française. Ils leur fournirent même des armes, et en grande quantité, voire des instructeurs militaires. Sans doute, ces princes ne croyaient-ils pas qu'une action des émigrés pût déboucher sur la guerre ; toutefois, pour des raisons de convictions politiques profondes quant à l'ordre qui devait régner en Europe, il leur était impossible de ne pas sympathiser avec eux. Les émigrés représentaient l'ancienne France de droit divin, l'antique monarchie ; ils le clamaient sans cesse. Comment empereur et princes eussent-ils pu leur refuser tout secours ?

Encouragée par cette aide prudente et souvent indirecte, comme par de généreux subsides que des banquiers français et étrangers lui faisaient parvenir, l'émigration se mit à l'œuvre. A l'intérieur, elle savait qu'elle pouvait compter sur le soutien du clergé réfractaire et de nombreux éléments aristocratiques restés en poste dans l'armée. Quant au roi, il ne comptait guère : prisonnier entre les mains des révolutionnaires, ses déclarations, ou plutôt celles qu'on lui faisait signer, ne devaient pas être prises en considération. Des agents de la famille royale renseignaient les chefs de l'émigration sur les véritables intentions de Louis XVI. De tous ses vœux, il en appelait à une prochaine offensive de cette armée de l'extérieur, dans laquelle ses frères mêmes occupaient maintenant les principaux postes de commandement.

Cette situation était assez préoccupante, sans être déjà franchement alarmante. Tant que les souverains européens se contentaient d'entretenir ces forces de la réaction aristocratique sans les soutenir ouvertement, sans leur apporter le concours de leurs armées, le péril restait circonscrit. Les déclarations des émigrants, pour menaçantes qu'elles fussent, n'étaient pas de nature à précipiter les événements et à provoquer une offensive des armées de la Révolution.

Dès le 20 octobre 1791, alors que Robespierre était à Arras, Brissot se présentait à l'Assemblée nationale pour réclamer une action énergique contre les émigrés : « Ce foyer de contre-révolution » établi par eux dans les pays étrangers n'existe que « parce qu'on a craint jusqu'à ce jour de prendre des mesures convenables et dignes de la Nation française ». Ces mesures, les voici : « Vous devez forcer les puissances étrangères à chasser les Français rebelles de leurs États ou à cesser de leur offrir une protection ouverte. Dans le second cas, il se présente une alternative, ou elles prendront le parti d'attaquer la Constitution à force ouverte ou elles adopteront le parti d'une médiation armée. »

Aussi Brissot estime-t-il dès ce moment que la France n'a qu'un parti à prendre : « Vous n'avez pas à balancer, il faudra attaquer vous-mêmes les puissances qui oseront vous menacer ! »

Ce fut un moment de triomphe pour Brissot. Presque tous les députés présents l'acclamèrent frénétiquement, et lui qui jusqu'alors n'avait été qu'un politicien de second ordre doublé d'un journaliste de talent sortit brusquement de l'ombre. Son nom fut bientôt sur toutes les lèvres, dans les salons et les lieux de réunion. Brissot était pour ces inconscients, ces nantis, qui osaient profiter du désarroi de la France, qui parlaient et se réunissaient sans cesse en de stériles cénacles, l'homme du moment, l'homme à la mode. Il exaltait des bourgeois et des bourgeoises fatigués et leur faisait croire en l'invulnérabilité de cette jeune Révolution encore si faible. Sous l'influence de son maître spirituel, Anacharsis Cloots, Brissot venait de créer le « parti de la guerre ». Un parti hétéroclite de privilégiés qui n'entendaient rien à la misère publique.

Cette guerre, qui jusque-là était apparue comme une occurrence si peu vraisemblable aux Français, semblait soudain possible, souhaitable, salutaire, presque déclarée déjà. Cependant, malgré ce succès d'assemblée et ce succès mondain, le discours de Brissot ne trouva guère d'écho favorable chez le peuple de la rue. Seuls s'agitaient la classe politique et quelques membres de la bourgeoisie. Trop occupés à tenter de survivre, les pauvres gens ne s'assemblèrent pas pour discuter de l'éventualité, de l'opportunité d'une guerre.

Des politiciens partaient en guerre, principalement à droite et au centre ; Brissot reçut aux jacobins un accueil très réservé lors des séances qui suivirent sa déclaration à l'Assemblée nationale. L'obscur avocat Machenaud, lors de la séance du 30 octobre, se fit éloquemment le porte-parole de la grande majorité des membres de la société : « M. Brissot parle d'attaquer nous-mêmes et de prévenir l'attaque de nos ennemis. Oui, sans doute, il faudra bien en venir à ces extrémités, si l'Assemblée nationale est faible, incertaine, si elle se laisse endormir par les ministres et les laisse eux-mêmes sommeiller. Mais, Messieurs, si nous pouvons éviter d'attaquer et d'être attaqués, cela ne serait-il pas plus prudent, plus digne de nous, qui ne voulons point nous mêler des affaires des autres, pourvu qu'on ne se mêle pas des nôtres ? » Le ton de la modération était ainsi donné. Un temps encore, il sembla l'emporter. Les paroles de Machenaud résumaient assez bien l'esprit public du moment : les émigrés et la guerre n'étaient pas encore, et de loin, le premier souci des Français. Le malaise était en effet alors bien plus suscité par le peu de confiance que l'on pouvait accorder à une Assemblée législative hésitante et aux ministres de Louis XVI, qui, chaque jour, se discréditaient un peu plus aux yeux de tous. Là-bas, de l'autre côté des frontières, quelques milliers de nobles pouvaient bien s'agiter. Ils n'en constituaient pas pour autant un réel péril. Tout au plus pouvaient-ils irriter l'honneur national. Il en aurait fallu bien davantage pour provoquer le vaste émoi patriotique tant souhaité par Brissot et ses amis.

Le lendemain du 31 octobre, Dubois-Crancé, qui sera pourtant sous la Convention l'unificateur des armées de la république et l'auteur en 1794 de la loi sur l'embrigadement, crut nécessaire d'appuyer le discours de Machenaud par une déclaration destinée à rassurer les jacobins quant aux éventuelles menaces que les puissances européennes auraient pu faire peser sur la France : « C'est à l'intérieur, concluait-il, que je crains les dangers pour la chose publique ! »

Il faut attendre le 12 novembre pour qu'un premier mouvement en faveur de la guerre se dessine au sein du Club des jacobins, avec la tonitruante déclaration du fougueux Carra qui, par son lyrisme baroque, rejoint les plus folles rêveries bellicistes de Cloots et de Brissot. Pour Carra, inutile de différer encore la déclaration de guerre, puisque la victoire ne pouvait faire de doute : « Ces tyrans auront des esclaves armés de sabres et de fusils, et nous aurons des hommes libres armés de piques et de faux. Ils auront pour eux le tonnerre de leur nombreuse artillerie, et nous aurons pour nous le Ciel, car, n'en doutez pas, mes amis, le Ciel combattra avec nous ! »

A partir de ce moment, la thèse de la guerre rencontre chaque jour de nouveaux adeptes. Le 20 novembre, aux jacobins, Roederer, qui espérait trouver dans ce futur conflit le meilleur moyen pour assouvir sa dévorante ambition, tenta de déclencher une véritable campagne en faveur de l'ouverture rapide des hostilités. Il ne tomba pas dans le ridicule d'un Carra et sut éviter les impérieuses injonctions de Brissot, qui avaient cabré de nombreux membres des jacobins trop soucieux de leur indépendance de pensée. On le vit insinuer, créer subtilement une atmosphère d'inquiétude en distillant des nouvelles alarmistes que lui auraient transmises des correspondants secrets, dont les informations tombaient à point nommé. Le voici qui assène des faits peu vérifiables, mais de nature à marquer les imaginations et à susciter de subites vocations guerrières au sein du monde politique. Selon ses agents, les frères du roi auraient reçu 44 millions de florins des banques et des puissances étrangères afin de lever au plus tôt une redoutable armée d'invasion. La preuve ? Déjà, à Worms, à Mayence, à Francfort et à Coblence, on a pu depuis quelques semaines assister à une fiévreuse activité dans les milieux de l'émigration. C'est même à des manœuvres militaires en règle que se livreraient là-bas des troupes contre-révolutionnaires dûment constituées. Mais Roederer ne s'arrête pas en si bon chemin : il prétend encore tenir de source absolument avérée qu'en Allemagne la peur gagne maintenant les populations qui craignent des représailles françaises. Enfin, selon lui, le peuple, tant à Paris qu'en province, n'attend plus que la décision de l'Assemblée nationale et sa ratification par Louis XVI pour aller « abattre toutes ces petites têtes mitrées et couronnées qui sont rangées autour de ses frontières, comme pour se courber à la première réquisition faite par la nation française ».

Sur le coup, les mots ont porté. Ce soir-là, nombreux sont les jacobins disposés à se soumettre à cette fatalité : la guerre est inévitable. Il faut la déclarer rapidement pour se débarrasser de ces ennemis mortels que sont les émigrés et leurs amis, les princes et les monarques européens. Certains pourtant hésitent encore à franchir le pas.

A l'Assemblée nationale cependant, la fièvre guerrière allumée le 20 octobre par le discours de Brissot semblait déjà bien retombée. En cette fin novembre, les députés ne pensaient plus à la guerre. Lentement, la Législative semblait s'assoupir dans un morne climat d'indifférence politique. Les séances se déroulaient maintenant au rythme lent des affaires courantes. Nul projet d'envergure, nulle philippique enflammée ne venaient plus réveiller l'ardeur patriotique des élus de la nation. De plus en plus, des hommes qui s'étaient naguère encore engagés à participer à tous les débats, à toutes les discussions, désertaient les séances. Ainsi, le 24 novembre, le président en exercice fut obligé de constater qu'à onze heures passées, l'ouverture des travaux étant fixée à dix heures, il n'y avait que cent soixante et un députés présents sur sept cent soixante et un... Un membre de l'Assemblée jugea urgent de s'élever contre cette « négligence qui nous fait perdre la confiance publique » et d'exiger un appel nominal qui aurait fait connaître les absents. Sa proposition fut rejetée aussitôt par les députés présents trop soucieux de préserver leur liberté. Un « comité démocratique » fut néanmoins créé afin de mettre au point un projet de décret sur les mesures à prendre contre les puissances étrangères qui toléreraient les rassemblements d'émigrés sur leur territoire. Le 27 novembre enfin, les députés tinrent séance pour discuter de ce projet. Les girondins le trouvèrent trop peu clair et manquant de la ferme volonté qui seule serait susceptible d'intimider l'empereur germanique et ses amis. Daverhoult, l'un des plus chauds partisans de l'intervention immédiate, disciple comme Brissot d'Anacharsis Cloots, demanda alors la parole et lut son propre texte : « l'Assemblée nationale décrète qu'une députation de vingt-quatre membres se rendra auprès du Roi pour lui exprimer la sollicitude de l'Assemblée sur les dangers de patrie menacée par les combinaisons perfides des Français attroupés hors du royaume, de ceux qui trament au-dedans et excitent des révoltes, pour le prier de requérir les électeurs de Mayence et de Trèves de faire cesser les enrôlements et de disperser sous quinze jours les attroupements qui se font sur leur territoire, et de leur déclarer que tous les citoyens français sont prêts à prendre les armes pour dissiper par la force ces attroupements, s'ils étaient plus longtemps tolérés par les princes, en contravention au droit des gens ; enfin pour lui déclarer que l'Assemblée a cru devoir faire cette démarche pour que le Roi fût à même de déclarer, à Ratisbonne et dans toutes les cours de l'Europe, que ses intentions et celles de la Nation n'en font qu'une. »

Les derniers mots de Daverhoult furent couverts par des applaudissements nourris. On le félicita, et sur les bancs les députés semblaient tout à coup réveillés par ce langage martial. L'ultimatum à l'Europe et, partant, la guerre sans doute inévitable, allaient-ils recueillir la majorité des suffrages ? Le président fit aussitôt mettre aux voix cette motion qui semblait bien enthousiasmer l'Assemblée. Mais lorsqu'il fut question de se prononcer nettement, les législateurs hésitèrent : saluer un bel élan patriotique d'un collègue était une chose, se lancer prestement dans l'ouverture des hostilités en était une autre ! La majorité se prononça pour la réflexion et un ajournement de quarante-huit heures. Manifestement une pulsion de guerre existait bien parmi les députés, mais elle ne semblait pas encore avoir atteint sa pleine force capable de balayer les hésitants et les dernières réserves engendrées par la plus élémentaire prudence.

Ce soir-là, à la réunion du Club des jacobins, le député Antoine Albitte, l'un des futurs organisateurs du 10 août, fervent démocrate et sympathisant de Robespierre, expliqua avec netteté et pondération les raisons de la prudente réserve de l'Assemblée législative : « Je crois qu'il était très important de porter cet ajournement, parce que le point de vue sous lequel on a proposé le projet de décret devait décider en un instant du sort que nous éprouverions nécessairement, en disant au pouvoir exécutif : chargez-vous des mesures rigoureuses qu'on doit prendre contre les ennemis de la Nation. Il me semble que cela ne serait pas digne de la Nation française. »

Edmond Louis Dubois-Crancé, homme d'humeurs et d'esprit militaire s'éleva alors contre la prudence d'Albitte. Il suggéra de proposer, dès le lendemain, une grande motion patriotique. Ce qui fut aussitôt accepté. Le 28 novembre, il lut sa proposition, qui devait par la suite être déterminante dans l'enchaînement des passions guerrières :

« 1) L'Assemblée nationale ordonne à son Comité de législation de lui présenter le 8 décembre prochain un projet de décret d'urgence sur les peines à infliger aux coupables de lèse-nation ;

« 2) le Comité de surveillance et le Comité diplomatique réunis présenteront un détail sur les dangers qui environnent la France, afin sur ce rapport de statuer ce qu'il appartiendra de faire ;

« 3) le Roi sera prié de prendre à l'instant, tant vis-à-vis des princes ses frères et autres émigrés, que vis-à-vis des puissances étrangères, les mesures efficaces que lui recommandent la Constitution et la dignité nationale ; de la maintenir, pour faire enfin cesser toutes les insultes faites à l'Assemblée nationale, à la cocarde et à l'uniforme ; et si ces rassemblements continuent, une plus longue tolérance sera considérée comme une violation des traités, et un acte d'hostilité réel de la part des puissances étrangères qui les souffriront. Et alors le Roi sera tenu à les obliger de s'expliquer réellement dans le délai d'un mois, sinon le silence et la continuation des rassemblements seront interprétés comme un refus de satisfaction, et il sera avisé aux moyens que la France devra employer pour obtenir celle qui lui est due ;

« 4) l'Assemblée nationale, voulant manifester à l'Europe entière le désir brûlant qui l'enflamme de concourir avec le Roi de toute la force nationale au soutien de la Constitution, déclare qu'elle persistera toujours dans ses principes de ne jamais s'occuper à faire de nouvelles conquêtes ; mais elle déclare en même temps que tous ses trésors et tout le sang des Français seront employés à punir l'audacieux ennemi qui ne respectera pas les droits et la liberté d'un peuple généreux ; et si quelques despotes osaient attaquer la nation française, elle fait le serment de ne pas quitter, de ne pas déposer les armes qu'elle n'ait anéanti les tyrans et placé l'étendard de la liberté sur les débris entassés et les ruines du despotisme. »

Ce 28 novembre était celui du retour de Robespierre à Paris. Pour cette raison, et à titre exceptionnel, les jacobins, sur l'initiative de Collot d'Herbois, lui confièrent le siège du président de séance. Quelle fut l'attitude de Maximilien ?

Après des débats confus, durant lesquels chacun essayait de faire entendre sa voix : « la guerre, oui ! » ; « la guerre de la nation contre les despotes ! » ; « la guerre est inévitable, mais... », etc., l'« Incorruptible » se dressa et prit enfin la parole. Il parla relativement peu, ponctuant chacune de ses phrases de gestes secs et de regards circulaires. Ce soir-là, il ne prôna ni le refus de la guerre, ni même la modération. Manœuvre politique, nécessaire réadaptation à la vie publique parisienne, emportement d'un moment ? Quoi qu'il en fût, il donna sa pleine approbation au projet de Dubois-Crancé, précisant même : « Je crois que le projet de décret est bien dans les principes. » Sans doute, le juriste qu'il était avait-il été séduit par la précision de la motion de Dubois. Puis il enchaîna aussitôt en critiquant le projet de Daverhoult, l'ami de Brissot, le disciple de Cloots. A ce projet, il reprocha de proposer l'envoi d'une délégation au roi. L'Assemblée législative n'a plus à soumettre au préalable à qui que ce soit ses initiatives. Par ailleurs, il trouvait ridicule de considérer comme « grands ennemis de la Nation des personnages aussi insignifiants que les électeurs de Mayence, de Trèves, de Spire et de Cologne ».

Il enchaîna : « Quand l'Assemblée craint pour la patrie, elle n'envoie pas une députation au pouvoir exécutif [au roi]. Elle fait un décret. Les petites puissances menacées par Daverhoult ne sont point à craindre. Pourquoi n'a-t-on pas osé parler de la puissance principale, celle de l'empereur d'Allemagne ? C'est lui le véritable ennemi qui donne asile dans ses domaines aux émigrés et qui couvre leurs trames. Il faut dire à Léopold II : vous violez le droit des peuples, en souffrant les rassemblements de quelques rebelles que nous sommes loin de craindre, mais qui sont insultants pour la Nation. Nous vous sommons de les dissiper dans tel délai, ou nous vous déclarons la guerre au nom de la Nation française, et au nom de toutes les nations ennemies des tyrans. »

Ces propos sont sans ambiguïté. La perspective d'une guerre, loin de paraître néfaste à Robespierre, lui semble alors non seulement parfaitement possible, mais même nécessaire. Position vraisemblablement spontanée, qu'il adopta dans la fièvre d'un instant, puisque, bientôt, il la réfutera avec toute la fièvre de son art oratoire.

Le 29 novembre, lorsque la Législative eut à se prononcer sur le projet de guerre, nul ne songea à la proposition de Dubois-Crancé. On s'en tint au projet de Daverhoult, auquel les députés reconnurent « une force solennelle ». Il fut soumis aux suffrages de l'Assemblée. L'atmosphère était belliqueuse et se voulait héroïque. Isnard clama : « Tout combattant qui montre de la crainte rehausse le courage de son adversaire ! [...] Celui qui provoque avec fermeté impose à l'ennemi. Parlons aux ministres, aux rois, à l'Europe avec la fermeté qui nous convient. [...] Je demande que le décret proposé soit adopté à l'unanimité, pour montrer que cette auguste enceinte ne referme que de bons Français, amis de la liberté et ennemis des despotes ! » Devant une pareille fougue oratoire, l'Assemblée subjuguée, emportée par ces accents martiaux et dignes, donna satisfaction à Isnard et à Daverhoult dans un tonnerre d'applaudissements. C'est ainsi que le 29 novembre 1791, les élus de la nation française se trouvèrent engagés dans la voie funeste, qui devait sous peu de mois déboucher sur une guerre improvisée, fruit seulement de l'enthousiasme d'un instant et, sans doute aussi, du désir d'affirmer à la face de l'Europe médusée que la Révolution française ne craignait de recourir à aucune audace, une fois que son honneur même était en jeu...

Pourtant, dès le 5 décembre, depuis la tribune des jacobins, Billaud-Varenne critiqua sévèrement la position belliciste des députés à l'Assemblée nationale. Point par point, il soumettra le projet de guerre à une froide analyse. Il propose, avant toute déclaration de guerre de « frapper avec rigueur les ennemis du dedans, car ce sera affaiblir par les mêmes coups ceux des frontières, dont les premiers sont les agents et la seule espérance ». Certes, le roi a accepté, conformément au vote exprimé par l'Assemblée législative, d'entreprendre des démarches afin d'obtenir au plus tôt la dispersion des rassemblements des émigrés. Mais, circonspect, Billaud-Varenne souligne qu'il ne suffit pas de prendre acte de la promesse royale. Il ne croit pas en la bonne foi du monarque, qu'il soupçonne déjà de désirer cette guerre afin de plonger la France révolutionnaire dans une suite ininterrompue de défaite, qui permettront le rétablissement de son ancien pouvoir absolu. Il ne croit nullement en la vertu de cette guerre préventive, et pour tout dire, d'honneur, et il croit encore moins en la parole royale. Quant au conflit en lui-même, voici ce qu'il en pense : « Pourquoi, depuis plus de dix-huit mois que nos frontières sont menacées, sont-elles notoirement et perpétuellement si mal pourvues d'hommes et d'artillerie ? Pourquoi, après tant de millions distribués par l'Assemblée constituante au ministère de la Guerre, pour mettre l'empire dans le meilleur état de défense, y a-t-il encore des villes importantes dont les fortifications n'ont pas été relevées ? [...] Ce n'est pas la peine de décréter les plus sublimes maximes de la politique, si jamais elles ne font obtenir aucun succès avantageux. »

Assis sur son banc, Robespierre écouta attentivement les propos de Billaud-Varenne. Il n'intervint pas. La séance à peine terminée, il sortit sans adresser la parole à personne et rentra chez lui. Dans sa petite chambre bleue chez le menuisier Duplay, il réfléchit longuement cette nuit-là, et aussi les jours qui suivirent. Emporté, à son retour du Nord, par la houle du courant belliciste, il n'avait guère prit la peine d'examiner le problème dans toute sa complexité. Billaud-Varenne, qu'il connaissait encore peu, venait soudain de lui révéler crûment la réalité. Il va non seulement en tenir compte, mais en faire l'ossature même de sa position à venir, construite autour de ces éléments d'une indestructible logique, dont seul son esprit semblait capable en ces heures confuses.

La parole même de Robespierre est ici bien plus éloquente qu'une analyse ponctuelle, méthodique de quelques phrases de ses discours. Puisqu'il n'était plus député, de par sa volonté même, ce fut devant le cénacle des jacobins qu'il prononça trois de ses plus importants discours, le 18 décembre 1791, le 2 janvier et le 25 janvier 1792.

Cette fois, il affirme son refus d'une guerre improvisée. Il la combat de toute sa fougue, il s'attaque au parti des bellicistes, sans pour autant espérer l'emporter, dans une lutte dorénavant par trop inégale. Il veut seulement témoigner de sa perception des faits et avertir. Maximilien, qui n'a jamais apprécié quelque forme de violence que ce soit, était naturellement prédisposé à une hostilité de principe contre la conflagration maintenant imminente.

Discours du 18 décembre 1791 :
« La guerre ! s'écrient la Cour et le ministère, et leurs innombrables partisans. La guerre ! répète un grand nombre de bons citoyens, mus par un sentiment généreux, plus susceptibles de se livrer à l'enthousiasme du patriotisme qu'exercés à méditer sur les ressorts des révolutions et des intrigues de cours. Qui osera contredire ce cri imposant ? Personne, si ce n'est ceux qui sont convaincus qu'il faut délibérer mûrement avant de prendre une résolution décisive pour le salut de l'État et la destinée de la Constitution, ceux qui ont observé que c'est à la précipitation et à l'enthousiasme d'un moment que sont dues les mesures les plus funestes qui aient compromis notre liberté [...]. Je veux aussi la guerre, mais comme l'intérêt de la Nation la veut : domptons nos ennemis intérieurs et marchons ensuite contre nos ennemis étrangers. Si alors il en existe encore ! [...] Quelle est la guerre que nous pouvons prévoir ? Est-ce la guerre d'une nation contre d'autres nations, ou d'un roi contre d'autres rois ? Non. C'est la guerre des ennemis de la Révolution française contre la Révolution française. Les plus nombreux, les plus dangereux de ces ennemis sont-ils à Coblence ? Non, ils sont au milieu de nous [...]. Quand nous touchons visiblement au dénouement de toutes les trames funestes ourdies contre la Constitution, depuis le moment où ses

premiers fondements furent posés jusqu'à ce jour, il est temps sans doute de sortir d'une si longue et si stupide léthargie, de jeter un coup d'œil sur le passé, de le lier au présent, et d'apprécier notre véritable situation.

« La guerre est toujours le premier vœu d'un gouvernement puissant qui veut devenir plus puissant encore. Je ne vous dirai pas que c'est pendant la guerre que le ministère achève d'épuiser le peuple et de dissiper les finances, qu'il couvre d'un voile impénétrable ses déprédations et ses fautes ; je vous parlerai de ce qui touche plus directement encore le plus cher de nos intérêts. C'est pendant la guerre que le pouvoir exécutif déploie la plus redoutable énergie, qu'il exerce une espèce de dictature qui ne peut qu'effrayer la liberté naissante ; c'est pendant la guerre que le peuple oublie les délibérations qui intéressent essentiellement ses droits civils et politiques pour ne s'occuper que des événements extérieurs [...]. C'est pendant la guerre que la loi investit [les commandants militaires] du pouvoir de punir arbitrairement les soldats. C'est pendant la guerre que l'habitude d'une obéissance passive, et l'enthousiasme trop naturel pour les chefs heureux fait des soldats de la patrie les soldats du monarque et de ses généraux [...].

« Si la Cour et le ministère ont intérêt à la guerre, vous allez voir qu'ils n'ont rien négligé pour nous la donner. Quel était le premier devoir du pouvoir exécutif ? N'était-ce pas de commencer par faire tout ce qui était en lui pour la prévenir ? Qui peut douter que, si sa fidélité à la Constitution eût été clairement manifestée à ses amis, à ses partisans, aux parents du Roi, aucun d'eux n'eût conçu le projet de faire la guerre à la Nation française, qu'aucun petit prince d'Allemagne, qu'aucune puissance étrangère n'eût été tentée de les protéger ? [...]

« Il ne faut point déclarer la guerre actuellement. Il faut avant tout faire fabriquer partout des armes sans relâche ; il faut armer les gardes nationales ; il faut armer le peuple, ne fût-ce que de piques ; il faut prendre des mesures sévères et différentes de celles qu'on a adoptées jusqu'ici, pour qu'il ne dépende pas des ministres de négliger impunément ce qu'exige la sûreté de l'État ; il faut soutenir la dignité du peuple et défendre ses droits trop négligés. Il faut veiller au fidèle emploi des finances, couvertes encore de ténèbres, au lieu d'achever de les ruiner par une guerre imprudente, à laquelle le système seul de nos assignats serait un obstacle, si on la portait chez les étrangers ; il faut punir les ministres coupables et persister dans la résolution de réprimer les prêtres séditieux. [...] Nous touchons à une crise décisive pour notre Révolution ; de grands événements vont se succéder avec rapidité. Malheur à ceux qui, dans cette circonstance, n'immoleront pas au salut public l'esprit du parti [...]. J'ai voulu payer aujourd'hui à ma patrie la dernière dette peut-être que j'avais contractée avec elle. Je n'espère pas que mes paroles soient puissantes en ce moment. Je souhaite que ce ne soit point l'expérience qui justifie mon opinion ; mais dans ce cas-là même, une consolation me restera ; je pourrai attester mon pays que je n'aurai point contribué à sa ruine. »

Discours du 2 janvier 1792 :
« Ferons-nous la guerre ou ferons-nous la paix ? Attaquerons-nous nos ennemis, ou les attendrons-nous dans nos foyers ? Je crois que cet énoncé ne présente pas la question sous tous ses rapports et dans toute son étendue. Quel parti la Nation et ses représentants doivent-ils prendre dans les circonstances où nous sommes, à l'égard de nos ennemis intérieurs et extérieurs ? Voilà le véritable point de vue sous lequel on doit l'envisager, si on veut l'embrasser tout entière et la discuter avec l'exactitude qu'elle exige. Ce qui importe par-dessus tout, quel que puisse être le fruit de nos efforts, c'est d'éclairer la Nation sur ses véritables intérêts et sur ceux de ses ennemis ; c'est de ne pas ôter à la liberté sa dernière ressource en donnant le change à l'esprit public dans ces circonstances critiques [...].

« Je suis loin de prétendre que notre Révolution n'influera pas dans la suite du globe, plus tôt que les apparences actuelles ne semblent l'annoncer. A Dieu ne plaise, que je renonce à une si douce espérance. Mais je dis que ce ne sera pas aujourd'hui ; je dis que cela n'est pas du moins prouvé et que, dans le doute, il ne faut pas hasarder notre liberté ; je dis que, dans tous les temps pour exécuter une telle entreprise avec succès, il faudrait le vouloir, et que le gouvernement qui en serait chargé, que ses principaux agents ne le veulent pas et qu'ils l'ont hautement déclaré [...].

« Le peuple ne reconnaît les traîtres que lorsqu'ils lui ont déjà fait assez de mal pour le braver impunément. A chaque atteinte portée à sa liberté, on l'éblouit par des prétextes spécieux, on le séduit par des actes de patriotisme illusoires, on trompe son zèle et on égare son opinion par le jeu de tous les ressorts de l'intrigue et du gouvernement, on le rassure en lui rappelant sa force et sa puissance. Le moment arrive où la division règne partout, où tous les pièges des tyrans sont tendus, où la ligue de tous les ennemis de l'égalité est entièrement formée, où les dépositaires de l'autorité publique en sont les chefs, où la portion des citoyens qui a le plus d'influence par ses lumières et par sa fortune est prête à se ranger de leur parti. »

Discours du 25 janvier 1792 :
 « Comment reconnaître que la Cour conspire contre la liberté, que les ennemis extérieurs sont ses alliés, et se jeter entre ses bras et inviter le peuple à prendre confiance en elle, à croire aux bonnes intentions de ses agents ? Que dis-je ? Rendre impossible tout moyen d'apercevoir ses perfidies, en donnant l'exemple de l'idolâtrie, de la crédulité et des applaudissements serviles. Est-ce avec de telles armes que l'on veut vaincre la tyrannie ? [...]

« Combien d'espèces de trahisons le génie de la tyrannie n'a-t-il pas inventées dans un siècle de lumières ! Comment n'en conçoit-on qu'un seul ? Sacrifier la partie la plus patriote de l'armée, et cependant remporter un succès avec celle qui l'est moins ; tenir les esprits en suspens par un mélange de revers et d'avantages également funestes, chasser devant soi des ennemis auxquels on ne veut pas de mal sans avoir affaibli leur puissance, sans avoir éteint le foyer de la rébellion et de la guerre ; faire préconiser ses exploits par toutes les trompettes de la renommée et revenir triomphant, précédé des aboiements de l'intrigue qui vous proclame le libérateur de la France et le héros de tous les mondes possibles ; voilà une des chances innombrables que peut présenter un tel système de guerre, voilà la plus heureuse de toutes en apparence, et voilà peut-être la plus dangereuse de toutes les trahisons [...].

« Tandis que la Cour rassemblera des corps d'armée, le reste de la Nation en sera-t-il immobile ? Depuis que l'on fait retentir à nos oreilles la trompette guerrière, l'aristocratie en est-elle moins entreprenante, les conspirateurs moins audacieux, le gouvernement plus fidèle à la Constitution, l'intrigue moins active, le patriotisme mieux récompensé, la cause de l'égalité plus triomphante ? En serons-nous mieux parce que nos patriciens deviendront maréchaux de France, parce que nos ministres iront conférer aux frontières, instruire nos soldats dans la science de l'honneur et de l'obéissance ; lorsqu'ils érigeront en crime de lèse-nation des fautes de discipline, parce que le crime de ne point servir aveuglément la tyrannie fut toujours aux yeux du despotisme, le plus grand de tous les crimes ; lorsqu'ils viendront assurer à l'Assemblée législative que nos soldats sont fiers d'obéir à des " Maréchaux de France ? " […]

« Le Roi peut quitter Paris légalement, constitutionnellement ; l'Assemblée n'a pas le droit de le trouver mauvais ; aucune loi ne lui défend de se mettre à la tête des armées ; il peut aller visiter ces armées qu'on a pris soin de rassembler ; et je vous laisse à méditer sur les conséquences de cette démarche […].

« Je vous dirai bientôt quels sont les moyens de prévenir la guerre étrangère en étouffant la guerre civile et en domptant les ennemis du dedans […]. »

Les événements iront bientôt plus vite que la pensée de Robespierre ; sa parole pourtant écoutée par les jacobins, les clubs de provinces et les sections populaires parisiennes sera emportée dans le déferlement patriotique. La guerre, ultime recours, pensait la monarchie, pour briser la Révolution allait cependant sceller son sort en quelques mois...

Chapitre XXVI

L'ANNÉE TERRIBLE, CHRONOLOGIE DE LA FIN D'UN MONDE

Nous nous sommes attachés à suivre l'évolution même de la pensée et de l'action de Maximilien Robespierre depuis ses débuts dans la carrière d'avocat. Mais son rôle durant quelques mois n'apparaît pas comme déterminant, et il nous est apparu opportun, non pas de le décrire dans cette attente de la grande crise qui lui permettra de se révéler tout à fait, mais de suivre les événements qui allaient façonner la destinée de la France, de l'Europe et celle de l'« Incorruptible » dans sa dernière grandeur. Par sa brutalité même le simple énoncé des faits est plus parlant qu'une analyse.

1792
JANVIER
2 — L'Assemblée législative décrète que l'ère de la liberté datera du 1er janvier 1789. Elle décide qu'il y a lieu d'accusation contre les frères du roi et le prince de Condé, prévenus de conspiration contre le salut de l'État et la Constitution.
4 — Carra propose lors de la séance des jacobins de placer un prince anglais sur le trône de France, en cas de seconde fuite de Louis XVI.
17 — Brissot adjure l'Assemblée nationale de déclarer la guerre à l'empereur d'Allemagne.
19 — Le comte de Provence est déchu de ses droits éventuels à la régence.

FÉVRIER

1 — L'Assemblée décrète que toute personne qui voudra voyager dans le royaume sera tenue de se munir d'un passeport. Le voyageur qui n'en présentera pas sera mis en état d'arrestation.
9 — L'Assemblée déclare confisqués au profit de la nation les biens des Français qui se trouvent à l'étranger.
13 — Dans une lettre à l'Assemblée, Louis XVI proteste contre les bruits de son imminente fuite à l'étranger.
14 — A Dunkerque, on pille les magasins du port. La commune fait appel à la force armée. La répression est immédiate et sanglante : quatorze tués, soixante blessés.
18 — A Béthune, des soldats se révoltent et refusent d'obéir à leurs officiers. Désordres dans la ville.
23 — A Beauvais, l'armée est contrainte de repousser le peuple qui ne veut pas laisser partir des convois de grains à destination de Paris.
25 — La Commune de Paris sollicite à l'Assemblée nationale des « secours rapides et efficaces » pour venir en aide aux indigents de plus en plus nombreux.

MARS

1 — Mort de l'empereur Léopod II. Ce monarque avait été par sa modération l'un des derniers remparts de la paix entre la France et l'empire germanique.
6 — Émeute des femmes de Paris, qui réclament des piques « pour défendre la Constitution ». Troubles dans les rues durant plus d'une semaine.
7 — Le duc de Brunswick est nommé généralissime des armées autrichiennes.
10 — Mise en accusation du ministre des Affaires étrangères Delessert pour n'avoir pas prévenu l'Assemblée nationale des préparatifs de guerre de l'empereur d'Allemagne.
15 — Dumouriez est nommé ministre des Affaires étrangères.
20 — Adoption de la guillotine par l'Assemblée législative à la suite du rapport présenté par le secrétaire perpétuel de l'académie de Chirurgie, Louis, qui la déclara « hautement humanitaire ».
22 — L'abbé Chappe offre son invention, le télégraphe optique, à l'Assemblée nationale.

AVRIL
5 — Suppression de la Sorbonne.
6 — Suppression de toutes les congrégations religieuses.
8 — Loi accordant un délai aux émigrés pour rentrer en France.
20 — Déclaration de guerre à l'empereur d'Allemagne François II.
26 — A Strasbourg, le capitaine du génie Rouget de Lisle compose son *Chant de guerre pour l'Armée du Rhin. La Marseillaise* est née.
28 — Ouverture officielle des hostilités entre la France et les puissances germaniques.
29 — Les dragons du général Dillon arrivés en Hainaut devant la cité de Mons, avant même d'avoir aperçu l'ennemi, battent en retraite. Ils crient à la trahison. Rentrés à Lille, ils massacrent leurs chefs.

MAI
5 — L'Assemblée nationale décrète la création de trente et un bataillons de volontaires.
17 — Grâce à l'aide matérielle de son logeur, le menuisier Duplay, et de quelques amis, Robespierre fait paraître le premier numéro de son *Défenseur de la Constitution*. Le périodique, entièrement écrit par Maximilien Robespierre, comportera jusqu'à soixante feuillets. Il paraîtra jusqu'en août 1792.
23 — Brissot dénonce à l'Assemblée le « Comité autrichien », qui autour de Marie-Antoinette, se réunirait aux Tuileries et préparerait l'occupation de la France.
27 — L'Assemblée décide de la déportation des prêtres réfractaires à la Constitution.
29 — La garde constitutionnelle du roi est supprimée.

JUIN
8 — Un décret ordonne la réunion à Paris pour le 14 juillet de vingt mille fédérés des départements afin de pouvoir envoyer aux frontières les troupes de ligne en garnison dans la capitale.
16 — Les opérations militaires sont suspendues. Dans une lettre à l'Assemblée, La Fayette, commandant en chef de l'Armée du centre, qui devait effectuer sa percée par Givet et Namur, dénonce l'anarchie et l'indiscipline des troupes.

17 — La Section de la Croix-Rouge se présente à la barre de l'Assemblée pour accuser Louis XVI de haute trahison.
19 — Un décret ordonne que soient brûlés tous les titres de noblesse existant dans les dépôts publics.
20 — Manifestation populaire aux Tuileries.
22 — Louis XVI s'adresse aux Français : « Le Roi n'a opposé aux menaces et aux insultes des factieux que sa conscience et son amour du bien public. Le Roi ignore quel sera le terme où ils voudront s'arrêter, mais il a besoin de dire à la nation française que la violence, à quelque excès qu'on la veuille porter, ne lui arrachera jamais un consentement à tout ce qu'il croit contraire à l'intérêt public. »
28 — La section des Tuileries demande à l'Assemblée le licenciement de l'état-major fayettiste et de la garde nationale. Quittant l'armée, La Fayette arrive à Paris pour dénoncer à l'Assemblée l'anarchie qui règne parmi les troupes.
30 — Il retourne sur le front des opérations. Son effigie est brûlée au Palais-Royal.

JUILLET

3 — La section du Théâtre-Français appelle « le glaive de la Loi sur la tête de La Fayette ».
7 — Élection officielle de l'archiduc François, neveu de Marie-Antoinette et futur beau-père de Napoléon, fanatique ennemi de la Révolution française, à la tête de l'empire allemand.
11 — La patrie est déclarée en danger. Voici le texte de la proclamation qui fut affichée dans toutes les villes de France : « Citoyens, la Patrie est en danger. Que ceux qui vont obtenir l'honneur de marcher les premiers pour défendre ce qu'ils ont de plus cher se souviennent toujours qu'ils sont français et libres ; que leurs concitoyens maintenant dans leur foyer la sûreté des personnes et des propriétés ; que les magistrats du peuple veillent attentivement ; que tous, dans un courage calme, attribut de la véritable force, attendent pour agir le signal de la Loi, et la Patrie sera sauvée. »
16 — Une pétition des citoyens de la section des Quatre-Nations demande à l'Assemblée un « Complément » à la déclaration « La Patrie est en danger ». Ce qui signifie clairement : la punition du roi.

24 — Vergniaud exhorte l'Assemblée nationale à « ne pas se laisser entraîner dans des mouvements inconsidérés ».
25 — Sur l'instigation des émigrés français, proclamation du *Manifeste de Brunswick*, qui promet « Paris à une subversion totale » (à la destruction), si les révolutionnaires osaient s'en prendre au roi et à la famille royale.

Décret ordonnant la permanence des sections : « L'Assemblée nationale, considérant qu'au moment où la Patrie est en danger et où des mouvements d'agitation se font sentir à chaque instant dans la capitale, il importe que les citoyens veillent tous pour assurer l'exécution des lois et le maintien de l'ordre public, décrète qu'il y a urgence pour que les sections de Paris se tiennent et soient permanentes jusqu'à ce qu'il en ait été autrement ordonné. »
26 — Formation d'un comité insurrectionnel des fédérés.
30 — Les fédérés marseillais arrivent à Paris. Ils adoptent le *Chant de l'Armée du Rhin*, qui devient *La Marseillaise*.

Arrêté pris par les citoyens actifs (payant l'impôt) de la section du Théâtre-Français : « Les citoyens dits actifs déclarent hautement leur répugnance pour leur ancien privilège, appellent à eux tous les hommes français qui ont un domicile quelconque dans l'étendue de la section, leur permettant de partager avec eux l'exercice de la souveraineté qui appartient à la section, de les regarder comme frères, concitoyens, cointéressés à la même cause et codéfenseurs nécessaires de la Constitution, de la déclaration des droits, de la liberté, de l'égalité et de tous les droits imprescriptibles du peuple et de chaque individu en particulier. »
31 — La section de Mauconseil arrête que, le dimanche 5 août, elle se transportera tout entière dans le sein du corps législatif pour lui signifier qu'elle ne reconnaît plus Louis XVI pour roi et invite les autres sections et le département à se joindre à elle.

AOÛT

1 — L'Assemblée nationale ordonne à toutes les municipalités du royaume de fabriquer des piques, qui seront distribuées à tous citoyens indistinctement, « excepté aux vagabonds, gens sans aveu et personnes notoirement reconnues pour leur incivisme ». Déclaration des citoyens actifs de la section de la Croix-Rouge : « La Section est décidée à faire

cesser l'odieux affront d'avoir trop longtemps involontairement partagé avec les citoyens prétendus actifs de l'empire le crime de lèse-égalité sociale. Il faut lever cette barrière monstrueuse qui, divisant les citoyens en deux classes, les rend pour ainsi dire étrangers les uns aux autres, quoique les dangers de la Patrie les forcent de se rapprocher, d'agir et de marcher ensemble. »

3 — Pétion vient demander à l'Assemblée nationale, au nom de quarante-sept sections, la déchéance du roi.

4 — L'Assemblée décrète que « tout Français qui aura fait la guerre de la liberté, soit dans les volontaires nationaux, soit dans les troupes de ligne, recevra les droits de citoyen actif ».

La section des Quinze-Vingts fixe « le terme de la patience populaire » au jeudi 9 août à minuit.

5 — Les sections ayant répondu à l'invitation de celle de Mauconseil (le 31 juillet) viennent demander à l'Assemblée de déclarer que Louis XVI n'est plus roi des Français.

Bombardement de Thionville par les forces prussiennes.

7 — La section de la Place-Royale demande l'enlèvement de toutes les statues royales et leur remplacement par des pyramides élevées à la liberté.

La section des Gravilliers décide que tous les citoyens sont en état de réquisition permanente et qu'ils descendront dans la rue dans le cas d'un appel général.

8 — L'Assemblée, par quatre cents voix contre deux cents, refuse de décréter d'accusation La Fayette.

9 — A vingt heures et quarante-cinq minutes, la Commune constitutionnelle est renversée par la Commune révolutionnaire formée par les commissaires des sections qui s'installent à l'Hôtel de Ville. A partir de minuit on entend sonner le tocsin auquel répond le canon d'alarme du Pont-Neuf.

10 — A huit heures du matin, la première colonne des insurgés fait son apparition au Carrousel. Le combat commence entre neuf heures trente et dix heures. Vers midi, le château des Tuileries est pris d'assaut. Trois cent soixante-seize insurgés ont été tués.

L'Assemblée nationale décrète : le peuple français est invité à former une Convention nationale ; le chef du pouvoir exécutif est provisoirement suspendu de ses fonctions.

11 — Les commissaires de la Commune apposent les scellés au château des Tuileries.
12 — Le roi et sa famille sont transférés au Temple.
15 — L'Assemblée nationale entend la lecture des pièces trouvées dans le cabinet du roi lors de la journée du 10. Robespierre, qui représente à la nouvelle Commune la section des piques (celle de son quartier), vient à la tête d'une députation demander le prompt châtiment des « traîtres et conspirateurs du Dix Août ».
16 — L'armée du Nord bat en retraite. Les armées germaniques envahissent le nord et l'est de la France.
Le conseil général de la Commune arrête la formation d'un camp retranché sous les murs de Paris.
17 — Création d'un tribunal spécial pour juger les crimes commis dans la journée du 10 Août.
18 — Dumouriez reçoit le commandement de l'armée du Nord.
19 — La Fayette passe aux Prussiens.
22 — En Vendée, huit mille paysans, aux cris de « Vive le roi », s'emparent de Châtillon-sur-Sèvre.
23 — Longwy capitule.
24 — La Commune arrête que « tout homme qui refusera de se faire inscrire ou enrôler dans sa section sera regardé comme un mauvais citoyen et son nom sera affiché ».
25 — Suppression sans indemnité de tous les droits féodaux et de toutes les redevances seigneuriales.
26 — Les ecclésiastiques ayant refusé le serment à la Constitution, ou ayant rétracté leur serment, sont tenus de quitter la France dans un délai de quinze jours.
28 — L'Assemblée nationale ordonne des visites domiciliaires dans toutes les communes de France pour connaître la quantité de munitions, d'armes et de véhicules chez chaque particulier.
Commencement des travaux de fortification du « camp retranché de Paris ».

SEPTEMBRE
1 — Verdun tombe aux mains des Prussiens.
2 — Massacres dans les prisons de Paris.
3 — L'Assemblée invite les « bons citoyens » à se joindre à elle et à

contribuer par tous les moyens au rétablissement de la tranquillité publique. Tous ceux qui ne marcheront pas à l'ennemi sont tenus « de concourir de leur personne aux travaux relatifs aux fortifications de Paris ».
4 – L'Assemblée jure « la haine éternelle à la royauté ».
5 – Fin des massacres dans les prisons parisiennes.
9 – Massacre des prisonniers d'Orléans qui attendaient le jugement de la Haute Cour et dont le transfert à Versailles avait été décrété par l'Assemblée nationale.
14 – Les troupes françaises en retraite se retirent à Châlons-sur-Marne.
19 – Institution des « cartes civiques » délivrées par les sections. Le domicile privé du citoyen est déclaré inviolable « d'un soleil à l'autre ».
   Ordre de transporter au palais du Louvre les tableaux et autres objets d'art qui se trouvent dans les résidences ci-devant royales.
20 – Bataille de Valmy (Marne). Victoire française remportée par Dumouriez et Kellermann sur l'armée prussienne du duc de Brunswick. Cette bataille, qui, en fait, se réduisit à une violente canonnade, met fin à l'invasion de la France. Elle est la première victoire de la république. La Convention nationale se déclare constituée et élit son président, Pétion.
   Convoquée pour donner une nouvelle Constitution à la France, la Convention nationale a été nommée par le suffrage universel (assemblées primaires, assemblées électorales). Elle était composée de 749 députés, plus 298 suppléants. Elle comptait parmi ses membres 270 anciens députés, dont 89 de la Constituante (Maximilien Robespierre était du nombre) et 181 législateurs. On y rencontrait 29 nobles (dont le duc d'Orléans). Le clergé était représenté par 16 évêques constitutionnels, 29 prêtres ou moines, 10 ministres protestants. 371 députés assistèrent à l'ouverture de la séance.
21 – Première séance publique de la Convention. Elle déclare à l'unanimité que la royauté est abolie en France. Elle place les personnes et les propriétés sous la sauvegarde de la nation et ordonne que les contributions publiques soient perçues et payées comme par le passé.
22 – La Convention décrète, sur la motion de Billaud-Varenne, que tous les actes publics porteront dorénavant la date de l'an premier de la république française.
23 – Les troupes françaises entrent en Savoie.

25 — La république française est déclarée « une et indivisible ». L'exercice des fonctions de représentant du peuple est estimé incompatible avec toute autre fonction.
29 — Les Français occupent le comté de Nice.

OCTOBRE
1 — La Convention crée une commission dite des Vingt-Quatre, chargée d'inventorier et d'examiner les documents recueillis lors de la journée du 10 Août.
   Les troupes prussiennes évacuent la Champagne.
2 — La Convention transforme l'ancien Comité de surveillance créé par l'Assemblée législative le 25 novembre 1791, en « Comité de sûreté générale et de surveillance » : trente membres et quinze suppléants, qui auront la charge de surveiller Paris ; de conduire les interrogatoires des personnes suspectées de comploter contre la nation ; de poursuivre les fabricants de faux assignats ; d'arrêter les agents des cours étrangères, etc.
4 — Les Français occupent Worms.
7 — Les Autrichiens se retirent sur la Belgique.
9 — La Convention décrète que « les émigrés pris les armes à la main seront livrés à l'exécuteur dans les vingt-quatre heures et mis à mort ».
14 — Les Prussiens évacuent Verdun.
16 — Le député de l'Yonne Bourbotte demande à la Convention que Louis XVI soit condamné à la peine de mort.
19 — Le péril étranger étant maintenant écarté, les travaux du camp de Paris sont arrêtés.
21 — Les troupes françaises entrent à Mayence.
22 — Les Prussiens évacuent Longwy.
23 — Les Français entrent à Francfort.
24 — Invasion française de la Belgique.

NOVEMBRE
6 — Bataille de Jemmapes ; victoire des Français commandés par Dumouriez sur les Autrichiens commandés par le duc de Saxe-Teschen.
   A la Convention, le député Valazé donne lecture de son rapport « sur les crimes du ci-devant roi, dont les preuves ont été trouvées dans les papiers recueillis par le Comité de surveillance ».

7 — Les troupes françaises entrent à Mons.
9 — Elles occupent le Palatinat.
13 — Ouverture des débats sur le procès de Louis XVI.
14 — L'armée française est à Bruxelles.
18 — La Convention déclare qu'elle accordera fraternité et secours à tous les peuples qui veulent recouvrer leur liberté.

Le serrurier Gamain dénonce au ministre de l'Intérieur, Roland, le secret de l'armoire de fer que Louis XVI avait fait construire aux Tuileries.
20 — Informée par Roland de la découverte, la Convention nomme une commission de douze membres pour inventorier les pièces de l'armoire de fer.
27 — La Convention décrète que la Savoie formera le quatre-vingt-quatrième département, sous le nom de département du Mont-Blanc.

DÉCEMBRE
1 — La Convention décrète la peine de mort contre ceux qui proposeraient d'établir la royauté en France ou tout autre pouvoir attentatoire à la souveraineté du peuple.
6 — Bourbotte propose de décréter la comparution du roi à la barre de la Convention. Celle-ci institue une commission de vingt et un membres, chargée de présenter « l'acte énonciatif des crimes dont Louis Capet est accusé ».
11 — Louis XVI paraît à la barre de la Convention.
15 — Il est prescrit aux généraux de proclamer la souveraineté du peuple dans les pays occupés par l'armée française.
17 — Sur la demande de Malesherbes et de Tronchet, défenseurs de Louis XVI, la Convention autorise la nomination de l'avocat Raymond de Sèze comme son troisième conseil.
26 — Seconde comparution de Louis XVI à la barre de la Convention. De Sèze donne lecture de la plaidoirie achevée par lui pendant la nuit de la veille sous les yeux du roi.

1793
JANVIER
1 — La Convention crée un Comité de défense générale.

7 — Les débats du procès de Louis XVI sont clos ; les opinions non prononcées seront imprimées.
14 — La Convention reprend l'examen du procès du roi.
15 — Elle déclare, par 693 voix, Louis Capet coupable de conspiration contre la liberté publique et décide que le jugement à rendre contre lui ne sera pas soumis à la sanction du peuple.

Elle déclare ensuite, par 424 voix contre 287 que le jugement qui sera rendu sur Louis Capet ne sera pas soumis à la ratification du peuple réuni dans ses assemblées primaires.
16 — A dix-huit heures trente commence l'appel nominal sur la question : « Quelle peine infligera-t-on à Louis Capet ? »
17 — A sept heures du soir, l'appel nominal est terminé. A neuf heures du soir, le président Vergniaud déclare que « la peine que la Convention nationale prononce contre Louis Capet est celle de la mort ». La séance est levée. Il est dix heures et demie du soir.
18 — Sur la réclamation de plusieurs de ses membres, la Convention procède à un scrutin de contrôle. Résultat du scrutin :

Mort sans condition : 387

Détention ou mort avec sursis : 334

Absents ou non-votants : 28.

19 — Par 380 voix contre 310, la Convention décide qu'il ne sera point sursis à l'exécution du jugement de mort rendu contre « Louis Capet, dernier roi des Français ».
20 — A trois heures du matin, après avoir décrété que le jugment sera notifié à Louis XVI dans le jour et que l'exécution en sera assurée dans les vingt-quatre heures, la Convention lève la séance. A deux heures de l'après-midi, le ministre de la Justice, Garat, notifie au roi le décret de la Convention. A cinq heures de l'après-midi, le conventionnel Le Peletier de Saint-Fargeau, qui avait voté la mort, est assassiné.
21 — A dix heures vingt minutes du matin, Louis XVI est mis à mort.

Robespierre et le procès de Louis XVI : extrait de son discours du 3 décembre 1792 :

« La République est proclamée ! Et Louis vit encore ! et vous placez encore la personne du Roi entre nous et la liberté ! A force de scrupules, craignons de nous rendre criminels ; craignons qu'en montrant trop d'indulgence pour le coupable nous ne nous mettions nous-mêmes à sa place.

« Nouvelle difficulté : à quelle peine condamnerons-nous Louis ? La peine de mort est trop cruelle. Non, dit un autre, la vie est plus cruelle encore. Je demande qu'il vive. Avocats du Roi, est-ce par pitié ou par cruauté que vous voulez le soustraire à la peine de ses crimes ? Pour moi j'abhorre la peine de mort prodiguée par vos lois ; et je n'ai pour Louis ni amour ni haine ; je ne hais que ses forfaits. J'ai demandé l'abolition de la peine de mort à l'Assemblée que vous nommez encore Constituante ; ce n'est pas ma faute si les premiers principes de la raison lui ont paru des hérésies morales et politiques. Mais vous, qui ne vous avisâtes jamais de les réclamer en faveur de tant de malheureux dont les délits sont moins les leurs que ceux du gouvernement, par quelle fatalité vous en souvenez-vous seulement pour plaider la cause du plus grand de tous les criminels ? Vous demandez une exception à la peine de mort pour celui-là qui peut la légitimer. Oui, la peine de mort en général, est un crime, et par cette raison seule que, d'après les principes indestructibles de la nature, elle ne peut être justifiée que dans les cas où elle est nécessaire à la sûreté des individus ou du corps social. Or, jamais la sûreté publique ne la provoque contre les délits ordinaires, parce que la société peut toujours les prévenir par d'autres moyens et mettre le coupable dans l'impuissance de lui nuire. Mais un roi détrôné au sein d'une révolution qui n'est rien moins que cimentée par des lois justes, un roi dont le nom seul attire le fléau de la guerre sur la Nation agitée, ni la prison, ni l'exil ne peut rendre son existence indifférente au bonheur public ; et cette cruelle exception aux lois ordinaires que la justice avoue ne peut être imputée qu'à la nature de ses crimes. Je prononce à regret cette fatale vérité... Mais Louis doit mourir, parce qu'il faut que la patrie vive. »

TROISIÈME PARTIE

LA TERREUR ET LA VERTU

Chapitre XXVII

LE PASSAGE DU GUÉ

Dans les premiers jours de l'été 1793, la république apparaissait comme perdue. La situation était désespérée, et la Convention se trouvait devant un ensemble de conditions économiques et sociales plus catastrophiques que jamais. Aux succès des coalisés, s'ajoutait la rébellion ouverte de près des deux tiers de la France. La disette accablait les grandes villes et menaçait directement Paris. Nombre de patriotes craignaient maintenant de partager le sort de Marat, assassiné par Charlotte Corday le 13 juillet. Le temps de la modération était passé. Un seul mot d'ordre restait possible : vaincre ou mourir. Pour Maximilien Robespierre, l'ordre du gouvernement devait changer : le salut de la nation exigeait un pouvoir dictatorial. « Il faut une volonté une », écrit-il alors dans ses notes. Par ailleurs, il précise : « Croyez-vous que, sans unité d'action, sans le secret dans les opérations, sans la certitude de trouver un appui dans la Convention, le gouvernement puisse triompher de tant d'obstacles et de tant d'ennemis ? »

L'insurrection dite « actuelle », celle du 31 mai, qui a consacré l'alliance des bourgeois avancés de la Montagne avec les « sans-culottes » des sections, doit être maintenue à tout prix. « Il faut », ajoute encore l'« Incorruptible », « que le peuple s'allie à la Convention et que la Convention se serve du peuple [...]. Il faut aussi punir les traîtres, faire des exemples terribles. »

Tel apparaît déjà le gouvernement révolutionnaire. C'est celui de la Commune du 10 août, celui que réclamait Cambon le 13 décembre 1792 pour les pays conquis, celui que prépare l'Assemblée dès le printemps 1793, malgré l'opposition girondine. Déjà ses principaux organes exécutifs sont en place : depuis octobre 1792 fonctionne le Comité de sûreté générale. On a institué, le 10 mars 1793, un Tribunal révolutionnaire, et le 6 avril, un Comité de salut public. Les représentants en mission doivent assurer la centralisation administrative en un tel moment de crise.

Le 10 octobre, sur la proposition de Saint-Just, on décrète que le « gouvernement de la France sera révolutionnaire jusqu'à la paix ». La Convention devient « l'arbitre des destinées de la République ». En elle sont réunis tous les pouvoirs qu'elle délègue à ses comités, responsables devant elle comme elle l'est devant le peuple. Peu à peu une doctrine se précise qu'exposent Billaud-Varenne, puis Saint-Just. Le décret du 14 frimaire en fixe les traits essentiels. Robespierre consacre à justifier cette dictature collective son rapport du 5 nivôse. Les circonstances, explique-t-il, rendent impossible l'application rigoureuse de la Constitution : « La tempête gronde et l'état révolutionnaire où nous sommes nous impose une autre tâche. » Celle de sauver la patrie et la liberté. Le gouvernement révolutionnaire se justifie par cette nécessité, il doit préparer le règne des lois. « Il a besoin d'une activité extraordinaire parce qu'il est en guerre. » Mais ses actes ne sont pas arbitraires ; il est soumis à la loi suprême de l'intérêt public. Sans doute procède-t-il de règles moins uniformes qu'un régime constitutionnel, car il doit « affronter des dangers toujours pressants et nouveaux », et il se modifiera au gré des circonstances.

Cependant la légalité demeure tant que le peuple lui accorde sa confiance, et Maximilien Robespierre de déclarer : « S'il n'y avait pas [dans la Convention] une raison publique qui est celle du peuple, je me tiendrais enseveli au fond de ma maison. » Le 25 septembre, il insiste encore : « La patrie est perdue si le gouvernement ne jouit pas d'une confiance illimitée, et s'il n'est pas composé de patriotes qui la méritent. » Il appartient à ces derniers de « se partager les charges les plus pénibles de l'État », et « il faut que nous nous emparions des Comités et que nous passions les nuits à faire de bonnes lois ». Lui-même accepte d'entrer « contre son inclination », le 27 juillet, au

Comité de salut public. La veille déjà, il avait assisté à la séance. Mais l'atmosphère qui y régnait le déconcerte, et il s'en ouvre aux jacobins le 11 août : « J'ai vu des choses que je n'avais jamais osé soupçonner. D'un côté des membres patriotes qui cherchaient en vain le bien de leur pays, et de l'autre des traîtres qui tramaient contre les intérêts de la patrie. »

Démissions et nominations nouvelles vont bientôt rassurer Robespierre. Carnot et Prieur (de la Côte-d'Or), puis Billaud-Varenne et Collot d'Herbois l'y rejoignent au début de septembre. Avec Couthon, Saint-Just, Jean Bon Saint-André et Prieur (de la Marne) le grand Comité se trouve constitué. Il conservera le pouvoir jusqu'au 9 thermidor an II. Entre les fortes personnalités qui le composent, l'entente ne régna pas toujours. Leurs tempéraments, leurs tendances aussi différaient. Pourtant, durant des mois, les périls qui menaçaient la Révolution ajournèrent heureusement la division qui devait les perdre. Ces hommes étaient probes, laborieux et autoritaires ; ils avaient quelques idées claires et qui se tenaient : commander, combattre et vaincre ; le travail en commun, le danger, le goût et l'orgueil du pouvoir créèrent une solidarité qui fit du Comité de salut public un organisme autonome et efficace.

Après quelques hésitations, que traduisent ses absences en août et en septembre 1793, l'« Incorruptible » devient très assidu aux séances. Alors que plusieurs de ses collègues vont fréquemment en mission, il demeure avec Barère l'un des piliers du comité. Sa tâche particulière consiste à en surveiller l'organisation et la direction politique, à maintenir le contact avec les jacobins. Dans une note inédite de sa main, qu'on peut dater du début de l'an II, il recommande de répartir méthodiquement la besogne administrative, que la conduite de la guerre et le ravitaillement rendent de plus en plus lourde, de s'entourer de secrétaires « intelligents et patriotes », d'exécuter rapidement les ordres, « d'en rendre compte dans les vingt-quatre heures », et d'éloigner des séances tous les étrangers.

Mais on ne saurait faire, dans le travail du comité, la part exacte qui revient à chacun de ses membres. De fait, il ne faut pas oublier que toutes les décisions y étaient prises en commun et que le contre-seing des arrêtés est une formalité bureaucratique. La main qui a rédigé le texte, ou qui l'a paraphé en premier lieu, peut, dans une certaine mesure, permettre de préciser les intentions des auteurs et leur ordre d'importance quant à l'esprit de l'arrêté. Néanmoins, leur but reste toujours le même : sauver la république, la sauver à tout prix.

Partant, dès les premières semaines de l'an II, la nation possède ce qui lui avait manqué jusqu'alors, un véritable organe de gouvernement stable et énergique. Parallèlement, un nouveau pacte social est proclamé, qui engage dans l'action le pays tout entier. La tâche est immense : les comités doivent combattre les ennemis de la Révolution, le Tribunal révolutionnaire doit les anéantir, le peuple doit surveiller et dénoncer. Les élections supprimées, les citoyens continuent cependant à exercer la souveraineté. En principe du moins... Dès lors, pourquoi se dispenseraient-ils d'obéir à ceux qu'ils ont naguère eux-mêmes choisis et chargés de les conduire ? Robespierre soulignera lui-même : « Est-ce au fort de la tempête que l'équipage dispute le gouvernail au pilote ? » Toutefois, l'histoire du gouvernement révolutionnaire se présente comme celle d'une lutte continuelle contre les hommes et contre la force des choses. En effet, dès ses débuts, l'existence du Comité de salut public est mise en jeu. La disette, que nulle mesure ne peut enrayer, provoque la colère des grandes masses. A Paris, les chefs de la Commune, Hébert surtout, prennent le relais des « enragés ». Robespierre veut endiguer ce redoutable courant, et le 5 septembre 1793, alors qu'il préside à la Convention, on l'entend proposer une loi sur le « maximum général » des prix, qui sera effectivement votée le 29. Dans le même temps est créée l'armée révolutionnaire, ferment de l'union de tous les patriotes, fondée sur des bases radicalement neuves, rompant enfin avec l'organisation traditionnelle de l'ancienne armée royale, dont les cadres, dans leur grande majorité d'origine aristocratique, n'avaient pas — loin s'en faut ! — jusque-là été écartés avec suffisamment de prudence des bataillons de la jeune république égalitaire.

Par ailleurs, avec la guerre étrangère et les révoltes provinciales, avec l'inflation qui se faisait de semaine en semaine plus grave, un nouveau groupe social, espèce de génération spontanée, s'est créé : celui des « parvenus » de toutes sortes, de toutes origines, ces bourgeois d'affaires qu'enrichissent la spéculation, les fournitures aux armées, et qui, de surcroît, comprend bon nombre de banquiers étrangers : les Boyd, Frey, Perrégaux, Proli, etc. Danton lui-même entretient une amitié, sans doute fort peu désintéressée, avec Perrégaux, tandis que le conventionnel Chabot épouse, le 6 octobre 1793, la sœur du financier

Frey. Plus inquiétant encore, on retrouve au nombre des profiteurs qui parasitent la république des royalistes endurcis, tel le baron de Batz. Le dirigisme économique qu'instaure le Comité de salut public gêne et inquiète tout ce petit monde. Inlassablement, par voie de presse, par des discours, par des réunions publiques, ils cherchent obstinément à discréditer le gouvernement. « On veut que, luttant corps à corps, nous nous déchirions de nos propres mains ! » tempête Robespierre. Sans relâche, il va se faire le défenseur inconditionnel de l'œuvre du grand comité. Ainsi, le 25 septembre 1793, aux perfides accusations qui visent à le ridiculiser aux yeux du peuple, il répondra fièrement : « Mais a-t-on réfléchi à notre position : onze armées à diriger, le poids de l'Europe entière à porter ; partout des traîtres à démasquer, des administrateurs à surveiller ; partout à aplanir des obstacles à l'exécution des plus larges mesures ; tous les tyrans à combattre, tous les conspirateurs à intimider ? »

Écrasés sous le faix d'aussi lourdes charges et responsabilités, on ne peut qu'excuser les « quelques irrégularités inséparables des mouvements orageux » (Robespierre), dont les membres des différents comités ont pu, d'aventure, se rendre coupables. L'action de chacun est sans cesse guettée par l'erreur, par le danger des décisions prises sous le coup de violentes émotions.

Il convient cependant de faire taire les rancunes personnelles et de s'unir contre tous les ennemis de la Révolution. « C'est la faiblesse pour les traîtres qui nous perd », constate encore Maximilien. La Révolution, dont l'existence est perpétuellement remise en cause, et dans ses principes et dans ses acquis, ne peut en cette heure terrible faire la paix avec eux ou même les ignorer. Contre ces ennemis un seul verdict, qui tombe des lèvres si joliment ourlées de Saint-Just : « Le salut du peuple exige l'extermination de tous les intrigants qui agitent la république ! » Contre cet adversaire de l'intérieur, cet adversaire qui couve dans les entrailles mêmes de l'Assemblée, il faut, hélas, instaurer la « Terreur », dont le Comité de sûreté générale exercera le ministère.

Cette « Terreur », tant redoutée, semble décidément seule capable de circonvenir et d'anéantir tous les complots.

Depuis l'anniversaire du « 10 Août 1792 », les fédérés de la Commune la réclament à cor et à cri, par des pétitions, par des défilés dans les rues de Paris. A la nouvelle de la révolte de Toulon, Barère, le 5 septembre, propose à la Convention « de la placer à l'ordre du jour ». Termes qui peuvent paraître bien anodins aujourd'hui. Mais, peut-on, dans notre langue contemporaine où seule l'inflation verbale semble encore porter, comprendre, à travers de telles formules, la formidable fièvre qui s'empara alors des comités et de l'Assemblée ? Par-delà l'écart des sensibilités traduit par la portée des mots, ce XVIIIe siècle finissant, naguère encore tant épris de mesure et d'harmonie, connut par bouffées impulsives le goût du sang et de la violence. Être entier, avide de pureté et ennemi des concessions, Robespierre ne pouvait qu'y adhérer en ces heures tragiques. Déjà, le 20 juillet 1789, il s'efforçait de démontrer l'utilité de couper quelques têtes « pour consolider la liberté publique ». En février 1791, il affirmait encore que « la véritable religion consiste à punir, pour le bonheur de tous, ceux qui troublent la société ». Puis, nous le voyons écrire, en décembre 1792, au plus fort du drame qui devait emporter la tête de Louis XVI, dans sa « onzième lettre à ses commettants » (titre de son second journal, qui connaîtra vingt-deux numéros, du 30 septembre 1792 au 25 avril 1793) : « J'ai toujours eu pour principe qu'un peuple qui s'élance vers la liberté doit être inexorable envers les conspirateurs. En pareil cas, la faiblesse est cruelle, l'indulgence est barbare. Le gouvernement ne doit sa protection qu'aux bons citoyens. » Le 17 pluviôse an I, il soulignera encore : « Domptez par la Terreur les ennemis de la Liberté, et vous aurez raison comme fondateurs de la république. » C'est donc, selon lui, « la justice prompte, sévère et inflexible », la punition immédiate de tous ceux qui s'opposent à la marche de la Révolution, le remède qui sauvera celle-ci. Marat la qualifiait de « despotisme de la liberté contre la tyrannie ». Robespierre, au demeurant, la considère comme un pis-aller. Elle est imposée par les nécessités politiques ; on ne la discute pas avec des arguments sentimentaux. Elle exige, cette Terreur, une vertu plus grande encore que dans les temps de calme, un sacrifice et un désintéressement sans failles. Pour juger équitablement, il faut se prémunir contre toutes les influences, toutes les sympathies, et ne se laisser guider que par sa seule conscience.

La Terreur, épouvantail agité par tous les ennemis du nouvel ordre, ne doit pourtant pas frapper aveuglément. Elle sera, entre les mains de citoyens vertueux, un instrument d'ultime recours. La poursuite des suspects sera exclusivement dirigée par les lois révolutionnaires. Il en sera de même pour les châtiments. Instrument de lutte, Maximilien désire qu'elle demeure réglée par la Convention nationale, qui en assumera ainsi, au nom du peuple, la responsabilité.

En principe, sont suspects tous ceux qui paraissent hésitants ou défavorables au nouveau régime. Mais dans un ordre « préférentiel », il est urgent de frapper les nobles, les réfugiés politiques (Français à l'étranger), les généraux et les officiers timorés. Le Comité de sûreté générale, les représentants en mission, les comités révolutionnaires doivent sans attendre, et par n'importe quel moyen lorsqu'il s'agit des émigrés, procéder à leur arrestation. Dans notre optique, ces mesures peuvent sans doute apparaître par trop rigoureuses : « Mais les législateurs des anciennes républiques ont été bien plus sévères dans les moments de crise » (Robespierre).

Peut-être des innocents seront-ils frappés par cette terrible intransigeance ? Pour Maximilien, l'action reste néanmoins fort simple : il importe d'être circonspect dans les dénonciations, de bien les examiner, d'en peser tous les éléments, de veiller à ne jamais y englober de patriotes. Ainsi, l'« Incorruptible » prendra-t-il lui-même, et à de nombreuses reprises, la défense de citoyens qu'il estimait injustement calomniés. Le 3 octobre 1793, il précise : « La Convention ne doit pas chercher à multiplier les coupables. La punition des chefs suffit à épouvanter les traîtres. » Le 5 nivôse, il insiste davantage encore : « La punition de cent coupables obscurs et subalternes est moins utile à la Liberté que le supplice d'un chef de la conspiration. » Dans ce sens, il tente d'éviter le procès de Mme Élisabeth, sœur de Louis XVI, parce que sa mort n'est en rien utile à la cause de la Révolution. Pareillement, il sauvera les signataires des pétitions royalistes de 1792, et le 30 frimaire, obtiendra la création d'un « Comité de clémence », afin d'écarter de la guillotine « les égarés et les comparses ».

Sincèrement écœuré du carnage qu'autorisent en province certains représentants, il exige le rappel immédiat de Fréron, de Tallien, de Barras, de Carrier et de Rovère, les « ultra-terroristes », ceux-là même qui conspireront bientôt contre lui, qui « déshonorent la Révolution ». Seuls les rebelles pris les armes à la main, ou convaincus de complicité, doivent être jugés sommairement par des commissions militaires. Pour tous les autres accusés, il importe de respecter la légalité révolutionnaire, c'est-à-dire l'appel à la procédure et aux lois. Désormais, au jugement spontané du peuple en insurrection, on doit substituer un verdict nouveau étayé par des preuves avérées et des formes qui le rendent indiscutable.

Dans cet esprit, conforme en tous points aux idéaux issus du nouvel ordre né des suites de la convocation des états généraux, Maximilien réclamait, dès le 21 octobre 1789, l'établissement d'un grand tribunal populaire. Il attendit, en vain, que les députés de la Constituante fissent écho à sa voix, et le 25 octobre 1790, il reprit : « Dans un temps de révolution, le tribunal de surveillance doit scruter plus partiellement les factions. Il faut qu'il soit composé de personnes amies de la Révolution[1]. »

Malgré cette intransigeance toute romaine, le Tribunal révolutionnaire créé le 10 mars 1793 déçut les patriotes. « C'est avec la lenteur des anciens parlements qu'il procède ! » peste notre ancien député du tiers d'Artois. Et il souligne aussitôt : « Il s'est entortillé de chicanes pour juger des crimes dont le germe doit être étouffé en vingt-quatre heures [...]. On ne peut gouverner les révolutions avec les arguties du palais [...]. La tyrannie tue, et la liberté plaide. » Ce nouveau tribunal doit donc être aussi actif que le crime : « Quand il s'agit du salut de la patrie, la lenteur des jugements équivaut à l'impunité. »

Aux grandes heures de la Terreur, la réforme immédiate du Tribunal révolutionnaire semblait en effet s'imposer, et les jacobins réclamèrent alors (décembre 1793) qu'on le débarrassât « des germes qui étouffent la conscience et empêchent la conviction ». Qu'on réduise le nombre des jurés, et qu'ils puissent se prononcer avec célérité ! Désormais, quand la voix du peuple accuse un citoyen, toute tergiversation est inutile, « même lorsqu'il n'existe pas de preuves écrites » (Robespierre). C'est pourquoi, il ne sera plus besoin de publier les motifs d'arrestation : le crime établi, le peuple doit frapper. « Il ne connaît qu'une sorte de délit, la haute trahison, et il n'applique qu'une seule peine, la mort » *(id.)*. C'est pour les patriotes une question de légitime défense ; s'ils ne frappent pas les premiers, qu'ils préparent pour eux-mêmes des échafauds, car leurs ennemis ne les épargneront pas. Mais, menace Maximilien : « Malheur à quiconque oserait diriger vers le peuple la Terreur réservée à ses ennemis. » Il faut aussi, par voie de conséquence, se méfier de ceux qui parlent le langage du plus ardent patriotisme,

---

1. *Discours à la Haute Cour du royaume.*

« afin, selon Robespierre, de masquer leurs desseins pervers ». Ceux-là « poussent les principes à un excès ridicule, afin de les discréditer ». Dans le même ordre d'idées, répandre parmi les masses populaires la crainte de la famine, le doute sur l'efficacité des comités, devient un crime contre la nation : seuls des citoyens hésitants ou corrompus peuvent, en agissant de la sorte, faire le jeu de l'ennemi extérieur. Par conséquent, déclare encore Robespierre, il faut démasquer ces éléments pervers, achetés à la réaction, ces « pourris », selon la terminologie du temps ; « ceux-là qui ont embrassé la Révolution comme un métier, et la république comme une proie ».

Dès le début de frimaire, Robespierre fait exclure des jacobins les « affairistes étrangers », les Pereira, les Proli ; il suit aussi avec la plus grande attention le scrutin épuratoire contre le célèbre Anacharsis Cloots, d'origine prussienne, et Fabre d'Églantine, le créateur du « calendrier révolutionnaire » compromis dans de nombreux scandales financiers dont celui de la « Compagnie des Indes ». Toutefois, malgré l'insistance de Saint-Just, il n'accable pas encore Danton, dont il s'opiniâtre à louer l'énergie, ni Camille Desmoulins, dont il blâme certes la légèreté, mais sans pour autant demander quelque mesure contre son ancien condisciple du collège Louis-le-Grand. Qu'on détruise donc les derniers numéros du *Vieux Cordelier*, le journal de Desmoulins et, dit-il, le club « pardonnera tout à Camille » !

A ce moment, il ne s'attaque pas encore à Hébert, car le ravitaillement de Paris, suscite des difficultés de plus en plus grandes, et le dirigisme économique exige un renforcement de la répression. Les invectives grossières et menaçantes que Hébert ne cessent de lancer par son journal, *Le Père Duchesne*, peuvent encore servir, pour un temps très court, la cause de la république.

Mais la Révolution est une spirale ; les institutions elles-mêmes y sont précaires, et que dire alors des alliances ou des amitiés ? Ainsi, après s'être appuyé sur eux pour combattre la déchristianisation, que son esprit et sa sensibilité refusaient, Robespierre s'éloigne à présent de Danton et des « indulgents », qui s'efforcent dorénavant de regrouper tous les partisans de la paix et de la fin de la Terreur.

A plusieurs reprises, il en appelle aux sans-culottes pour réduire à néant toutes les menées subversives, celles des royalistes, celles des modérés et celles des « ultras ».

Bientôt, la situation économique confine à la catastrophe. Le 3 ventôse, Barère présente un nouveau « maximum général », et le 13, Saint-Just fait décréter la distribution aux patriotes indigents de tous les biens appartenant aux suspects. Malgré ces mesures radicales, les extrémistes ne désarment pas, et les cordeliers, avec Hébert, excitent les sans-culottes. Dès lors, l'insurrection est à craindre. Pour mettre fin à ce risque devenu permanent, le Comité de salut public décide de les frapper. Robespierre, qui relève à peine de maladie, adjure le peuple « de se rendre aux sections pour y étouffer la voix des orateurs mercenaires ». A compter de ce moment, les événements vont se précipiter : le 24 ventôse, Hébert, Ronsin, Vincent et Momoro sont arrêtés, puis exécutés le 4 germinal, avec Proli, Cloots et Pereira.

Cependant, dans ce tumulte, quand chacun soupçonne son voisin, il convient de protéger les meilleurs d'entre les patriotes. L'« Incorruptible » redoute « les bruits que la malveillance se plaît à faire courir ». Pareillement, il craint que d'autres conspirateurs ne viennent renforcer les rangs des « indulgents ». Malgré tout, il hésite encore à dénoncer Danton et Desmoulins. Bien sûr, il reproche ouvertement au premier « d'avilir ce qui peut élever l'âme », de manquer ostensiblement de vertu. Toutefois, il reconnaît que « la différence qui se trouve entre nous ne vient que de celle qui existe entre nos deux tempéraments ». Seuls d'abord, avec Fabre d'Églantine, les « corrompus » sont mis en accusation. Mais bientôt, face à la pression des autres membres du grand comité, Maximilien cède et confie à Saint-Just ses « notes secrètes » qui serviront à accabler Danton et Desmoulins. Prestement, on leur réunit le général Westermann, l'abbé d'Espagnac, spéculateur notoire, et quelques étrangers convaincus d'intelligence avec l'ennemi. Tous furent guillotinés le 16 germinal au milieu de la plus grande indifférence populaire. Robespierre put-il même entendre, lorsque la charrette qui le conduisait au supplice passa sous ses fenêtres de la rue Saint-Honoré, ce cri terrible de Danton : « Tu me suis ! » ?

Cette double répression, qui frappe à la fois les « pourris » et les éléments révolutionnaires les plus radicaux, désoriente la base. Le petit peuple des sans-culottes ne comprend plus. Aussi, pour raffermir sa confiance et le réconcilier avec la « dictature de salut public », Robespierre et ses partisans comptent sur les effets de leur politique sociale. Déjà, sans grand succès, des lots de biens d'émigrés avaient été proposés, en septembre 1793, aux indigents et aux soldats du front. Cette fois, on entend répartir gratuitement, entre les sans-culottes, ceux des contre-révolutionnaires détenus. Aussitôt est entreprise une vaste expropriation des ennemis du régime afin d'aider les plus nécessiteux parmi les indéfectibles républicains. « Si vous donnez des terres à tous les malheureux, proclame Saint-Just, si vous les ôtez à tous les scélérats, je reconnais que vous aurez fait une révolution. » Il serait tout à fait erroné de ne voir dans cette mesure révolutionnaire qu'un acte de circonstance. En fait, il s'agit d'une modification durable et profonde des vieilles structures agraires de la France. A ce sujet, relisons Jaurès : « C'est donner à la propriété un nouveau fondement juridique, celui qu'on peut conquérir par l'exercice rigoureux de l'action politique et nationale. » Les petits propriétaires ainsi créés, qui devront leurs biens aux réformes révolutionnaires, soutiendront, en même temps que l'esprit nouveau, leurs propres intérêts. Un système est mis en place. Cybernétique dans son essence : la rétroaction permanente entre l'homme de la glèbe et l'État révolutionnaire remplace en effet le dangereux linéarisme économique des grands propriétaires de l'Ancien Régime, incapables, par nature, de concéder quelque pouvoir aux agriculteurs qui cultivaient la terre de France. Une nouvelle manière d'entrevoir les rapports sociaux naît alors, riche de conséquences et de transformations. La France moderne est ainsi mise en place par les comités de la Révolution. Néanmoins, tous les suspects ne pouvaient être considérés comme des ennemis irréductibles du nouvel ordre économique. De fait, en nivôse et en pluviôse, des représentants avaient, à Arras et à Marseille, fait procéder à un examen attentif des motifs d'arrestation, ne faisant par là que répondre aux vœux de Robespierre. Sur le coup de cette impulsion, la mesure devient vite générale. Des commissions populaires, mises en place par le décret du 23 ventôse, ont désormais pour tâche de trier avec soin les détenus, rendant la liberté aux innocents, maintenant en prison les « égarés », livrant à la guillotine les « criminels avérés ». Seuls les biens de ces derniers servent au partage. A l'instar de nos juges d'instruction, ces commissions peuvent, si l'on découvre de nouveaux coupables, lancer contre eux des mandats d'arrêt, entendre les témoins. Ayant réuni les preuves légales de la culpabilité, elles dressent la liste des accusés à traduire devant le Tribunal révolutionnaire ; les Comités de salut public et de sûreté générale décident du sort de ces inculpés. Cependant, les mesures sont toujours diversement interprétées selon les mentalités locales des différents départements. Le travail reste immense : il faut éviter l'arbitraire, rassurer les acquéreurs des biens nationaux. Saint-Just y veille tout particulièrement. Déjà l'« Archange de la Révolution » prépare ses *Institutions républicaines*, celles-là qui devront — pense-t-il — fonder, dans les lois et dans les mœurs, la véritable démocratie sociale de demain.

Favorablement accueillis, les décrets de ventôse reçoivent bientôt un commencement d'exécution. Le 30 de ce mois, le grand comité en appelle aux représentants pour la création immédiate d'un « Bureau des indigents » destinés à centraliser les innombrables demandes d'aide qui affluent de toutes les municipalités. Le 27 germinal, on confie au seul tribunal de Paris le jugement de tous les conspirateurs. Par lettre, il est recommandé à ceux-là que l'on nomme désormais de façon non péjorative les « terroristes », de faire preuve de vertu, et le décret en date du 18 floréal idéalise l'action révolutionnaire, qui devient officiellement celle de la « volonté commune ». Puis, les 24 et 25 floréal, Robespierre fait signer l'arrêté qui organise les deux premières commissions parisiennes. Le 3 prairial, il réglemente leurs travaux, et le triage des suspects ne se ralentit que lors de sa retraite de messidor.

Les conservateurs sociaux, les Carnot, les Lindet, répugnaient à l'idée que l'on pût toucher à la propriété du sol. Tous les possédants, et bien sûr par priorité les plus importants, se sentaient maintenant directement menacés. Malgré les nombreuses précautions dont s'entoure Robespierre, dont aucun de ses discours ne fait la moindre allusion à ces décrets, de tels actes radicaux creusèrent néanmoins au sein du Comité de salut public une première lézarde.

La fin des hébertistes et la suppression physique de leurs chefs avaient désorganisé l'action populaire en la soumettant dorénavant aux décisions des comités et de la Convention. On licenciait aussi l'armée révolutionnaire, qui allait renaître, restructurée et avec de nouveaux encadrements, sous l'appellation d'armée de la nation, on épurait les administrations. L'autorité gouvernementale rétablie atteignait une puissance jamais égalée, même sous l'Ancien Régime. Mais elle ne restait plus en étroite communion avec le peuple et perdait par là même son identité, son sens premier. Dès lors, la Terreur risquait effectivement de n'être plus qu'un instrument du pouvoir destiné à maintenir quelques hommes à la tête de l'État. Obnubilés par la guerre et ses menaces constantes, Robespierre et ses collègues ne mesurèrent pas toute la portée du drame de ventôse, qui marque dans l'histoire du gouvernement révolutionnaire le commencement du reflux.

Chapitre XXVIII

LE SALUT PUBLIC

Pour Maximilien Robespierre, la dictature des comités et la politique dite de la Terreur trouvaient leur suprême justification dans l'obligation d'en finir avec les émeutes et les guerres civiles qui déchiraient le pays, tout comme les guerres étrangères qui, chaque jour, remettaient en jeu le sort de la France. Pour notre héraut de l'âge d'or à venir, ces conflits empêchaient les bons citoyens de jouir enfin paisiblement de la Constitution et de ses bienfaits. Car, ne cessait-il de clamer à juste titre, ces menées subversives, ces invasions permanentes du sol national « dévoraient la fortune publique [...], anéantissant les meilleurs citoyens et favorisant les projets ambitieux ».

Dès le 10 mars 1793, il avait déclaré que la république ne pouvait combattre pendant plusieurs années pour la liberté : « Il est un terme aux sacrifices que fait une nation généreuse, il est un terme aux dépenses ruineuses ». Les succès des armées de la Révolution devaient donc être rapides, fulgurants, laissant l'ennemi anéanti. Afin d'obtenir promptement un tel résultat, il fallait tout d'abord enflammer l'énergie guerrière des masses. On se souvient que dès le mois de juillet 1792, « la patrie est en danger ! » avait été le grand cri de ralliement des patriotes. Puisqu'il n'avait pu éviter la guerre par ses discours prémonitoires, désormais Maximilien ne cessera plus d'insister sur cette terrible réalité. On devait, par tous les moyens, susciter « l'élan du patriotisme comprimé depuis trop longtemps ». Or, selon l'« Incorruptible », l'efficacité des opérations militaires relevait moins du nombre des soldats présents sous les drapeaux, que de « l'esprit du gouvernement et des principes républicains qui régneront sur nous ».

L'exemple de Valmy lui servira de moteur pour tenter de stimuler l'ardeur des armées : « Si vos chefs, écrit-il, savent tirer parti de votre puissance et de votre enthousiasme, il est impossible à l'imagination même de mesurer l'étendue de la glorieuse carrière que le génie de l'humanité ouvre devant vous. » Car la Révolution « a jeté un défi à tous ses ennemis, de l'intérieur et de l'extérieur ; elle est l'insurrection du peuple français contre l'Europe des rois et des privilèges ». Au départ, lorsque tant de puissances se coalisèrent contre la France, il avait fallu que les rois et les chefs des armées ennemies fussent assurés « de l'appui du roi et des factions qui le caressaient [...]. Jamais autrement, les ennemis extérieurs n'auraient souillé notre territoire ». Dans son essence même, cette guerre ne ressemble à aucune autre. Les rois conjurés ne peuvent être pour les hommes de la Révolution des « ennemis ordinaires », mais de froids assassins de l'humanité qui brise ses chaînes, des brigands en révolte contre la souveraineté des nations. Robespierre le répétera souvent : il faut « que le peuple français soit parmi les peuples, ce qu'Hercule fut parmi les dieux ».

Le processus ainsi mis en place ressemble, par sa dynamique et son idéologie, à une « guerre sainte » à laquelle est convié, par Dieu lui-même, le peuple de France. Et le dénouement du drame ne peut être que l'extermination totale de l'adversaire. Malgré le développement du conflit dès les premiers mois de 1793, malgré les revers quelquefois terribles, aucun compromis ne peut être envisagé entre les hommes de la liberté et les cohortes des tyrans. La « Montagne », qui naquit dans l'opposition à la guerre, devient à présent le parti de la guerre à outrance. Contre la trahison de Dumouriez, puis contre les tractations secrètes de Danton, le 12 avril 1793, Maximilien réclame la « peine de mort contre quiconque proposerait de transiger avec les ennemis de la République ». Le 18 juin 1793, il ajoutera encore : « Un peuple qui traite sur son territoire avec les ennemis est un peuple vaincu et qui a renoncé à son indépendance. »

Après le recrutement de trois cent mille hommes, l'idée égalitaire d'une levée en masse fait son chemin chez les fédérés et au sein des sections. Le 23 août, elle est décrétée. Elle frappe bientôt toutes les opinions, malgré les immenses difficultés que soulève sa mise en place. Pour la première fois dans l'histoire moderne, voici qu'un peuple tout entier va revêtir l'uniforme de la nation et se porter aux frontières. Depuis l'Empire romain, nulle entreprise de ce type n'avait pu être conçue et réalisée, surtout en un temps si court. Désormais, tous les habitants du pays, toutes les ressources de la terre et des industries sont réquisitionnés pour la victoire. Selon l'expression de Barère, la France est transformée en un vaste camp retranché. Le gouvernement de la république est organisé comme un instrument de guerre : ce sera dès lors par ses mesures militaires qu'il s'imposera. Il a souvent été écrit que Maximilien Robespierre n'était pas un homme de guerre et n'entendait rien à la tactique et à la stratégie. Il abandonna volontiers toute prérogative en matière militaire aux véritables techniciens du Comité de salut public ; à Carnot, à Prieur (de la Côte-d'Or), à Jean Bon Saint-André, aux différents bureaux militaires et aux commissions, il laissa le soin de mettre en place et de combiner les activités terrestres et navales. Faut-il pour autant affirmer qu'il fut un homme qui, par nature, se désintéressait des affaires militaires ? Le jugement serait hâtif. Ainsi, dès 1792, dans son *Défenseur de la Constitution* (n° 8), il exposera méthodiquement ses idées sur la conduite de la guerre. Maintenant, il va les mettre en pratique par l'intermédiaire de ceux qu'il regarde comme des hommes de terrain — ce qu'il n'était pas. Nul ne peut lui refuser ce mérite que, sans son inlassable action, les énergies de la population n'eussent point été portées à ce degré de paroxysme qui devait entraîner la victoire. Ses vues sont théoriques, mais aussi combien pratiques ; elle sont simples et nettes : d'abord le nombre de citoyens sous l'uniforme importe bien moins que la qualité des cadres. Partant, c'est au gouvernement révolutionnaire d'assurer à ses armées des chefs dignes d'elles. Corollaire obligé de ces prises de position lapidaires mais efficaces : les revers que subiront les troupes françaises seront, dans la grande majorité des cas, l'œuvre des généraux qui, tantôt par leur incivisme ou leur esprit d'indépendance, tantôt par leur lâcheté au feu, n'auront pas su galvaniser leurs troupes. « Il suffit, affirme-t-il, de trois héros pour sauver la République ; ils sont cachés dans les rangs, ayez la volonté de les découvrir. » A des soldats maintenant animés d'un zèle patriotique, il faut des chefs tout empreints des mêmes sentiments. Comme le pouvoir de la Convention procède de la confiance que le peuple lui accorde, celui des généraux dépend de la confiance de l'armée.

Le 5 avril 1793, la Convention et les commissions militaires prennent enfin la décision d'évincer les officiers nobles. L'épuration s'élargit encore à la chute de la Gironde. On destitue Dumouriez, passé à l'ennemi et l'on traduit devant la haute instance révolutionnaire Custine, Marci et Houchard. Le procès sera de courte durée, et ils seront guillotinés. Même, et peut-être surtout, sur le terrain des opérations militaires, la justice républicaine se doit d'appliquer la loi de la Terreur. Nul n'est protégé par sa réputation, aussi prestigieuse soit-elle, ni même par des succès qui auront été jugés insuffisants par les autorités de Paris. Saint-Just y veille tout particulièrement.

Après ces épurations, une autre nécessité s'impose : avoir des hommes nouveaux pour appliquer une tactique nouvelle. Ainsi, nomme-t-on Pichegru, qui vient d'avoir trente-deux ans, à la tête de l'armée du Rhin ; Hoche, qui n'a que vingt-cinq ans, à la tête de celle de Moselle. On envoie contre la Vendée insurgée, Kléber, quarante ans, et Marceau, vingt-quatre ans. A des commissaires fidèles, diposant d'une très large autorité et de pouvoirs presque sans limites, il appartiendra de maintenir le contact avec le Comité de salut public et de faire exécuter, le plus rigoureusement possible, ses ordres.

Ce renouveau est l'aboutissement d'une demande de Robespierre, qui n'avait cessé, depuis mars 1793, d'insister sur la nécessité d'une armée rénovée, mieux encadrée et plus directement surveillée par des hommes du grand comité. Un peu plus tard, en mai 1793, il notera qu'il faut « prévoir deux représentants par armée, un fort avec un patriote plus faible, et les renouveler et les changer fréquemment ».

Munis de tels pouvoirs, ces représentants aux armées auront le droit de destituer et de faire arrêter les généraux timorés ou incapables et de proposer d'autres candidats. C'est ainsi que Robespierre le Jeune, envoyé sur le front de l'armée d'Italie, écrira à son frère, en germinal : « J'ajoute au nom des patriotes celui du citoyen Bonaparte, général, chef d'artillerie, d'un mérite transcendant. »

Toutefois, malgré le redoutable pouvoir de ces représentants, ils auront toujours mission de ne pas s'immiscer dans la conduite des opérations purement militaires. Par ailleurs, ils veilleront à l'état d'esprit des troupes, à leur moral, réaliseront par des règles communes d'avancement, par la suppression des particularismes inhérents à tel ou tel régiment de l'Ancien Régime, une véritable « armée française », nationale et homogène.

Cette nouvelle armée, armée des patriotes, aura pour but ultime, par-delà les opérations militaires, de fondre ces masses humaines venues de toutes les provinces en un creuset unique. On peut dire, sans exagération, que l'identité nationale, telle que nous la concevons encore aujourd'hui, est née de cette idéologie révolutionnaire de l'an II. Certes, la France existait comme entité politique bien avant la Révolution. Mais ce fut seulement celle-ci qui réussit, et en si peu de temps, ce tour de force consistant à faire de ces hommes venus de provinces si différentes, naguère encore plus attachés à leur terroir qu'à la « réalité française », des Français indéfectiblement unis par la foi et l'amour pour une seule et même patrie. Désormais, de Maubeuge à Marseille, de Strasbourg à Nantes, tous allaient apprendre à reconnaître la réalité une de la nation et l'idée d'un destin commun, tragique ou glorieux. En cela, plusieurs siècles d'une royauté pourtant centralisatrice n'avaient pu accomplir ce que la si courte étape révolutionnaire allait édifier dans une matière solide.

Ici encore, on ne peut oublier le rôle déterminant, non seulement de la Convention, mais surtout du Comité de salut public. Car ces quelques hommes réunis en permanence créèrent en peu de mois un État nouveau, jetèrent les bases théoriques de la future France démocratique, tout en maintenant, par le fait même des nécessités de l'heure, une autorité dictatoriale sur cette nation française qu'ils s'efforçaient de sauver.

La machine de propagande révolutionnaire est maintenant au point : à l'occasion de l'anniversaire du 10 août et du serment à la Constitution de 1793, on organise des fêtes civiques, on communique aux soldats les proclamations rédigées par la Convention, et certains discours de Robespierre, tirés à cent cinquante mille exemplaires, sont distribués gratuitement. Malgré les difficultés de recrutement, la Convention nationale, qui symbolise l'être et le souffle de la France, devient bientôt l'idole des troupes ; lesquelles sont parfaitement mises au courant des intrigues des factions et sont ainsi, en quelque sorte, « dressées » pour soutenir l'Assemblée à tout moment. Grâce à ce contact permanent, les armées déployées sur tous les fronts deviennent réellement celles de la Révolution. Entraînées par de jeunes chefs au patriotisme ardent, elles doivent vaincre, car « la fortune favorise la cause de la vertu, du courage et de la liberté » (Robespierre). En effet, fin 1793, le redressement militaire est total : c'est le triomphe militaire de l'infatigable action du grand comité.

Le 28 mars 1793, Robespierre avait défini les buts des armées de la France républicaine : « Nous porterons aux peuples étrangers la liberté et l'égalité. » Il fondait là son assertion sur les forces militaires immenses dont disposait désormais la Révolution. Et d'ajouter : « Le véritable objet de notre politique doit être de détacher les peuples de la cause des tyrans ligués contre nous. » Qu'on publie la Déclaration des droits de l'homme à un très grand nombre d'exemplaires (plus de cinq cent mille), qu'elle soit distribuée tant aux soldats qu'aux populations étrangères par le soin même de nos troupes victorieuses, et, pensait-on au Comité de salut public et à la Convention, l'Europe tout entière ne pourrait que se joindre spontanément à la république française pour renverser à tout jamais les rois et les prérogatives anciennes. Idéalisme utopique ? Sans doute. Mais nul pour autant ne pourra nier la fougue et la générosité de ceux qui imaginèrent de tels moyens d'action et de propagande.

Les rapports de Robespierre, principalement ceux des 27 brumaire, 5 nivôse et 18 floréal atteignent d'impressionnants tirages (cent cinquante à deux cent cinquante mille exemplaires). Les troupes de la liberté se font porteuses du nouvel évangile, et le distribuent très largement en Allemagne, en Belgique et en Italie. De plus, il ne faut pas s'en tenir aux textes purement français. Les mentalités des peuples sont différentes. Ce qui parle au cœur du Français laisse peut-être le Flamand ou l'Allemand indifférent. La décision est rapidement prise d'adapter cette prose révolutionnaire aux besoins et aux aspirations des régions conquises. Des services entiers y travaillent fiévreusement : l'outil de propagande de la république française ne cesse de se perfectionner. La Révolution de l'an II invente un genre nouveau d'action politique, celui des tracts qui inondent littéralement les pays voisins. Chaque armée emporte avec elle non seulement des cartouches, de la poudre et des boulets, mais aussi des tonnes de papier imprimé, qui aident considérablement à la pénétration des idéaux révolutionnaires dans ces provinces étrangères depuis toujours gouvernées par des seigneurs et des monarques. Dorénavant, la Révolution conquérante sera le résultat conjugué des sacrifices de nos armées et d'une littérature républicaine pleine de promesses généreuses et d'espérances. Jamais plus, malgré le retour en force des puissances conservatrices au XIXe siècle, l'Europe ne sera comme avant. Un éveil des peuples a bien eu lieu, et lui aussi, dans une large mesure, fut le résultat du labeur acharné des comités et de la Convention.

Cependant, pour Maximilien Robespierre il n'est pas question d'étendre sans cesse les conquêtes militaires de la Révolution. Il le prouve, entre autres, lors de l'entrée en guerre de l'Angleterre aux côtés des ennemis de la France. Plutôt que de se lancer dans une opération de descente dans l'île, il préconise sagement le renforcement immédiat de la marine nationale, dans le seul but de protéger nos côtes contre les incursions britanniques, qui se font très vite menaçantes. « Il faut, écrit-il en février 1793, borner nos entreprises militaires et leur prescrire les bords du Rhin pour limites. »

L'irruption des « missionnaires armés » de la république ne laisse pas de susciter de délicats problèmes. Nul peuple n'accepte qu'on lui impose des vues qui lui sont étrangères, encore moins lorsque ce sont des vainqueurs, les armes à la main, qui tentent cet exploit.

Pour Robespierre, il faut, avant tout, que les soldats de l'an II se fassent aimer afin de faire aimer la liberté. Nul chef militaire ne doit se mêler des affaires intérieures du pays qu'il occupe pour des raisons stratégiques. « Les peuples sont maîtres de leur destinée », répète inlassablement l'« Incorruptible », et il précise : « Ou bien ils manifesteront de se réunir à la France, ou bien ils voudront former des républiques séparées et indépendantes. » Dans ce cas, « on se bornera à conclure avec eux une alliance pour continuer une guerre contre les despotes ».

Parallèlement, il considérait comme tout à fait normal de demander aux habitants des territoires conquis leur écot à l'effort français pour la liberté des peuples. « La diplomatie française est dans sa bonne foi, affirme-t-il le 27 brumaire, car un peuple libre peut dévoiler aux nations les bases de sa politique. » Phrases réfléchies, modérées et pertinentes, celles-là que l'on n'attendait pas sous la plume ou dans la bouche d'un homme auquel ses détracteurs — et parfois même les autres — ont si souvent reproché le fait qu'il n'entendait rien en matière de politique extérieure. Dans le même sens, on le voit rechercher la neutralité — bienveillante — des Suisses et des Américains, tandis qu'il prévient les conventionnels et le Comité de salut public de la duplicité du cabinet prussien et des ambitions occidentales des Russes.

Les vues pragmatiques et réalistes de Robespierre aboutirent à des résultats considérables. Tandis que Hérault de Séchelles mettait la diplomatie au service de la propagande, Maximilien pour sa part entendait bien la faire contribuer au ravitaillement de la patrie, par des accords pris avec l'économie des territoires occupés, et aussi avec la Suisse et l'Amérique. Bien vite de tels accords portèrent leurs fruits en soulageant, dans une certaine mesure, la nation des exigences de la guerre. En effet, depuis novembre 1792, les ressources nationales étaient, en principe, réservées aux besoins de la lutte à outrance contre l'envahisseur. De plus, en février et en mars 1793, la levée des trois cent mille hommes força le pays tout entier à un bouleversement sans précédent : la vieille France agricole allait en quelques mois se couvrir d'ateliers et de manufactures. Le pari était de taille dans un pays qui se consacrait encore presque totalement à l'agriculture, et où la concentration capitaliste commençait à peine. Il fallait nourrir ces hommes enrôlés pour la défense de la patrie républicaine, les habiller, les armer, et le tout sans que la population civile souffrît de la disette, et sans que jamais les chiffres de la production, en quelque domaine que ce soit, ne fussent réduits.

Robespierre réclame, le 8 mai 1793, « que des forges soient établies sur toutes les places publiques ». Au comité, il insiste souvent sur le fait qu'on devra quotidiennement préciser la « situation des subsistances ». Personnellement, et bien que ce domaine soit bien loin de ses champs habituels d'activité, il porte un intérêt tout particulier aux fabrications d'armes et de munitions, comme aux grands travaux de défense qui sont rapidement érigés dans toutes les zones stratégiques, au nord, à l'est et au sud-est. Dans le même esprit, parce que le temps presse, il ratifie les décisions de ses collègues en matière de concentration industrielle aux mains de l'État. Mais, comme eux, il ne voit alors dans la nationalisation des moyens de production qu'un expédient tout provisoire. Enfant du XVIIIe siècle français et disciple de Jean-Jacques Rousseau, ennemi naturel du dirigisme d'État, il ne pouvait pas encore pressentir assez lucidement ce que seraient bientôt la forge et l'atelier. C'est-à-dire ces grands ensembles de production du XIXe siècle qui, retombés entre les mains des particuliers, allaient échapper à la tutelle de l'État et devenir de formidables forces de pression capitalistes dressées contre les intérêts véritables de la collectivité nationale. Pour l'heure, il ne pense qu'au rendement immédiat, à son efficacité, tant au niveau des nouveaux ateliers qu'à celui des grands arsenaux rénovés. La guerre est là, qui enserre la France : il faut produire le nécessaire pour défendre la patrie et surveiller de près les contingents manufacturés afin d'éviter la gabegie des temps de crise.

La grande victoire de Fleurus, victoire de Jourdan, sur les Austro-Hollandais, le 26 juin 1794, et l'avance généralisée des armées françaises sur tous les fronts prouvaient, à l'évidence, l'efficacité réelle du système de la dictature des comités.

Gouvernée par des hommes intrépides, guidés seulement par leur âpre volonté de sauver la patrie, la France révolutionnaire se découvrait maintenant des énergies insoupçonnées. Désormais, l'Europe des coalisés, comme la France éreintée par le coût de ses victoires, souhaitait la paix. A l'intérieur des frontières de la république, tous désiraient ardemment un relâchement de la Terreur, et aussi un peu de bonheur. A l'étranger, les hommes d'État croyaient que Robespierre, dont ils exagéraient considérablement la puissance, était décidé à mettre fin à ces guerres. Mais c'était sans doute bien mal le connaître que de croire, avec l'Autrichien Mercy-Argenteau, que « sa chute fut une grande perte pour l'Angleterre et l'Autriche ». En effet, dans l'esprit de l'« Incorruptible », la guerre de la liberté contre la tyrannie « devait se terminer par la victoire totale de la Révolution, dont les armées imposeraient au monde entier le respect des droits naturels ».

Ainsi, selon J. Poperen, « devenue un des fronts principaux de la lutte révolutionnaire, la guerre contribua à préciser le contenu de la Révolution ; elle élargit, en tant que guerre patriotique, la Révolution même ».

Chapitre XXIX

DU CAPITOLE A LA ROCHE TARPÉIENNE

L'obscur député du tiers état d'Artois accédait enfin à l'apogée de sa puissance. Ses ennemis étaient morts ou contraints au silence, la contre-révolution désorganisée. Les quatorze armées de la république, qu'il avait pu créer en supprimant implacablement tout ce qui eût contrarié ou affaibli la volonté souveraine du peuple, tenaient partout en échec les troupes des rois et des princes confédérés. Pour l'Europe, pour le monde, Robespierre personnifiait le gouvernement de la France, bien que son véritable pouvoir ne fût jamais supérieur — en titre, du moins — à celui de ses collègues du Comité de salut public. « Robespierre a décrété », écrit un journal britannique, qui parle aussi des mouvements des « armées de Robespierre ». D'après un agent du même pays, Pitt redoutait que tout le pouvoir ne s'absorbât en ses mains, ce qui eût rendu plus dure encore l'entreprise tendant à anéantir la jeune république.

Investi de tant de puissance, ce personnage ne vivait pourtant pas comme un chef d'État. Il n'avait pas quitté sa petite chambre de la maison du menuisier Duplay. Nul factionnaire devant sa porte. Seule Mme Duplay et Éléonore admettaient ou éconduisaient les visiteurs. Dans l'atelier en plein air, sous ses fenêtres, on entendait le bruit des scies, des marteaux et des rabots.

Maximilien en est conscient : son œuvre s'est développée, et ses idées, dans une large mesure sont devenues celles du gouvernement de la

France. Néanmoins, un fait le préoccupe toujours. Les désordres religieux, depuis longtemps calmés à Paris, persistent en province. Les commissaires de la Convention sollicitent sans cesse de Paris des directives précises. Certains, passant outre, perpétuent encore les déprédations des églises et s'en prennent toujours aux croyants. Il faut décidément que le gouvernement de la république adopte à ce sujet une attitude cohérente et unique. Il ne suffit pas de défendre la liberté du culte ; il faut lui donner un statut bien défini dans le cadre même de la république. Or, entre l'athéisme et la religion officielle, Robespierre se refuse à choisir. Il n'aime pas l'Église, mais il déteste la négation de Dieu, qu'avec son maître Rousseau il tient pour un aussi grand danger menaçant l'État comme toute forme de fanatisme. De fait, l'athéisme de cette époque était aussi intolérant que la religion la plus bigote. Robespierre sent que, si les individus peuvent à leur gré professer l'athéisme. L'État, lui, ne le peut pas. Il ne saurait rester indifférent en voyant des milliers de gens, qui étouffaient comme lui-même dans l'atmosphère rigide et hypocrite de la religion établie, errer maintenant à travers ce que l'« Incorruptible » nommait le « désert de l'athéisme ». Pour ceux-là, il faut un refuge, quelque chose de radicalement nouveau, mais qui soit large et s'élève bien plus haut que toutes les religions établies. C'est ce que Robespierre voulait réaliser en définissant la doctrine fondamentale de la croyance nouvelle : « Le peuple français reconnaît l'existence de l'Être suprême et l'immortalité de l'âme. » Inévitablement, Maximilien en arrivait ainsi à la fameuse « religion civique » que Jean-Jacques Rousseau développa dans l'*Émile*. Mais plus modéré que le Genevois, il s'opposa à l'exclusion des athées dans les clubs révolutionnaires. Son idée est nette ; toute religion, toute forme de pensée, doit subsister. Mais il n'en voulait pas moins en créer une. Or, pour vivre et se développer, une foi a besoin de grandes solennités, à intervalles fixes, dédiées à la divinité et à l'humanité.

Tel était pour notre Arrageois le couronnement de son action révolutionnaire : l'amener à devenir aussi une religion à part entière : religion accessible à tous, qui ne nie pas les autres, mais s'en écarte par un panthéisme à l'antique. Rien n'atteste davantage l'ascendant dont jouissait Maximilien Robespierre face à ses collègues des comités et de la Convention que la possibilité qu'il eut d'introduire un grand nombre de mesures à caractère nettement religieux, en dépit de l'opposition qu'elles provoquaient parmi la majorité, qui, si elle n'était pas acquise totalement à l'athéisme, n'aimait cependant guère aborder ces questions par trop délicates. De tout ce qu'il réalisa, peu de choses lui valurent une telle hostilité. Ce fut l'une des principales raisons pour lesquelles Vadier, du Comité de sûreté générale, un voltairien particulièrement sectaire, l'exécrait. Fouché qui, commissaire de la Convention à Nevers, avait fait placer à l'entrée d'un cimetière cette inscription : « La mort est un sommeil éternel », vit dans la proclamation de l'Être suprême un motif supplémentaire pour s'opiniâtrer à ruiner le pouvoir de Robespierre. Toutefois, si grand que fût leur mécontentement, pas un seul ne se hasarda à le contredire en face. De son côté, le sombre Billaud-Varenne grommelait : « Avec ton Être suprême, tu commences à m'embêter »...

Cependant, si l'enthousiasme de circonstance de la Convention était plus simulé que réel, si, parmi ceux qui lurent le discours affiché dans Paris par ordre de l'Assemblée nationale, il en fut qui haussèrent les épaules, se disant, tout bas sans doute : « Ce Robespierre, voilà qu'il nous ramène les vieilles superstitions. Assurément, il voudrait que le Pape le fasse évêque », en revanche, en province, où l'athéisme était franchement virulent, cette affirmation officielle de la croyance de la nation à l'existence de la divinité déclencha de véritables batailles rangées entre croyants et athées. Les premiers commençaient alors à respirer un peu plus librement, cette proclamation leur permettant en effet d'assister au culte sans encourir les foudres de quelque commissaire politique. Un nombre considérable de lettres parvint à Robespierre. Les communes, les congrégations prenaient l'une après l'autre des résolutions pour le remercier et le louer. Dans une communauté, après le chant du *Te Deum*, unanimement tous s'écrièrent : « Vive Robespierre ! » Une sœur du marquis de Mirabeau, perdant toute retenue aristocratique, lui écrivit qu'il était « un aigle qui plane dans les cieux ».

Pauvre Maximilien ! Trop modeste pour prendre au sérieux de telles flatteries et hyperboles, mais assez convaincu de sa « mission » de restaurateur de l'ordre social et de la « véritable religion naturelle » pour ne pas être quelque peu troublé par ce concert de louanges.

La population de France s'en remettait à lui dans une large mesure, et l'Europe tout entière prêtait attention et commentait le fait que, quoi qu'on pût dire de sa doctrine politique et économique, ce diable de petit avocat semblait bien être le seul homme qui, en France, œuvrât efficacement pour rendre la stabilité et l'autorité à ce pays si cruellement déchiré par les guerres étrangères et fratricides.

Mais, parce qu'il n'est pas de tableau triomphal sans ombre funeste, parallèlement à son immense renom et à sa popularité, se développaient la défiance et l'envie de nombre de ses collègues. En effet, parmi ces républicains sincères, tout empreints de culture classique, beaucoup voyaient déjà se dessiner en lui la silhouette redoutable d'un César déterminé à soumettre bientôt la sacro-sainte république à sa seule dictature. Un homme pouvait-il, en si peu de temps, accéder à pareille popularité nationale et internationale sans devenir, presque inconsciemment, un danger pour la jeune démocratie ? Beaucoup murmuraient déjà, certains tremblaient : combien de temps s'écoulerait encore jusqu'à ce que cet homme si secret, si intransigeant essayât de donner à son autorité un fondement plus solide, soit par un vibrant appel au peuple, soit par une action brutale. Les sections de la Commune, comme une grande majorité des troupes, n'étaient-elles pas à sa dévotion ?

C'était bien mal le connaître, bien mal connaître les pensées qui l'animaient. Qu'importe. Les imaginations allaient bon train, et les périls s'accumulaient au-dessus de la tête de celui qui s'était uniquement donné pour mission de sauver la liberté, la république et tous ses acquis. Robespierre ne pensait qu'à l'avenir glorieux de la France républicaine, phare des nations, tandis que nombre de gens autour de lui s'obstinaient à le déguiser en tyran.

Dans les premiers mois de l'année 1794, deux attentats contre la vie l'« Incorruptible » ne firent pourtant que le rendre plus populaire encore. Charlotte, sa sœur, prétendit par la suite qu'il y en eut bien davantage, mais que, par souci d'apaisement, son frère ne voulut même pas les porter devant l'opinion. Un jour, par exemple, selon elle, une espèce de géant au regard sombre et à l'allure fruste sollicita un entretien en tête à tête avec l'illustre locataire du menuisier Duplay. Resté seul avec Maximilien, sans autre forme de discours, la brute se serait jetée sur lui en essayant de l'étrangler. Lorsque enfin les Duplay vinrent au secours de leur ami, l'individu aurait réussi à s'enfuir en profitant de la confusion générale.

Une autre fois, toujours selon Charlotte, ce furent deux hommes qui demandèrent une audience privée. Or, comme ils s'éclipsèrent quand les Duplay se mirent à les questionner pour connaître les motifs précis de cette visite, tous conclurent aisément que leurs intentions n'étaient guère douteuses.

Le premier des deux attentats les plus avérés fut l'œuvre d'un certain Henri Ladmiral, ex-fonctionnaire du bureau de la loterie révoqué pour diverses malversations. Le scénario reste le même : il sollicite une rencontre avec Maximilien à son domicile. Il tenait, mais on ne l'apprendra que par la suite, un pistolet caché dans ses vêtements. Par méfiance, les Duplay, véritables chiens de garde de leur hôte, lui répondirent que l'audience était impossible, car Robespierre avait un urgent travail à terminer incontinent.

Résolu néanmoins à accomplir son crime, Ladmiral se rendit alors à la Convention, où, s'armant d'un peu de patience, il pensait que sa victime en puissance se rendrait bien tôt ou tard. Robespierre n'était-il pas connu pour sa grande assiduité aux séances de l'Assemblée ?

Lorsqu'il arriva, Barère était à la tribune où il lisait un long et fastidieux rapport économique. Notre homme s'endormit bientôt sur les bancs du public. Et, quand enfin il se réveilla, Robespierre était déjà parti. C'est du moins ce que lui répondit un huissier. Obstiné, Ladmiral alla se poster dans le long couloir qui reliait la salle de la Convention au local où se tenaient les réunions du Comité de salut public. Une fois encore, les heures passèrent. Interminables. Et point de Robespierre. Découragé par ses échecs répétés, le sicaire abandonna son dessein fondamental. Il comprenait qu'assassiner Maximilien Robespierre n'était pas une mince affaire, malgré le peu de sécurité dont il s'entourait. Aussi décida-t-il de se rabattre sur une proie plus aisée : Collot d'Herbois. Celui-là ne pouvait guère lui échapper, puisqu'ils habitaient tous deux le même immeuble. Là encore il attendit. Sur un palier. Collot arriva enfin vers une heure du matin. Aussitôt Ladmiral se jeta sur le conventionnel. Un véritable pugilat s'ensuivit. Soudain, un coup de pistolet réveilla toute la maisonnée, et blessa légèrement un locataire qui se portait au secours de Collot. Après maintes péripéties, le forcené fut arrêté par une patrouille. Emmené au poste de sûreté, il avoua tout net qu'il s'était rabattu sur son voisin par dépit, mais que son seul but était l'assassinat de Robespierre.

L'affaire fit grand bruit. Les journaux s'en emparèrent. Les admirateurs de l'« Incorruptible » se firent plus laudatifs que jamais : le « saint » de la Révolution devenait martyr. Ses ennemis ignorèrent l'incident. Quant à Maximilien, il préféra s'abstenir de toute allusion. Il avait consacré sa vie à la cause de la Révolution, et il lui importait peu de savoir qui, tôt ou tard, le mettrait à mort.

Le second attentat notoire et manqué fut perpétré par une jeune fille de vingt ans, Cécile Renault. Était-elle inspirée par l'illustre exemple de Charlotte Corday ? Nulle preuve ne permet de l'affirmer. Un soir, vers neuf heures, elle se présenta à la porte de la maison Duplay. La jeune fille exigeait de voir sans retard Robespierre. Parce qu'on lui répondit qu'il était absent, elle se mit en colère : « Comment, clama-t-elle, un représentant du peuple ne peut-il être accessible à tous et à tout moment ! » Pareille véhémence ne manqua pas d'exciter les soupçons. Conduite au Comité de sûreté générale et dûment fouillée, on trouva sur elle deux poignards. A l'interrogatoire, elle répondit qu'elle avait voulu rencontrer Robespierre « pour voir à quoi ressemble un tyran », et qu'aux cinquante mille tyrans qui menaient désormais la France, elle préférait un roi.

Si le premier attentat manqué avait déjà été l'objet d'un immense émoi parmi les robespierristes, le second aboutit à un véritable déferlement de foi populaire. A la Convention et au Club des jacobins on ovationna Maximilien. Plus que jamais, il était la vivante image de la Révolution : ces actions perfides le prouvaient à l'évidence. Aux jacobins, d'anciens amis de Danton proposèrent de le pourvoir dorénavant de gardes du corps qui le protégeraient à chaque pas, nuit et jour. Il s'agissait peut-être d'une manœuvre qui, en fait, n'avait d'autre but que de lui faire injure, ou encore d'un essai, bien maladroit, destiné à prouver qu'ils reniaient désormais leur dantonisme pour se vouer tout entiers à la cause de Robespierre. Quoi qu'il en fût, la suggestion fut déclinée avec dédain. L'« Incorruptible » n'avait pas besoin d'autre protection que celle du peuple révolutionnaire et de Dieu qui veillait à la défense des hérauts de la liberté tant que leur mission n'était pas accomplie.

Pour la seconde fois, le 4 juin 1794 (16 prairial an II), Robespierre fut élu à la présidence de l'Assemblée nationale par deux cent seize voix sur deux cent vingt votants. Or, quatre jours plus tard devait avoir lieu la grande fête de l'Être suprême, décrétée par la Convention : son élévation à la présidence avait, en partie au moins, pour but de lui assurer, en cette solennelle occasion, la place qui lui était due.

Le 20 prairial an II (8 juin), qui coïncidait curieusement avec le dimanche chrétien de la Fête-Dieu, Maximilien se leva encore plus tôt que de coutume. Par la fenêtre de sa chambre, il put voir le ciel limpide et le soleil déjà triomphant. Pour l'heure, Paris respirait le calme et la paix. Bientôt le coiffeur parut ; il frisa et poudra la coiffure de son client avec encore plus d'attention que de coutume. Ensuite, Robespierre ôta avec précaution de son visage toute trace de poudre, à l'aide d'un petit canif. Geste qui lui était habituel. Le coiffeur disparu, il se livra à ses ablutions, puis revêtit des bas de soie blanche, une culotte de nankin (jaune chamois), des souliers à boucles d'argent, une chemise blanche à jabot de fine dentelle, un gilet gris clair, un habit neuf bleu de ciel et noua sur sa taille mince une large écharpe tricolore. Il n'avait plus qu'à se couvrir du grand chapeau tricorne surmonté de plumes bleues, blanches et rouges, et à prendre à la main un bouquet composé d'épis de blé, de fleurs et de fruits. Dans le cortège de ce jour mémorable, tous les députés seraient, du reste, comme lui, reconnaissables à ces trois signes : l'écharge, le chapeau et le bouquet.

Ainsi paré, le « prophète de la Révolution » descendit dans la grande salle commune des Duplay, reçut les hommages de la famille, déclina l'offre à déjeuner et sortit le cœur gonflé de joie : enfin il allait donner à la Révolution son apothéose. D'un pas rapide, il suivit la rue Saint-Honoré dans la direction des Tuileries. Pour l'occasion, toutes les maisons arboraient un drapeau tricolore et certaines s'ornaient de guirlandes champêtres de feuilles et de fleurs. Paris était en fête, et tout au long du trajet, Robespierre fut salué par les passants endimanchés qui le reconnaissaient. On l'aimait, on l'admirait ; chacun se plaisant à louer sa modestie et son courage : l'homme qui incarnait maintenant la Révolution marchait seul dans les rues, sans escorte, comme n'importe quel citoyen. Son visage rayonnait ; il allait réapprendre à ce peuple de France, qui naguère avait été si souvent spolié par les prêtres, le sens et la valeur de la vraie religion. Pour la première fois depuis de longs mois, il avait retrouvé ce fin sourire amène que les âpres tâches du gouvernement lui avaient fait perdre. Ce jour était sans doute le plus beau de sa vie, le couronnement de tant d'efforts acharnés.

Arrivé aux Tuileries, Robespierre rencontra son ami Vilate, l'un des membres du Tribunal révolutionnaire. Moins austère que le président de l'Assemblée nationale, Vilate avait accepté d'être logé aux frais de l'État dans un superbe appartement du pavillon de Flore, dont les fenêtres donnaient sur le jardin des Tuileries. Il demanda à Maximilien s'il avait déjà pris son déjeuner, et sur sa réponse négative l'invita à partager le sien. Dans ses Mémoires, Vilate rapporte que, selon son habitude, Robespierre mangea fort sobrement. Et, plus préoccupé par la fête qui se préparait que par ces prosaïques nourritures terrestres, il allait constamment à la fenêtre, attiré par la foule joyeuse qui commençait à emplir le jardin. Exultant de joie, il prit Vilate par le bras et l'amena à la fenêtre pour qu'il partageât son bonheur. Alors, d'une voix qui trahissait son émotion, il s'exclama : « Voilà la plus intéressante portion de l'humanité. L'univers est ici rassemblé. O Nature, que ta puissance est sublime et délicieuse ! Comme les tyrans doivent trembler à l'idée de cette fête ! » Son allégresse était telle qu'il avait, contrairement à ses habitudes de grande ponctualité, négligé de regarder sa montre. Il aurait dû se trouver à l'Assemblée dès neuf heures, et il était maintenant près de dix heures. Des messagers avaient été dépêchés à sa recherche, mais en vain. Quand il s'aperçut de son retard, il remercia son hôte et partit en courant, sans pour autant oublier ni son bouquet ni son superbe tricorne.

A son entrée dans la grande salle, les députés se levèrent et l'applaudirent vivement. Pourtant, on put entendre, dans les tribunes et sur les bancs des élus quelques petites remarques aigrelettes : « Il fait le roi ! » « Son retard était préparé ; il voulait faire son petit effet », etc.

Sans plus attendre, à sa suite, les députés quittèrent la salle et parurent tous sous l'éclatant soleil de juin. Bientôt, ils prirent place dans un amphithéâtre qu'on avait dressé contre le bâtiment. Robespierre alla s'installer devant un pupitre disposé au centre. La Convention avait été saluée par *La Marseillaise*. Lorsque la musique et les applaudissements cessèrent, l'« Incorruptible » prit la parole d'une voix ferme et qui semblait porter plus que de coutume. « Dieu, dit-il, n'a point créé les rois pour dévorer l'espèce humaine. Il n'a point créé les prêtres pour nous atteler, comme de vils animaux, au char des rois. Mais il a créé l'univers pour publier sa puissance. Il a créé l'homme pour s'aider et pour s'aimer mutuellement, et pour arriver au bonheur par la route de la vertu. »

Les applaudissements crépitèrent et durèrent un long moment. Mais, cette fois encore, certains députés ne purent retenir leur acrimonie : « Écoutez le pontife », disaient les uns ; « Il se prend pour l'envoyé du ciel », ricanaient les autres. Pendant toute la cérémonie, on put entendre sans cesse pareilles railleries, qui, dans l'atmosphère tendue de cette période, n'avaient rien d'innocent.

Quand revint le silence, Robespierre descendit de son perchoir et se dirigea d'un pas ferme vers un grand bassin circulaire au centre duquel avait été disposé un groupe sculptural, constitué de matériaux inflammables, et qui était censé représenter sous des traits monstrueux l'athéisme, l'égoïsme, la discorde et l'ambition. On tendit alors au président de l'Assemblée nationale une torche enflammée qu'il lança contre cette étrange pièce montée. Aussitôt, l'ensemble s'embrasa, une haute colonne de flammes et de fumée monta en tourbillonnant vers le ciel serein, tandis que la foule exaltée reprenait ses applaudissements, mêlés cette fois à de nombreux « Vive Robespierre ! »

Quand les flammes s'estompèrent et que se dissipa l'épaisse fumée, on vit apparaître une statue, plus petite, symbolisant la Sagesse, sculptée dans une belle pierre blanche, hélas toute noircie de fumée. David, l'auteur de cet ensemble, n'avait certainement pas prévu l'étonnant surgissement de cette Sagesse souillée de cendres et de poussières noirâtres. Ce spectacle fut regardé par les plus superstitieux comme un mauvais présage. Et l'on dit que Robespierre lui-même se rembrunit devant cette apparition inattendue.

Mais que la fête continue ! Le voici de nouveau devant son pupitre ; la foule a fait silence. Elle attend l'exégèse de cette curieuse parabole sculpturale. « Soyons graves », commença-t-il d'une voix bien moins assurée que tout à l'heure, « soyons graves et discrets dans nos délibérations, imperturbables dans les dangers, patients dans les travaux, terribles dans les revers, modestes et vigilants dans le succès ; soyons généreux envers les bons, compatissants envers les malheureux, inexorables envers les méchants, justes envers tout le monde. Écrasons la ligue impie des rois par la grandeur de notre caractère plus encore que par la force de nos armes. »

Robespierre inclina légèrement la tête. Sa seconde intervention était achevée. De nouveau des applaudissements nourris, aussitôt interrompus par le chœur de l'Opéra qui interpréta un chant à la gloire de la Révolution et de l'Être suprême.

Pendant cet intermède lyrique, Maximilien resta immobile. Mais à peine les voix s'étaient-elles tues qu'il quitta prestement son pupitre pour rejoindre les autres conventionnels. C'était le signe attendu pour former le cortège. En tête marchaient vingt-quatre sections en armes ; ensuite venaient les députés, tricornes emplumés, écharpes tricolores, bouquets à la main. Tous, par l'uniforme, semblables à Robespierre. Au milieu de cette longue colonne de « défenseurs de la République », traîné par huit bœufs aux cornes adornées, s'avançait un équipage symbolique portant une gerbe de blé, une charrue et une presse à imprimer, le tout reposant sur les puissantes ramures d'un arbre de la liberté. Vingt-quatre autres sections de Parisiens en armes fermaient la marche. Derrière enfin, et dans un grand désordre bigarré, la foule. Houle immense qui communiait unanimement avec les héros du jour.

Après avoir traversé la Seine, lentement la procession passa devant l'hôtel des Invalides et se dirigea vers le Champ-de-Mars. En sa qualité de président en exercice de l'Assemblée nationale, l'« Incorruptible » marchait seul, grave, recueilli, quelques pas en avant de ses collègues. Mais au long de ce parcours triomphal, tandis que la foule ne cessait de l'acclamer et de crier son nom, que ce soit fortuitement ou de propos délibéré, l'espace qui le séparait de ses suivants se creusa peu à peu. Au terme de l'itinéraire, Robespierre était loin devant, à plus de trente pas, dit-on. Nombreux furent alors ceux qui entendirent — sans doute l'entendit-il lui-même — certaines remarques qui, lancées par des conventionnels, prenaient des allures de fronde : « Il ne lui suffit plus d'être le maître, il veut être Dieu ! » « Écoutez comme on l'applaudit. Mais qu'il y prenne garde, il n'y a qu'un pas du Capitole à la roche Tarpéienne ! » « Il se croit César, mais il y a encore des Brutus ! » « Nous nous ridiculisons à le suivre dans cette cérémonie grotesque » « Avant il y avait des prêtres, aujourd'hui il y a un grand prêtre ! » etc.

Robespierre ne se détourna pas une seule fois ; il était ailleurs. Au-dessus de la mêlée, tout à sa foi en Dieu, tout à son amour de la république. Il s'avançait, fidèle à son dessein. Parfois il souriait à la foule qui l'appelait par son nom et lui criait sa vénération.

Sur le Champ-de-Mars, où peu de temps auparavant se dressait encore l'autel de la patrie, on avait, pour la circonstance, édifié une butte symbolique à l'ombre d'un arbre de la liberté. Les députés, suivant Robespierre, gravirent en silence les degrés qui conduisaient au sommet de cet invraisemblable monument, qui n'était, certainement pas, le point culminant du bon goût. Autour de cette « montagne sacrée » était aligné un groupe de plusieurs centaines de ceux que la littérature de l'époque appelait simplement les « adolescents ». En réalité, il s'agissait de jeunes révolutionnaires fanatiques, espèce de garde prétorienne de la république, qui tous, pour la circonstance, étaient armés d'un sabre, et certains de fusils. Face à la montagne surgie des imaginations de Robespierre, de David et de quelques autres, à quelques dizaines de mètres, se tenaient massés des milliers de musiciens et de choristes. La foule, innombrable et bruyante, circonvenait cette scène prodigieuse. On entendait les rires des femmes, les pleurs des enfants, les cris des limonadiers ambulants et des marchands de journaux.

Soudain s'élevèrent tout autour de la butte d'énormes nuages d'encens. Le public fit silence. Un trompette monté sur une large colonne de style ionien lança un signal strident. Alors éclata l'hymne que Chénier avait composé et que Gossec avait mis en musique. Cent mille voix s'y associèrent. Maintenant, le Champ-de-Mars n'était plus que tourbillons d'encens et apothéose sonore. Les cloches des églises de la capitale sonnaient à toute volée ; le canon du Pont-Neuf grondait ; les jeunes gens tiraient leurs sabres et les brandissaient en l'air ; des milliers de jeunes filles en robe blanche répandaient des fleurs à foison. Après l'hymne de Gossec et de Chénier, quelques minutes de silence, puis les voix et les instrumentistes attaquèrent celui de Méhul : « Père de l'Univers, Suprême Intelligence ! »

Au sommet de sa montagne, Maximilien Robespierre dominait la vaste assemblée. On l'a décrit figé, pâle, les yeux fermés. Pensait-il en cet instant où il tentait de réaliser les noces de Dieu avec « sa Révolution », à cette phrase lapidaire qu'il avait laissé tomber un soir à la Convention, après avoir échappé à un attentat : « J'ai assez vécu » ?

L'étrange cérémonie du nouveau culte s'acheva ; les musiques, le canon et les cloches se turent ; la grande marée humaine lentement se dispersa et les députés redescendirent sur terre. Ainsi s'achevait la communion panthéiste du 20 prairial an II.

Après tout ce vacarme, le silence ; après ce déferlement, le vide. Et ce fut pendant leur retour — toujours en cortège — jusqu'aux Tuileries que Maximilien put le mieux saisir la plupart des remarques menaçantes de quelques conventionnels. Cette fois, l'exaltation de la fête était passée, son écharpe tricolore était moins bien nouée, et dans ses mains moites, le bouquet champêtre achevait de se déliter. L'« Incorruptible » était triste, et cependant, de sa vie, il n'avait été autant acclamé. Jamais, aux yeux de tous, il n'avait encore joué rôle aussi grandiose. Mais les pressentiments l'accablaient. Il rentra seul chez les Duplay, las, et d'un pas bien moins ferme que celui qui, par la rue Saint-Honoré, l'avait porté vers les Tuileries en cette radieuse matinée. C'est profondément déprimé qu'il franchit le porche de la maison du menuisier, et comme ses hôtes lui parlaient avec enthousiasme de la fête où, bien entendu, ils s'étaient rendus eux aussi, il prononça seulement ces mots énigmatiques : « Mes amis ! Vous ne me verrez plus longtemps. » La phrase aurait pu être tirée de l'Évangile. Puis, sans dîner, il monta lentement l'escalier qui le menait à sa chambre.

Et pourtant, ce fut après cette fête du 20 prairial que la popularité de Robespierre culmina. Plus que jamais affluèrent les lettres passionnées dont les auteurs étaient souvent des femmes. Toujours les mêmes mots revenaient : « Je te regarde comme mon ange tutélaire » ; « Admirable Robespierre, tu es ma divinité suprême » ; « Génie incorruptible », etc.

Aux yeux du plus grand nombre, la « fête de l'Être suprême » était sans nul doute un triomphe qui, pour quelques semaines encore, allait voiler le mécontentement et les complots de certains conventionnels. L'euphorie gagna les journalistes, et Boissy d'Anglas écrivit le 12 messidor an II : « Robespierre en parlant de l'Être suprême me rappelait Orphée enseignant aux hommes les premiers principes de la civilisation et de la morale. » Hors de France, le choc ne fut pas moins grand. Pour les chancelleries européennes, Maximilien était la vivante incarnation de la république et le seul véritable espoir de paix entre la France et ses ennemis. D'aucuns imaginaient même qu'il préparait en secret la restauration de la monarchie. Tous parlaient désormais de « l'armée de Robespierre » et de « la flotte de Robespierre » lorsqu'il s'agissait des armées de la république.

Jacques Mallet, Du Pan, publiciste suisse tout acquis à la cause de la royauté, écrivit dans ses *Mémoires* : « La fête de l'Être suprême produisit au-dehors un effet extraordinaire ; on crut que Robespierre allait fermer l'abîme de la Révolution, et peut-être cette faveur naïve de l'Europe acheva-t-elle la ruine de celui qui en était l'objet[1] ».

---

1. *Mémoires*, tome II.

Chapitre XXX

TEMPÊTES

    La fête du 20 prairial, apothéose populaire, saluée bientôt par l'Europe entière, avait été pour Robespierre un choc insurmontable : plus que jamais, il avait pris conscience de l'ampleur que prenait la « faction des méchants » (*sic*) au sein de la Convention. De surcroît, il était las, fatigué d'une fatigue qui tournait au pathologique. Depuis cinq ans, sans cesse, et sans jamais se ménager, il avait défendu les grands principes qui, désormais, constituaient les assises mêmes de la république.
    Il avait toujours voulu éviter les actions extrémistes ; mais trop souvent des proconsuls sans foi ni loi s'étaient servis de son nom pour commettre les pires atrocités. Ainsi, quand Fouché fit mitrailler les Lyonnais, il essaya de masquer sa culpabilité, en déclarant qu'il n'avait fait qu'obéir aux ordres de Robespierre. Celui-ci, dès qu'il eut connaissance des monstruosités de ce commissaire, le fit rappeler à Paris. Et Fouché trembla : il savait combien Maximilien était avare du sang des Français. La gloire même de l'« Incorruptible » allait maintenant le desservir : tous les ambitieux, tous les conspirateurs entreprirent de le charger de leurs forfaits, de leurs abominations.
    La grave faute de Robespierre fut de les dédaigner le plus souvent et de ne leur répondre que par une retraite de plus en plus incompréhensible aux yeux même de ses amis Couthon, Saint-Just et Lebas. Sans doute pensait-il sincèrement avoir rempli son rôle, et que la force même de la

Révolution allait bientôt le broyer à son tour. Il ne fit rien, n'entreprit aucune action pour éviter sa fin tragique. Il aurait pourtant pu réagir vivement et, en se sauvant, sauver les grands principes qui lui étaient si chers. Hélas, une incoercible torpeur le terrassa dès les premiers jours de prairial. Par trop convaincu peut-être de son destin inévitablement tragique, il croyait ne plus pouvoir poursuivre son œuvre, s'en remettant à la postérité pour juger de ses actions.

Il était simplement « un esclave de la liberté, un martyr vivant de la République, la victime autant que l'ennemi du crime ». Et quel fut son propre crime ? Le zèle, parfois aveugle et dogmatique, qu'il apporta à défendre la cause de la patrie.

On ne saurait comprendre son attitude par trop passive en thermidor, si l'on ne tient pas compte du très profond écœurement qu'il ressentit en mesurant d'un coup la vanité de ses efforts. Il était ulcéré par les calomnies savamment distillées, non cette fois, par des royalistes, mais par un certain nombre de ses anciens compagnons, les députés « patriotes ». Le conventionnel Vadier, Fouché et ses acolytes n'avaient-ils pas répandu cette fable, qu'il scellait ses lettres d'un cachet armorié d'une fleur de lis, et qu'il pensait sérieusement épouser Madame Royale, afin d'établir, à son profit, une nouvelle monarchie légitime ? Il s'abandonna, d'un seul coup, au découragement. Et bien qu'il s'en défendît toujours, les attentats dirigés récemment contre sa personne l'avaient grandement affecté. Malgré les témoignages de sympathie et de fidélité, qu'on lui prodiguait alors sans cesse, il sentait ses jours comptés. « Jamais les défenseurs de la liberté n'ont cru devoir vivre pendant une longue suite d'années », constatait-il le 6 prairial an II.

Il accepte avec stoïcisme ce destin tragique ; il se révolte parfois encore contre la force des choses à laquelle il semble maintenant accorder un assentiment tout fataliste. Les attaques des députés, qui rapidement deviennent continuelles, l'entretiennent dans un état de surexcitation, et il semble désormais incapable de garder son sang-froid face aux dénigrements inlassablement répétés par les « ultra-terroristes ». Il serait injuste de ne pas relever également combien cinq années de continuelle présence sur la grande scène politique et un labeur acharné — il dormait à peine quatre heures par nuit — ont ébranlé sa santé et aigri son caractère. Dès le printemps 1794, il devient irritable et distant, et, après le 20 prairial, son célèbre sourire, que les peintres ont si souvent restitué, disparaît complètement. Triste et harassé, il fuit maintenant les débats d'assemblée et toute rencontre avec le public : du 24 prairial au 8 thermidor, on ne l'entendra plus à la Convention. Jusqu'au 10 messidor, il assistera encore aux séances du Comité de salut public avec une certaine régularité. Mais il ne contresignera plus que très rarement les arrêtés. Sa vie semble s'être arrêtée le soir du 20 prairial.

Le viol de l'opinion par les éléments les plus corrompus et les plus sanguinaires de l'Assemblée et des comités faisait rapidement son chemin. Bientôt, alors que Robespierre s'abandonnait dans sa chambre de la rue Saint-Honoré à ses sombres pensées, les histoires les plus fantaisistes et les plus horribles circulaient sur son compte, habiles pièces montées par ses ennemis qui me connaissaient que trop bien la puissance du dénigrement et de la calomnie. Les Duplay, ou un ami de passage, Lebas ou quelque autre ne manquaient jamais de le renseigner sur cette véritable campagne organisée par les membres les plus vils de la Convention, afin de le destituer ou même de le conduire à la guillotine.

Mais rien n'y faisait ; une léthargie profonde semblait s'être emparée de tout son être ; et s'il tentait encore d'agir pour sauver les grands principes de la Révolution, il ne le faisait plus guère que par l'intermédiaire des voix fidèles de ses deux amis, Saint-Just et Couthon, tant à l'Assemblée qu'auprès des comités. C'est ainsi que le 22 prairial, le triumvirat, Robespierre, Couthon et Saint-Just, semblait, une dernière fois, renforcer sa position face aux conventionnels factieux, menés par Fouché, Tallien et Barras, quand Couthon présenta, « au nom du Comité de salut public », à la Convention tout entière, une nouvelle loi, celle qui, mal comprise et appliquée aussitôt avec excès par les ennemis de l'« Incorruptible », devint la « funeste loi de prairial ».

La loi, il est vrai, était au moins dans ses termes, assez menaçante : « Toute lenteur est un crime ; toute formalité un danger public. Le délai pour punir les ennemis de la patrie ne doit être que le temps de les reconnaître. » Le texte est terrible, manquant de nuances. De plus il apparaît nettement comme improvisé pour surprendre les « ultra-terroristes » dans leurs propres actions et les soumettre maintenant à une loi, peut-être vague, mais néanmoins suffisamment constitutionnelle pour réduire l'action des commissaires-terroristes.

La « loi de prairial » était mal libellée, et permettait le développement de l'action de tous les ultra-terroristes. Ainsi, dans son article 6, le texte du triumvirat ne désignait que trop vaguement les coupables promis à la guillotine : « Ceux qui auront cherché à dépraver les mœurs, à altérer la pureté et l'énergie des principes révolutionnaires ; tous ceux qui, par quelque moyen que ce soit, et de quelque dehors qu'ils se couvrent, auront attenté à la liberté, à l'unité, à la sûreté de la République ou travaillé à en empêcher l'affermissement. »

Énoncé suffisamment ambigu pour être redoutable. Laissée entre les mains des extrémistes, cette loi allait en effet frapper à l'aveuglette. Et ce fâcheux article 6 pouvait, hélas, s'appliquer, d'une manière ou d'une autre, à tout le monde. En cette période de grande tension politique, où les positions les plus radicales étaient à leur comble, la « loi de prairial » répondit par une rigueur abstraite non moins condamnable. Que l'on en juge encore : le recours de l'avocat est aboli. Article 7 : « les défenseurs naturels et les amis nécessaires des patriotes accusés, ce sont les jurés patriotes ; les conspirateurs ne doivent en trouver aucun ». Mais, par où passait donc la ligne de démarcation entre les « vrais patriotes » et les « conspirateurs » ?

Par ailleurs, les procès politiques ne devaient plus, à l'avenir, comprendre d'information judiciaire. Conséquence logique, tout interrogatoire préalable serait supprimé. L'audience suffirait pour que les juges se fassent, séance tenante, une opinion définitive et ordonnent, tantôt la relaxation, tantôt l'exécution de l'inculpé. Partant, les témoins eux-mêmes seraient rejetés, si le tribunal considérait qu'il « a suffisamment de preuves, soit matérielles, soit morales » (article 13).

Cette loi, dont on ne pourrait nier l'arbitraire, avait été façonnée dans un seul but : agir vite, punir sans attendre les contre-révolutionnaires, renforcer la Terreur pour les ennemis de la Révolution, ne plus leur laisser d'échappatoire. Le principe même de cette « loi de prairial » n'en reste pas moins à tous les niveaux extrêmement dangereux ; il permettra d'ignobles vengeances et les plus sordides règlements de comptes. Toutes les époques révolutionnaires suscitent de telles mesures extrêmes, et l'horreur même de la loi, aussi paradoxal que cela puisse paraître, n'est souvent alors qu'un régulateur, une mesure de « modération » face au déferlement brutal des passions et des complots qui, sans trêve, semblent renaître de leurs cendres. Dans son essence, le processus révolutionnaire porte en lui le germe de son autodestruction : c'est un carrousel fou où, tour à tour, les têtes des idoles de naguère tombent dans une mare de sang autour de laquelle dansent une horde de harpies déchaînées. Il ne pourra jamais y avoir de « vraie Révolution » que totale, extrême et cathartique : « Ceux qui font des révolutions à moitié n'ont fait que se creuser un tombeau. Ce qui constitue une république, c'est la destruction de tout ce qui s'oppose à elle » (Saint-Just).

Cependant, dans le cas très particulier de la « loi de prairial », il est impossible de ne pas se poser la question : pourquoi Robespierre, qui était dans une très large mesure l'auteur ou l'inspirateur de ces articles, ne vint-il pas lui-même les présenter, les commenter et les illustrer devant la Convention réunie ? Pourquoi confia-t-il à l'infirme Couthon la lourde tâche de défendre ce texte du haut de sa chaise mécanique d'invalide ? Lassitude ou émotivité exacerbée, qui, après l'échec politique de la fête du 20 prairial, ne lui aurait peut-être pas permis d'aborder avec assez de fermeté le flux des interventions et des questions ? Peur d'être, cette fois, allé trop loin et inaptitude à l'admettre ?

Désormais, chacun le devinait : le choc serait bientôt inévitable entre les défenseurs des authentiques principes révolutionnaires et tous ceux qui, au sein de l'Assemblée, savaient qu'ils auraient — malgré leur toute relative immunité parlementaire — à répondre de leurs crimes de sang, de leurs innombrables exactions et de leurs impardonnables rapines. Le moment crucial était arrivé : soit la Révolution allait enfin connaître un temps d'équilibre, pour, peu à peu, s'apaiser et se faire plus clémente, soit les concussionnaires de tous bords seraient assez prompts et adroits pour parvenir, en quelques semaines, à discréditer les plus intègres d'entre les chefs républicains, tant aux yeux de la majorité des conventionnels que face à la nation entière. Alors, le règne du compromis, de l'argent et des ambitions débridées succéderait, sans transition, à la vertueuse utopie de l'« Incorruptible ».

Pour un temps, les députés s'inclinèrent, parfois en tremblant, devant les impératifs de la nouvelle loi. Mais dès les premiers jours de messidor, certaines actions furent tramées dans l'ombre. Il s'agissait de faire croire au peuple que les plus effroyables abus de la Terreur étaient tous le résultat de la folie criminelle du « Chat-tigre ».

Désormais, c'était une idée de Fouché, on fit passer la charrette des condamnés par un nombre sans cesse croissant de rues. Chacun dans Paris devait pouvoir contempler le désolant spectacle de ces hommes et de ces femmes que l'on conduisait au supplice. Des haltes avaient même été prévues aux carrefours, et quand la foule se massait autour des tombereaux de la mort, des agitateurs stipendiés s'écriaient : « C'est Robespierre qui l'a voulu ! » Ce mois de messidor an II (juin-juillet 1794) allait laisser dans les mémoires un affreux souvenir et devenir le cliché même de « l'abomination révolutionnaire » (Mme de Staël). La police politique, qui échappait de plus en plus au contrôle du Comité de salut public, était partout. Chacun craignait pour sa vie, et nombre de députés eux-mêmes se résignaient à ne plus rentrer chez eux ; certains changeant même de gîte chaque nuit. Tous, des plus humbles aux plus fortunés, se répétaient le *Questionnaire du suspect*, qui trop souvent servait d'unique interrogatoire : « Es-tu noble ? » « Es-tu prêtre ? » « As-tu été agent de change ? » « As-tu fait un don patriotique ? » « As-tu payé tes impôts ? »

Toutes les réponses devaient revêtir un caractère affirmatif, dualiste, « oui », ou « non ». A la moindre hésitation, une instruction sommaire, qui ne durait guère plus que quelques heures, était ouverte, et, la conclusion de ces procès arbitraires était presque toujours la mort.

Ce que la population ne pouvait plus savoir, tant son opinion était à présent déformée par la propagande subtilement instillée par les hommes de Fouché, c'est que Robespierre avait toujours été hostile à ce procédé, œuvre des « ultra-terroristes ». Lui, pendant ce temps, convaincu qu'il ne pouvait plus endiguer cette marée de haine, persuadé aussi que sa fin était proche, se contentait le plus souvent de relire Rousseau et de se promener dans les bois, seul, ou en compagnie d'Éléonore Duplay et de son chien Brount. A Paris, et déjà même en province, les calomnies des factieux faisaient leur œuvre délétère. Ce peuple si frivole, qui avait adulé Maximilien lors de la fête, pourtant encore si proche, de l'Être suprême, parlait maintenant de lui comme du « tyran maudit », du « monstre » ou du « buveur de sang ». Pour organiser cette affreuse campagne visant à l'anéantissement d'un homme et d'une œuvre, un mois à peine avait suffi à ces comploteurs avérés, qui, tous, pourtant, s'étaient vautrés dans le crime, sans jamais tenir compte des larges consignes de clémence inlassablement répétées par Maximilien et diffusées sous forme d'imprimés officiels dans toutes les mairies, dans tous les bureaux de sûreté.

Les têtes de la conspiration tendant à la ruine rapide de Robespierre étaient bien ces « hommes gorgés de sang et de rapines », qu'il voulait traduire devant le Tribunal révolutionnaire pour leur cruel proconsulat. Peut-être assez imprudemment, il n'avait guère caché sa volonté d'en faire exécuter « cinq ou six ». Barras, Fouché, Tallien, Fréron, Carrier et Rovère savaient parfaitement que l'« Incorruptible » les désignait quand il déclarait, dès avant le 20 prairial, du haut de la tribune de l'Assemblée nationale : « Malheur à quiconque oserait diriger vers le peuple la Terreur réservée à ses ennemis [...]. Vous ne pourriez jamais vous imaginer certains excès commis par des contre-révolutionnaires hypocrites pour flétrir la cause de la Révolution ! »

Nul doute pour ces hommes, qui s'étaient rendus coupables d'actes de barbarie sanguinaire dans les provinces, qu'ils ne trouveraient pas grâce aux yeux de ce censeur aussi terrible que vertueux. Ils pouvaient certes compter encore sur de puissants protecteurs au sein même du gouvernement, étant eux-mêmes députés et, par conséquent, plus difficiles à abattre que de vulgaires assassins. Néanmoins, si Robespierre, Couthon et Saint-Just — le « triumvirat » — dominaient encore l'Assemblée et les comités, ils devinaient que leurs jours étaient comptés.

Acculés à une action rapide, les « ultra-terroristes » profitèrent donc de la fatigue de Maximilien pour tenter de l'anéantir au plus vite. Cependant, pour abattre ce diable d'homme, ils étaient également contraints de renverser le gouvernement révolutionnaire dans sa totalité. De là, l'orientation même de leur complot : frapper Maximilien, mais en frappant le Comité de salut public.

L'entreprise n'était pas sans risques, et ce ne fut pas avant le 8 thermidor, lorsque tous les conventionnels purent constater que le grand comité était irrémédiablement divisé, que les conjurés décidèrent d'assurer leur action en concentrant leurs coups sur le « triumvirat ».

Parmi les députés, nombreux étaient ceux qui, lassés par l'indiscutable irascibilité du « grand prêtre de l'Être suprême », ne demandaient qu'à seconder ses plus mortels ennemis. Déjà Bourdon (de l'Oise), l'un des principaux persifleurs lors de la fête du 20 prairial, avait imaginé un plan pour assassiner Robespierre au milieu de l'Assemblée nationale. L'image de Brutus et de ses comparses poignardant Jules César en plein Sénat hantait les esprits.

Pour rallier les indécis, Fouché, Tallien, comme les anciens amis de Danton, Courtois, Legendre et Thuriot, faisaient maintenant circuler une liste de noms « trouvée par hasard », où figuraient les députés à traduire devant le Tribunal révolutionnaire. C'était un faux. Néanmoins, l'effet fut foudroyant : trente députés jurèrent aussitôt de s'allier aux conspirateurs. L'alerte ainsi donnée par les ultra-terroristes semblait, de surcroît, recevoir sa confirmation dans la « loi de prairial », si toutefois on l'interprétait comme permettant de poursuivre les députés devant le redoutable Tribunal révolutionnaire, sans autorisation préalable de la Convention. Pourtant, aucun argument solide ne permettait de supposer que Robespierre désirait donner à cette loi pareille portée. Au demeurant, pourquoi eût-il voulu renforcer le pouvoir du grand comité, où son influence était de plus en plus battue en brèche, aux dépens de la Convention dont il semblait encore être en mesure de contrôler les divers courants qui l'animaient ?

Au sein du Comité de salut public, Billaud-Varenne et Collot d'Herbois soutenaient les proconsuls ultra-terroristes et s'opposaient farouchement à la volonté de Robespierre de les livrer au Tribunal révolutionnaire. Par ailleurs, Carnot, que Saint-Just eut un jour la maladresse de menacer de la guillotine, s'en prenait de plus en plus souvent au triumvirat. La principale cause de la mésentente entre Robespierre et Carnot résultait de l'insistance avec laquelle ce dernier voulait faire sortir de Paris l'artillerie des sections de la Commune. Il apparaît nettement que ce projet trouvait sa source dans des considérations plus politiques que militaires. La Commune était maintenant toute dévouée à Maximilien, et réduire sa puissance de feu, c'était, du même coup, réduire celle de l'« Incorruptible ». Dans ce calcul, Carnot oubliait cependant une donnée fondamentale, à savoir que si Robespierre puisait effectivement sa force dans l'adhésion inconditionnelle des sections de la Commune, il n'en allait pas autrement pour le gouvernement, dont lui-même faisait partie. L'équation était fort simple : renverser Robespierre, c'était renverser la Commune, et du même coup mettre fin au gouvernement révolutionnaire et à la république jacobine.

Quant aux membres du Comité de sûreté générale, ulcérés de n'avoir pas été consultés — et ce fut là, une grave erreur psychologique — lors de l'élaboration de la « loi du 22 prairial », ils résolurent aussi de se venger.

A cet effet, ils s'avisèrent de rejeter sur le Bureau de police générale, et par là sur Robespierre, tous les excès que le comité avait lui-même commis. Dès lors, tout acte arbitraire apparut comme l'œuvre de Maximilien, qui, le plus souvent, n'était même pas tenu au courant de ces multiples exactions. Mais ils disposaient d'autres moyens encore pour le harceler et le perdre aux yeux des Parisiens. Ils profitèrent des récents attentats contre sa vie pour livrer à l'échafaud cinquante-quatre royalistes, victimes innocentes de cette sourde lutte. Les malheureux furent immolés avec un abominable raffinement de mise en scène. Vêtus de rouge, comme « assassins de l'Assemblée nationale », donc parricides, ils furent conduits jusqu'à la guillotine installée depuis peu à la Barrière du Trône, accompagnés d'un détachement de gendarmes à cheval et de « hérauts » qui s'époumonaient à crier : « Voici les meurtriers qui voulaient tuer Robespierre ! » Parmi eux figuraient le père, le frère et la tante de Cécile Renault, et une pauvre petite couturière de seize ans, qui, placée sur la planche de la guillotine, demanda au bourreau : « Est-ce que ma tête est bien comme cela, Monsieur ? » Pourtant l'horreur ne suffisait pas. On attribuait à Robespierre tous les crimes perpétrés par les plus vils éléments du Comité de sûreté générale, ce qui, bien entendu, ruinait peu à peu son crédit auprès de la grande masse.

Mais un homme peut cesser d'être l'idole des foules ; il peut même être haï, et néanmoins se maintenir longtemps encore au pouvoir. En revanche, qui pourrait encore gouverner après avoir été la risée du peuple ? De ce sordide calcul naquit la plus invraisemblable histoire. Vadier et Barère, que Robespierre avait si souvent défendus au Club des jacobins, imaginèrent un coup qui, espéraient-ils, le ferait définitivement sombrer dans le ridicule. Dans une sombre ruelle tapie à quelques pas du Panthéon, vivait Catherine Théot, une vieille femme récemment sortie d'un asile d'aliénés, et qui groupait autour d'elle quelques naïfs convertis à l'étrange religion qu'elle prêchait. Sa doctrine, espèce de salmigondis d'astrologie et d'occultisme, sans doute héritée des théosophies ésotériques qui avaient fleuri en France et en Europe durant la plus grande partie du XVIIIe siècle, n'attirait guère que des esprits simples et superstitieux. Ces étranges recrues avaient conféré à Catherine Théot le surprenant titre de « Mère de Dieu ». Parmi ses adeptes, on trouvait un ancien constituant, le moine Dom Gerle, qui, ayant voté avec la gauche à maintes reprises, tenait de Robespierre un certificat de civisme en bonne et due forme. Une belle-sœur de Mme Duplay fréquentait également l'étrange cénacle.

Vadier qui, par les renseignements de ses agents secrets, avait eu vent des activités de cette curieuse mais bien inoffensive secte, résolut d'en faire une véritable machine de guerre contre Robespierre. De fait, rien n'était plus facile que de métamorphoser ces misérables réunions en un sombre et redoutable complot royaliste. Quant aux rapports avec Robespierre, l'imagination, débordante disait-on, de Vadier allait aussi les créer de toutes pièces. Un matin, il y eut une visite domiciliaire de la police dans l'antre de Catherine Théot. Il en résulta l'arrestation immédiate de celle-ci et d'un certain nombre de ses disciples. Mais l'affaire ne s'arrêta pas en si bon chemin : lors de la perquisition chez la « Mère de Dieu », on trouva, sous son matelas, une lettre « de sa main » où elle parlait de Robespierre comme du « Fils de l'Être suprême » ; « le Messie désigné par les prophètes » ; « le Rédempteur du genre humain » ; « le Verbe éternel », etc. Miracle de la foi ou simple complot policier, car la vieille Théot ne savait pas écrire ! Mais comme la « découverte » de cette secte tombait à pic, quelques jours à peine après la grande célébration robespierriste dédiée à l'Être suprême !

La suite est facile à imaginer : huit jours après cette mémorable solennité, on vit monter à la tribune de l'Assemblée un Vadier au rictus voltairien et au regard brillant de satisfaction. Étrange homme que ce Vadier ; il avait alors cinquante-huit ans, mais en paraissait dix de moins, imbu de la « science des philosophes », il possédait une excellente culture littéraire, et sans doute eût-il rendu de plus insignes services comme président d'une quelconque académie provinciale toute dévouée aux poésies élégiaques. Mais aujourd'hui, ce Méridional né à Pamiers en 1736, aimait à se présenter comme un tribun pourfendeur d'idoles, de dieux et de dévots. D'une voix calme, bien posée, il présenta son rapport sur cet « affreux foyer infesté de royalistes [...]. Cachant sa pestilence sous les enseignes de la religion en plein cœur de Paris ».

Ce jour-là, Robespierre avait enfin daigné se rendre à la Convention, et, de plus, il en présidait la séance. Pendant tout le temps de la lecture de Vadier qui, manifestement, s'amusait beaucoup en contant l'histoire de la « Mère Théos » — il affectait de donner à la pauvresse ce nom, qui en grec signifie Dieu, plutôt que de la nommer simplement Théot —, Maximilien demeura impassible, renfrogné et comme absent. Fin stratège, Vadier eut bien soin de ne mentionner lors de cette séance ni Robespierre ni la fameuse lettre, prétendument trouvée sous le matelas de la vieille femme. Il savait combien c'était inutile, puisqu'il en avait parlé lui-même, avec force détails, à presque tous les députés. Ces députés ne cessaient maintenant de fixer en souriant le grave président, qui, de toute évidence, refusait de se sentir concerné par cette histoire absurde. Dans ses Mémoires, le conventionel Chasles rapporte combien, après cette séance, Vadier exultait répétant à qui voulait l'entendre : « Ah, ah ! Quand je leur ai fait mon rapport, voyez-vous, le fanatisme a été abattu d'un seul coup. D'un seul coup ! Il en a pour longtemps avant de se relever, et Robespierre ! Fini ! Anéanti ! Plus que mort : je l'ai abîmé ! »

Déjà, le procureur Fouquier-Tinville, qui n'aimait guère l'« Incorruptible » et s'était allié aux conspirateurs décidés à le renverser, brûlait d'engager la procédure. Se faisant l'écho de Vadier, il affirmait que l'on était là en face d'un redoutable complot royaliste. Mais, Robespierre, qui avait gardé le silence jusque-là, se déchaîna littéralement lors d'une séance du Comité de salut public. Les nerfs à vif, il s'en prit à Collot d'Herbois et à Billaud-Varenne, les menaçant de les faire traduire devant le Tribunal révolutionnaire. Puis, les esprits se calmèrent peu à peu, et l'on se décida à appeler Fouquier-Tinville. Il fut reçu par les membres du comité cérémonieusement assis derrière une longue table. Maximilien lui déclara, sans se départir de son calme, « au nom du comité », qu'il convenait d'arrêter immédiatement tous les développements de cette stupide affaire Théot. Fouquier-Tinville insista, mais Couthon lui coupa la parole et lui intima l'ordre de se retirer. Derechef, Fouquier alla se plaindre au Comité de sûreté générale. A la question de Vadier, il répondit en balbutiant : « Il, il ne veut pas... » ; « Qui *il*, Robespierre sans doute ? » interrogea Vadier. Et Fouquier, tout écrasé par cette affaire, se contenta de répondre oui d'un signe de tête.

Maximilien, qui avait très précisément mesuré le danger que représentait cette médiocre machination de Vadier et de Barère, l'emportait une fois encore. Mais lorsqu'il exigea la révocation de Fouquier-Tinville, la majorité de ses collègues s'y opposa fermement.

Avec cet épisode — qui semble bien mince — de la « Mère de Dieu », les dissensions entre Robespierre et ses adversaires des deux comités atteignirent alors leur point culminant. Peu après, Maximilien cessait effectivement toute participation au gouvernement révolutionnaire.

Chapitre XXXI

OURAGANS

Son retrait en un pareil moment scellait sa perte à plus ou moins brève échéance. Mais nul ne put l'amener à changer d'attitude. Pour lui, cette fois, le divorce était complet avec les comités, et déjà partiel avec la Convention. Or, le malaise qui régnait au gouvernement, à la Convention et même au sein du Club des jacobins, se répandit alors à travers la capitale comme une traînée de poudre. L'atmosphère se fit orageuse ; c'était la chaleur étouffante qui annonce la grande tempête. Toute la population de Paris pressentait maintenant l'imminence de fatales échéances. Déjà les rumeurs les plus étranges circulaient. Un matin, les petits crieurs de journaux annoncèrent dans les rues cette incroyable nouvelle : « La grande arrestation de Robespierre ! » Les pauvres ! Ils eurent à peine le temps de proférer ces quelques mots, qui leur étaient dictés par des membres souterrains de la classe politique, qu'ils furent arrêtés.

Depuis sa retraite de la rue Saint-Honoré, Maximilien se souciait peu du tumulte. Il préparait laborieusement un nouveau discours, qu'il voulait définitif, capable enfin de scinder en deux les membres de l'Assemblée et des comités : les vrais révolutionnaires d'un côté, les ultra-terroristes et les royalistes de l'autre. Par ces lignes, il essayait d'ignorer les « eaux fangeuses » des complots. Hélas, lors de la rédaction de ce texte, il fit la sourde oreille à tous les conseils de prudence que quelque ami lui suggérait, tel le jeune Payan, l'agent national, qui, à plusieurs reprises, s'efforça pourtant de lui faire comprendre que l'heure n'était déjà plus aux joutes oratoires. Ce qu'attendaient les dizaines de milliers d'hommes des sections de la Commune, tous encore dévoués à Robespierre, c'était une action directe, rapide et qui, à jamais, culbuterait les factieux de tous bords en sauvant la Révolution, aujourd'hui plus menacée à l'intérieur de la Convention que sur les frontières de la république. Perdu dans ses pensées, et trop épris de légalisme, le tribun n'écouta personne. Quand il ne travaillait pas à ses notes, encore éparses, quand il ne se consacrait pas à sa coutumière promenade aux Champs-Élysées, il aimait s'entretenir avec les membres de la famille Duplay. Un jour qu'Élisabeth lui faisait part de sa foi peu assurée en Dieu, il lui répondit vivement : « Tu as tort ! Tu seras malheureuse de ne pas y croire. Tu es bien jeune encore, Élisabeth. Pense bien que c'est la seule consolation sur la terre ! »

Pendant cette période, il se rendit à Montmorency. S'asseyant sur une pierre devant la charmante maison où Rousseau avait séjourné, s'absorbant dans les bruits de la nature, il resta un long moment méditatif, tout épris du souvenir de celui qui avait été son maître et son inspirateur.

L'orage était proche, et pourtant il se refusait toujours à agir. Avait-il donc tant changé en un an, celui-là, qui, par la seule force de son verbe, avait à maintes reprises retourné des situations qui paraissaient bien plus désespérées que la présente ?

Aujourd'hui, et bien que tout son comportement traduise le contraire, il sait que vaines sont les paroles, et que seule l'action armée, rapide, foudroyante, écraserait les comploteurs et leurs acolytes. Il n'a guère besoin des conseils réitérés du brave Payan pour porter sur la situation présente une analyse froide et nette.

Mais en aucun cas, il ne veut avoir recours à des procédés qui le transformeraient assurément en dictateur, et peut-être bientôt en tyran. Car l'enchaînement des pouvoirs autoritaires est une roue terrible, qui tourne de plus en plus vite. Les meilleurs, pris dans ce mouvement, ne s'en sortent pas. L'Empire romain avait prouvé combien ce processus était vrai ; on y avait vu de sages adolescents, respectueux des lois, devenir peu à peu, parce qu'ils suivirent les conseils de leurs prétoriens, d'abominables tyrans. Robespierre, qui connaissait parfaitement l'histoire de la République et de l'Empire romains, savait tout cela, et le rôle de tyran ne lui convenait pas. Il le laissait à d'autres.

Dans ces journées, où enfermé dans sa chambre, il tournait et retournait sa plume dans l'encrier, sa décision était arrêtée : il ne deviendrait pas le chef d'une vaste insurrection qui lui aurait, assurément, conféré n'importe quel titre et tous les pouvoirs. Si la Révolution ne pouvait être sauvée par les stricts moyens de la légalité constitutionnelle, il semblait bien en accepter le rapide effondrement, comme il acceptait — avec un grand calme — l'idée de sa mort toute prochaine. Il était déterminé à faire le sacrifice de sa vie à la mission qu'il s'était assignée, en espérant peut-être que son martyre servirait, tôt ou tard, à sauver la grande cause révolutionnaire, qui, selon lui, embraserait le monde entier.

Un jour où un intime de la maison Duplay le comparait aux Gracques, il répondit, les yeux levés, et comme extatique : « Ce qu'il y aura de commun entre nous, peut-être c'est la fin tragique... » Là-dessus, il salua l'assemblée, esquissa encore un sourire et monta dans sa chambre. Si lui-même gardait toute sa sérénité à l'approche du dénouement fatal, nombre de ses amis se désespéraient. Ceux-là voulaient vivre, culbuter les conjurations. Eux aussi avaient voué leurs destinées à la Révolution. Mais, sans le mot d'ordre de Robespierre, ils ne pouvaient rien. Ainsi, Élisabeth Duplay, qui était devenue Mme Lebas, femme de l'un des conventionnels les plus proches de Robespierre, et qui avait maintenant un enfant, raconte que moins d'une semaine avant la tragédie de thermidor, comme elle se promenait avec son mari dans le jardin Marbeuf, Lebas lui dit tout à coup : « Si ce n'était pas un crime devant Dieu, je te brûlerais la cervelle et me tuerais. Au moins nous mourrions ensemble. Mais non, c'est impossible ! Il y a ce pauvre enfant... »

L'heure était au drame, et toute prise de position pouvait apparaître comme fatale pour le cours même de la Révolution. Ceux qui complotaient contre Robespierre, ultra-terroristes, dantonistes ou crypto-royalistes mesuraient maintenant le danger : abattre le pouvoir révolutionnaire n'était pas une mince affaire, et les bouleversements souhaités par certains ne pourraient pas, à l'évidence, être réalisés sans d'énormes soubresauts. Parmi les membres du grand comité, adversaires en puissance de l'« Incorruptible », le dilemme restait le même. De fait, plus encore que ses ennemis directs, les Tallien, les Fouché et les Barras, ils craignaient maintenant que n'éclatent aux yeux de toute la classe politique et même du public les réels points de frictions qui, parfois, les opposaient à Robespierre. Carnot, par exemple, bien que de plus en plus farouchement opposé à Maximilien, circonvenait nettement le danger réel : certes, au Comité de salut public, lui et ses amis voulaient le plus souvent s'opposer aux propositions du triumvirat. Toutefois, un danger plus grave les menaçait : le comité dans son ensemble devait désormais faire face, par-delà ses dissensions internes, à ses très nombreux opposants au sein de la Convention. Désormais, leur gouvernement ne représentait plus qu'une fragile minorité, que n'importe quel mouvement d'humeur pouvait contester et même balayer.

L'enjeu était de taille ; au sein du comité, chacun comprenait que s'attaquer à Robespierre et à ses amis risquait de susciter une tempête qui, une fois déchaînée, pouvait anéantir à jamais le pouvoir révolutionnaire et permettre un retour en force de la réaction bourgeoise et des puissances d'argent. De surcroît, si, au cœur d'une bataille parlementaire, Robespierre entrait en lice contre les autres membres du gouvernement, à l'exception, bien sûr, de Saint-Just et de Couthon, il disposerait encore d'arguments terribles. Il pourrait les stigmatiser comme indignes de confiance, parce qu'ils s'étaient refusés, par leur simple inertie, à l'application des lois révolutionnaires, et, notamment de celles dites de « ventôse », qui, pourtant, avaient été, à une large majorité adoptées par la Convention. Nombreux étaient les conventionnels qui désiraient certainement, mais sans oser le formuler ouvertement, que ces différents textes ne connaissent jamais d'application concrète. Mais, soutenu par la Commune et par les jacobins, Robespierre était toujours en mesure de rallier, en les menaçant des foudres de l'insurrection, la plus grande majorité des députés.

En elle-même, la « loi » ou les « lois du 23 ventôse » constituaient un texte modéré, destiné à passer au crible le cas de tous les inculpés suspectés de crimes contre la Révolution par la création de six commissions chargées d'examiner cas par cas la situation et les actions de tous les suspects. Or, par indolence ou plutôt par calcul, car il s'agissait d'entraver l'action de Robespierre, il n'existait encore, dans les derniers jours de messidor, que deux commissions, et encore ne fonctionnaient-elles que fort épisodiquement. En outre, les comités qui devaient étudier les listes dressées par les commissions n'en avaient même pas encore pris connaissance. L'incurie et l'impéritie simulées étaient telles que toute loi visant à modérer, ou à ralentir, l'action de la Terreur restait lettre morte. Et, Lazare Carnot, que trop souvent l'on présente comme l'archétype du républicain intègre, signa, pendant ce temps, presque tous les ordres envoyant des prévenus devant le Tribunal révolutionnaire ; c'est-à-dire, le plus souvent, à la mort. En revanche, pour la même période, parce qu'il refusait que la loi soit bafouée à ce point, très rares sont les ordres signés de la main de Robespierre. Trop longtemps, des historiens aveuglés par des décennies de propagande antirobespierriste acceptèrent la fallacieuse excuse de Carnot : fatigué par les interminables séances des comités, il signait vite et sans prendre connaissance du texte ! Faible et mauvaise défense, car il savait très bien que sa signature au bas d'un texte inculpant un prévenu était le plus souvent la garantie d'un arrêt de mort.

Après une réunion préparatoire, le Ier thermidor, où les comités approuvèrent les listes de suspects établies par les deux premières commissions, le 4, à la suite d'une nouvelle réunion, tous se mirent d'accord pour constituer au plus tôt les quatre autres commissions. Le terrain de la réconciliation semblait préparé. Les comités invitèrent Robespierre à sortir de son regrettable mutisme et à venir discuter avec eux de la marche prochaine du gouvernement, dès le lendemain, 5 thermidor. Cette fois, Maximilien accepta de rompre le silence et se rendit à cette convocation. Nous connaissons assez bien cette séance, notamment grâce au discours que Saint-Just voulait prononcer le funeste 9 thermidor, mais dont, comme nous le verrons, il ne put articuler que quelques phrases.

Il y eut d'abord un silence gêné. Chacun hésitait à prendre la parole. Robespierre, plus raide que jamais, restait figé près de la porte d'entrée de la grande salle de travail. Résolu à tout tenter pour renouer le dialogue, Saint-Just se leva et prit la parole pour défendre son ami, niant bien haut qu'il ait aspiré à la dictature : où était son trésor ? Où était son armée ? Nul ne pouvait sérieusement l'accuser d'avoir essayé de confisquer le pouvoir. Aussitôt après, le peintre David, membre du Comité de sûreté générale, appuya ce que venait de déclarer Saint-Just. Puis le silence revint. Plus angoissant. Tous les yeux se tournèrent vers Robespierre. Sans préambule, celui-ci prit l'offensive et se montra inflexible et agressif. « Il parla, écrivit Barère, comme un homme qui avait des ordres à donner et des victimes à désigner. » Il s'en prit successivement à la plupart des membres des deux comités, les accusant de refuser d'appliquer les lois et de conspirer contre la république. Pour lui, ses collègues, Saint-Just, Couthon et David mis à part, étaient devenus « les premiers appuis des contre-révolutionnaires ». Sans désemparer, il attaqua nommément Amar, Vadier, Jagot, Collot d'Herbois et Billaud-Varenne. Ce dernier se leva alors et essaya de le calmer : « Nous sommes tous tes amis, dit-il, nous avons toujours marché ensemble. » Mais Robespierre ne voulait rien entendre, convaincu, non sans raison, que toutes ces déclarations étaient dictées par l'hypocrisie et la peur.

L'entrevue semblait s'enliser, lorsque, sur proposition de Saint-Just, on adopta à l'unanimité la décision visant à la juste application des lois de ventôse et de prairial. De son côté, le triumvirat consentit une concession : il accepta qu'on fît sortir de Paris de nouveaux détachements d'artillerie.

Pour la première fois, depuis près de deux mois, une certaine harmonie semblait renaître au sein des comités. Le soir même, devant la Convention, Barère put parler de l'unité retrouvée du gouvernement, et le 6 thermidor, au Club des jacobins, Couthon fit lui aussi une déclaration à peu près semblable. Maximilien, qui laissait dire, n'avait pour sa part rien promis. Il savait que ces assauts de fraternité cachaient en réalité de secrètes rancœurs dans les tréfonds de bien de ses collègues. Il croyait désormais toute paix durable impossible avec des hommes qui, ne cessant de contrecarrer ses projets par tous les moyens, lui imputaient, par la voix de comparses, les plus terribles abus des ultra-terroristes.

En adoptant une attitude plus conciliante, ce qui n'était pas dans sa nature, il eût pu éviter bien des heurts et peut-être la tragédie du 10 thermidor. De son vivant même, on l'a souvent accusé de « tyranniser l'opinion », et ce grief n'est sans doute pas tout à fait dénué de fondement. Démocrate de conviction, il avait le tempérament d'un autocrate. L'égalité, il l'aimait en principe, mais dans la réalité, il ne supportait pas d'égaux. Plus audacieux, moins formaliste, il aurait pu devenir un excellent dictateur, doué qu'il était d'un profond esprit de justice et d'une inclination naturelle qui le portait souvent à la clémence. Mais puisqu'il estimait impossible ou peu sage d'obtenir des pouvoirs dictatoriaux, que n'adoptait-il enfin, face à des hommes lassés de son intransigeance et de ses colères, une attitude... moins dictatoriale ! Moins impérieux, moins cassant, en un mot plus diplomate, il aurait pu accomplir infiniment plus et conduire son œuvre jusqu'à son plein épanouissement. Mais tout en lui le portait à refuser le dialogue, dans la mesure où il était assuré de détenir la solution d'un problème. Il vivait intensément la Révolution et il en était arrivé à s'identifier totalement avec elle. Sa volonté de purifier les mœurs politiques de la république et de forcer des hommes qui n'y tenaient guère à accepter le primat de la vertu ne fut pas pour peu dans sa perte. Les membres des comités, comme de nombreux conventionnels, étaient également lassés de la tension qu'avec Saint-Just il faisait régner en permanence et sur le gouvernement et sur l'Assemblée. Il la connaissait pourtant cette lassitude, et il voyait bien qu'elle s'emparait maintenant des meilleurs et des plus purs. Pourtant, rien ne devait l'amener à assouplir sa position. Ainsi, dans le manuscrit de ce discours qui fut aussi son testament, figure une phrase qu'il effaça et ne prononça pas, mais qui témoigne bien du mépris qu'il éprouvait pour ses ennemis : « A considérer la nature de leur colère, les moyens et l'objet de la ligue, on eût cru voir des pygmées renouveler la conspiration des Titans. »

Au soir du 5 thermidor, malgré les grandes déclarations d'amitié et de fidélité par lesquelles ses collègues semblaient lui renouveler toute leur confiance, il savait bien que la partie était perdue. Aussi, en ces terribles journées de la fin du mois de juillet 1794, il alla au combat seul et sans peur. En s'avançant ainsi, à découvert, il savait qu'il se rendait à l'ultime rendez-vous que lui avait assigné le destin. Du 5 au 8 thermidor, Robespierre continua de s'isoler. Sans doute préparait-il ses formules éclatantes et lapidaires. Sans doute voulait-il retrouver encore la plénitude de ses méditations solitaires, pour apparaître enfin, au plus fort de la mêlée, le cœur apaisé, l'esprit clair et prompt, capable encore de rejeter d'une phrase, du geste ou d'un regard les inévitables calomniateurs, dont il aurait à souffrir.

Nombreux furent ceux qui s'interrogèrent sur les vraies raisons de cet enfermement dans lequel il s'obstina durant les derniers jours de sa vie. En réponse, les mêmes mots reviendront encore : fatigue, lassitude, état dépressif, etc. Il faut y ajouter aussi cet étrange désir intérieur qui l'étreignait totalement : ce désir de mort. Puisqu'il pressentait combien le combat était devenu inégal et combien, selon ses principes, il était vain de vouloir continuer à gouverner — donc à vivre — en ce moment où toute son œuvre politique, économique et sociale était remise en cause, non point au nom de nobles idéaux, mais par des factions d'hommes ambitieux, cruels et sans aveu. Il lui convenait davantage de faire le sacrifice de sa vie. Car ce terrain de lutte qui se préparait n'était en rien le sien, et il ne voulait surtout pas que son action pût être entachée par quelques compromis, qu'il aurait, de guerre lasse, concédé sur des points fondamentaux de sa conception de la république, de l'égalité et de la liberté des peuples.

Le 8 thermidor, la grande salle de l'Assemblée nationale était comble, des galeries jusqu'aux couloirs. L'événement motivait ce regain d'intérêt pour les débats de la Convention : pour la première fois depuis longtemps Robespierre allait y prendre la parole. Pour préparer son intervention, il n'avait sollicité le conseil de personne, pas même celui de Saint-Just, qui possédait cependant bien mieux que lui l'art subtil d'imposer en flattant.

La salle fait silence : le voici de nouveau à la tribune, semblable à lui-même, élégant, calme, du moins en apparence. Comme en ce 20 prairial qui avait vu son triomphe populaire, ses mains fines et soignées, qui se détachent sur la blancheur de ses manchettes de dentelle, tiennent les coins du pupitre. Son grand trouble intérieur ne se laisse surprendre que par de fréquents réflexes des yeux et par le mouvement nerveux de ses doigts tambourinant sur les bois de côté de la tribune. Devant lui, sur le petit pupitre incliné, une pile de feuilles soigneusement rangées : le texte de son discours. Un texte qu'il avait tenu à recopier lui-même. A cet instant, « le Chat-tigre » est le point de mire de toute l'assistance. Depuis la galerie, les regards restaient pleins de bienveillance, quoiqu'ils ne manifestent plus l'extraordinaire enthousiasme des mois passés.

Parmi les conventionnels, plus de réserve ; certains s'amusent même à feindre une indifférence amusée en parlant haut ou en pliant des feuilles de papier en tous sens.

Sur le visage des conspirateurs, un mélange de haine et de peur. Se concertant sans cesse du regard, ils savent bien que la partie sera serrée.

En ce jour, Robespierre peut tout encore ; remporter la majorité des suffrages de l'Assemblée, faire hurler de rire ou de joie les galeries, s'il se montre habile manœuvrier, qualité que nul ne lui dénie, tout au moins dans les occasions où il désire utiliser ce don.

Soudain le voile du silence est rompu ; Maximilien lève sa belle tête aux cheveux poudrés à frimas. Il se dresse, et tous peuvent entendre encore cette voix du Nord, aux accents rocailleux. Cette voix qui, durant plus d'une année complète a subjugué l'Assemblée et enflammé le peuple des galeries. Et c'est vrai qu'en ce jour, il peut tout encore ; tout bouleverser ; tout reconstruire à sa guise. Voyez-les : malgré leur rage et leurs sarcasmes, ils sont tous médusés. Mais son discours est long, trop long, trop emphatique par moments, et les points essentiels ne sont pas toujours retenus, même par ses plus fidèles amis. Il parle pendant plus de deux heures, s'époumonant, assommant son public. La foule française — ce que ce « Nordiste » n'avait pas encore appris — est frivole et fragile. Tout à coup, elle se lasse et ne veut plus rien entendre.

Sans doute, l'« Incorruptible » eut quand même le soin de faire quelques propositions précises, actuelles et pertinentes. Il demandait que tous les traîtres, tous les vrais ennemis du peuple « fussent purifiés », et les agents du Comité de sûreté générale révoqués et jugés pour leurs crimes et leurs complots. Il suggérait ensuite qu'un nouveau gouvernement, constitué de membres réellement solidaires, fût, dès les prochains jours, établi sous l'autorité suprême de la Convention.

Malgré ses indéniables qualités, ce discours péchait par de graves vices de forme et de structure. Il n'était pas toujours clair, et, surtout, faisait la part trop belle à l'énoncé de griefs strictement personnels, ce qui était médiocre de la part d'un personnage de l'ampleur de Robespierre. De plus, et ceci allait être rapidement fatal à son auteur, il ne nommait pas ceux qu'il accusait. A une fâcheuse exception près : Cambon. Maximilien montra probablement plus de courage que de discernement, en s'en prenant à la fois à tant de gens et à tant de choses. Les conventionnels, comme le public, s'y perdaient : après de très belles phrases soutenant une pensée altière, il ne put réprimer ce trait de son caractère qui, trop souvent, le conduisait à se perdre un long moment en d'assez vaines digressions et parfois en de rudes diatribes, qui ne ressemblaient que trop à des règlements de comptes tout personnels. Présentement, son invective contre Cambon était mal venue. Certes, la politique financière de ce dernier avait déjà subi d'autres critiques, tant à la Convention que lors des séances du grand comité, et elle présentait, en effet, de très sérieuses défectuosités. Mais cet homme avait rendu d'insignes services à la république, et son intégrité n'avait peut-être d'égale que celle de Robespierre lui-même.

Quand notre orateur s'écria : « Les administrateurs suprêmes de nos finances sont des brissotins, des feuillants, des aristocrates et des fripons connus : les Cambon, etc. », il commit non seulement une faute stratégique indiscutable, mais aussi une grave injustice qui devait lui coûter cher. Si seulement Saint-Just avait eu entre ses mains ce seul passage, il aurait peut-être pu amener Maximilien à le modifier et thermidor an II se serait déroulé d'une tout autre manière. Funeste également fut son refus obstiné de nommer les cinq ou six députés, dont il estimait, certainement avec raison et preuves à l'appui, qu'il importait de les châtier pour leurs méfaits. Cette position, malgré l'insistance de l'Assemblée, qui réclamait des noms, s'explique difficilement. Peut-être pensait-il qu'en ne les nommant pas, il entretiendrait le doute et, donc, une certaine terreur parmi tous ceux qui s'étaient livrés à des malversations et à de graves abus de pouvoir. Peut-être aussi ne voulait-il pas leur mort, mais se bornait-il à désirer qu'on les rendît inoffensifs par la seule menace permanente de divulguer leurs noms.

Quoi qu'il en soit, et malgré ses défauts, ce « dernier discours » de Robespierre, prononcé le 26 juillet 1794, reste un témoignage capital sur sa vie et son action, et même, dans une certaine mesure, sur quelques points essentiels de sa pensée. Il est assez surprenant de constater combien il a été peu consulté pour fixer les responsabilités des excès commis sous la Terreur. Point fondamental s'il en est, car il était trop facile de clore le débat une fois pour toutes, en chargeant Robespierre de tous les crimes perpétrés par ses plus redoutables ennemis. A travers ce discours, il dénonça énergiquement les violences aveugles, qui risquaient à tout jamais de ternir l'image de la Révolution et ses fondements doctrinaux. Cette dénonciation, il l'osa face au grand jury, à l'Assemblée nationale, et en présence de tous les intéressés. Ce qui plaide le plus en la faveur de ses arguments est ce fait précis : nul ne les réfuta jamais après la mort de l'orateur.

Écoutons-le dans quelques-uns des principaux passages de ce long discours testimonial :

« Depuis plus de six semaines la nature et la force de la calomnie, l'impuissance de faire le bien et d'arrêter le mal, m'ont forcé à abandonner mes fonctions de membre du Comité de salut public. »

« En voyant la multitude des vices que le torrent de la Révolution a roulés pêle-mêle avec les vertus civiques, j'ai craint quelquefois, je l'avoue, d'être souillé aux yeux de la postérité par le voisinage des hommes pervers. Qu'ils me préparent la ciguë, je l'attendrai sur ces sièges sacrés. »

« J'ai promis de laisser un testament redoutable aux oppresseurs du peuple. Je leur lègue la vérité terrible de la mort ! »

« Est-ce nous qui avons plongé dans les cachots les patriotes et porté la Terreur dans toutes les conditions ? Est-ce nous qui, oubliant les crimes de l'aristocratie et protégeant les traîtres, avons déclaré la guerre aux citoyens paisibles, érigé en crimes ou des préjugés incurables ou des choses indifférentes, pour trouver partout des coupables et rendre la Révolution redoutable au peuple même ? Quand les victimes de leur perversité se plaignent, ils s'excusent en leur disant : « C'est Robespierre qui le veut, nous ne pouvons nous en dispenser. On disait aux nobles : C'est lui seul qui vous a proscrits. On disait en même temps aux patriotes : Il veut sauver les nobles. On disait aux prêtres : C'est lui seul qui vous poursuit ; sans lui vous seriez paisibles et triomphants. On disait aux fanatiques : C'est lui seul qui détruit la religion. On disait aux patriotes persécutés : C'est lui qui l'a ordonné ou qui ne veut l'empêcher. On me renvoyait toutes les plaintes, dont je ne pouvais faire cesser les causes, en disant : Votre sort dépend de lui seul. Ils disaient : Voilà de malheureux condamnés ; qui est-ce qui en est la cause ? Robespierre. On s'est attaché particulièrement à prouver que le Tribunal révolutionnaire était un tribunal de sang, créé par moi seul, et que je maîtrisais absolument pour faire égorger tous les gens de bien et même les fripons, car on voulait me susciter des ennemis de tous les genres. Il n'y a peut-être pas un individu arrêté, pas un citoyen vexé, à qui l'on n'ait dit : Voilà l'auteur de tes maux. Tu serais heureux et libre s'il n'existait pas. Ce cri retentissait dans toutes les prisons. Ce plan de proscription était exécuté à la fois dans tous les départements. J'avais tout fait, tout exigé, tout commandé, car il ne faut pas oublier mon titre de dictateur... »

« Ils m'appellent tyran. Si je l'étais, ils ramperaient à mes pieds. Je les gorgerais d'or, je leur assurerais le droit de commettre les crimes, et ils seraient reconnaissants. »

« Laissez flotter un moment les rênes de la Révolution, vous verrez le despotisme militaire s'en emparer, et nous périrons pour n'avoir pas voulu saisir un moment marqué dans l'histoire des hommes pour fonder la liberté. Sans le gouvernement révolutionnaire, la République ne peut s'affirmer, mais s'il tombe en des mains perfides il devient lui-même l'instrument de la contre-révolution. »

« Je ne sais pas respecter les fripons. J'adopte encore moins cette maxime royale, qu'il est utile de les employer. Je suis fait pour combattre le crime, non pour le gouverner. »

« Les armes de la République ne doivent être touchées que par des mains pures. »

« Les départements où les crimes ont été commis les ignorent-ils parce que nous les oublions ? Et les plaintes que nous repoussons ne retentissent-elles pas avec plus de force dans les cœurs comprimés des citoyens malheureux ? Les coupables impunis ne voleront-ils pas de crime en crime ? Et s'ils échappaient à la justice des hommes, échapperaient-ils à la justice éternelle qu'ils ont outragée par le plus horrible de tous les forfaits ? »

« Non, Chaumette, non, Fouché, la mort n'est pas un sommeil éternel. Citoyens, effacez des tombeaux cette maxime gravée par des mains sacrilèges, qui jette un crêpe funèbre sur la nature, qui décourage l'innocence opprimée et qui insulte la mort. Gravez-y plutôt celle-ci : la mort est le commencement de l'immortalité. Tout s'est ligué contre moi et contre ceux qui avaient les mêmes principes. Après avoir vaincu les dédains et les contradictions de plusieurs, je vous ai proposé les grands principes gravés dans vos cœurs, et qui ont foudroyé les complots des athées contre-révolutionnaires. Vous les avez consacrés, mais c'est le sort des principes d'être proclamés par les gens de bien, et mal appliqués ou contrariés par les méchants. La veille de la fête de l'Être suprême, on voulait la faire reculer sous un prétexte frivole. Depuis, on n'a cessé de jeter un ridicule sur tout ce qui tient à ces idées. »

Sur l'instant, l'effet de ce discours fut considérable. A peine Maximilien en avait-il terminé de sa longue lecture que les applaudissement nourris de l'Assemblée et des galeries vinrent lui apporter une première caution. Il était arrivé à la Convention avec la certitude que tout était irrémédiablement perdu, et voici que les conventionnels et le public l'ovationnaient comme au temps de ses plus grands triomphes !

A ce moment, Rovère se penchait en direction de Lecointre, et, à voix basse, l'engageait vivement à demander la parole sans retard pour lire son accusation contre le gouvernement révolutionnaire. Tout allait se jouer alors : si Lecointre s'était levé et s'il avait lu son texte infamant, Robespierre et la Révolution eussent été sauvés. En effet, face à ce texte-réquisitoire, pétri de la plus mauvaise foi, les membres des comités, présents à la Convention, n'auraient pas manqué de réagir rudement, et cette riposte aurait été telle que les ultra-terroristes eussent été balayés sans autre forme de procès. Plus tard, Lecointre alléguera, pour justifier son silence, de vagues et spécieux motifs. Mais le plus probable reste que la tempête d'applaudissements qui avait accueilli la péroraison du discours de Robespierre l'avait littéralement frappé d'effroi. Que pouvait-il encore face à ce déferlement d'enthousiasme ? Sa voix, à n'en pas douter, eût bien vite été couverte par les huées des trois quarts de l'assistance. Aussi, parce qu'il estimait la partie perdue, Lecointre n'eut plus qu'une idée : capter, si du moins c'était encore possible, la bienveillance des vainqueurs. Et, très digne dans son habit gris, saluant l'assistance, il se leva, non pour solliciter la tribune, mais pour proposer que l'« admirable discours » de Robespierre fût imprimé sans délai.

Barère, qui ne connaissait d'autre loi que celle des plus forts, joignit aussitôt sa voix à celle de Lecointre. « La lumière », clama-t-il, dans ce style empoulé qu'on lui connaissait bien, « ne doit point être placée sous le boisseau ! » Quant au fidèle Couthon, il demanda qu'un exemplaire du discours fût adressé à chaque commune de France et des territoires occupés. Sur-le-champ, la proposition fut adoptée. La victoire de Maximilien semblait désormais totale. Cependant, il restait Cambon. Cambon blessé à juste titre, et qui entendait bien qu'on lui rendît justice. Il monta à la tribune : « Avant d'être déshonoré, dit-il, je parlerai à la France ! » Puis, grave et modéré dans ses propos, il défendit âprement sa politique économique et, parce qu'il avait toujours été écouté et respecté de l'Assemblée, il recueillit de très vifs applaudissements.

La « chute de Robespierre » commence chronologiquement là. Et l'amorce en fut ce Cambon qui, n'étant pas un ennemi de Maximilien, avait, tout simplement et justement, été ulcéré des paroles proférées par l'« Incorruptible » à son propos. Les comploteurs, qui, quelques instants auparavant, se croyaient perdus, reprirent aussitôt espoir. Leur cabale pourrait peut-être encore aboutir, si certains, parmi les citoyens les plus intègres, se refusaient à mêler leurs voix à celles des thuriféraires de Robespierre. A n'en pas douter, les fripons auraient alors sous peu leur tour.

C'est ce qui arriva. En quelques instants, le débat s'enflamma, et l'on assita à un véritable feu croisé d'arguments et d'invectives entre Cambon et Maximilien. A plusieurs reprises, ce dernier perdit véritablement tout contrôle pour s'en prendre à son adversaire, en des termes qui, pour le moins, manquaient d'élégance. Ce fut de sa part une nouvelle erreur. Si, plutôt que de s'entêter encore à essayer de charger Cambon d'erreurs économiques qu'il n'avait pas commises, il était revenu peu à peu, par des phrases chaleureuses, sur les accusations très malhabiles proférées lors de son discours à la tribune, les esprits se seraient rapidement calmés. Las ! Il n'en fit rien. A partir d'une victoire qui semblait totale, il préparait maintenant sa ruine. Lorsque les deux hommes se turent enfin, Billaud-Varenne monta à la tribune. Sans le nommer, Robespierre avait très nettement laissé entendre qui il désignait, lorsqu'il stigmatisait les « hypocrites ». De plus, assez fréquemment ces derniers temps, il se plaisait à répéter : « Billaud aimerait mieux que son cadavre servît de marchepied à un homme consumé d'ambition que se faire son complice en gardant le silence. » En bref, cela signifiait bien que Billaud-Varenne n'avait d'autre vocation que celle de paillasson. Sans prendre Billaud-Varenne comme un modèle de référence morale et républicaine, il n'en reste pas moins que la phrase de Maximilien était terriblement et, sans doute inutilement, insultante. Comme l'avait déjà demandé, mais très timidement, Bourdon (de l'Oise), Billaud insista pour que le discours de Robespierre fût, avant toute publication, soumis à l'approbation des comités.

Une fois encore, plutôt que de se faire conciliant, Maximilien s'obstina dans sa position de censeur, en répliquant qu'il n'avait pas attaqué les comités en bloc, mais seulement certains de leurs membres, qui violaient les lois et contrecarraient les actions et la bonne marche du gouvernement. Il concluait en estimant qu'il avait simplement le droit d'exprimer son opinion. Phrase fâcheuse à laquelle répondirent de nombreux « Nous aussi ! Nous le demandons tous ! » Cette fois, la victoire qui, un instant, semblait acquise se dérobait. Tout était à nouveau possible, et ceux qui avaient entendu les applaudissements recueillis par Robespierre comme leur arrêt de mort anticipé se débondèrent.

Le conventionnel Panis bondit à la tribune. Il déclara qu'ayant entendu citer son nom comme l'un de ceux que « le Chat-tigre » voulait châtier, il exigeait à présent des précisions. De sa place, Robespierre répondit par une phrase tout à la fois trop vague et pédante : « En jetant mon bouclier, je me suis présenté à découvert à mes ennemis ; je n'ai flatté personne. Je ne crains personne. Je n'ai calomnié personne ! » Sans attendre, Panis reprit : « Et Fouché ? » Se faisant plus lointain et plus méprisant que jamais, Maximilien, qui accompagna ses paroles d'un revers de main, voulut trancher : « Fouché ! Je ne veux pas m'en occuper actuellement. J'ai fait mon devoir ; c'est aux autres de faire le leur. »

Un autre député, Charlier, insista pour que le discours fût soumis aux comités. Là-dessus, Robespierre bondit dans l'allée centrale de la salle, et s'adressant à tous : « Quoi ! J'aurai eu le courage de venir déposer dans le sein de la Convention des vérités que je crois nécessaires au salut de la patrie, et l'on renverrait mon discours à l'examen de membres que j'accuse ! » Ces paroles furent accueillies par des murmures, qui, s'amplifiant, devinrent de véritables huées.

Profitant de la circonstance, Charlier repartit : « Quand on se vante d'avoir le courage de la vertu, il faut avoir celui de la vérité. Nommez ceux que vous accusez ! » Et comme une grande vague de fond, presque toutes les personnes présentes scandèrent alors : « Nommez-les ! » « Nommez-les ! »

Mais Robespierre se contenta de hausser les épaules. Pâle et les lèvres serrées, il s'en retourna à sa place, s'assit et croisa les bras. Sans doute comprenait-il brutalement que, d'un seul coup, toute son autorité venait de s'effondrer. Plusieurs orateurs allaient encore se succéder à la tribune, mais il ne répondit plus même lorsqu'il était directement attaqué. Il venait, par maladresse, par excès de rigorisme, de perdre une partie qui eût dû être gagnée facilement. Mais il n'avait pas encore tout perdu : il lui restait à convaincre le Club des jacobins et la Commune de Paris.

Tâche sans doute bien plus aisée, car il y avait là le plus grand nombre de ses défenseurs inconditionnels. Mais comment pouvait-il encore espérer gouverner sans l'adhésion de l'Assemblée nationale, lui, qui, toujours s'était obstinément refusé à envisager quelque forme de dictature personnelle que ce soit ?

Robespierre alla se promener aux Champs-Élysées en compagnie d'Éléonore Duplay et de son chien Brount. Dans ce crépuscule d'été, il ne voulait rien laisser paraître de ses tourments intérieurs, de sa certitude que la fin était proche. Il souriait. Pourtant, la jeune fille, qui n'ignorait rien de la terrible séance de la Convention, restait silencieuse et grave. Gêné lui-même par cette attitude, Maximilien essaya à plusieurs reprises de détourner l'attention sur des choses futiles. Mais rien n'y faisait.

Arrivé au sommet de la colline boisée, qui supporte aujourd'hui notre gigantesque arc de triomphe de l'Étoile, le disciple de Rousseau s'arrêta. Le coucher de soleil resplendissait, majestueux, indescriptible en sa gloire de juillet. Les rouges se mélangeaient aux mauves et les bleus irisés du couchant s'abîmaient, par-delà Boulogne et les coudes de la Seine, sur les sombres forêts de Saint-Cloud, Saint-Germain et Versailles. Tous anciens domaines de la royauté. Robespierre fit remarquer à sa compagne combien ce crépuscule était plein de majesté, combien la grandeur et la nature se déployait lentement au-dessus de la grande cité assoupie. Il était tout à cette contemplation, qui pour lui comptait maintenant plus que les humaines tribulations. Lorsque Éléonore soupira, et répondit seulement : « Cela veut dire qu'il fera beau demain. » Maximilien serra les poings, ne répondit rien. Il était seul. Ils s'en retournèrent alors vers la rue Saint-Honoré. Tout était dit. Maximilien dut comprendre alors combien sa chère Éléonore comprenait peu — ou mal — ses rêves et ses fantasmagories de Flamand perdu dans la douce clarté de l'Ile-de-France. A quoi pouvait penser Robespierre, en ce soir nimbé de sang ? A plusieurs reprises, durant les derniers jours de son existence, des témoins de tous bords prétendirent l'avoir entendu chantonner très doucement : « La victoire en chantant nous ouvre la barrière ; la liberté guide nos pas. Et du Nord au Midi, la trompette guerrière a sonné l'heure des combats... » Imagerie populaire ? Peut-être. Mais elle n'en traduit pas moins le fond de la pensée de Robespierre : faire de la France le phare démocratique de l'Europe, éveiller par son terrible exemple tous les peuples soumis encore aux tutelles des monarques. Il avait cru en cette France dressée, héroïque et républicaine, et avec lui Saint-Just, qui avait essuyé le feu des batailles et avait vu nos drapeaux tricolores mitraillés par les hordes des princes. Certes, il ne s'était jamais rendu sur un champ de bataille comme son jeune ami. Non point par peur, mais parce qu'il estimait avoir bien d'autres tâches, non moins périlleuses, ici, à Paris, dans le cirque infernal des passions discordantes. Néanmoins, le pacifiste de 1791 restait l'un de ceux qui, avec Danton, avait dressé les escadrons de fer et d'acier de la France républicaine ; ceux-là qui, en quelques mois, allaient faire connaître à l'Europe un monde nouveau.

Plus tard, dans cette soirée du 8 thermidor, à l'orée de la nuit, Maximilien Robespierre se rendit enfin au Club des jacobins. L'écho des tumultueux débats de l'Assemblée avait déjà couru à travers tout Paris, et la longue salle des jacobins, éclairée par une multitude de lampes à huile, était comble à déborder. Une ambiance fiévreuse y régnait ; l'assemblée était partagée en petits groupes qui palabraient ou même tonitruaient. Tous, bien sûr, avaient « leurs solutions » aux maux de la France ; tous refaisaient le monde. Les mots virevoltaient en vain : le Club des jacobins, naguère foyer de réflexion, haut lieu de l'élaboration, trop souvent toute théorique, d'une nation nouvelle, plus juste et plus égalitaire, n'était plus désormais que le « dernier salon où l'on cause ». Peu nombreux étaient, en cette fin de soirée, ceux qui devinaient l'imminence du drame. A les voir, à les entendre, on eût pu croire que tous les problèmes étaient réglés. Les uns refaisaient la Révolution, les autres l'Europe ou déjà le monde.

Hormis ces turbulences verbales, il régnait, dans la salle des jacobins, une chaleur poisseuse. L'atmosphère y était étouffante. Le sourd brouhaha et les remugles de cette foule avide et curieuse rendaient toute concentration bien difficile. Tous en étaient aux cris, aux vitupérations, aux exclusions. Mais, nul ne pensait même que « l'ordre jacobin », qui dominait la Révolution depuis près de deux ans était en ce moment précis menacé de mort.

Lorsqu'il entra, Maximilien fut plus que jamais ovationné. Et, malgré leur apparente superfluité, on vit alors que les membres du club se regroupaient spontanément derrière lui à l'heure des périls. Après ces longues semaines de silence, après l'orage de la Convention, presque tous, futiles ou graves, se reconnaissaient soudain en ce personnage distant et d'apparence froide, qui cachait pourtant l'âme la plus passionnée de la Révolution. Ce soir-là, il aurait pu exiger d'eux toutes les audaces, tous les sacrifices. Ce n'était ni dans son caractère ni dans sa conception de la chose publique. Collot d'Herbois et Billaud-Varenne étaient aussi présents. Le second n'avait plus paru au club depuis plus de quatre mois, et sa venue soulignait bien, qu'aux yeux du grand comité, la bataille n'était pas terminée, et encore moins gagnée.

La rogue intransigeance de Robespierre avait fâché, mais surtout surpris et déçu ses pairs du Comité de salut public. Peu enclins à souhaiter la rupture, que cependant Maximilien semblait désirer, ces hommes mesuraient combien étaient dangereuses les dissensions au sein du gouvernement, et, à n'en pas douter, ils auraient été heureux de faire la paix avec leur trop vertueux et redoutable collègue. Si l'on en croit de nombreux témoins, vers la fin de cette mémorable séance du club, Collot d'Herbois se serait jeté aux pieds de Robespierre, en le suppliant d'accepter une réconciliation qui permettrait enfin au gouvernement de retrouver toute son efficacité et son autorité. Mais, une fois de plus, l'ancien député du tiers d'Artois serait resté de marbre. Désormais, il se refusait à toute concession politique, et même à toute discussion. Il ne pouvait pourtant pas ignorer combien cette attitude était funeste, combien elle le condamnait à très brève échéance, et, avec lui, les fondements mêmes de la Révolution. Mais en ces journées de thermidor, il semblait être devenu insensible à tout argument et comme incapable de poursuivre la lutte ou même de survivre.

Au début de la séance, Robespierre, Billaud-Varenne et Collot d'Herbois avaient tous trois demandé la parole. D'autorité, le président la donna à l'« Incorruptible », que la foule applaudit quand il se dirigea vers la tribune. D'un geste, qui lui était coutumier, il remonta sur son front ses fines lunettes bleutées cerclées d'or et jeta un regard circulaire sur le public et les ombres fantasmatiques qui naissaient du clignotement des lampes. Rapidement le silence s'était fait. Le tribun commença par ces mots : « Aux agitations de cette assemblée, il est aisé de s'apercevoir qu'elle n'ignore pas ce qui s'est passé ce matin dans la Convention... » On l'interrompit aussitôt, le priant de répéter son discours du jour. Il se redressa, le poing droit sur la hanche, puis ajusta ses lunettes et, lentement, déroula les feuillets de son texte. Tout au long de sa lecture, les applaudissements l'obligèrent à marquer des pauses. Il aurait pu croire que cet appui, en apparence inconditionnel, des jacobins allait le sauver et le rétablir pleinement dans son rôle politique. Cependant, vers la fin de sa lecture, il fut repris par le pressentiment de sa fin prochaine. Aussi, quand se turent enfin les applaudissements qui répondaient aux derniers mots de son discours, il posa une main sur les pages qu'il venait de lire, remonta ses lunettes, sourit un court instant à tous ces visages tendus vers lui. Puis, avec solennité, il lança cette péroraison impromptue, qui ne laissait plus aucun doute sur sa volonté et sur l'opinion qu'il s'était faite de la situation : « Ce discours que vous venez d'entendre est mon testament de mort. Je l'ai vu aujourd'hui, la ligue des méchants est tellement forte que je ne puis espérer lui échapper. Je succombe sans regret ; je vous laisse ma mémoire ; elle vous sera chère, et vous la défendrez. »

A ces mots, David de s'écrier : « Si tu bois la ciguë, je la boirai avec toi ! » Et, comme Robespierre descendait de la tribune, il courut l'embrasser. Quelques jours après la mort de Maximilien le peintre David, du Comité de sûreté générale, renia publiquement son ami devant la Convention. Ce qui devait sauver sa tête et lui permettre de devenir, dix ans plus tard, le peintre du sacre de Napoléon Ier.

Pour l'heure, le Club des jacobins semblait, dans sa très grande majorité indéfectiblement lié à l'« Incorruptible ». Mais aussi influents qu'ils aient été, les jacobins n'étaient qu'une organisation privée, certes très proche du pouvoir, mais non le pouvoir lui-même, détenu par les comités et l'Assemblée nationale. Aux premières heures de la nuit, Collot d'Herbois, sans doute après son ultime tentative de conciliation avec Robespierre, parut à son tour à la tribune. Il essaya de faire entendre combien, selon lui, les comités désiraient faire la paix avec Maximilien, combien aussi tous leurs membres désiraient son retour au gouvernement. Mais, à ces paroles apaisantes, l'assistance répondit par une véritable explosion de colère et de haine. Malgré une belle obstination, Collot ne put se faire entendre : la salle était déchaînée. En vain, il rappela qu'il venait d'échapper à un attentat ; en vain aussi, Billaud-Varenne tenta de se porter à son secours et d'obtenir le silence. Rien n'y fit : bientôt, ils furent tous deux empoignés violemment et expulsés de la salle aux cris de : « A la guillotine ! »

Au milieu de cette fièvre, qui s'emparait maintenant de tous les membres du club, Robespierre restait étrangement morne et silencieux. Dumas, président en exercice du Tribunal révolutionnaire, Payan et Coffinhal l'adjurèrent d'agir sans retard, de surmonter ses sombres pressentiments et de lutter pour sauver la république et les grands principes de liberté pour lesquels il s'était jusqu'alors tant dépensé. Pour ces hommes fidèles et spontanés, l'heure n'était en effet plus aux discours, et les graves déclarations de Maximilien leur semblaient bien vaines. Mieux que lui, ils comprenaient que tout pouvait être sauvé, que son prestige intact permettait encore de balayer la petite meute des conspirateurs et de réclamer à l'Assemblée tous les pouvoirs pour défendre la république contre les factieux et les ultra-terroristes. Déjà, ils envisageaient l'action directe, brutale même : les salles, où en ce moment même siégeaient les comités, n'étaient que faiblement gardées, et par des hommes qui ne professaient aucune fidélité particulière pour les autres membres du gouvernement. On pouvait, sur l'heure, rassembler plusieurs milliers d'hommes de la Commune de Paris et de nombreuses pièces d'artillerie, marcher sur les Tuileries, et, sans trop de heurts, mettre en état d'arrestation tous les ennemis de Robespierre, tant à la Convention que dans les comités. Dumas, Payan et Coffinhal tentaient l'impossible pour faire entendre leurs raisons à l'« Incorruptible ». Leur vue des choses était assez objective : cette action rapide ne comportait pas de grands dangers. Dès le lendemain, Maximilien aurait pu, à nouveau, faire entendre sa voix et rétablir toute son autorité sur des conventionnels médusés.

Mais tous le comprirent alors : rien ne le déciderait à bouleverser le cours des choses. Navrés et peu convaincus par ses arguments, les amis de Robespierre ne purent que se résoudre et se soumettre à sa détermination. L'« Incorruptible » ne désirait pas se prémunir contre les coups des conjurés ; il voulait que le destin s'accomplît. Enfin, on se sépara sur de belles promesses, de faux espoirs, de grandes effusions fraternelles et aux cris de « Vive la République ! Mort aux traîtres ! » C'était touchant et puéril, mais le cœur n'y était pas.

Pendant que Robespierre, exténué par une journée de lutte, qui n'avait pourtant rien résolu, dormait paisiblement en cette fin de nuit du 8 au

9 thermidor, ses ennemis fourbissaient leurs armes. Quelques jours auparavant l'« Incorruptible » avait très précisément désigné Fouché comme le chef des conspirateurs, qui avaient décidé de l'abattre et d'asservir la république à leurs sordides ambitions. Bien renseigné et assez perspicace, en dépit de ses nombreuses failles psychologiques, il avait compris que réunir autant d'éléments discordants, de la droite aux ultra-terroristes, réclamait, de la part du meneur, une intelligence et une habileté peu communes. Fouché, cet ancien maître d'études famélique dans un séminaire, qui allait devenir ministre de la Police du Directoire, du Premier consul, de l'empereur Napoléon Ier, du roi Louis XVIII, et l'un des hommes les plus riches de son temps, était bien ce personnage cruel, sans scrupules, mais doué d'un sens inné de l'intrigue. Ne ménageant pas ses efforts, le futur duc d'Otrante occupa toute sa nuit à regrouper ses partisans et à convaincre les indécis de la nécessité d'agir sans plus attendre pour abattre Robespierre, Couthon, Saint-Just et leurs amis. Aux uns, Fouché présentait Maximilien comme « le plus dangereux des révolutionnaires », aux autres, il le dépeignait comme un contre-révolutionnaire convaincu qui, ayant banni Marat du Panthéon, préparait maintenant la restauration de la monarchie. A chacun, il s'efforçait de prouver que le triumvirat s'apprêtait à le traduire devant le Tribunal révolutionnaire.

Pour mener à bien son opération, qui, reconnaissons-le, était assez audacieuse, Fouché s'était entouré de seconds à sa mesure : Barras, Fréron, Rovère, Lecointre, Bourdon (de l'Oise) et le sinistre Tallien, l'homme que Cambon appela par la suite « canaille et monstre sanguinaire ». Au demeurant, tous ces hommes avaient, pour le moins, trahi les principes de la Révolution et s'étaient rendus coupables de massacres et d'atrocités, tant dans les provinces qu'à Paris. Lorsque le soleil se leva sur Paris, les conjurés étaient assurés de l'appui actif des ex-dantonistes, des hébertistes survivants et de la « neutralité bienveillante » de la droite (numériquement la plus forte à l'Assemblée nationale, mais jusque-là intimidée par la puissance de la Commune), dont les chefs, Boissy d'Anglas, Palasne, Durand de Maillane et Champeaux, qui accordaient désormais crédit aux calomnies du « mitrailleur de Lyon », avaient pourtant échappé à l'échafaud grâce à la protection de Robespierre.

Chapitre XXXII
LA MORT DE LA RÉPUBLIQUE

En ce matin du 9 thermidor an II, Maximilien Robespierre se leva plus tard que de coutume. Il était plus de dix heures lorsqu'il revêtit son bel habit bleu de ciel, qu'il avait porté, pour la première fois, quarante-neuf jours plus tôt, lors de son triomphe du 20 prairial. Les sombres nuages de la veille s'étaient dissipés dans son esprit. Comme il se préparait à sortir, le brave Duplay le retint un instant encore pour lui demander s'il n'avait rien à craindre en se rendant à la Convention. Robespierre le rassura d'un sourire et de quelques mots. Or, ces paroles n'étaient pas de pure forme : il s'était en effet persuadé que la journée de la veille n'avait été qu'un incident parlementaire sans gravité. Depuis la convocation des états généraux, à Versailles, le 4 mai 1789, il en avait connu tant d'autres !

En ce jour, qui devait pourtant consacrer leur triomphe, les conjurés étaient bien plus inquiets que Robespierre. Fiévreusement, ils guettaient le tocsin ou la sourde détonation du canon d'alarme du Pont-Neuf, signaux habituels de l'insurrection des sections de la Commune. Qu'arriverait-il si la Convention se voyait, une fois encore, en face des rudes troupes de Hanriot et de leurs canons pointés sur les Tuileries ? C'était ne pas compter sur l'extrême lassitude de l'« Incorruptible » que de le croire capable d'un tel coup de force. Aujourd'hui, il serait seul dans la grande salle de l'Assemblée. Seul avec ses fidèles, Couthon, Saint-Just, son frère Augustin et Lebas. Quant au terrible Hanriot, il se trouvait ce matin-là dans le quartier Saint-Antoine, paisiblement occupé à déjeuner avec un de ses parents.

Pour cette « mise à mort », Fouché, homme habile mais de piètre courage, avait préféré s'abstenir. Prudemment, il avait confié le premier rôle à Tallien, ce « comédien dans la tragédie qui termine le règne de Robespierre », selon l'expression de Mercier. Pourtant, en ces heures décisives, le comédien sera Vadier, et le premier rôle sera enlevé à Tallien par Billaud-Varenne. Quoi qu'il en soit, le résultat restera le même et comblera tout à fait les attentes de Fouché.

Saint-Just, en qui récemment encore la Convention avait acclamé le héros de Fleurus, s'assit en silence, tout à ses sombres pensées. Comme d'autres, il ne s'était pas couché de la nuit. Durant de longues heures, sur une table de la salle de réunion du Comité de salut public, il avait rassemblé tout ce que son esprit pouvait avoir de logique et d'éloquent pour écrire le discours grâce auquel il comptait encore renverser la situation et sauver son ami. Ce texte, s'il avait pu le prononcer, par sa modération, la noblesse des sentiments qu'il exaltait et l'équilibre de ses périodes, aurait peut-être bouleversé le cours des événements. A l'inverse de Robespierre qui, la veille, s'était obstiné à ne citer aucun nom, Saint-Just accusait nettement Collot d'Herbois et Billaud-Varenne, mais, par souci de conciliation, il ne réclamait pas leur exclusion du comité. Il leur demandait seulement de bien vouloir exposer publiquement leur position, et exprimait l'espoir qu'à la suite d'explications réciproques, la concorde et la fraternité réuniraient enfin tous les membres du gouvernement pour le salut de la république. En conclusion, il proposait que six signatures fussent désormais exigées pour rendre valable quelque texte qui émanerait du comité. Sage suggestion qui eût mis fin à la dictature de fait de Carnot, Collot d'Herbois, Barère et Billaud-Varenne qui, depuis plusieurs semaines, monopolisaient l'exercice du pouvoir.

Après d'interminables discussions, qui avaient éparpillé les députés en de nombreux petits groupes, tant dans les couloirs que dans la salle, la sonnette de Collot d'Herbois, qui, pour l'heure, présidait la séance, tinta enfin. L'après-midi était déjà entamé. Plus encore que la veille, le public et les conventionnels étaient venus nombreux. La tension maintenant était extrême ; des regards furtifs et entendus s'échangeaient.

Dès que le secrétaire eut fini de donner, selon la règle, lecture de la correspondance, Saint-Just se leva. Malgré son vif désir contraire, Collot d'Herbois ne pouvait lui refuser la parole. Calmement, le jeune homme se dirigea vers la tribune, en gravit les degrés, déroula les feuillets de son manuscrit et en commença la lecture d'une voix claire et forte. Mais, à peine avait-il eu le temps de prononcer quelques phrases que Tallien, à son tour, se leva, et sans ménagement interrompit l'orateur : « Hier, disait-il, un membre du gouvernement a parlé en son nom personnel ; aujourd'hui un autre en fait autant. Il est temps de déchirer le voile ! »

Tallien n'avait pas encore fini de parler que l'on vit entrer Billaud-Varenne et d'autres membres du gouvernement. A son tour, Billaud-Varenne réclama la parole et, derechef, courut à la tribune. Après un court instant d'hésitation, Saint-Just lui céda la place. Il descendit et, impassible, le manuscrit à la main, debout au pied de la tribune, il attendit. Cette attente allait durer quatre heures. Quatre heures d'une terrible bataille parlementaire pendant lesquelles il resta immobile, le regard fixé sur l'Assemblée. Tout à sa rage d'avoir été expulsé la nuit dernière du Club des jacobins, Billaud-Varenne exultait littéralement. Il s'en prit à Robespierre qu'il accusa de préméditer, avec l'aide des jacobins et des sections de la Commune, le massacre de la Convention. La passion l'emportait bien plus loin qu'il ne l'eût désiré réellement, et ses outrances verbales étaient surtout le reflet de sa révolte contre l'attitude irascible et hautaine de Robespierre. Sans doute se souvenait-il aussi de ce que, quatre jours auparavant, le 5 thermidor, il avait encore tenté d'apaiser l'« Incorruptible », qui l'avait sèchement repoussé. Néanmoins, le fait même que Billaud-Varenne était, quant à la doctrine politique, en accord avec les positions de Maximilien, le rend moins excusable que d'autres, lorsqu'il sacrifie un principe à ses ressentiments, se faisant dès lors, l'allié objectif non seulement des ultra-terroristes, que du reste il couvrit toujours, mais aussi des forces réactionnaires qui désiraient mettre un terme à la marche de la Révolution et réduire à néant toutes les mesures sociales et économiques décidées par le gouvernement de la république.

Plus qu'une subtile analyse des circonstances, les applaudissements adressés à Billaud-Varenne, tout à la fois par les ultra-terroristes, les dantonistes et les royalistes, prouvent éloquemment la nature du complot et la détermination de ses chefs. Parallèlement, on comprend sans peine que la Convention ovationne l'orateur lorsqu'il assure qu'à montrer de la faiblesse l'Assemblée se suicidera. Pareils propos, pleins d'exagération, prouvent jusqu'à quel point la propagande insidieuse des conjurés, ajoutée à la funeste impression laissé par le discours de Robespierre entendu la veille, avait suscité dans les rangs des parlementaires un réel climat de peur. Maintenant, les conventionnels, dans leur grande majorité, se croient — bien à tort — menacés de mort par le triumvirat. Hantés par la crainte d'un redoublement de la Terreur, les députés opinent lorsque Billaud-Varenne lance un certain nombre d'accusations sans fondement. Jugeons plutôt : selon lui, Robespierre a voulu faire arrêter un comité ultra-terroriste de province ; il a protégé Hanriot qui, affirmait-il, fut un complice de Hébert ; il a protégé le général Lavalette, ce royaliste notoire ; il a protégé Danton. « La première fois que je démasquai Danton, affirmait Billaud-Varenne, Robespierre se leva comme un furieux, en disant qu'il voyait mes intentions, que je voulais perdre les meilleurs des patriotes ! » etc. Il conclut enfin en déclarant qu'il ne se trouverait pas, il en était certain, un seul représentant du peuple qui ne fût déterminé à réclamer une mort honorable plutôt que de subir encore la domination d'un tyran. Et ce fut un véritable triomphe ; les députés, debout, agitaient leurs chapeaux, acclamant « l'homme qui avait osé braver le dictateur » !

En quelques instants, la salle lui avait été acquise, préparée qu'elle était par les calomnies de Fouché et de ses comparses. Nulle voix contradictoire ne semblait plus pouvoir se faire entendre. Ainsi, lorsqu'il avait accusé les jacobins de vouloir massacrer la Convention, le fidèle Lebas, scandalisé par de telles accusations mensongères, avait tenté de se lever pour protester. Mais ses mots avaient été couverts aussitôt par le cri « A l'Abbaye ! » — c'est-à-dire en prison, en attendant une prompte exécution.

Pourtant ce tumulte n'était rien encore face à celui qui déferla lorsque Robespierre parut à la tribune. Une véritable houle de voix enfiévrées se mit alors à scander : « A bas le tyran ! » Les invectives et les hurlements les plus sauvages fusaient à présent de toutes parts. Convaincu qu'il était vain d'insister, Maximilien haussa les épaules et descendit de la tribune, bousculé par Tallien qui y montait en courant. Ce misérable, aux mœurs les plus corrompues, qui, à Bordeaux, avec sa maîtresse Thérésa Cabarrus, vendait l'immunité à ceux qui pouvaient la lui acheter à prix d'or, envoyant les impécunieux à l'échafaud, exhiba un poignard que

Thérésa, qui pour l'heure était en prison, lui avait naguère envoyé. Et, s'accompagnant d'un geste théâtral, affirma qu'il avait conçu de frapper mortellement le « nouveau Cromwell », si la Convention n'avait pas le courage de le décréter d'arrestation. Brutalement, les grands idéaux de la Révolution s'effondraient, et c'était maintenant ce Tallien, libertin et corrupteur qui osait prétendre que l'« Incorruptible » ne se maintenait au pouvoir qu'en usant des services de vils débauchés. Puis, sans désemparer, il proposa l'arrestation d'Hanriot et de son état-major. Sans attendre et sans réfléchir un seul instant, les députés adoptèrent cette motion, comme ils acceptèrent de voter plusieurs autres arrestations d'amis de Robespierre suggérées par Billaud-Varenne.

Profitant d'une relative accalmie, Robespierre essaya à nouveau de prendre la parole pour défendre ses fidèles et son programme de gouvernement. Mais, aussitôt, de nouvelles vociférations proférées par la bande de Fouché le réduisirent au silence.

Au même moment, montait à la tribune l'habile Barère. Cet homme prudent et qui consultait l'avis de tous connaissait vraisemblablement la portée du plan mis en place contre Maximilien, car il avait fermement invité David à ne pas se rendre à cette séance. Deux jours à peine s'étaient écoulés depuis que Barère avait fait l'éloge de Robespierre devant les conventionnels encore médusés. Et la veille même, il avait chaudement appuyé la proposition qui visait à l'impression et à la diffusion immédiate du discours de l'homme que l'on s'apprêtait aujourd'hui à abattre. Pourtant, dans la nuit du 8 au 9 thermidor, il comprit soudain que Maximilien était perdu, et, quand il rencontra Saint-Just, qui écrivait son discours du lendemain sur une table de la salle du Comité de salut public, il lui déclara sèchement que le triumvirat voulait partager les dépouilles de la Révolution entre un estropié, Couthon, un enfant, Saint-Just, et un misérable, Robespierre. Maintenant, le « misérable », plus livide que jamais, se tenait adossé à la tribune, comme absent du drame qui se préparait, tournant machinalement entre ses mains un petit canif ouvert.

Pourquoi, en ce jour, qui allait voir l'effondrement de la Révolution du peuple de France, pourquoi donc ce Barère, qui fut si souvent l'ami de la victoire, ne chercha-t-il pas à s'assurer la faveur des conspirateurs en lui portant le coup de grâce, par quelques brillantes tirades assez bien calculées pour élever le massacre à venir au rang et à la dignité d'une apothéose révolutionnaire et patriotique ? Se souvint-il en cet instant des nombreuses occasions où Robespierre l'avait, lui, le tiède, l'indécis, sauvé de la redoutable colère du Club des jacobins ? S'avisa-t-il qu'il fallait peut-être encore tenir compte des imprévisibles réactions de la Commune, et qu'il convenait de rester prudent au milieu de ce tumulte et de ces cris de mort ? Ou bien sa réserve à la tribune trouvait-elle tout simplement sa source dans la réelle admiration qu'il portait toujours à Robespierre ? Car il l'admirait. Nous le savons par ses biographes, Carnot et David d'Angers. Ils rapportent, que dans sa vieillesse, Barère disait de l'« Incorruptible » : « Nous n'avons pas compris cet homme. Il avait le tempérament des grands hommes, et la postérité lui accordera ce titre. » Parallèlement, le sculpteur David d'Angers raconte encore, qu'exposant à Barère son intention de faire le médaillon des plus illustres personnages de la Révolution, l'ancien conventionnel, alors alité, s'assit soudain sur sa couche, et lui dit d'un ton qui ne souffrait pas de réponse : « N'oubliez pas Robespierre ! C'était un homme pur, intègre. Un vrai républicain. Ce qui l'a perdu, c'est sa vanité, son irascible susceptibilité et son injuste défiance envers ses collègues. Ce fut un grand malheur ! »

Ce « grand malheur », qu'en ce 9 thermidor Barère sentait se rapprocher à grandes enjambées, il essaya de le conjurer. Tout son discours, subtil et éloquent, allait dans ce sens. Tout d'abord, il chanta les louanges des comités. Mais il eut l'habileté de ne proférer aucune formule qui aurait pu condamner Robespierre ; et même, il s'abstint de prononcer son nom. Il chercha à ne pas rompre avec la Commune, en suggérant que le maire et l'agent national de Paris fussent chargés d'assurer la sécurité de la Convention. La proposition fut mise au vote et recueillit une très large majorité. L'ambiance se fit moins tendue, et Maximilien lui-même, toujours figé à côté de Saint-Just, cessa un moment de jouer avec son canif. Cependant, il restait sombre, replié sur lui-même, le visage sévère, les sourcils contractés, les lèvres serrées. Sans doute ne croyait-il déjà plus que ce discours très modéré de Barère pourrait encore inverser le cours des événements.

Survint alors l'intermède comique préparé par Vadier. Ce vieux voltairien parla de la « loi de prairial », parce que la veille encore, Robespierre, tonnant, l'avait attaqué, en affirmant qu'il en usait de manière erratique et funeste. Ensuite, se faisant l'écho des accusations de Billaud-Varenne au sujet de la défense de Danton par Maximilien, il déclara que ce dernier avait pareillement osé défendre Desmoulins, Chabot et Basire, ne les ayant abandonnés à la rigueur de la loi que lorsqu'il comprit qu'à persister dans cette voie, il se compromettait à son tour. Enfin, Vadier rassembla tout son talent pour amuser l'auditoire avec « l'affaire Catherine Théot », qu'il s'obstinait toujours à nommer Théos. A ce sujet, il se livra à un véritable numéro de comédien, en racontant quelques histoires relatives à un certain Taschereau, disciple de Catherine Théot, qu'à l'entendre Robespierre aurait chargé de le persécuter, lui, Vadier, en le suivant partout, l'arrêtant même souvent en pleine rue pour lui débiter les discours de l'« Incorruptible », que cet illuminé connaissait par cœur. L'Assemblée rit de bon cœur, chacun commentant à son voisin ce qu'il savait sur « l'affaire Théot ». Durant la pitrerie de Vadier, Maximilien resta impassible ; tout cela était décidément bien trop dérisoire pour qu'il s'abaisse à contredire ou à réfuter.

Quand Tallien comprit que de telles digressions faisaient oublier aux députés leur belle rage de tout à l'heure, il n'eut plus qu'une idée : ramener le débat à l'essentiel, c'est-à-dire au drame. « Il faut, lança-t-il, conclure au plus tôt, en revenir au but de cette séance ! » « Je saurai bien l'y ramener ! » rétorqua, assez maladroitement, Robespierre. Cette fois, l'Assemblée se réveilla ; les huées et les insultes reprirent de plus belle. Tallien triomphait. Sans attendre, il accusa alors Maximilien de s'être servi du Bureau de police générale à des fins personnelles et pour opprimer les patriotes. A ces mots, Maximilien bondit vers la tribune et s'écria : « C'est faux, c'est faux ! Je... » Il ne put en dire davantage, la salle de nouveau gagnée à la cause des conspirateurs grondait et scandait un terrible refrain : « A bas le tyran ! A la guillotine ! » Le vacarme ne cessa point d'une demi-heure. Tallien triomphait, paradait ; Saint-Just demeurait immuable, son manuscrit roulé entre les mains ; Robespierre, quelque peu décontenancé par autant de haine et de violence sous-jacente, regardait la salle et y cherchait encore quelques voix amies. On le maudissait maintenant, lui qu'hier encore on adulait. Il savait que la « ligue des méchants » était redoutable, mais jamais il n'eût cru qu'elle pût en quelques heures soulever contre lui l'Assemblée nationale tout entière. Il n'entendait rien, ou ne voulait rien entendre à ces sombres calculs financiers qui unissaient tous ces brigands ; il y perdait pied. En ces instants, qui décidaient brutalement du sort de la France et de la vraie démocratie en Europe, Saint-Just était sans doute plus conscient du naufrage irrémédiable. Mais il ne bougea pas. Désormais, la partie était trop inégale. Elle l'était, certes, devenue à la suite d'une succession de maladresses de Robespierre. Mais, ces erreurs psychologiques — incontestables — de l'« Incorruptible » n'étaient cependant pas de nature à le faire changer de camp. Ceux que l'Assemblée condamnait de ses cris étaient ceux-là mêmes qui avaient voulu, avec toute la force de leur idéalisme, porter la Révolution à son plus haut niveau de conscience humaine. Aujourd'hui, toute parole était vaine ; seuls les propos iniques semblaient pouvoir l'animer encore.

Bien qu'il ait fréquemment affirmé que sa mort lui importait peu, pour la première fois, Maximilien comprenait que cette fin était imminente. Alors quittant son attitude de réserve au pied de la tribune, il s'avança de quelques pas en direction de la Montagne, ces révolutionnaires — la gauche — qui toujours l'avaient soutenu, puis il s'arrêta, fit face et croisa les bras devant la masse des députés. Ces hommes qui, si longtemps, avaient reconnu en lui leur chef, pourtant ces gens-là détournaient à présent le regard, et quelques-uns laissèrent même voir une satisfaction non dissimulée. Devant ce mutisme mêlé d'animosité, Robespierre comprit qu'il n'avait plus rien à espérer de ces républicains, au demeurant sincères et qui, pour la plupart, lui devaient leur charge de parlementaire.

D'un réflexe, beaucoup plus qu'à la suite d'un acte réfléchi, il se tourna alors vers l'autre partie de la Convention, et s'écria d'une voix qui dominait tous les tumultes : « C'est à vous, hommes purs, que je m'adresse, et non pas aux brigands... » Mais qui étaient les brigands à ce moment-là ? Les Tallien, les Barras, les Fouché, ou également ses anciens compagnons de la Montagne, en qui, dans la confusion d'esprit où il était sans doute en ce moment, il ne voyait plus que des traîtres ? Quoi qu'il en soit, à ses paroles, la droite répondit d'une seule voix : « A bas le tyran ! A bas le tyran ! » Un instant, Maximilien accusa ce double choc et parut tout désemparé devant pareille animosité répétée depuis des heures. Il fit volte-face, et se tourna vers le fauteuil présidentiel, juste au moment où Collot d'Herbois tendait la sonnette à Thuriot, qu'il avait appelé pour le remplacer. « Pour la dernière fois, président d'assassins, clama Robespierre, pour la dernière fois, je te demande la parole ! » « Tu ne l'auras qu'à ton tour », répliqua Thuriot.

Excédé, Maximilien voulut encore parler, mais soudain la voix lui manqua. « C'est le sang de Danton qui t'étouffe ! » hurla le dantoniste Garnier. Robespierre se tourna vers l'homme qui venait de l'interpeller. Il retrouva sa voix : « C'est donc Danton que vous voulez venger. Lâches, pourquoi ne l'avez-vous pas défendu ? »

A la vérité, malgré toute l'habile préparation orchestrée par Fouché, l'action des conspirateurs avait été, dans une certaine mesure, laissée à l'improvisation. Peu à peu, ils s'étaient convaincus que le moment d'abattre leur ennemi approchait, puisque très nombreux étaient maintenant les conventionnels qui les suivaient. A l'exception de Hanriot et de Dumas, dont l'arrestation avait déjà été votée, aucun acte d'importance n'avait encore été décidé. Quand soudain, Louchet, un obscur ultra-terroriste, se mit à crier : « Je demande l'arrestation de Robespierre ! » A cette phrase, la Convention ne répondit d'abord que par un assez long silence. Puis vinrent quelques applaudissements, faibles et dispersés. D'autres se levèrent à leur tour et appuyèrent la demande de Louchet. Cette fois la machine était en marche : les applaudissements se firent de plus en plus nombreux, et l'on entendit : « Oui, oui, l'arrestation de Robespierre ! »

Profitant de cette vague, Louchet demanda que sa motion fût mise aux voix. Au milieu d'un indescriptible tohu-bohu, le président déclara qu'elle était adoptée. Alors, Lozeau, un autre ultra-terroriste, réclama un acte d'accusation immédiat. Ce qui fut aussitôt adopté. La Convention si longtemps subjuguée par « le Chat-tigre » prenait maintenant sa revanche. Elle ne faisait pas pour autant acte de courage : le tribun semblait bien abattu. Quelle crainte pouvait encore tourmenter les conventionnels ? Le vrai courage, on le vit se dresser, personnifié par un jeune homme, Augustin Robespierre, qui dit d'une voix ferme : « Je suis aussi coupable que mon frère, je partage ses vertus, je veux partager son sort. Je demande aussi un décret d'accusation contre moi ! »

Maximilien protesta. Il ne désirait nullement que ses plus chers amis périssent avec lui. Il sollicita l'autorisation de parler pour sauver son frère. De véritables hurlements répondirent à ses mots. Le député Duval, qui publiait un journal si féroce qu'on l'avait surnommé « Le journal du tigre », se leva et demanda, au milieu du vacarme qui se calmait peu à peu, si l'on pouvait encore supporter qu'un individu s'érigeât en seigneur et maître de l'Assemblée. Le terrible Fréron, celui-là même qui, naguère, avait réclamé que la reine fût traînée à travers Paris attachée à la queue d'un cheval, et dont, non sans peine, Robespierre avait mis fin aux menées terroristes à Marseille, hurla : « Ah ! qu'un tyran est dur à abattre ! » Là-dessus l'arrestation d'Augustin fut votée aux cris de « Vive la République ! » Mais pour un instant encore, la voix de son frère parvint à dominer l'affreux tumulte : « La République, dit-il, elle est perdue, car les brigands triomphent ! »

Louchet proposa d'adjoindre aux accusés Saint-Just et Couthon, et la motion fut acceptée au milieu des cris de joie.

Dans cette tragique circonstance, un fait plaide mieux que tout autre en faveur de Maximilien Robespierre : des hommes de caractère étaient maintenant décidés à mourir pour lui. Souvenons-nous de Danton, cette personnalité prestigieuse ; il ne suscita dans le cœur de personne la volonté de périr en sa compagnie.

Déjà quelqu'un avait réclamé le droit de mourir avec Maximilien, mais c'était son frère. Or, voici qu'un autre homme se dresse, en se dégageant des bras de ses amis qui tentent de le retenir. Enfin, il y arrive au moyen de si violents efforts que son habit est déchiré dans le dos et à la manche gauche. A présent, il court vers Robespierre et ses fidèles. C'est le conventionnel Lebas. « Je ne veux pas, s'écria-t-il, partager l'opprobre de ce décret. Arrêtez-moi ! » Plus que tous, celui-ci jouissait du respect et même de l'affection de ses collègues. Associé à Saint-Just lors de ses missions auprès des armées du Rhin et du Nord, il avait fréquemment tempéré l'excessive sévérité du jeune commissaire de la Révolution. L'acte de Lebas aurait pu bouleverser les conventionnels, tant était grand son prestige. Mais aujourd'hui, ils ont abdiqué tout pouvoir entre les mains de leurs pires ennemis. Et quelques cris de dérision furent tout ce qui accueillit les paroles de Lebas. Aussitôt on mit au vote l'arrestation de Lebas, qui, immédiatement acceptée, fut largement acclamée.

« Les accusés à la barre ! » s'époumonaient à répéter les conjurés. Et la Convention de faire écho : « A la barre ! A la barre ! » Thuriot, pour l'instant président en exercice, ordonna aux huissiers de faire exécuter cet ordre. Et comme ils hésitaient, n'en croyant ni leurs yeux ni leurs oreilles, on entendit un cri, c'était Louzeau : « Pas de privilèges ! » Pour couper court à ces tergiversations, Maximilien se porta de lui-même à la barre, suivi de ses amis. Aussitôt, ils furent formellement placés en état d'arrestation et emmenés hors de la salle. Fouché, organisateur de ce complot, triomphait dans l'ombre. Son heure allait bientôt sonner.

Ce jour-là, la Commune siégeait sous la présidence du maire, Fleuriot-Lescot, âgé de trente-trois ans. A ses côtés se tenait le jeune agent national Payan, à peine âgé de vingt-six ans. L'annonce de l'arrestation de Robespierre et de ses amis venait tout juste de leur parvenir. Ému jusqu'aux larmes, Fleuriot-Lescot annonça la nouvelle et dit : « C'est ici que la patrie a été sauvée le 10 août et le 31 mai ; c'est encore ici qu'elle sera sauvée. Que tous les membres du conseil fassent le serment de mourir à leur poste ! » Tous se levèrent, et d'un seul élan, et, d'une seule voix, s'écrièrent : « Nous le jurons ! » Une insurrection populaire fut organisé pour sauver ceux-là qui venaient d'être décrétés d'arrestation par la Convention. En peu de temps, on entendit les roulements de tambours de la populace en marche. Rien n'était joué en cette fin de journée du 9 thermidor, puisque la Commune de Paris décidait maintenant de recourir à la force pour sauver Robespierre et ses amis. Durant les premières heures de ce mouvement, la Commune fit preuve d'une énergie et d'une rapidité exemplaires. Dans une proclamation, elle fit l'apologie des prisonniers, et donna ordre à Hanriot de les délivrer par la force. Elle ordonna aux quarante-huit sections de sonner le tocsin, de rassembler toutes leurs troupes en ne cessant de battre le tambour, et, une fois rassemblées en une formation cohérente, de marcher sur l'Hôtel de Ville où elles devaient attendre les ordres de Fleuriot-Lescot et de ses adjoints. En même temps, la direction générale de la Commune fit fermer les barrières de Paris, déclara nuls et non avenus les ordres en provenance de la Convention.

Pourtant, toutes les sections ne répondirent pas. Nombreuses étaient celles qui, troublées par des ordres contradictoires en provenance des camps opposés se confinèrent en un prudent attentisme. Le tocsin ne sonna pas dans toutes les paroisses de Paris. Et même le gros bourdon de Notre-Dame, qui présida à tant d'événements dramatiques de la Révolution, resta muet. Néanmoins, le vacarme était partout : roulements de tambours et comités de quartiers qui appelaient la population à marcher contre la Convention. Nulle estimation précise ne nous permet de dire quelles furent réellement les forces mises en mouvement. Mais il n'est sans doute pas exagéré de considérer que vingt mille hommes, soit dix-neuf sections sur quarante-trois, en armes, avec leur artillerie, marchaient vers le centre de Paris pour la sauvegarde de Robespierre. Ces troupes disparates, formées sur la base optimale de cinquante mille miliciens de la Commune, affluaient maintenant de tous côtés, sans encore trop connaître la raison de leur rassemblement. Certes, on leur avait annoncé que la vie de Robespierre était en jeu. Mais, pareil mot d'ordre ne suffisait pas pour se transformer vraiment en un ordre cohérent et ponctuel de marche. D'où l'extrême désordre avec lequel les phalanges révolutionnaires se déplacèrent et firent mouvement vers le cœur de la capitale. Toutefois, ces forces assez hétéroclites, énergiquement commandées, auraient amplement suffi à intimider les Parisiens et à réduire la Convention au silence.

Hélas, il manquait alors au brave Hanriot les qualités requises pour culbuter l'ordre et le déroulement des événements. Commandant en chef des troupes de la Commune, âgé de trente-trois ans, honnête soldat de la république, il savait certes exécuter des missions audacieuses, mais il se montrait totalement démuni dès que les circonstances exigeaient de l'initiative et du discernement. De plus, ce jour-là, il avait beaucoup bu, et, sans être ivre, il ne possédait plus tout son sang-froid. Cependant, ce diable d'homme fut quand même capable de rassembler incontinent les compagnies de gendarmes à cheval, qui se trouvaient à portée de son commandement. Dès que les escadrons furent formés, il s'élança à leur tête vers les Tuileries. Lorsqu'il y arriva, soutenu par quelques aides de camp, il chercha à pénétrer dans la salle du Comité de sûreté générale, où l'on gardait les prisonniers. Mais, à peine Hanriot y arrivait-il que les gardes et les huissiers s'emparaient de lui, le maîtrisaient, ainsi que son escorte. Et les voilà solidement garrottés sous les yeux des hommes qu'ils venaient délivrer.

La Commune, lorsqu'elle apprit la mésaventure de Hanriot se refusa à croire si vite en la défaite. Sans attendre, elle dépêcha Coffinhal, avec des forces considérables pour libérer les tribuns, Hanriot et sa petite troupe. Parallèlement, les administrateurs de la police communale notifiaient aux directeurs des prisons de ne recevoir ni d'élargir qui que ce soit.

Maintenant, on voyait converger vers la place de Grève hommes en armes et canons. A l'Hôtel de Ville, siégeait en permanence un conseil général de la Commune. Un comité exécutif de neuf membres venait d'être élu. Il était réuni dans la grande salle dite de l'Égalité. Sans cesse, des estafettes allaient et venaient sous la chaleur étouffante de ce 27 juillet. Un orage se déchaîna bientôt, dont le tonnerre se mêlait aux roulements de tambours et au tocsin. Pendant que Paris se préparait à la grande fête de l'insurrection, la Convention, qui avait levé sa séance à dix-sept heures, siégeait de nouveau depuis dix-neuf heures. Et, lorsque Coffinhal arriva avec ses troupes, elle venait à peine de reprendre ses travaux. L'habile manœuvrier de la lutte urbaine qu'était Coffinhal ne perdit pas un instant. A chaque porte intérieure de l'Assemblée fut placée une sentinelle, de nombreux bataillons en armes, avec leurs canons, occupèrent la place du Carrousel en face des Tuileries, et l'on fit exécuter un mouvement en quart de cercle à l'artillerie, afin que les pièces fussent pointées sur la porte d'entrée principale. Quand enfin tout cet impressionnant dispositif fut mis en place, Coffinhal, l'épée à la main, s'élança vers les salles du Comité de sûreté générale, dont les membres s'enfuirent pêle-mêle à la vue de ces diables bottés et armés. Un obstacle demeurait cependant, celui des gendarmes de faction, en principe tout acquis à la Convention. Sans hésiter, ils se rallièrent aux troupes de la Commune aux cris de « Vive la nation ! » et « Vive Robespierre ! » Dans les salles désertées, nos hommes ne trouvèrent ni Robespierre ni ses amis, qui avaient été déplacés entre les deux séances. Cependant, Coffinhal eut quand même le bonheur de libérer Hanriot et sa garde, qui furent emmenés triomphalement.

La nouvelle de cette action énergique de la Commune fit l'effet d'une bombe parmi les députés, qui dramatisèrent à l'extrême la situation. Billaud-Varenne affirma que l'on voulait anéantir la Révolution au profit du despote Robespierre. Lecointre, rouge, échauffé, se mit à distribuer aux conventionnels tout ce que contenait l'arsenal de ses poches : cartouches, pistolets, baïonnettes coupées, etc. Collot d'Herbois, moins combatif, ne cessait de répéter : « L'heure est venue de mourir à notre poste ! » Cette « fin héroïque » n'était pas du goût de la plupart des conventionnels et du public dans son ensemble. Au milieu des cris et de véritables nuages de poussière, la salle fut évacuée en quelques instants. Ces fuyards pris de panique ne savaient pas qu'à cet instant tout danger était déjà écarté. En effet, lorsque le bouillant Hanriot, tempêtant, remettait le pied à l'étrier, un messager lui apportait un ordre du comité exécutif de la Commune, qui lui enjoignait de faire mouvement avec ses troupes en direction de l'Hôtel de Ville. Ordre qui tombait bien mal à propos, car il tenait maintenant la Convention à sa merci. Hélas, Hanriot n'avait pas l'étoffe d'un chef. Il ne comprit même pas la situation avantageuse dans laquelle il se trouvait, et préféra abandonner sa position de force devant les Tuileries, rappelant ses sentinelles, ses troupes et ses artilleurs, faisant faire demi-tour à tout ce monde, parce qu'il avait reçu un ordre, émanant d'un comité exécutif qui n'était même pas au courant de la victoire de Coffinhal à la Convention. En obéissant aveuglément, Hanriot sauvait inconsciemment la Convention et allait accélérer le déroulement du drame.

Lorsque Hanriot avait fait irruption dans la salle où se trouvaient consignés Robespierre et ses amis, Maximilien lui avait sèchement dit : « Laissez-moi aller au tribunal ! je saurai bien me défendre. » Même en ces heures où se jouait son destin, l'« Incorruptible » restait rigoureusement légaliste : n'ayant pas préparé un soulèvement, non seulement il ne l'attendait pas, mais de surcroît, il ne le désirait nullement. A cet instant, il plaçait ailleurs son espérance. Il le savait : Paris lui était tout acquis, et même le Tribunal révolutionnaire lui était favorable. Au cours de cet après-midi du 9 thermidor, la Convention avait laissé un instant triompher ce qu'il y avait de pire en son sein. Cette alliance de la réaction bourgeoise et des ultra-terroristes, union contre nature, ne pourrait durer bien longtemps. Cela, Robespierre l'avait sans doute compris, d'où, en partie, son refus de bouleverser l'ordre établi par une soudaine action de force. De plus, la Commune et les jacobins dans leur grande majorité ne manqueraient pas d'apporter au tribun du peuple l'appui nécessaire pour qu'il sorte libre et blanchi aux yeux de tous ses amis. De fait, aucune charge sérieuse ne pesait contre lui ni contre ses proches. Un acquittement restait donc parfaitement dans l'ordre des possibilités. En outre, l'esprit formaliste de Maximilien, et même sa vanité entraient en jeu : il voulait affronter ses juges et faisait de cet acte une question de principe sur laquelle il ne désirait en aucun cas transiger. L'arrestation de Hanriot ne l'avait pas amené à croire au succès d'une intervention de la Commune insurrectionnelle, intervention à laquelle du reste il répugnait.

Ayant été un peu plus tard conduits dans une pièce voisine où un copieux repas leur avait été servi, ni Robespierre, ni Couthon, ni même Saint-Just, Lebas et Augustin Robespierre faisant en l'occurrence figures de seconds rôles, ne voulurent encourager la rébellion populaire qui grondait. Ils se savaient intègres et désiraient comparaître, au grand jour, devant leurs juges.

Après le repas, on les envoya vers diverses prisons parisiennes, celle du Luxembourg ayant été réservée à Robespierre. Il apparaît que seul le factionnaire du Luxembourg ait respecté les ordres de la police municipale : il refusa d'incarcérer Maximilien. A peine Robespierre était-il depuis quelques instants devant ce geôlier intraitable que deux officiers municipaux vinrent le saluer, puis demandèrent à ses gardes, deux gendarmes et un huissier, s'ils n'avaient pas honte d'incarcérer Robespierre. Il était visible que ces hommes n'y prenaient aucun plaisir. La porte de la prison n'ayant pas été ouverte pour se refermer sur celui qu'ils convoyaient, ils se montrèrent aussitôt tout disposés à le remettre aux officiers municipaux. Ceux-ci invitèrent Maximilien à les suivre à l'Hôtel de Ville. Mais fidèle à sa position, il s'y refusa. Parce qu'il avait fait l'objet d'un mandat d'incarcération signé par la Convention, il savait qu'en répondant à cette proposition, il se mettait hors la loi. Ce qu'en aucun cas il ne voulait. Aussi, demanda-t-il à être enfermé dans le bureau des administrateurs de la police, non loin de la mairie, au quai des Orfèvres.

Il était environ vingt heures trente, quand, sous escorte, l'« Incorruptible » arriva enfin au lieu de sa future prison. Il faisait encore jour, et la chaleur restait étouffante. Lorsque le peuple vit le tribun déchu arriver devant ces sinistres bâtiments, spontanément fusèrent de milliers de poitrines les cris de « Vive Robespierre ! Vive la République ! » Devant le guichet du quai des Orfèvres, on tint un conciliabule, puis les officiers municipaux reçurent une lettre à remettre « de toute urgence » à la Commune. Elle était signée des administrateurs généraux de la Convention, mais comportait cette phrase très nette : « C'est l'avis de Robespierre et le nôtre ». Son contenu était explicite : « Fermer les barrières de la ville ; apposer les scellés sur toutes les presses des journaux ; arrêter tous les journalistes et les députés traîtres. » Pareille ordonnance démontrait combien Robespierre, conscient de la situation, ne voulait pas que l'on restât sur la défensive, mais invitait à prendre une vigoureuse offensive. Il agissait indirectement, grâce aux ordres envoyés à l'Hôtel de Ville par des tiers. Lui, frappé d'arrestation au sein même de la Convention, ne voulait surtout pas sortir de la légalité. Vu sous cet angle, son raisonnement nous apparaît comme très lucide et bien calculé. Mais était-ce vraiment là le fond de sa pensée ?

Il était un peu plus de vingt et une heures lorsque les membres de la Commune reçurent ces ordres. A ce moment, Coffinhal s'était assuré de la Convention. Maintenant, une estafette dûment mandatée lui apportait les instructions de l'Hôtel de Ville : arrêter sans retard les « députés traîtres ». A nouveau, la bataille semblait pouvoir être gagnée, Robespierre et ses amis sauvés. L'expression « députés traîtres » était assez vague pour permettre toutes les interprétations.

Chapitre XXXIII

L'HÔTEL DE VILLE

De son refuge pénitentiaire du quai des Orfèvres, Maximilien croyait maintenant à la possibilité d'une rapide action insurrectionnelle, mais sans pour autant donner à ses adversaires la moindre prise sur lui. Malheureusement, dans le trouble et la fièvre qui caractérisèrent cette journée, la coordination manqua ; ordres et contrordres se multiplièrent. Excepté la fermeture des barrières de la ville, le contenu de la lettre remise à la Commune ne fut pas appliqué. Parce qu'il arrive que la fortune fasse tout à fait défaut à celui qui naguère l'avait si souvent connue, rien de ce que prévoyait Robespierre ne devait se dérouler normalement. Ainsi, son frère Augustin, moins prudent de nature et moins accoutumé aux arcanes juridiques, se montra tout réjoui lorsque deux officiers municipaux suivis d'hommes armés vinrent le délivrer. Le jeune homme ne réfléchit même pas à la gravité de son action : en acceptant de sortir de prison dans de telles circonstances, il se mettait d'emblée hors la loi. Moins d'une heure plus tard, nous le retrouvons au conseil général de la Commune, où il affirma que la responsabilité des arrestations n'incombait en rien à la Convention dans sa grande majorité, mais à une poignée de factieux. A ces propos, le maire Fleuriot-Lescot suggéra de dépêcher sans plus attendre une délégation à Robespierre, pour lui rappeler qu'« il ne s'appartenait pas à lui-même, mais se devait au pays et au peuple tout entier ». Pour l'inviter à se rendre instamment à l'Hôtel de Ville, on délégua six officiers, qui partirent aussitôt. Mais ils revinrent peu de temps après, seuls, et avec la réponse du tribun : il estimait préférable pour le moment de rester là où il se trouvait.

La déception du conseil général fut un instant palliée à la vue de Hanriot et de Coffinhal, qui rentraient à l'Hôtel de Ville tels des guerriers triomphants et acclamés par le public qui commençait à se masser place de Grève. Vingt-deux heures venaient de sonner, et l'obscurité envahissait Paris. Peu à peu, autour de l'Hôtel de Ville s'entassaient soldats en armes et artillerie. Nul ne savait que faire de ces forces vacantes qui, en peu de temps, seraient désœuvrées. Sans réfléchir qu'une action rapide sur la Convention était à envisager, Hanriot se contenta d'organiser la place de Grève comme un camp retranché. Mais à cette heure qui désirait fermement s'attaquer au conseil exécutif ? A quelques centaines de mètres de là, aux Tuileries, le Comité de salut public avait envoyé des ordres opposés à ceux du conseil exécutif, ayant interdit de fermer les barrières, de sonner le tocsin et d'envoyer quelque bataillon que ce soit pour soutenir la Commune insurrectionnelle. Ces ordres comminatoires des uns et les contrordres des autres avaient produit une belle pagaille parmi les officiers sectionnaires. Nombreux étaient ceux qui peu à peu comprenaient qu'il ne s'agissait pas d'une nouvelle révolution, ni même d'une véritable insurrection. Tout était improvisé à chaque minute, et, de chaque côté, sans aucune coordination. Jusqu'à vingt heures, et même un peu plus tard, rares furent ceux qui devinèrent qu'un drame allait naître de ces palinodies. Amis du Comité du salut public et membres des sections de la Commune se rencontraient encore et conversaient, l'avant-bras posé sur la gueule de leurs fusils, qui n'étaient même pas chargés. Dans leur grande majorité, qu'ils soient bourgeois ou issus de la populace des barrières, les Parisiens ne pouvaient même pas imaginer que ce vacarme déboucherait tout à l'heure sur un drame.

Cependant, les membres les plus décidés à mettre fin à l'action de Robespierre s'étaient de nouveau réunis à la Convention. Barras fut chargé de réunir des forces pour la défense des Tuileries et des locaux adjacents des Comités de salut public et de sûreté générale. Parallèlement, et sans qu'une raison sérieuse fût évoquée, les ultra-terroristes et les royalistes de la Convention votèrent une motion inique qui mettait hors la loi Robespierre et ses amis, Hanriot, la Commune et « tous les autres ». Cette dernière expression était assez vague pour permettre bientôt les plus abominables abus criminels.

Quant à la marche des hommes de Hanriot et Coffinhal sur les Tuileries, leur manque évident d'audace, leurs hésitations, puis leur départ précipité firent beaucoup rire les conventionnels. Surtout, lorsque Barras, avec une pointe d'exagération et des propos insidieux, depuis les marches des Tuileries, relata les faits, non seulement pour tous les députés qui étaient sortis pour respirer un air moins saturé que celui de la grande salle de l'Assemblée nationale, mais aussi pour les quelques milliers de personnes assemblées là, avides d'informations fraîches et, sans doute aussi de drame. Cette insouciance affichée par Barras correspondait pourtant assez peu avec la réalité, car, à cette heure, tous savaient que la place de Grève était déjà pleine d'hommes en armes et de canons.

Lorsque Hanriot et Coffinhal regagnèrent les abords de l'Hôtel de Ville avec armes et artillerie, ils parlèrent à leurs collègues du décret qui frappait à présent les plus intègres des citoyens. Nombreux furent ceux qui ne réagirent pas, puisqu'ils étaient déjà au courant de toutes les péripéties du drame qui s'était joué dans l'enceinte de la Convention. Mais tous étaient bien décidés à pulvériser les faibles forces de gendarmerie que les conjurés ne manqueraient pas de dépêcher dans quelques heures au plus. Car, maintenant courait le bruit, du reste absolument sans fondement, que les conventionnels avaient décidé de prendre l'offensive. Là-dessus fut prise la décision de ramener aux abords des Tuileries de nombreuses sections de la Commune. Ces va-et-vient attestaient bien de la confusion et de l'absence de coordination qui régnait au sein de la Commune et de son conseil exécutif.

Au milieu des nouvelles alarmantes, pris par le flux d'une confusion de plus en plus grande, le conseil réuni à l'Hôtel de Ville dépêcha à Robespierre une courte note ainsi libellée : « Le comité d'exécution nommé par le conseil a besoin de toi. Viens-y sur-le-champ. » Jusqu'à cet instant, Maximilien avait fermement refusé de quitter le bureau des administrateurs de la police au quai des Orfèvres, déterminé qu'il était à comparaître devant ses juges. Or, soudain, une simple missive laconique en provenance de l'Hôtel de Ville le troubla. Et alors, contre ses principes les plus arrêtés, il accepta de quitter son refuge légal et de se mettre hors la loi. Quel mouvement intérieur le fit agir ainsi ? Était-ce la lassitude devant la mauvaise foi systématique de la Convention ? Le désir d'agir par n'importe quel moyen pour sauver la république, pratiques insurrectionnelles qu'il avait jusque-là refusées ? Ou encore l'incoercible volonté de réapparaître à présent devant les membres de la Commune, ses indéfectibles fidèles ?

Mais, pendant que l'« Incorruptible » s'apprêtait à renoncer à sa situation légaliste, les conventionnels, animés par Barras, Fréron, Tallien et quelques autres, parcouraient les rues à cheval, précédés par des porteurs de torches. Et, dans les rues de Paris, les badauds accouraient pour entendre l'arrêt de l'Assemblée nationale, cet arrêt qui déclarait Robespierre et ses amis hors la loi, tout en enjoignant les « patriotes » d'agir vite pour la sauvegarde de la république. Ultraterroristes, dantonistes et royalistes, tous étaient là à présent pour précipiter l'hallali. Mais les Parisiens, pauvres ou riches, se sentaient peu concernés par ce règlement de comptes gouvernemental. Beaucoup en plaisantaient, d'autres ne comprenaient même pas pourquoi il fallait maintenant abattre l'homme du 20 prairial et ses amis. Robespierre avait toujours été, parmi les révolutionnaires, celui qui avait rendu espoir non seulement aux hommes de la Commune, mais aussi aux braves gens, qui croyaient réellement que Maximilien n'avait d'autre désir que d'apaiser le tourbillon révolutionnaire et de rendre à la France toute sa dignité. Mais à cette heure, et pour la première fois de sa vie, Maximilien Robespierre se trouva, contre son gré, obligé de rejeter la légalité. N'avait-il pas déclaré, lors de sa sortie du quai des Orfèvres, et avant de monter dans le véhicule qui l'attendait : « J'ai l'expérience du passé, je vois l'avenir. Quel ami de la patrie peut vouloir survivre au moment où il n'est plus permis de la servir, et de défendre l'innocence opprimée ? »

Dans la tourmente qui bouleversait Paris, au milieu des attroupements hétéroclites, des cris, des chants révolutionnaires et des rires des poissardes, nul ne prit garde à ce véhicule couleur de nuit qui s'élançait, tous rideaux tirés, par la porte cochère du quai des Orfèvres ; l'entrée de l'« Incorruptible » et de son escorte à l'Hôtel de Ville passa tout aussi inaperçue. Aussitôt, il fut conduit dans la salle dite de l'Égalité, où siégeait en permanence le comité exécutif de la Commune insurrectionnelle. Au nombre de ceux qui l'accueillirent se trouvaient Saint-Just et Lebas. Ce dernier venait à peine d'arriver, sa libération ayant suscité plus de difficultés que prévu : son geôlier s'était refusé un certain temps à le laisser partir. Mais les uniformes, une lettre du maire Fleuriot-Lescot et quelques menues monnaies avaient fait taire ses dernières réticences.

A peine Maximilien était-il arrivé dans la salle de l'Égalité qu'on l'informa que Couthon, fidèle sans doute à la décision prise de concert au début de la soirée, n'entendait pas rejoindre le comité révolutionnaire de l'Hôtel de Ville. Mais, puisque le pas était désormais franchi par Robespierre lui-même, le comité lui dépêcha un message contresigné par Saint-Just, Augustin et Maximilien : « Couthon, tous les patriotes sont proscrits ; le peuple tout entier est levé ; ce serait le trahir que de ne pas te rendre avec nous à la Commune, où nous sommes actuellement. »

Lebas avait été surveillant à l'École de Mars, pépinière des officiers, où Robespierre restait une idole. Aussi écrivit-il sans tarder au commandant de cette école, Labretèche. Prudent, il ne sollicitait aucune aide des membres de cette école, élèves ou cadets, ce qui aurait été à cette heure parfaitement vain. Mais il enjoignait au commandant Labretèche de se tenir sur ses gardes et de refuser tout ordre de la Convention qui, éventuellement, voudrait utiliser ses pupilles contre le peuple insurgé.

Il est aisé d'imaginer dans quel trouble, dans quel état d'agitation nerveuse se trouvait Robespierre en ces heures du destin. Porté en triomphe par le peuple et ne plus être dès lors en mesure de refuser les pleins pouvoirs à titre personnel, ce qui allait à l'encontre de ses plus profondes convictions, ou bien ne pas agir et accepter une rapide victoire de la Convention, la chute irrémédiable et la guillotine.

Cette seule alternative ne semblait pas pour autant inquiéter tous ces hommes assemblés à l'Hôtel de Ville : les « pleutres de l'Assemblée », pensaient-ils à peu près unanimement, n'oseraient jamais, avec leurs faibles forces, marcher sur la place de Grève : si à l'appel de la Commune de Paris, le peuple avait spontanément répondu en masse, par milliers, ou plutôt par dizaines de milliers, avec armes, munitions et artillerie, que pouvaient aligner les conventionnels ? Quelques brigades de gendarmerie, dont ils n'étaient même pas assurés de la fidélité. Le rapport des forces était bien trop écrasant pour que les Fouché, les Barras et les Vadier s'aventurent dans une action qui, au premier regard, ne pouvait que tourner au désastre pour eux. En effet, hormis le faible contingent de gendarmerie, Barras, qui parcourut tous les postes des sections, ne put, sur un effectif de plus de cinquante mille hommes en armes, en rassembler péniblement que moins de deux mille. Et encore, ces bourgeois en armes ne vouaient-ils guère à la Convention un culte suffisamment sincère. Et les conspirateurs savaient bien qu'ils ne pouvaient, avec ces piètres troupes, s'attaquer à l'Hôtel de Ville, transformé maintenant en une véritable forteresse.

La victoire semblait ne plus pouvoir échapper aux insurgés et à leurs chefs prestigieux, Maximilien Robespierre, Augustin Robespierre, Saint-Just, Couthon et Lebas. Tout affrontement paraissait même écarté. Déjà, dans la salle de l'Égalité, Fleuriot-Lescot, Coffinhal, Hanriot et les illustres tribuns discutaient de la forme nouvelle que le comité révolutionnaire donnerait à la France.

Deux des acteurs, cependant, semblaient comme absents. D'une part Saint-Just, qui n'avait suivi Robespierre dans son refus de tout compromis avec le Comité de salut public que par amitié et discipline ; d'autre part, Robespierre lui-même, qui, plus que tous, répugnait aux actions insurrectionnelles. Cependant, l'« Incorruptible » finit par se rallier aux avis les plus énergiques : la victoire serait pour le lendemain. Cela, pour l'instant, leur faisait prendre des mesures et des ordonnances plus politiques que militaires. Hormis l'évidente apathie de Robespierre, l'erreur était là. Forts de leur immense appui populaire, les hommes réunis dans la salle de l'Égalité pensèrent que la nuit serait calme et sans le moindre incident. Au matin, le tocsin recommencerait à sonner ; la Commune, désormais seule représentante du gouvernement de la France, rassemblerait la plus grande force armée que Paris ait vue défiler dans ses rues. Toute résistance étant inutile, les conventionnels et leurs amis demanderaient grâce. Mais dans ces périodes extrêmes des révolutions, la grâce peut-elle encore exister ?

Les supputations du comité exécutif réuni à l'Hôtel de Ville n'étaient point absurdes. On sait aujourd'hui, par la connaissance du « rapport Courtois », que Barras, parfaitement pragmatique, n'avait nullement l'intention de prendre l'offensive. Le rapport des forces étant tel qu'aucune personne censée, et Barras l'était, n'aurait pris l'initiative d'une telle action suicidaire.

Vers minuit, accompagné de Fréron, Barras se rendit dans les locaux du Comité de salut public. Cette nuit-là, au lieu des fiévreuses séances des mois passés, le silence, le vide, ou plutôt un demi-vide y régnait. Les deux hommes trouvèrent Billaud-Varenne, étendu sur un matelas posé à même le sol. Le conventionnel semblait absent. Il contemplait de ses yeux vagues les moulures et les archivoltes du plafond, éclairé seulement par une bougie qui, posée à côté de lui, jetait sur toute la pièce des ombres sinistres et disloquées. A la vue de Barras et de Fréron, Billaud-Varenne, la veste ôtée, la chemise à moitié déboutonnée, se dressa sur son séant. A ses visiteurs, il lança seulement : « Que peut-on y faire, ce diable de Robespierre va nous anéantir. Il aurait fallu accepter ses raisons. Tout le peuple est derrière lui. Il est à l'Hôtel de Ville, et de cette place forte, il peut à n'importe quel moment déclencher l'insurrection de ses vingt ou trente mille hommes. Nous sommes perdus ! »

Billaud-Varenne connaissait bien Robespierre. Il savait combien il avait l'improvisation en horreur. Ce qui lui faisait penser qu'à cette heure, il préparait ses plans de combat avec Saint-Just, Couthon, Lebas et Fleuriot-Lescot. Billaud imaginait que l'« Incorruptible », dès le matin venu, ferait marcher en rangs serrés la masse de ses partisans en armes, qui s'empareraient, presque sans coup férir, des Tuileries. Plus personne ne pourrait les arrêter. Pour Billaud-Varenne, le diagnostic était simple : la situation de la Convention était désespérée. Et, la seule issue qui pût encore être entrevue se réduisait à ce fin calcul : espérer que la lente procédure que Maximilien désirerait mettre en place lasserait les sectionnaires réunis place de Grève, et que, profitant au cours de la nuit d'un moment de flottement, la petite troupe menée par les plus audacieux des conventionnels pourrait peut-être faire irruption dans l'enceinte de l'Hôtel de Ville et y arrêter les tribuns hors la loi. L'espérance reposait sur bien peu d'éléments. Mais le rigorisme administratif de Robespierre pouvait peut-être encore permettre de voir dans cette hypothèse autre chose qu'un rêve totalement irréaliste.

Puis, excédé sans doute par la tension nerveuse qui n'avait cessé de croître tout au long de la journée, Billaud-Varenne se mit à fulminer contre Barras et Fréron : « C'est à l'Hôtel de Ville qu'il fallait marcher, leur dit-il, et sans retard. Maintenant, il devrait être cerné par nos hommes et nos canons. Mais non ! Vous tergiversez, et sous peu, la Commune, menée par Robespierre, va nous égorger ! » Barras et Fréron objectèrent que pour le moment il était impossible d'arriver jusqu'aux abords de l'Hôtel de Ville, tant étaient considérables les forces concentrées place de Grève. Billaud-Varenne haussa les épaules : « C'était dès vingt heures qu'il fallait agir, quand les troupes de la Commune étaient encore hésitantes, contesta-t-il, désormais nul décret de mise hors la loi de nos adversaires ne servira plus à rien. Et au matin, les troupes des sections robespierristes seront encore plus nombreuses et plus armées que maintenant ! » Laissant entrevoir un léger sourire, qui n'était en rien un signe de confiance, Barras répondit seulement : « Il nous faut espérer que la discorde se mêlera du jeu ; Robespierre, Couthon, Saint-Just et les autres ont des opinions beaucoup plus diverses que tu le crois. Notre chance, si elle vient encore, sera le fait de leurs interminables discussions. »

Couthon arriva enfin à l'Hôtel de Ville, vers une heure du matin, flanqué d'un gendarme d'escorte. Robespierre, qui expliquait son plan pointilleux au conseil insurrectionnel, se leva pour embrasser le paralytique. Aussitôt, Couthon, dans sa chaise mécanique, Maximilien et quelques autres, dont Saint-Just et Augustin, se dirigèrent vers une salle adjacente, où s'engagea une conversation à la fois animée et brouillonne.

Couthon : « Il faut sans retard écrire aux armées ! »

Robespierre (hélas, plus que jamais légaliste) : « Au nom de qui ? »

Couthon (furieux) : « Mais au nom de la Convention ; n'est-elle pas toujours là où nous sommes ? Le reste n'est qu'une poignée de factieux, que la force que nous avons va dissiper, et dont elle fera justice ! »

Robespierre (après un temps de réflexion, et s'adressant à son frère) : « Mon avis est qu'on écrive au peuple français... »

Phrases vaines, coupées de toute réalité. Si Couthon voyait nettement le danger, Maximilien s'en tenait encore à des termes généraux, à des principes, oubliant peut-être que tout le groupe était déclaré hors la loi et que l'avis de leur déchéance avait déjà été clamé à maintes reprises par toutes les rues de la capitale. Ces faits précis, menaçants, d'une portée immédiate, ne l'émouvaient pas outre mesure. L'« Incorruptible » rêvait encore, loin des réalités immédiates, qu'il semblait de moins en moins capable de cerner. A ce moment précis, il était même bien incapable de prendre réellement la direction énergique du mouvement insurrectionnel qui l'eût sauvé en sauvant aussi les généreux principes auxquels il avait consacré sa vie, son œuvre et ses forces.

Irréaliste, le comité ne cessait à présent de se perdre en de vaines palabres, inapte à trouver les termes d'une motion, sans doute importante, mais néanmoins dénuée de tout effet immédiat. Le temps passait, s'écoulait comme un réservoir de chances perdues. Il était maintenant plus d'une heure du matin. Et ce fut le commencement de la déréliction des sectionnaires en armes pourtant tout acquis à cette Commune insurrectionnelle dans laquelle ils avaient placé tant d'espoir. Ils ne comprenaient plus pourquoi durait cette attente, et nul ne vint leur parler, nul ne trouva le langage capable de les galvaniser ; nul ne sut faire jaillir les mots nécessaires pour leur intimer de rester en place, en attendant encore un peu la grande action à venir qui balaierait tous les factieux des comités et de la Convention. Alors, déçus et fourbus, ces hommes sincères et pleins de fougue commencèrent à évacuer la place de Grève tantôt en groupes, tantôt un à un, pleins d'amertume et de déception. « Pourquoi, pensaient-ils, nous avoir dit et redit que l'heure était grave, qu'il fallait se porter au secours des patriotes, pour ne nous donner aucune directive et nous laisser des heures durant attendre avec nos armes et nos canons ? » Leurs chefs étaient également de leur avis : il ne se passerait rien durant cette nuit torride. La plupart étaient de faction depuis dix-huit heures. Calmes et déterminés, ils avaient attendu de nombreuses heures, sans jamais laisser poindre le moindre signe de mécontentement. Mais vers minuit, tous considérèrent que les membres du comité exécutif de l'Hôtel de Ville les ignoraient un peu trop. Ainsi, personne n'avait même songé à leur distribuer quelques victuailles et du vin. Cette indifférence — sans doute bien involontaire — piquèrent au vif les sections de la Commune et leurs chefs. Tous se dirent que si l'affrontement devait, comme ils le croyaient, avoir lieu, ce ne pourrait être avant le lendemain matin. A ce moment, les membres du comité exécutif les rappelleraient, soit par des estafettes, soit en faisant sonner le tocsin. Alors la vraie fête commencerait, et, tous unis, les hommes de la Commune sauraient bien réduire à néant les factieux de la Convention.

Lorsqu'à l'Hôtel de Ville d'aucuns s'aperçurent de ce commencement de débandade, on fit enfin quelques efforts, mais bien peu énergiques, pour retenir ces braves désœuvrés. Tout d'abord, on éclaira la façade du bâtiment, afin de faire savoir aux sectionnaires que le comité veillait. Puis, Hanriot fit distribuer du vin et promit que la troupe serait largement payée pour le temps qu'elle passait là, apparemment en vain. Mais l'ardeur de la soirée était bien passée ; les hommes ne comprenaient plus ce qu'ils faisaient là. A ce moment crucial, il manqua à l'insurrection un véritable chef qui eût pris la situation en main.

Dans cette affaire, la responsabilité de Hanriot fut peut-être la plus importante : chef militaire de toute cette action, il aurait dû préparer le combat, laisser partir les éléments de la troupe peu convaincus de l'efficacité de cette opération, mais galvaniser les autres afin qu'ils fussent comme un impénétrable rempart tout autour de l'Hôtel de Ville. Car enfin, il restait encore, vers une heure du matin, assez de troupes, d'armes et d'artillerie pour réduire à néant toute incursion des conventionnels. Pourtant, Hanriot ne fit rien. Comme tous les autres, il attendit. Il n'avait pas l'étoffe d'un grand chef, et sa seule véritable qualité était son inébranlable loyalisme.

Dans les bureaux de la Commune, l'optimisme était de rigueur. Tous étaient assurés de la paralysie des conventionnels, et Robespierre lui-même préférait encore parler des ordres pour le lendemain. La nuit enfin venue, il leur semblait que la douce protection nocturne empêcherait tout coup de force. Seul le jour verrait les combats décisifs. Et pourtant ! Vers deux heures du matin, ils auraient pu se rendre compte que les derniers factionnaires désertaient leurs positions. Même l'artillerie avait été retirée. Désormais, le comité était livré à n'importe quel audacieux coup de main mené par les sbires de Fouché et de Barras. Mais, pour quelques instants encore, les grands débats théoriques donnaient à ces révolutionnaires, dont l'idéal ne pourrait être mis en doute, l'impression de gouverner quelque abstraite république.

Si les membres du conseil insurrectionnel avaient imaginé qu'un sérieux danger les menaçait, ils n'auraient pas manqué de détruire le registre où tous les présents avaient signé. Une seule et bien funeste idée les retenait : dès le matin les membres des sections, par milliers, avec leur artillerie, seraient de nouveau là. Et certains, dont Robespierre lui-même, croyaient que Hanriot avait pris toutes les mesures nécessaires pour éviter une action de l'ennemi. Mais personne pour autant n'eut la prudence de demander au brave Hanriot si ces mesures de défense rapprochée avaient bien été organisées. Aussi invraisemblable que cela puisse paraître, même le bouillant Saint-Just ne bougea pas, n'interrogea personne sur l'organisation des troupes, lui le commissaire de la Révolution, qui avait été au premier rang dans de nombreuses batailles, et encore à Fleurus, où l'épée à la main il ramenait les fuyards sur la ligne de feu.

Leur erreur fut une trop grande confiance dans leurs propres forces face aux quelques factieux de la Convention. Nul ne pouvait à l'Hôtel de Ville imaginer que ce timoré de Barras prendrait soudain l'offensive. Et la supputation n'était pas fausse en soi : Barras ne se décida, en effet, à réagir que bien après minuit, lorsque Billaud-Varenne lui expliqua clairement que le moment était au quitte ou double. L'audace seule pouvait encore sauver les ultra-terroristes et leurs amis, abattre Robespierre et mettre un terme à la puissance des sections de la Commune. Cette audace, celle des pleutres acculés, dans le cas de la plupart des conjurés, ils vont l'avoir. Pendant ce temps, Robespierre, serein et même souriant, ne voyait aucun inconvénient à ce que tous les hommes rentrassent chez eux : « Ils n'en seront que plus dispos demain », dit-il.

Quant à la fameuse pluie torrentielle qui, peu après minuit, se serait abattue sur Paris, désorganisant toutes les sections, elle semble bien être le produit de l'imagination de quelques thuriféraires de l'« Incorruptible », qui ne désiraient nullement que la postérité pût découvrir les fatales hésitations de leur héros. Et, du reste, pourquoi la foule immense des soldats de la Commune se serait-elle débandée pour une simple averse, lorsque l'on sait que les maigres milices bourgeoises de la Convention restèrent à leur poste ? Vit-on jamais des ouvriers en armes refluer sous l'assaut de la pluie ? La situation de ceux que l'on appellera bientôt les « thermidoriens » restait vers une heure trente du matin des plus précaires. Tallien avait beau éructer, prétendre qu'il réduirait en cendres l'Hôtel de Ville, ce nid de brigands, chacun savait que l'opération consistant à l'attaque de la maison commune restait bien aléatoire et dangereuse, et cela malgré les informations qui leur parvenaient par voie d'espions, attestant toutes du départ des troupes de la Commune. Néanmoins, les conjurés ne voulurent pas agir tout de suite : et si les forces les plus déterminées des sections avaient été réunies dans l'enceinte même de l'Hôtel de Ville afin de le transformer en une inexpugnable forteresse ? Trop de sang serait versé en vain, au cours de cette action, qui, au demeurant, n'avait que très peu de chances d'aboutir. De plus, Barras pensait que dès le petit matin, la grande masse des sectionnaires reviendrait place de Grève. Dès lors, toute échappatoire aurait été impossible pour les conjurés. Face à cette situation bloquée, embrouillée et dangereuse, tous se posèrent un instant la terrible question : *que faire ?*

Billaud-Varenne, qui dans les discussions au Comité de salut public avait si souvent fait usage de la formule : « Nous marchons sur un volcan », exprima son opinion sur la situation présente en déclarant à Barras et à Fréron : « Quand on est sur un volcan, il faut agir ! » Et ce fut grâce à l'audace de Billaud-Varenne que la Convention fut sauvée. Il fallait donc que les conjurés agissent sans attendre. Ils devaient opérer de nuit, avant le retour des sectionnaires acquis à Robespierre. En juillet les nuits sont courtes ; il n'y avait donc plus un instant à perdre. Malgré l'indispensable immédiateté de l'action, il y eut quand même une courte discussion portant sur le choix du chef des thermidoriens. Barras avait d'abord refusé ce dangereux honneur. Au fond de lui-même, tout comme Barère, il admirait réellement Robespierre, et ces personnages, pourtant si antinomiques, avaient au moins à partager un rêve commun : celui d'une nouvelle France, fraternelle et égalitaire, phare de tous les peuples encore soumis aux dictatures monarchiques. Dans ses *Mémoires*, Barras eut l'honnêteté et le courage d'écrire : « Robespierre n'était pas un homme ordinaire. » Et, dans sa vieillesse, ne déclara-t-il pas à Alexandre Dumas : « Je n'ai que deux regrets. Je devrais dire deux remords, c'est d'avoir renversé Robespierre par le 9 thermidor et d'avoir élevé Bonaparte par le 18 brumaire. »

En ces heures graves, la balance pencha tout à coup vers le camp des thermidoriens, qui jusque-là semblaient condamnés. Autour des Tuileries, les sections bourgeoises commencèrent à se former en ordre de bataille vers une heure du matin, heure à laquelle les hommes de la Commune, désœuvrés, rentraient peu à peu vers leurs logis. Certes, les deux mille bourgeois rassemblés aux abords de la Convention étaient peu de chose face aux dizaines de milliers d'hommes de la Commune abondamment pourvus d'artillerie. Mais lorsque les troupes insurrectionnelles s'évanouirent de lassitude dans les rues de Paris, les deux mille bourgeois et gendarmes de la Convention devinrent une force redoutable. Néanmoins Barras ne voulait pas agir sans avoir la certitude que la place de Grève était vraiment désertée par les phalanges robespierristes. Vers deux heures du matin, ses éclaireurs l'informèrent que toutes les forces de la Commune s'étaient bien dispersées, et qu'il ne restait plus sur les marches de l'Hôtel de Ville que quelques gendarmes armés, mais apparemment ivres.

Cette fois, Barras comprit qu'une action rapide pouvait enfin bouleverser la situation, et, sans plus attendre, il forma ses sectionnaires et ses gendarmes en deux colonnes, remit le commandement de l'une à Léonard Bourdon et prit lui-même le commandement de la seconde. Barras avait, quant à lui, décidé de traverser les rues Saint-Denis et Saint-Martin, afin d'atteindre par ce mouvement l'Hôtel de Ville. Bourdon, l'un des ennemis les plus acharnés de Robespierre, s'achemina par les quais de la rive droite de la Seine. Le scénario mis en place par Barras se déroula bien tel qu'il l'avait imaginé. Vers deux heures trente du matin, la Maison commune était encerclée. A partir de ce moment, la situation devint extrêmement confuse. L'un des points les plus discutés est la manière dont Robespierre fut blessé par balle. Bien des robespierristes, dont Mathiez, ont affirmé que Maximilien aurait voulu se donner la mort, éviter l'arrestation et l'exécution publique. Cette vue semble bien peu étayée : d'abord, Maximilien Robespierre concevait une certaine horreur pour les armes à feu ; par ailleurs, l'homme qui veut se suicider ne se tire pas un coup de pistolet en direction de la mâchoire, mais dans la bouche, à la tempe ou au cœur. La blessure, bien connue, de Robespierre, et l'attestation des médecins qui le soignèrent nous obligent à réfuter l'hypothèse du « suicide raté ».

La réalité paraît tout autre. Jusqu'au dernier moment, Maximilien ne crut pas à une attaque des faibles forces de la Convention. Alors que les bruits les plus alarmants circulaient déjà dans les couloirs de l'Hôtel de Ville, il ne pensait qu'au lendemain et au rétablissement de la paix civile. Comme il refusait de prendre la tête d'une dictature de fait, il vouait alors sa réflexion à l'organisation du lendemain, afin d'éviter les affrontements et les effusions de sang, qui, jusque-là, avaient été l'un des signes évidents des grandes irruptions populaires depuis plus de trois ans. L'« Incorruptible » croyait encore, en cette nuit du 9 au 10 thermidor, qu'un accord gouvernemental pourrait être trouvé dans la matinée du lendemain. Dans son esprit, les choses étaient maintenant simples : comment les conventionnels auraient-ils pu rejeter pareil appel, alors que les forces de la Commune pourraient, dès sept heures du matin faire marcher des dizaines de milliers d'hommes bien armés et de nombreuses brigades d'artillerie au grand complet ? Le rêve était là. Non certes dans le temps, car dès les premières heures de la matinée, il eût sans doute été relativement aisé de regrouper rapidement les sections populaires. Mais il était illusoire de croire que les conventionnels se laisseraient surprendre au grand jour, puisque maintenant ils avaient les quelques heures d'une nuit obscure devant eux.

En ces heures tragiques, où le sort de la France se jouait pour plusieurs décennies au moins, le tort fondamental de Maximilien Robespierre et de ses amis fut d'avoir perdu un temps précieux en de vaines supputations toutes théoriques. En face, les conjurés menés par Barras et Léonard Bourdon étaient désormais bien déterminés à frapper afin que tombât l'hydre populaire tant redoutée par la bourgeoisie d'argent et un certain nombre d'aristocrates. Pour ce « parti », il fallait que disparût sans tarder la Commune insurrectionnelle de Paris, cette arme redoutable lorsqu'elle était totalement soumise aux directives de Robespierre et de ses amis.

Une énigme psychologique demeure au centre de cet imbroglio, celle du comportement de Saint-Just. Si Robespierre n'était pas un tacticien, un homme de terrain, en revanche le jeune tribun, qui avait connu le feu des batailles et contribué à plusieurs éclatantes victoires de la république, ne pouvait croire à l'inertie des conventionnels. Et pourtant, tout au long de ces heures, on le vit, le plus souvent, adossé à un mur, l'air absent, consultant quelquefois sa montre-gousset ou réajustant ses jolis habits. Saint-Just était dévoré par une sorte de fatalisme, et peut-être avait-il froidement décidé d'en finir avec ce jeu politique où tous les dés étaient pipés. Nous savons déjà que Robespierre aspirait lui aussi sincèrement à une mort rapide. Tous deux avaient été bien plus que des idéologues ou des hommes de parti ; leur éclatante utopie les animait : faire de cette Révolution celle du peuple, abattre toutes les barrières de naissance et de fortune ; donner à tous les chances égales afin que la voix des humbles culbute à jamais tous les privilèges. Un tel idéal réclamait une authentique pugnacité. Or, les voici comme abouliques, étrangers à leurs propres idéaux. De là à imaginer la catastrophe de la Commune comme un suicide prémédité par Saint-Just et Robespierre, la marge est étroite. Mais alors, l'« Incorruptible » et l'« Archange » de la Révolution firent preuve d'un singulier égoïsme essentiellement dû à leur totale identification avec les idéaux qui les animaient. Redoutable psychologie totalitaire, aussi généreuse soit-elle dans ses fondements.

Le témoignage du gendarme Merda, membre de la « colonne Bourdon », celui qui revendiqua « l'honneur d'avoir frappé le tyran », pour léger qu'il soit (Merda, Gascon parlant haut, n'était à l'époque qu'un gendarme stagiaire âgé de dix-neuf ans), semble cependant revêtir tous les traits essentiels d'un témoignage véridique. Bien sûr, dans cette dramatique confusion, nul ne s'attend à trouver tous les détails de la « vérité historique ». Merda, dans son récit, se met trop en valeur. Il ne dit pas tout. On imagine difficilement que ce jeune homme mal assuré et sans grade ait agi de son propre chef, et qu'il ait osé tirer de lui-même sur l'« Incorruptible », qui incarnait encore tous les vœux du peuple de France. Peu après, le conventionnel Léonard Bourdon présenta le gendarme Merda à l'instar d'un pur héros de la Révolution « enfin sauvée » (sic). On peut avancer, que ce fut bien Bourdon lui-même qui avait armé le bras de son sbire, et l'avait conduit à commettre ce geste terrible, qui allait sonner le glas de la vraie Révolution française. Le déroulement de ce drame fut relativement simple. La colonne Bourdon suivit le quai de la rive droite. A l'Hôtel de Ville régnait alors un calme inattendu, et l'incompétence de Hanriot fut telle que la Commune ne reçut aucune information concernant la marche de cette colonne : il avait tout simplement omis de placer quelques gardes entre les Tuileries et l'Hôtel de Ville. Sinon, n'importe quel bon marcheur aurait pu parcourir en moins de vingt minutes la distance qui sépare le Carrousel de la place de Grève, et prévenir à temps les membres de la Commune de l'arrivée de cette troupe armée. Mais même prévenus, Robespierre, Saint-Just, Couthon, Augustin et Lebas auraient-ils tenté de fuir ? Pour eux, l'heure était au fatalisme, et s'ils préparaient en cette nuit les structures d'une nouvelle république, ils le faisaient dans une parfaite inconscience de ce qui se passait hors de leur petit enclos.

Les conjurés avaient été renseignés par un traître, l'aide de camp de Hanriot, un certain Ubrich, du mot de passe des robespierristes. Et, d'après ce qu'il expliqua par la suite, c'est Bourdon lui-même qui communiqua au gendarme Merda le mot secret et lui remit deux pistolets chargés, que le jeune homme s'empressa de dissimuler sous sa veste d'uniforme. Bourdon transmit encore à son fidèle gendarme quelques ordres très précis : il devait se porter en avant de la colonne, entrer dans les bâtiments grâce au fameux mot de passe. Ensuite, il avait à gagner l'entourage de Robespierre en affirmant qu'il devait absolument transmettre un message de toute urgence aux membres du comité exécutif ; puis il lui restait à temporiser quelques minutes. Le temps nécessaire pour que la colonne Bourdon fît bruyamment son entrée dans l'enceinte de l'Hôtel de Ville. Et, c'est à ce moment précis que Merda était chargé d'abattre Robespierre. Le risque pris par le gendarme était bien mince.

Jeune gendarme discipliné, Merda suivit ces instructions. Il n'eut aucune difficulté à pénétrer dans la maison commune, et la sentinelle placée à la porte de la salle de l'Égalité l'y laissa entrer en toute confiance. Lorsqu'il pénétra dans cette pièce peu éclairée, Merda fut assez stupéfait ; il n'y trouvait pas les membres du comité dont lui avait parlé Bourdon, mais une bonne cinquantaine d'hommes qui palabraient en petits groupes. Rapidement, il s'aperçut que Robespierre et quelques autres étaient assis autour d'une longue table éclairée par deux candélabres. L'« Incorruptible » occupait un fauteuil repoussé un peu en arrière de la table. Il avait les jambes croisées, un coude sur le genou, et appuyait son menton dans ses mains. La description du gendarme semble vraie, puisqu'elle fut attestée par Collot d'Herbois et Barère, comme étant une des positions favorites de Robespierre. Pour l'instant, Merda se tient non loin de l'encoignure de la porte principale. Il ne bouge pas, observe tout ce monde qui pérore. Seul Robespierre semble absorbé par ses pensées. Enfin, le gendarme perçoit nettement des cris et des vociférations, les bruits métalliques des armes qui s'entrechoquent, des jurons aussi. Dans la salle de l'Égalité tout le monde s'arrête de parler. Certains empoignent des pistolets ou des épées. Merda attend encore quelques secondes, et lorsque les pas de Bourdon et de ses hommes se font entendre dans le couloir, il se précipite vers la table. Au même moment la porte s'ouvre à grand fracas. Robespierre se lève, et vite Merda sort l'un de ses pistolets et fait feu en dirigeant son bras vers la poitrine de sa victime. Mais le recul de l'arme, l'émotion ou même un mouvement de Robespierre font qu'il rate son but et lui fracasse la mâchoire inférieure. Sous le choc de l'impact, Maximilien titube et s'effondre.

Chapitre XXXIV

MOURIR POUR LE PEUPLE

Maintenant la confusion est totale ; hurlements, cris de douleur, insultes s'entremêlent ; on entend quelques détonations. Les candélabres de la grande table sont tombés sur le sol. On s'empoigne dans la pénombre. Lebas, qui vient d'assister à ce qu'il crut être l'assassinat de Robespierre, l'embrasse, lui dit adieu et, tirant un petit pistolet de sa poche, en place le canon contre sa tempe et presse la détente. Augustin Robespierre, essayant vainement d'échapper aux hommes de Bourdon, enlève ses bottes, escalade l'appui de la fenêtre afin d'atteindre la corniche inférieure. Et là, un instant, ses bottes à la main, il hésite, contemple la place où s'agitent les hommes de la Convention, puis se précipite vers le sol. Hélas, la mort n'est pas toujours facile à trouver : on le relève avec une cuisse brisée et quelques blessures superficielles. Couthon, dans sa chaise d'invalide, poussé par quelques-uns de ses assistants, qui cherchaient à le sauver, trébuche sur le palier. La chaise culbute, Couthon dégringole tête la première sur les marches de marbre et se fracture le crâne.

Certains prétendirent que Coffinhal, exaspéré par la bêtise de Hanriot, qui, portait une grande part de culpabilité dans ce massacre, par le fait même de son impéritie, se jeta sur lui, l'empoigna et le jeta par la fenêtre.

Au milieu de cette rage, parmi les détonations et les râles, un homme se tenait debout, l'habit soigneusement boutonné : c'était Saint-Just, immobile comme une statue.

La suite est encore plus lugubre : à travers les rues enténébrées, Maximilien Robespierre, couché sur une civière, fut transporté de l'Hôtel de Ville aux Tuileries. Maintenant, une foule réveillée par le vacarme, suivait ce triste cortège. Mais ce n'était plus celle du 20 prairial. L'homme était abattu et ses fidèles d'hier l'insultaient, lui crachaient au visage. La lueur des torches jetait un reflet fantomatique sur cette triste procession. Les porteurs placés aux pieds du blessé avertissaient les autres de lui tenir la tête bien relevée afin qu'il ne mourût point chemin faisant. Bientôt, on arriva aux Tuileries, où la Convention siégeait en permanence. A présent, la foule était devenue si dense que les porteurs de la civière eurent grand-peine à accéder jusqu'en haut des escaliers. Les conventionnels, qui s'étaient bien gardés de prendre quelque risque, accouraient. Déjà le peuple qu'il avait tant soutenu l'avait couvert d'injures et d'horions. Maintenant c'était au tour de la meute déchaînée des députés : « Ne voilà-t-il pas un beau roi ! » s'exclama l'un d'eux.

Charlier, qui pour l'heure présidait à l'Assemblée, clama bien haut : « Le lâche Robespierre est là. Vous ne voulez pas qu'il entre ? » Les conventionnels en chœur : « Non ! Non ! Qu'il aille pourrir ailleurs ! » « Le cadavre d'un tyran ne peut que porter la peste », criait Thuriot, aussi dénué de pudeur et de générosité envers cet ennemi pourtant désormais sans défense. Le déferlement des injures continua longtemps encore : « Il voulait que l'on s'agenouille devant son Être suprême. Eh bien, maintenant, qu'il le sollicite. Allons, Robespierre fais un miracle, toi qui es si bien avec Dieu ! »

Au milieu de cet enfer d'insultes, les porteurs poursuivirent leur long itinéraire à travers des couloirs sans fin. Ils arrivèrent quand même à la salle des séances du Comité de sûreté générale où ils déposèrent leur encombrant blessé sur une longue table couverte de toile verte. Sous sa tête, ils disposèrent, en manière d'oreiller, un fagot de bois mêlé à du pain moisi. Puis, ils le laissèrent. L'homme semblait inconscient, et sous la lueur des lampes à huile, les yeux clos, sans col et sans jabot, sa chemise rougie de sang, ses cheveux en désordre, ne portant plus aucune trace de poudre, son bel habit bleu de ciel du 20 prairial, déchiré et souillé, ses bas tombés sur ses chevilles, parsemés, comme son haut-de-chausses de macules sanglantes, complétaient l'affreux tableau. Ceux qui le virent alors furent effrayés par cette prostration : il n'émettait aucun son et son visage était livide au point que l'on eût pu le croire mort. Cependant, ses sourcils se contractaient par moments sous l'empire de la douleur. Sa respiration était inégale ; tantôt imperceptible, tantôt rapide et sourde.

L'humaine nature semble ainsi faite que ses ennemis, des hommes qu'il avait si souvent sauvés de la guillotine, ne cessèrent de défiler pour se repaître de ce triste spectacle. Et toujours, les mêmes expressions : « Votre majesté souffre-t-elle ? » lançait l'un ; « Pour un bavard de ta trempe, il me semble que tu as perdu la parole », ricanait un autre. Alors, Robespierre ouvrit les yeux, et l'un après l'autre les regarda tranquillement. Il eut aussi un léger mouvement de la main droite, qui semblait dire « à quoi bon ? » Quelques instants plus tard, il montra du doigt sa jarretière gauche, qui semblait le gêner. Un scribe inconnu vit son geste, et, pris de pitié, se hâta de la détacher. Le blessé laissa sourdre un léger soupir, reprit son souffle et dit à voix basse : « Je vous remercie, Monsieur » (ce terme même de « Monsieur », il ne l'avait plus utilisé depuis bien longtemps l'ayant délaissé au profit du sacro-saint « citoyen »).

Peu après, Saint-Just, Payan et Dumas furent à leur tour conduits dans la salle du Comité de sûreté générale. La pièce était maintenant littéralement envahie par la foule. Quelqu'un cria : « Retirez-vous donc, qu'ils puissent voir leur roi dormir sur une table comme un homme ! » Malgré son aspect injurieux, cette phrase fit son effet, et les badauds leur firent place. Saint-Just se tint muet devant son ami ; il eut un mouvement du bras droit en sa direction, mais le retint aussitôt. Seuls ses yeux rougis et enflés par les larmes trahissaient son émotion. Regardant son jeune ami, Robespierre esquissa un sourire, que la douleur réprima immédiatement. Dumas et Payan se turent également. Mais dans l'échange de leurs regards, on pouvait deviner leur indéfectible amitié. Tous, à cet instant, comprenaient qu'avec eux mourait aussi la Révolution, cet espoir prodigieux et naïf de liberté et d'égalité que le monde ne retrouverait peut-être jamais plus. Puis, Saint-Just, avisant l'imprimé encadré de la Déclaration des droits de l'homme et du citoyen, lança, en s'adressant à Robespierre : « C'est tout de même nous qui le leur avons donné ! »

De la blessure de Maximilien, le sang ne cessait de s'écouler en un mince filet. Parmi ces gens animés par tant de cruauté gratuite, il se trouva quelqu'un qui eut un geste d'humanité et lui tendit un arçon de pistolet en cuir clair, très souple et doux. Le blessé saisit cette compresse improvisée, mais qui bientôt s'avéra inutilisable, tant le sang s'échappait maintenant en grande quantité. Alors, le même compatissant lui proposa quelques feuilles de papier blanc, qui furent régulièrement renouvelées. Un moment Robespierre parut enfin s'endormir réellement.

La nuit s'éclaircit, et le matin limpide et rayonnant du 28 juillet 1794 éclaira la salle du comité. Le blessé paraissait assoupi, mais les spectateurs étaient toujours aussi nombreux. Soudain la porte s'ouvrit, laissant passer Élie Lacoste, du Comité de sûreté générale, accompagné d'un officier de santé et d'un chirurgien militaire. « Pansez bien Robespierre, souligna Lacoste, car il faut le mettre en état d'être puni. » Non sans précaution, le chirurgien fit asseoir son patient, essuya le sang coagulé qui lui recouvrait la face, introduisit un peu de charpie dans la bouche du patient afin d'absorber le sang, retira les dents brisées, et il termina son opération par un large pansement. L'opération fut longue et non dénuée de rudesse lors du retrait des dents et des fragments d'os brisés. Pourtant, Robespierre ne laissa pas entendre le moindre murmure, la moindre plainte. Le rapport de ces deux officiers de santé stipulait simplement : « Le monstre était tranquille en apparence. » Et, lorsqu'ils eurent enfin posé sur sa tête un large bandage, les horribles plaisanteries reprirent de plus belle : « Voilà qu'on met un diadème à Sa Majesté » ; « Coiffé comme il l'est, on croirait voir une religieuse », etc.

Il était à peine plus de six heures du matin, et un nouveau « public » commençait déjà à affluer. Maximilien ferma les yeux ; il entendit les mêmes odieux sarcasmes proférés par cette foule qui l'avait adulé.

A dix heures du matin, on apporta une civière. Maintenant, pensaient Tallien, Fouché, Barras et leurs acolytes, il s'agissait d'agir sans plus aucun retard. Car ils vivaient encore dans la peur d'un soulèvement populaire. Peur bien vaine : tous les sectionnaires connaissaient déjà le drame de la nuit : sans leur chef Hanriot, sans le comité insurrectionnel, que pouvaient-ils encore ? Nul, hélas, parmi ces milliers d'hommes, pourtant tout dévoués à la cause robespierriste, n'avait l'étoffe suffisante pour prendre la tête d'une émeute de grande ampleur.

A dix heures et demie, Robespierre et Couthon, tout à fait inconscient après sa chute dans les escaliers de l'Hôtel de Ville, furent transportés sous bonne garde à la Conciergerie. Les conventionnels ne négligèrent aucun détail cruel : ainsi réserva-t-on à Maximilien la cellule voisine de celle qu'avait occupée Marie-Antoinette. Quant aux conjurés triomphants, ils reçurent dès onze heures du matin l'hommage que l'humaine pleutrerie réserve toujours aux vainqueurs. On vit même un grand nombre de fonctionnaires, qui la veille au soir ne voulaient recevoir d'ordre que de la Commune insurrectionnelle, venir assurer aux conventionnels leur indéfectible fidélité.

Le Tribunal révolutionnaire, qui comptait son président, Dumas, au nombre des hors-la-loi emprisonnés, se montra relativement modéré et plaida pour tenter d'excuser la défection de certains de ses membres. Vint alors le tour de Fouquier-Tinville, qui ne savait guère comment aborder le problème de ces hors-la-loi prestigieux. Sans ambages, il exposa son très réel embarras juridique : avant qu'on pût exécuter un individu mis hors la loi, il convenait que deux officiers municipaux établissent son identité. Or, les officiers municipaux, qui avaient tous participer à l'« insurrection » de la Commune, se trouvaient *de jure* eux-mêmes hors la loi ! Problème insoluble pour Fouquier-Tinville qui, tous le savaient, portait une farouche amitié à certains prisonniers. Se servant des arcanes de la procédure, sans doute essayait-il de gagner un peu de temps afin de sauver, sinon tous les inculpés, du moins certains.

Thuriot, qui ne portait dans son cœur aucun des hors-la-loi, se courrouça, et, tempêtant, lança : « Mais va-t-on donc s'embarrasser de ces formalités, alors que ce qui importe, c'est que le sol de la République soit purgé d'un monstre qui était en mesure de se faire proclamer roi ? » Fouquier-Tinville leva les bras au ciel ; il ne trouvait aucun argument à rétorquer, car le sort du « monstre » lui importait fort peu.

Pour couper court à toute utilisation des arcanes de la loi, on désigna d'office de nouveaux commissaires qui remplaceraient les anciens officiers municipaux et procéderaient comme de droit. L'ordre républicain et la justice révolutionnaire semblaient sauvés. Mais c'était désormais le règne de l'arbitraire qui, peu à peu, triomphait.

La journée du 10 thermidor (28 juillet) était radieuse, une des plus belles que Paris ait connues depuis longtemps. En apparence, la ville semblait relativement calme : ni tocsin, ni roulements de tambour. Chacun à sa guise, et selon ses moyens, profitait du lent crépuscule. A dix-sept heures, plusieurs tombereaux pénétrèrent dans la cour de la Conciergerie. Depuis quelque temps déjà, les exécutions se déroulaient sur un échafaud édifié sur la place de la Barrière-du-Trône, tout en haut du faubourg Saint-Antoine. Mais pour l'occasion, et elle était de taille, des menuisiers et des charpentiers avaient, en toute hâte, réinstallé la lugubre guillotine au centre de la place de la Révolution (actuellement, place de la Concorde). Cette lumineuse fin de journée allait encore voir Paris se couvrir d'un voile de sang. En tout, cent cinq hommes devaient payer de leur vie leur attachement à leurs idéaux humanitaires. Mais le 10 thermidor, on n'exécuta que les principaux chefs du mouvement, au nombre de vingt-deux. Parmi tous les membres du directoire de la Commune insurrectionnelle, un seul réussit à s'échapper : Coffinhal. Mais, traqué dans Paris, il devait néanmoins être repris et exécuté quelques jours plus tard.

Dans le premier chariot de la mort, on fit monter Maximilien, Augustin, Hanriot, Saint-Just et Couthon. Ce dernier était toujours inconscient et moribond ; quant à Augustin, son état ayant empiré durant la nuit, il ne valait guère mieux. Dehors, sur les larges trottoirs du quai de l'Horloge, une foule considérable s'était amassée. Ils étaient tous là, les braillards qui suivaient les exécutions, ivres souvent, hurlant les pires insultes à des suppliciés pour eux presque toujours anonymes. Mais ce jour-là, parce qu'il s'agissait bien du naufrage de la Révolution populaire tant redoutée par l'aristocratie et la haute bourgeoisie, des gens de « bonne famille », futurs « incroyables » et « merveilleuses », se mêlaient au spectacle. Et, mieux renseignés que la canaille, ils exultaient davantage encore, car ceux qui passaient dans les sinistres charrettes étaient depuis l'aurore de la Révolution leurs irréductibles ennemis.

Ce jour-là tous se confondaient dans leurs cris de rage et leurs insultes, sans savoir que les tombereaux qui sortaient de la Conciergerie conduisaient au supplice des hommes qui avaient, dans la mesure de leurs humaines possibilités, essayé de donner au monde une nouvelle loi, plus fraternelle, plus juste. Les gendarmes à cheval qui entouraient les charrettes désignaient de la pointe du sabre les condamnés en clamant bien haut leurs noms. Des noms sacralisés quelques semaines auparavant, des noms qui, pour cette foule hurlante, avaient longtemps représenté tous leurs espoirs en un monde meilleur...

Ainsi escorté par la gendarmerie et de nombreuses furies parisiennes, le sinistre cortège se dirigea vers le Pont-Neuf, le franchit et suivit la rue du Roule, puis la longue rue Saint-Honoré que Maximilien connaissait si bien. Certains journalistes de l'époque écrivirent que toutes les fenêtres avaient été louées à des prix exorbitants à des curieux qui voulaient voir passer ce cortège, cet enterrement de la grande Révolution française. D'autres, bien plus nombreux, s'entassaient dans les rues, criant, ne sachant trop pourquoi : « A la guillotine ! » Cependant, et cela est à souligner au niveau d'une conscience de classe naissante, les ouvriers des usines et des manufactures étaient restés chez eux, sans doute terrés dans leurs faubourgs, un pistolet chargé à portée de la main. Beaucoup d'entre eux maudissaient l'incompétence de Hanriot et l'attentisme de Robespierre. Mais que pouvaient-ils encore ? Se réunir en bandes armées sans commandement et courir au massacre ? L'héroïsme du peuple de Paris est certes bien connu. Mais dans cette circonstance, sans chef, désorganisé par l'éparpillement de la nuit dernière, il était las, las de la Révolution, de ses rhéteurs et de ses lutteurs, dont l'action ne débouchait que sur d'affreux désastres et des massacres. Alors, que faire encore ? Laisser crier les autres, laisser tomber les têtes de ceux qui n'avaient pas voulu de leurs services quand l'heure était encore propice. Les faubourgs robespierristes savaient qu'ils ne pouvaient plus compter sur aucune aide extérieure. La populace du centre de Paris s'était, selon son habitude, ralliée aux vainqueurs du moment ; les bourgeois étaient maintenant armés jusqu'aux dents. Le Paris de la Convention réactionnaire était devenu, en quelques heures, une espèce d'imprenable redoute.

Rien ne fut épargné à Robespierre ; lorsque le convoi passa devant la maison des Duplay, on arrêta les chevaux. Maximilien seul pouvait encore être meurtri par cette barbarie, car depuis quelques heures déjà tous le habitants de cette demeure avaient été conduits en prison (Mme Duplay se suicida peu après son incarcération), à l'exception d'Éléonore et de sa sœur Victoire, qui, Dieu seul sait comment, étaient arrivées à s'enfuir au nez des gendarmes. Mais là, face à la maison où Robespierre n'occupa personnellement qu'une seule chambre, un groupe de gueuses avinées se mit à danser autour de la charrette, tout en

proférant les pires insanités, encouragé et même applaudi par les
« personnes du bon monde », postées aux fenêtres comme dans des
loges de théâtre. Maximilien regarda ce déferlement de haine sans mot
dire. Cependant que le tombereau était toujours arrêté par cette véritable
ronde de sorcières échevelées, un enfant s'approcha de la maison des
Duplay. D'une main, il tenait un seau plein de sang de bœuf, de l'autre
un balai. Soudain, il trempa ce pinceau improvisé dans le sang et se mit à
en asperger la façade, tandis que la foule en délire riait et criait ses
bravos au gamin. Cette fois, Robespierre ferma les yeux, et ceux qui
l'approchaient purent voir qu'un léger frémissement le parcourait. Enfin,
les tombereaux s'ébranlèrent dans le crissement de leurs roues cerclées
de métal. Peu avant la place de la Révolution, une jeune et jolie femme,
bien vêtue, s'accrocha au rebord de la charrette où se trouvait
Maximilien, et lui jeta cette apostrophe : « Va, scélérat, descends aux
enfers avec les malédictions de toutes les épouses et de toutes les mères
de famille ! » Il ne détourna même pas le regard et se contenta de
hausser les épaules.

La place de la Révolution était envahie par une foule immense, et les
gendarmes à cheval durent frayer le chemin au tombereau. Au centre,
s'élevait l'échafaud, gardé par des cadets en armes. Sur l'échafaud,
entouré de ses aides, le sinistre Samson qui, détail étonnant, était un
royaliste convaincu attendait ses victimes les bras croisés.

Robespierre fut le dernier à gravir les marches de l'échafaud. Il avait
dû supporter de voir les gendarmes porter jusqu'à la guillotine son frère
Augustin et Couthon, tous deux à peine conscients. Puis, il vit encore
Saint-Just, plus fier que jamais, en apparence indifférent et superbe.

Enfin, Robespierre monta sur la plate-forme de la mort, refusant l'aide
d'un gendarme, et d'un pas ferme marcha vers l'instrument de supplice.
Cette fois, la foule laissa échapper une immense clameur. Le bourreau,
avec une inutile brutalité, arracha le bandage qui soutenait la mâchoire
brisée. La douleur fut si atroce que, malgré tout son sang-froid et son
courage, Robespierre laissa échapper un cri qui dut s'entendre aux quatre
coins de la place. L'instant d'après, il était attaché sur la planche. Dans
un bruit sourd le couperet tomba.

Robespierre disparu — il avait trente-six ans —, la Révolution perdit
sa conscience.

Lorsque l'on fit l'inventaire des objets personnels de Maximilien Robespierre, on découvrit une feuille de papier avec une strophe écrite de sa main :

Le seul tourment du juste, à son heure dernière,
Et le seul dont alors je serai déchiré,
C'est de voir en mourant, la pâle et sombre envie,
Distiller sur mon front l'approbre et l'infamie,
De mourir pour le peuple et d'en être abhorré.

« Les prophètes désarmés finissent toujours mal », affirmait Machiavel. Or, Robespierre, qui, dans une certaine mesure, s'était voulu le prophète de la liberté et de l'égalité se désarma lui-même.

Chapitre XXXV

LA MYSTIQUE D'UN HOMME

> « Chacun voudrait être, si possible
> le maître des hommes, ou, mieux
> encore, Dieu... »
> Platon, *Le Théagès*.

> « Que les hommes comprennent ou non,
> qu'ils agissent ou n'agissent pas ;
> j'aurai dit tout ce que j'ai à dire.
> Qu'ils m'appellent comme ils voudront,
> Brutus ou Érostrate, il ne me plaît pas
> qu'ils m'oublient...
> Dans deux jours, les hommes comparaîtront
> devant le tribunal de ma Volonté. »
> Musset, *Lorenzaccio*.

Immolé sur l'autel de cette Révolution française à laquelle il avait donné toute sa mesure en en développant la logique interne jusqu'à ses limites les plus extrêmes, Maximilien Robespierre atteignait enfin à l'accomplissement paroxystique de son être. Désormais ses concepts idéaux de révolution populaire, de contrat social et de peuple souverain allaient cheminer dans le cœur de bien des hommes, par-delà le temps, par-delà l'échec apparent de son action publique. En quelques décennies, pour nombre d'idéalistes, pour les socialistes et les autres démocrates du xixᵉ siècle, tant en France qu'à l'étranger, le message robespierriste allait devenir la base doctrinale privilégiée par excellence.

Le martyre de ce « saint laïc » devenait le meilleur agent de diffusion de son idéologie. Bientôt, on oubliait la Terreur, ces flots de sang si souvent versés en vain. Le député arrageois du tiers état apparaissait lavé des abus de radicalisme révolutionnaire qui avaient pu ternir son image aux yeux des modérés. Seuls demeuraient ses grands principes, sa volonté passionnée d'apporter au monde l'évangile d'une ère nouvelle, de fraternité et d'égalité.

L'ombre de Robespierre est là : à travers la France, l'Europe ; à travers le monde, au milieu des cris et des larmes, nimbée d'une gloire irréelle, quasi métaphysique ; en 1830, en 1848, auprès des communards de 1871, là-bas, vers les plaines gelées du sombre empire slave, en 1905, en 1917. Et depuis lors, elle n'a pas cessé de hanter à nouveau les théoriciens et les hommes d'action, à l'Est et à l'Ouest. L'utopie fraternelle ne cessera jamais d'animer les plus « purs », avant de s'effondrer dans l'horreur et les holocaustes.

Le 10 thermidor an II de la république française une et indivisible n'était que le début de l'ère des révolutions. Robespierre est toujours parmi nous.

L'Être suprême, la divinité panthéiste de Maximilien, est un dieu terrible qu'il faut apaiser, exorciser en l'intégrant à la notion même d'État. Vertu, pouvoir, souveraineté populaire, démocratie des égaux forment un tout dans sa pensée. Le règne à venir ne sera pas celui d'un homme, d'un tyran, mais celui du peuple libéré de toutes ses chaînes, de ses fantasmes superstitieux et capable enfin d'honorer l'homme et la nature tout entière comme une représentation terrestre, passagère, de l'univers. Il ne s'agit certes pas d'un confusionnisme ésotérique, comparable, par exemple, à celui des franc-maçonneries spiritualistes qui pullulèrent dans la seconde moitié du xviiiᵉ siècle, mais d'un culte dépouillé et contemplatif du cosmos tout entier. Un culte proche de l'antique adoration du monde, comme représentation de la volonté universelle ; culte du savoir, de la sagesse et des éléments, diffuse prière adressée au Tout, culte abstrait et d'autant plus difficilement intelligible pour les grandes masses. Robespierre aspirait à un monde fraternel, humain et divin tout à la fois, et paradoxe de son idéologie, il ne comprenait pas combien sa perception de l'ordre du monde était peu transmissible à ces hommes de chair et de sang qui faisaient les grandes insurrections. L'inadéquation était tragique et devait hâter sa perte.

Sa fête de prairial fut une invocation inachevée, un culte avorté. Le comprit-il ? Prêtre illuminé, il tenta de réaliser l'osmose entre cette humaine révolution, déferlement des énergies instinctives, et sa quête inachevée, peut-être contrariée par la force des choses, d'une révolution transcendante parfaitement incompatible avec les féroces passions qui animaient les hommes de l'an II.

N'y comprenant rien, le peuple de Paris se lassa vite des discours de Robespierre ; la patrie réclamait alors une action immédiate, directe et concrète ; pour sa perte, il voulut y répondre par une nouvelle communion mystique, oubliant sans doute que les religions ne se forgent point en un jour et que les peuples n'y souscrivent jamais spontanément, dans un grand élan, mais seulement progressivement, lorsque enfin les institutions lentement édifiées ressemblent à d'indiscutables évidences. Peut-on dire que l'« Incorruptible » créa un système ? Pas exactement. Jamais ses écrits ne sont, à proprement parler, doctrinaux. On devine bien sa recherche : une société égalitaire dans laquelle les inégalités de naissance ou les inégalités physiologiques seraient à jamais effacées par une authentique convivialité, par une véritable entraide, qui feraient de la société tout entière un corps indestructible, une vaste communion. Nous l'avons déjà écrit, il rêve, et sa propension à ne pas prendre en compte les données immédiates du réel le conduit à privilégier l'idéal rousseauiste au détriment des aléas de la politique immédiate. Il le croit : l'homme naturellement est bon. Donc, il faut changer la société et réduire à néant tous ceux qui ne croient pas en cette bonté native et s'accommodent un peu trop des travers de l'humaine nature. Image idyllique qui, dans les faits, se traduisit, hélas, par une rigueur meurtrière qu'il fut, lui-même, bien incapable de contrôler. Il promut des mots au rang de vérités apodictiques, et ces mots devinrent, peut-être contre sa volonté, pourvoyeurs de charniers.

En fait, et bien qu'il fût essentiellement épris d'absolu, il eut, lui aussi, son « tyran domestique ». Ce fut sa vision idéale de la « France fraternelle ». Pour donner à cette passion sa pleine mesure, il accepta de quitter son isolement pour s'enfoncer dans les données immédiates des grands problèmes de l'organisation du territoire, pour lui sacré, de la république. Cependant, l'idée ne perd jamais sa prééminence, et sa

« République » répond strictement à des règles subtiles qu'il croit en rapport étroit avec sa vision métaphysique de l'harmonie universelle et de la majesté de l'Être suprême.

Serait-ce donc une « cité de Dieu » que désirait édifier ce théocrate sans Bible ? Non. Seulement les préliminaires sociaux qui devaient — dans son esprit — conduire la nation jusqu'à la sublimation, la « divinisation », progressive du corps tout entier des citoyens. Ce « souverain » enfin assujetti à la vertu, refusant dès lors tous les compromis autour desquels s'organisent pourtant toujours les sociétés, dont l'équilibre repose sur de fragiles notions toutes théoriques, si souvent abolies par les intérêts particuliers, les égoïsmes de toutes sortes et les ambitions de quelques-uns. Sa « nation française » à venir ne devait plus exprimer que la raison, l'ordre, la vertu et l'égalité. Et, pour lui cette nation en gestation, modèle rêvé qu'il tentait désespérément de façonner, portait en germe la patrie future, l'immense réunion fraternelle de tous les peuples sous une seule bannière, celle de la Révolution mondiale qui devait conduire le genre humain à son assomption égalitaire.

Las ! Dans l'action révolutionnaire, tumultueuse et imprévisible, il est souvent bien malaisé de s'en tenir à des thèmes idéaux. Les rêveries de Jean-Jacques Rousseau sont soudain submergées par les turbulences du quotidien et les accidents de la politique au sein de cette jeune et fragile république encore tout à la recherche de son identité profonde.

Dès lors, rien n'est plus assuré, ni fonctions ni lois, pour plus de vingt-quatre heures. La vie du pays est soumise aux tumultes des comités et des assemblées. La barque de l'État, prise dans la folle tempête des passions antinomiques, risque de se briser à chaque instant. Rien ne peut être absolu dans cette volonté de renouvellement, et Maximilien lui-même est sans cesse confronté aux désirs particuliers et aux passions contradictoires d'un peuple que plus rien ne bride.

La raison, la vertu, idoles dévorantes de ces années terribles, sont en effet bien mal servies par ces hommes en colère. Seul, Robespierre tente de surnager. Il se veut au-dessus de la mêlée, il se sait intègre. Le voici qui parle. Il oublie les désordres de la rue et invoque l'Être suprême, vouant la France à son culte. On ne l'écoute guère, ou on ne le comprend pas. Il crie de toutes ses forces, mais que sa voix est faible ! Bientôt le torrent des insurrections emporte ses paroles. La Révolution, selon les paroles prophétiques de Danton, est bien un Saturne qui dévore ses enfants. Et c'est à qui menacera le plus son ami d'hier, l'accablera de paroles redoutables, en appelant à la vindicte du peuple. Dans cette arène insensée, la férocité immédiate est de règle. Le bourreau n'aime pas attendre, et celui qui fait dresser un échafaud sait aussi qu'il se suicide. Terreur, vertu, dieu bucolique de la nature éternelle, sang, horreurs, raison : tout se mêle et tout disparaît dans ce maelström. Rien ne subsiste des anciennes valeurs de l'ordre du monde. La « Révolution française » n'est plus nationale, ni même internationale : elle incarne désormais un nouvel ordre du monde ; elle enjoint aux grands de la terre de se mettre à genoux, de céder tous les pouvoirs aux damnés de la terre. Qui, dans l'instant, le comprend ? Robespierre sans doute, qui devine l'évolution de la société par-delà les convulsions de la Terreur. Mais il sera emporté par le flux des conservatismes de tous ordres, par les égoïsmes. La révolution sociale qu'il appelait de ses vœux était, à son époque, encore une chimère. Que lui importait la donnée directe ? Il « voyait » le monde et les hommes dans leur devenir, bien au-delà du moment qu'il vivait. Sans doute savait-il, au cœur de ces années effoyables, que son message ne serait perçu qu'après coup, dans un avenir qu'il ne devinait même pas encore, qu'il pressentait seulement de toutes ses forces frémissantes.

Il n'avait, tout d'abord, pas voulu se joindre au parti des furieux ; sa nature ne le portait pas aux excès. Mais la Révolution l'avait devancé. Désormais, il fallait qu'il parle plus fort que la faction des corrompus, que la Gironde. Et, sans le vouloir, parce qu'il croyait en la paix et en l'amitié fraternelle du genre humain, il s'était pourtant retrouvé sur le même banc que les plus radicaux, que les extrémistes. Ceux-là que sa raison n'aimait pas, ceux-là que son âme candide rejetait. Mais les jeux étaient faits : la Révolution ne pouvait se maintenir que dans la rigueur, bientôt par des excès de sang. Plus que quiconque, il en fut effrayé. Il ne pouvait plus rien contre la marée des passions et des haines. Étranger à tout esprit de vindicte, refusant la solution extrême de l'insurrection populaire tant qu'elle peut être évitée par les lois et les solutions d'assemblées, rejetant les élans incontrôlés de la passion dans la vie publique, il ne se résigna à se soumettre au recours à la guillotine qu'après avoir, en vain, recherché des solutions pacifiques aux tourments qui risquaient d'emporter en très peu de temps toutes les victoires et les acquis de la république. Il justifiera ses choix les plus tragiques, les plus terribles, le 15 septembre 1793 par ces mots lapidaires : « Mais a-t-on réfléchi à notre position : onze armées à diriger, le poids de l'Europe entière à porter ; partout des traîtres à démasquer, des administrations à surveiller, partout à aplanir des obstacles à l'exécution des plus larges mesures, tous les tyrans à combattre, tous les conspirateurs à intimider. » Plus sans doute parce qu'il fut emporté par l'extrémisme qui animait tout le Club des jacobins et certains de ses proches, dont Saint-Just et Couthon, que par volonté personnelle, Robespierre céda finalement à cette inclination assez générale qu'était alors le recours à la Terreur. Car, en ce XVIIIe siècle finissant, dans cette France ravagée par les guerres et la famine, le goût de la violence et du sang survenait comme par bouffées impulsives, irrépressibles. Et souvent, les plus modérés d'entre les patriotes finissaient par en appeler à la colère du peuple, à recourir aux jugements expéditifs, à la guillotine, parce que dans le chaos ils ne voyaient plus comment arriver à juguler assez vite toutes les forces ennemies de la Révolution, celles qui semblaient maintenant accourir comme pour un hallali.

Certes, dès le 20 juillet 1789, Maximilien Robespierre démontrait l'utilité de couper quelques têtes « pour consolider la liberté publique ». Et, en février 1791, il déclarait encore que « la véritable religion consistait à punir, pour le bonheur de tous, ceux qui troublaient la société ». Pareillement, en décembre 1792, il écrivait dans sa onzième lettre à ses commettants : « J'ai toujours eu pour principe qu'un peuple qui s'élance vers la liberté doit être inexorable envers les conspirateurs. En pareil cas, la faiblesse est cruelle, l'indulgence est barbare. Le gouvernement ne doit sa protection qu'aux bons citoyens. » Enfin, le 17 pluviôse an I (1793), il dit encore : « Domptez par la Terreur les ennemis de la liberté, et vous aurez raison comme fondateurs de la République. »

C'est donc, selon lui, « la justice prompte, sévère et inflexible », la punition de tous ceux qui s'opposent à la marche de la Révolution. Le principe est simple, pur et vertueux, mais combien effroyables en seront les applications. Les mots ne sont pas innocents, et dans ces périodes instables, où les troubles, surgissant de toutes parts, semblent étouffer l'État, de telles paroles, prononcées par l'un des « apôtres » les plus écoutés, ne peuvent que susciter bientôt de nouveaux massacres, de nouvelles condamnations arbitraires, bien que la volonté de celui qui proféra ces phrases tout empreintes de la « pureté républicaine » soit uniquement tendue vers le bien et la fraternité universelle...

Il n'y a, selon lui, pour la Révolution qui doit se battre sur tous les fronts pour assurer sa survie, d'autre issue que dans cette « justice prompte, sévère et inflexible ». La mort sera le châtiment de tous ceux qui s'opposeront à l'irréversible marche en avant de la Révolution française et du peuple de France. La Révolution n'engendre pas les massacres : ils sont eux-mêmes le résultat de l'action pernicieuse des factions égoïstes qui, par tous les moyens, tentent de réduire à néant les efforts d'un peuple en armes, dressé pour sa survie face à un ennemi irréductible, féroce et décidé à anéantir les acquis de l'effort révolutionnaire du peuple français déterminé à conquérir la liberté. Cette action radicale de la jeune république décidée à s'opposer par la gloire de ses armes à tout retour en force de la vieille monarchie autocratique, Marat la qualifiait de « despotisme de la liberté contre la tyrannie ».

Pourtant Robespierre, qui gardera toujours au fond de son être une certaine dilection pour la modération, considère cette Terreur comme un pis-aller. Elle est imposée par les circonstances, par les nécessités politiques, « par la force des choses », et nul ne peut s'y opposer avec des arguments sentimentaux. La Terreur n'est pas un but, mais un moyen temporaire — qu'il souhaite éphémère — pour protéger la république. Elle exige une vertu plus grande encore que dans les temps de calme, un sacrifice et un désintéressement total. Pour juger équitablement, il faut se prémunir contre toutes les influences, toutes les sympathies, et ne se laisser guider que par sa conscience. La Terreur ne doit pas frapper aveuglément. La poursuite des suspects est dirigée par des lois, de même que leur châtiment. Instrument de lutte, Robespierre veut qu'elle demeure régie par la Convention nationale, qui en assume, au nom du peuple, la responsabilité. En principe, sont suspects tous ceux qui paraissent défavorables au régime nouveau ; mais il convient de frapper surtout les nobles, les traîtres réfugiés à l'étranger, les généraux timorés. Le Comité de sûreté générale, les représentants en mission, les comités révolutionnaires doivent procéder à leur arrestation. Peut-être aussi des innocents sont-ils frappés ? Il convient donc d'être circonspect dans les dénonciations, de ne pas y englober des patriotes. Et Maximilien lui-même s'élèvera à plusieurs reprises pour défendre des républicains convaincus et injustement poursuivis, par exemple Bouchotte, Pache et Delbarade. Aussi, le 3 octobre 1793, proclame-t-il bien haut : « La Convention ne doit pas chercher à multiplier les coupables. La punition des chefs suffit à épouvanter les traîtres. »

Écœuré, on l'a vu, du carnage qu'autorisent en province certains représentants, il demandera le rappel de Tallien, de Carrier, de Fréron, de Barras, de Rovère, « qui déshonorent la Révolution ». Pour lui, seuls les rebelles, pris les armes à la main, ou convaincus de complicité, doivent être jugés sommairement par des commissions militaires. Pour tous les autres accusés, il convient de respecter la légalité révolutionnaire. Désormais, grâce à l'action de Robespierre et de ses amis, et malgré l'époque tragique que traverse la république à peine instaurée, au jugement spontané du peuple en insurrection, on substituera un verdict soutenu par des preuves et des formes qui le rendent indiscutable.

Cependant, parce qu'il était trop conscient des dangers permanents qui menaçaient l'expérience révolutionnaire, l'« Incorruptible » ne cessa par ailleurs de souligner la nécessité d'une action rapide qui permette d'anéantir les factieux sans tomber dans les méandres juridiques des anciens tribunaux.

En brumaire an I (1793), les jacobins, inspirés par Robespierre, demandent qu'on débarrasse le Tribunal révolutionnaire « des germes qui étouffent la conscience et empêchent la conviction ». Dès lors, qu'on réduise aussi le nombre des jurés et qu'ils puissent se prononcer avec rapidité. Lorsque la notoriété publique accuse un citoyen, toute tergiversation est inutile, voire criminelle, « même lorsqu'il n'existe pas de preuves écrites ». Point n'est besoin de publier les motifs d'arrestation : le crime établi, le peuple doit frapper. « Il [le peuple] ne connaît d'ailleurs qu'une sorte de délit, la haute trahison, et il n'applique qu'une seule peine, la mort. » C'est, selon Maximilien, une question de « légitime défense pour les patriotes ». S'ils ne frappent pas les premiers — ce que nul, en ce temps, ne pouvait ignorer —, qu'ils préparent donc pour eux-mêmes des échafauds, car leurs ennemis ne les épargneront pas. « La vertu épouse le crime dans les temps d'anarchie » (Saint-Just). Déjà Alexis de Tocqueville l'écrivait : « C'est à des révolutions religieuses qu'il faut comparer la Révolution française. » Elle compte, en effet, ses iconoclastes et ses prosélytes, ses apôtres aussi. Et Robespierre fut l'un de ceux-là. Ne lit-on pas dans la *Chronique de Paris*, en date du 9 novembre 1792 : « On se demande quelquefois pourquoi tant de femmes viennent à sa suite ; c'est que la Révolution est une religion et que Robespierre y fait une secte. C'est un prêtre qui a ses dévots. »

Au collège Louis-le-Grand, Robespierre s'était déjà fait remarquer par son peu de zèle dans les exercices du culte. Et il avoue lui-même : « J'ai été dès le collège un assez mauvais catholique. » On a pu — sans preuves — qu'il appartint à la loge maçonnique de Hesdin. Mais la franc-maçonnerie, dans son esprit, et telle qu'elle était pratiquée en cette fin du XVIIIe siècle, revêtait un caractère essentiellement spiritualiste et déiste. Aussi, n'est-il pas impossible que le culte rendu en maçonnerie au « grand architecte de l'univers » soit de quelque manière à l'origine du dogme républicain de l'Être suprême, tel que Robespierre devait tenter de l'instituer. Cependant, si l'organisation maçonnique, ses principes d'égalité et de fraternité ont pu marquer le jeune avocat arrageois, il n'est pas moins évident qu'il se détacha très rapidement de toutes les manifestations extérieures des cultes. Sur le plan strictement religieux, et bien que peu pratiquant, il veut respecter les dogmes et dénie à la Constituante le droit de les modifier.

A l'aube de la Révolution, il possède une croyance diffuse, panthéiste et sincère, mais pas de « religion » à proprement parler. « L'idée de Dieu est nécessaire au bonheur humain », écrivait J.-J. Rousseau à Mme d'Épinay. Et Robespierre reprit souvent la célèbre formule de Voltaire : « Si Dieu n'existait pas, il faudrait l'inventer. » Mais on ne le voit pour autant manifester aucune inquiétude métaphysique, et les questions proprement théologiques ne le passionnent guère. Sa foi est tout entière contenue dans une immense rêverie sur le monde et l'univers, sur l'harmonie céleste et la nature comme représentation du Créateur. Et, si l'âme est immortelle — ce qu'il affirme souvent — et le bonheur céleste une récompense enviable, ce qui compte avant tout à ses yeux, c'est de rendre l'homme heureux sur la terre. Dans ses grandes lignes, il adopte la position de Rousseau lorsque ce dernier écrit à Voltaire : « Toutes les subtilités de la métaphysique ne me feront pas douter un seul moment de l'immoralité de l'âme et d'une Providence bienfaisante. Je te défendrai jusqu'à mon dernier soupir. » Répondant à

Guadet qui, le 26 mars 1792, lui fait grief d'avoir parlé de la Providence, Robespierre confesse dans un bel élan, qu'invoquer ce nom « et émettre une idée de l'Être éternel est un sentiment de mon cœur, un sentiment qui m'est nécessaire ». Mais, parce qu'il est souvent emporté loin de son idéal mystique par des contraignantes nécessités sociales et politiques, il est forcé de pousser plus loin que Rousseau son pragmatisme religieux. C'est la Révolution qu'il entend justifier avec l'aide de Dieu. Seule Sa volonté l'a rendue possible. Seul Il la dirige. Le Créateur tient entre « Ses mains » les destins des nations comme ceux de chaque créature. C'est Dieu qui, « en frappant Léopold (l'empereur germanique), parut déconcerter les projets de nos ennemis ». La Providence de l'« Incorruptible » est ce que d'aucuns nomment « hasard », parce qu'ils ne savent pas que Dieu veille d'une manière toute particulière sur la Révolution française. Cette Révolution n'est-elle pas « la plus belle que le soleil ait encore éclairée » ? Et, sans doute, aurait-il dans cet élan panthéiste, voué le même amour à tout autre pays qui l'eût engendrée.

Par ailleurs, n'affirmait-il pas : « N'oubliez pas que la morale du fils de Marie prononce des anathèmes contre la tyrannie et porte des consolations à la misère » ? La foi est le trésor des pauvres et des opprimés ; elle les aide à supporter leur triste condition humaine, et s'il est permis qu'ils souffrent, c'est pour mieux apprécier le bonheur auquel ils auront droit. Sachant que l'on ne fonde rien de durable que sur les âmes, Maximilien désire tout le parti possible de cette « divine origine » qu'il attribue réellement à la Révolution française. Dès lors, les grands principes qu'il énonce prennent la valeur d'un dogme métaphysique. Le combat qu'il mène pour les faire observer devient un acte religieux, comme une « guerre sainte ». Le peuple en est l'objet, ou mieux l'instrument pour lequel Dieu a permis cette Révolution ; en tant que tel, il participe, par sa lutte purificatrice, de la nature même de l'Être suprême. Corrélat obligé : tout ce qui peut s'opposer à la volonté populaire doit être considéré comme un acte sacrilège. Et, prêtre d'une ère nouvelle, Robespierre en appelle à Dieu pour venir au secours de la Révolution : « Dieu puissant ! Cette cause est la Tienne, défends Toi-même ces lois éternelles que Tu gravas dans nos cœurs, absous Ta justice accusée par le triomphe du crime et par les malheurs du genre humain, et que les nations se réveillent désormais au bruit du tonnerre dont Tu frapperas tous les tyrans et les traîtres. »

Le Dieu de Robespierre, puissance tutélaire et bienveillante, omniprésente et éternelle, est bien celui du peuple. Il le dit clairement : « Quand j'ai vu tant d'ennemis contre lui [le peuple], alors plus que jamais, j'ai cru en Dieu », car « Celui qui peut tout ne peut vouloir que le Bien ». C'est, de surcroît, le Dieu des élus, des patriotes, « qui mit dans leur sein cette force divine et cette flamme céleste qui les anime ». Ce démiurge a créé « tous les hommes pour l'égalité et le bonheur » : il protège (donc) les opprimés et extermine les tyrans. Son culte, « c'est celui de la justice et de l'humanité ».

A partir de ces quelques postulats de base, Robespierre repense l'histoire du christianisme. Sans doute la conception catholique s'éloigne-t-elle des sentiments d'amour que Jésus avait prêchés. Mais les prêtres seuls, affirme-t-il, ont imaginé le péché et fondé la religion sur la crainte du châtiment. Ils sont bien à la morale « ce que les charlatans sont à la médecine ». Combien le Dieu de la nature est différent du Dieu des prêtres ! Ils l'ont créé à leur image ; ils l'ont fait jaloux, capricieux, avide, cruel, implacable. Mais le peuple, qui est l'émanation du démiurge, reste néanmoins attaché « à l'idée d'une puissance incompréhensible ». Et Maximilien d'ajouter : « Gardons-nous de blesser cet instinct sacré, ce sentiment universel. » Il ne faut pas en faire une question de philosophie quand il s'agit de révolution et de politique : dans ces cas, Dieu s'exprime directement par la bouche du peuple libéré, de son peuple souffrant, mais debout et capable enfin, après tant de siècles d'esclavage, de briser toutes les chaînes et d'anéantir les tyrans. « Il suffit, déclare-t-il à la tribune, que les sentiments religieux aient régné chez un peuple pour qu'il soit dangereux de les détruire. » Il faut en toutes circonstances respecter ce culte sacré qui est lié au dogme de la divinité. C'est dans ce sens qu'il participe activement à l'organisation du clergé constitutionnel, et s'oppose, par la suite, à ce que l'on supprime les fonds qui lui étaient affectés. Mais le catholicisme n'est pas seul en cause. La liberté réclame aussi la tolérance de la coexistence de tous les cultes. Robespierre estime qu'ils ont tous une égale valeur lorsqu'ils prêchent le bien, l'égalité, la justice et la fraternité universelle. Partant, les menaces et les violences dirigées contre eux doivent être à jamais proscrites.

Sans doute le clergé catholique avait-il donné trop de preuves d'attachement à l'Ancien Régime, sans doute également le clergé constitutionnel était-il rapidement passé dans sa majorité à la contre-révolution. Toutefois, pensait Robespierre, il eût été bien maladroit, dans ce temps de crise, de susciter des martyrs qui auraient bientôt servi la cause adverse. La lutte contre l'Église en tant qu'institution sécularisée est affaire de circonstances, et elles ne paraissent guère favorables en ces années terribles où la Révolution est menacée de toutes parts. « Nous avons la patrie à sauver, écrit-il, pourquoi réduire les prêtres au désespoir ? » Pourquoi aussi déconsidérer la juste cause révolutionnaire aux yeux des catholiques étrangers et faire le jeu des despotes ? Pendant tout le temps que dure son action publique, Maximilien ne cesse de désapprouver vivement les déchristianisateurs. A lui seul, pense-t-il, le calendrier révolutionnaire risque déjà d'indisposer la population dont il heurte les habitudes et la sensibilité.

Par ressentiment peut-être, d'anciens religieux, tel Fouché, ferment des églises, provoquent des abjurations, confisquent les objets du culte. Le Comité de salut public, sur l'instigation directe de Robespierre, s'en émeut et les rappelle à la prudence. A leur tour, les hébertistes s'en mêlent et le mouvement gagne Paris en brumaire 1793. « La mort est un sommeil éternel », proclame Fouché. L'évêque Gobel se déprêtrise solennellement, et l'on célèbre le 20 brumaire à Notre-Dame une fête de la Liberté. L'« Incorruptible » est impuissant ; il se tait.

Est-ce donc la crainte des prêtres qui provoque de telles actions ? « Mais, commente-t-il le 1er frimaire, ils craignent bien davantage les progrès de la lumière. Craignez, non pas leur fanatisme, mais leur ambition. Au reste, ceci ne s'applique pas à tous les prêtres. Je respecte les exceptions ! » Et, le 15 du même mois, il ajoute : « De quel droit, des hommes inconnus jusqu'ici viendraient-ils troubler la liberté des cultes au nom de la liberté, et attaquer le fanatisme ? » De fait, qu'on prenne garde de ne pas lui fournir de nouvelles armes : « On a dénoncé des prêtres pour avoir dit la messe ! Ils la diront plus longtemps si on les empêche de la dire. Celui qui veut les empêcher est plus fanatique que celui qui la dit. »

Derrière la déchristianisation, prônée par tant de révolutionnaires, il soupçonnait l'athéisme, « doctrine de riches », étrangère au peuple, qu'il ne séparait pas de l'immoralité publique et privée. Philosophie aristocratique, il voyait dans l'athéisme un piège tendu par les ennemis du peuple : « Proclamer l'athéisme, fulmine-t-il, c'est se jouer de la dignité du peuple, et attacher les grelots de la folie au sceptre même de la philosophie. »

« Au reste, écrit-il encore le 18 floréal 1793, celui qui peut remplacer la divinité dans le système de la vie sociale est, à mes yeux, un prodige de génie. Et celui qui songe à la bannir, un prodige de stupidité ou de perversité. » Et, là-dessus, il lance l'une des plus belles péroraisons de sa carrière politique : « Qui donc t'a donné la mission d'annoncer au peuple que la Divinité n'existe pas, ô toi qui te passionnes pour cette aride doctrine et qui ne te passionnas jamais pour la patrie ? Quel avantage trouves-tu à persuader l'homme qu'une force aveugle préside à ses destinées et frappe au hasard le crime et la vertu, que son âme n'est qu'un souffle léger qui s'éteint aux portes du tombeau ? L'idée de son néant lui inspirera-t-elle des sentiments plus purs et plus élevés que celle de son immortalité ? Vous qui regrettez un ami vertueux, vous aimez à penser que la plus belle partie de lui-même a échappé au trépas [...]. Si l'existence de Dieu, si l'immortalité de l'âme n'étaient que des songes, elles seraient encore la plus belle conception de l'esprit humain. »

Dans son dernier discours, déjà mentionné plus haut, le plus dramatique, le plus digne aussi, celui du 8 thermidor an II, il trouve encore la force de s'écrier : « Non ! la mort n'est pas un sommeil éternel. Citoyens, effacez des tombeaux cette maxime impie gravée par des mains sacrilèges. Gravez-y plutôt celle-ci : la mort est le commencement de l'immortalité. »

Malgré cet élan mystique qui toujours l'anima, Robespierre n'entend pas, comme le voulait pourtant Rousseau, exclure de la nouvelle alliance républicaine tous ceux qui refusent de croire « en la Divinité ». Ce serait, selon ses propres termes, « inspirer trop de frayeur à une grande multitude d'imbéciles ou d'hommes corrompus ». Ainsi, contrairement à l'image courante que l'on se plaît à colporter, Maximilien Robespierre fut le contraire d'un intransigeant. Trop fragile lui-même pour ne pas être la proie des doutes, il ne désira jamais susciter une « croisade » contre les « sans-Dieu ». La Révolution, selon lui, était certes guidée par le démiurge, mais elle n'en était pas moins affaire d'hommes. Et, de ce point de vue, il essaya toujours de respecter les opinions intimes de chacun. Il accepta de ne pas prendre de front les patriotes athées, refusa, sur ce point, de lancer des anathèmes. La république naissante avait besoin de tous ses enfants, fussent-ils pour un temps dévoyés. Car bientôt, pensait-il, l'emprise de la raison, le triomphe de la vertu les ramèneraient sur la route lumineuse de la foi en une grande communion universelle soumise au culte de l'Être suprême et de l'immortalité de l'âme. Pour sa part, il va organiser la nouvelle religion civile où Dieu et la Révolution seront étroitement associés, et dont le peuple sera à la fois le fidèle et le prêtre.

Cette volonté de déification de la nouvelle société « guidée par Dieu » est avant tout d'ordre moral : il s'agit de développer les vertus civiques et privées des citoyens. L'État fournit aux enfants l'instruction et l'éducation. Il doit dispenser à leurs parents un enseignement semblable, mais adapté à leur âge, à leurs interrogations les plus intimes quant à la vie et à la mort, quant à la vertu et au vice. Un enseignement désormais susceptible de les mettre sur la voie de lumière et d'harmonie, celle qui permet au genre humain non seulement d'espérer vivre une existence décente et heureuse mais aussi de se préparer à la vie immortelle de l'âme, qui est pure émanation du Créateur.

Cette perception robespierriste de l'homme, de la nature et de Dieu est plus proche du monde des idées platoniciennes et de la métaphysique d'Aristote que de la conception intimiste et jalouse de la divinité telle qu'elle fut enseignée par la tradition judéo-chrétienne. Dieu ne parle pas aux hommes : il n'est plus une « présence rapprochée » à laquelle s'adresse le dévot, mais une réalité transcendantale et universelle qui guide le monde. Ce Dieu-là est tout à la fois l'Être suprême, dont chacun de nous est le reflet, et le grand ordonnateur de l'architecture universelle. Et, si l'on se penchait davantage sur les origines déistes et panthéistes de cette « religion républicaine », sans doute y trouverait-on, à côté des sources platoniciennes et aristotéliciennes, nombre d'éléments métaphysiques chers aux penseurs de la Renaissance et de l'époque baroque, tels Nicolas de Cues, Leon-Battista Alberti, Léonard de Vinci, Giordano Bruno, Galilée, Spinoza et Leibniz.

Robespierre eut-il lui-même connaissance des écrits et des théories de ces « fondateurs » ? Indirectement peut-être, mais il serait hasardeux d'affirmer qu'il les étudia et les annota. Sa « religion », fortement marquée par le modèle antique, ne pouvait que, très naturellement, retrouver les thèmes et les systèmes théogoniques hérités du monde gréco-romain. Dans ses aspects religieux, la Révolution française fut, en effet, le produit d'une lente maturation idéologique soutenue par deux pôles d'égale importance : le recours à la pensée antique et le résultat des théories socio-politiques et religieuses qui naquirent du creuset de la Réforme et de la Contre-Réforme, avec tout ce que cela comporte comme rappel vétéro-testamentaire (Luther et Calvin) et comme réactualisation des philosophies platonicienne, aristotélicienne et néo-platonicienne, telles qu'elles furent réintroduites en Occident dès la fin du xve siècle.

L'idée même du « contrat social » prend sa source dans les écrits de certains « réformateurs » de la Renaissance. Comme Rousseau, Robespierre veut superposer aux religions particulières une religion politique dont les principes sont ceux de l'égalité, de la liberté et de l'humanité considérée comme un tout fraternel. Il s'agit d'abord, et pour le service exclusif de la Révolution, de remplacer les fêtes dominicales et patronales, que le calendrier révolutionnaire et les circonstances ont détruites, par un système de fêtes nationales. On comblera ainsi, comme l'avait fait l'Église, le vide des âmes populaires ; on éloignera les citoyens des tripots ou des distractions frivoles. On resserrera entre eux « le plus doux lien de fraternité » en créant un puissant moyen de régénération sociale. Et ces fêtes seront tour à tour celles du Genre humain, du Peuple français, de la Liberté et de l'Égalité, de la République, de la Vérité, de la Justice, de l'Amitié et de l'Amour. Ce culte laïque et républicain sera placé sous la protection de Dieu. Ni le nom, ni la chose ne surprennent en fait les hommes de la Révolution. Et Maximilien Robespierre sut trouver les mots éloquents pour emporter l'adhésion des tièdes et des indifférents : « Le véritable prêtre de l'Être suprême c'est la nature ; son temple, l'univers ; son culte, la vertu ; ses fêtes, la joie d'un grand peuple rassemblé sous ses yeux pour resserrer les doux nœuds de la fraternité universelle et pour lui présenter l'hommage des cœurs sensibles et purs. » Les deux premiers articles du projet de décret qui accompagne ce rapport précisent encore deux points qui ne laisseront pas d'étonner tous ceux qui ne virent dans la Révolution française qu'un vaste mouvement iconoclaste et athée : « 1. Le peuple français reconnaît l'Être suprême et l'immortalité de l'âme ; 2. le culte de l'Être suprême est la pratique des devoirs de l'homme. »

A la Convention, dont la plupart des membres étaient pour le moins déistes, le rappel de l'existence de Dieu ne pouvait rencontrer un accueil défavorable. En revanche, la péremptoire affirmation quasi théologique de l'immortalité de l'âme souleva nombre de remarques et même d'oppositions. La libre pensée prônée par certains disciples de Voltaire était en effet quelque peu rudoyée par cette volonté robespierriste de faire admettre à tous les Français ce véritable article de foi. Plusieurs conventionnels soupçonnèrent même Robespierre de tendre ainsi la main au clergé. Il s'en défendit : « Prêtres ambitieux, n'attendez pas que nous travaillions à rétablir votre empire. » Du reste, bien des catholiques comprirent le dessein de l'« Incorruptible », et protestèrent contre cette « confiscation de Dieu ».

Enfin, la grande fête du 20 prairial an II, dont les décors furent dessinés par David, et qui se déroula avec une pompe grandiose frôlant souvent le ridicule, servit de prétexte aux ennemis de Maximilien pour l'accuser de vouloir imposer sa dictature : une dictature théocratique. Pourtant, voté sans discussion au milieu d'un grand enthousiasme, l'établissement du nouveau culte reçut du public un chaleureux accueil. Les félicitations affluèrent à l'Assemblée et aux jacobins. Rappelons encore une fois que Mallet Du Pan, publiciste suisse, nota dans ses *Mémoires* que cette nouvelle inattendue « produisit au-dehors un effet extraordinaire ; on crut que Robespierre allait fermer l'abîme de la Révolution ».

Peut-être y songeait-il. Car les excès de la Terreur effrayaient cet homme profondément épris de paix, d'harmonie et de concorde. Cette Terreur, qu'il avait pourtant contribué à développer par sa rigueur et son intransigeance, devenait pour lui un fardeau insupportable. Mais la démocratie spiritualiste à laquelle il aspirait exigeait de tous de grandes vertus (Saint-Just, plus « réaliste », n'avait-il pas écrit : « Il n'est pas encore temps de faire le bien » ?) ; le gouvernement révolutionnaire qui la fondait réclamait aussi de ses auteurs une austérité de vie, une conscience dont peu d'hommes se montraient capables, et la vertu était, pour Robespierre, l'indispensable frein à la dictature. Aussi serait-il faux de croire qu'il voulut établir, seulement pour des raisons pratiques, le culte de l'Être suprême. Par cet acte politico-religieux, il traduisait en fait ses convictions les plus profondes. C'était en tous points bien plus qu'un simple impératif pratique qui le motivait. Et, si la religion civique qu'il désirait instaurer rappelait beaucoup les idées de Jean-Jacques Rousseau, elle annonçait aussi, par ses résonances sociales, selon Jean Massin, le « catholicisme de Lamennais ».

Hélas ! Robespierre choisit sans doute un bien mauvais moment pour exiger, dans l'euphorie des victoires militaires, un nouveau raidissement des principes, une rigueur de conduite qui ne pouvaient que heurter bientôt ce peuple exténué, qui avait sacrifié toutes ses libertés particulières à la cause même de la Liberté, ce peuple triomphant mais meurtri, qui aspirait maintenant à la détente et à la joie.

Prisonnier de sa vision, désireux d'établir au plus tôt un nouvel ordre de Dieu sur cette terre de France ravagée par de « perfides idéologies athées », Maximilien Robespierre se perdit par un dogmatisme excessif, une hâte irréfléchie et une évidente froideur dans l'énoncé même des principes qu'il voulait voir appliquer au niveau de la nation tout entière, de cette nation qui demandait seulement un peu de bonheur humain et immédiat, quand il désirait lui imposer le culte de la vertu et l'adoration de l'Être suprême. Les religions ne sont pas affaire de décrets ; elles ne sont jamais l'aboutissement immédiat d'une politique ; et un peuple qui s'était, dans sa grande majorité, soulevé contre une « certaine tyrannie cléricale » ne pouvait comprendre qu'à un absolutisme royal patronné par le clergé catholique succédât un nouvel absolutisme religieux, qui pour être « républicain », n'en restait pas moins un « ordre de droit divin »...

Robespierre est seul, terriblement seul. Il n'est guère heureux dans les contrats qu'il propose au pays. Le pacte qui devait unir la nation révolutionnaire à Louis XVI a été rompu par la fuite royale du 21 juin 1791. Et, maintenant, dans ce contrat qu'il voudrait tant passer entre la République et l'Être suprême, ce sont les Français qui se dérobent. Le voilà de plus en plus frappé d'isolement, d'un isolement qui appelle le supplice ; car, l'« Incorruptible » abattu, le temps d'une ivresse, les Français croiront recouvrer leurs chères libertés individuelles et la joie de vivre. Le relâchement sera sans bornes, et pour un temps la licence et les plaisirs factices sembleront guider la nation. L'inconscience des masses les livrent à toutes les aventures, à toutes les ambitions personnelles. Qu'importe ! L'abandon est délicieux, et chacun veut oublier terreur, vertu, Être suprême et mœurs austères.

Vaincu par cette société républicaine qu'il avait voulu remodeler, Maximilien semble avoir secrètement — ou inconsciemment ? — désiré son destin tragique pour s'accomplir totalement. La mort devenait l'épreuve ultime de sa maturité ; elle le transfigure et sauve la substance de son message révolutionnaire pour les âges à venir. Bientôt se lèveront de nouveaux utopistes non moins redoutables, qui désireront à leur tour créer leur cité parfaite sur les cadavres des tièdes.

Supplicié, il donnait sa mesure hors de tout espace. Il était sauvé et n'appartenait plus à son époque. Il était vacant. Sa voix échappait au temps ; ce temps humain si court et cloisonné, ennemi des grands projets et des idéaux prophétiques.

Robespierre posséda peut-être cette particularité unique de ne point se soucier d'une évolution sociale objective, trop rarement fidèle à ses suggestions, et de vouloir réaliser *sa* représentation politique du monde en l'imposant comme théorie du pouvoir et de la religion à un peuple qui l'aimait, sans doute, mais le suivait rarement jusqu'à la maturation de ses pensées. Homme des grandes solitudes intérieures, il s'insurgea contre la mort de Dieu que tend cependant à promouvoir la dynamique révolutionnaire de l'an I et de l'an II. Désespérément, il voulut s'élever par la seule puissance de ses idées et crut accéder enfin à la puissance spirituelle par une vie « trop exemplaire », trop artificiellement vidée d'humaines passions. Et, peut-être plus que les excès de son intransigeance, cette existence de reclus volontaire le perdit rapidement aux yeux de ceux-là qui lui permirent un moment d'exercer cet étrange rôle de « messie » d'un démiurge du nouvel âge.

Robespierre rêvait. Son rêve : une humanité régénérée, constituée de citoyens fraternels et vertueux. Il aimait, certes, le genre humain, mais comme une étrange abstraction : « On dirait que nous bâtissons notre édifice avec du bois, et non avec des hommes, tant nous alignons exactement chaque pièce à la règle[1]. »

Homme politique bien peu « politicien », Maximilien a tenté une expérience révolutionnaire vouée à l'échec, parce que l'homme croit d'abord en l'instant, en la matière vivante et bien concrète. Lui, il croyait seulement en l'être, en la réalisation de la destinée humaine par une communion avec la nature tout entière. Car, en cette fin du XVIIIe siècle, certains esprits en quête de renouveau cherchaient les voies de la religion dans un grand brassage qui ferait de l'homme, de l'univers

---

1. Rousseau, *Émile*.

et du principe divin un seul et même être. La pensée romantique s'articulait déjà autour des grands thèmes qui allaient longtemps encore faire sa fortune : la chute de l'homme, sa recherche désespérée et frénétique de Dieu et l'attrait pour le chaos. « L'essence divine est la même chose que la nature dans toute son ampleur. L'essence divine assume la nature humaine[1]. » L'interrogation du Faust de Goethe : « Suis-je un Dieu ? » est contemporaine de la course désespérée de Robespierre. En effet, il se développe alors en Europe un courant diffus, mystico-politique, prônant la conception de l'homme, double de Dieu. Et, la théorie de cette mystique se retrouve plus ou moins dans le « grand œuvre » de Hegel, la *Phénoménologie de l'esprit*.

Parallèlement, le rituel catholique est combattu, et déjà on le croit à jamais déchu. Mais derrière le tabernacle que l'on boude, l'image de la divinité ne change guère. Toutefois, et par la vertu des dogmes nouveaux, l'homme avant de s'agenouiller devant son idole, devant la « représentation cosmique de ses aspirations les plus profondes », la touche, et cette soudaine intimité confine bientôt à la plus dangereuse identification.

Brutalement, instinctivement, les Français, sont, tout à coup, pris d'un irrépressible mouvement de recul : après tant de sarcasmes voltairiens, l'apothéose républicaine de la communion divine du 20 prairial an II ne semble plus de mode. Robespierre est pris dans une tempête, la tempête des doutes et de l'ironie : les Français veulent bien croire, à la rigueur, en la nécessité d'une purification de la nation ; mais ce retour — imprévu — aux vieilles notions de foi, d'espérance et de vie éternelle ne laisse pas de les importuner. En abolissant la royauté, en réclamant le supplice du dernier monarque, ils croient se libérer de toutes les entraves irrationnelles, de toutes les sujétions religieuses. Et voilà que ce gêneur de Maximilien Robespierre veut faire accroire que Dieu aime et soutient la Révolution ! Ce Dieu qui si longtemps, trop longtemps, s'était montré l'ami des despotes ! Alors, comment croire en ces fadaises robespierristes ? Pour le petit peuple de Paris et des faubourgs, l'Être suprême n'était qu'un nouveau nom du même tyran céleste avec lequel il fallait en finir. La France républicaine qui jetait son formidable défi à tous les despotes de la terre n'allait tout de même pas

---

1. Hegel, *Phénoménologie de l'esprit*.

courber la tête devant les célestes puissances qui, toujours, étaient venues au secours des rois et des grands de ce monde. Le peuple français se voulait libre, indépendant ; il avait vu tomber la tête du gros Louis. Il ne pouvait plus croire en ce Dieu invisible qui ne l'avait pas soutenu dans toutes ses révoltes contre le despotisme. Le nouveau dieu du peuple en armes, c'était la Révolution elle-même et ses enfants qui, tous, en un même élan, se portaient sur les frontières pour réduire à néant les armées des rois, des princes et de l'Église. Robespierre pouvait bien proclamer le culte de l'Être suprême, le dogme de l'âme ! nombreux étaient ceux qui n'y voyaient — et bien à tort — qu'un moyen d'en finir avec la généreuse révolution des peuples. L'« Incorruptible » ne saisit sans doute pas cet aspect profond de la révolte populaire ; parlant de vertu, d'âme et de Dieu, de providence et de salut divin, il pensait attirer à lui tous les cœurs purs de la nation. Réaliste lorsqu'il s'agissait d'édicter des lois publiques, de se pencher sur le sort des provinces ou de réviser la structure des grandes administrations, Maximilien, emporté par son zèle déiste, ne comprit pas qu'il fallait peut-être attendre avant de vouloir soumettre ces masses encore incoercibles à quelque loi théocratique que ce fût. Dès lors, il fut pris dans une tempête qui l'emporta bientôt. Cependant avec son rêve avorté s'ouvre l'ère non encore terminée des grands bouleversements de l'esprit occidental moderne. Par-delà les révolutions matérialistes qui, souvent, usurpèrent le devant de la scène, se construisait une nouvelle réalité religieuse occidentale, une remise en question fondamentale des Églises et des cultes. Pour Robespierre, la crise de la foi, due à l'hypocrisie du clergé et à son refus d'en revenir à l'authentique message de Jésus, n'était qu'une phase du devenir contemporain. Il fallait en finir avec des ordres, des congrégations qui avaient spolié le peuple de ses droits et de ses biens. Mais pourtant, l'homme ne pouvait se satisfaire de cette amère victoire sur les puissances conservatrices de l'Église : Dieu demeurait intangible, réel, omniprésent, miséricordieux et proche des pauvres, des humbles et des affligés. Ce Dieu-là, évangélique et premier, était le sien, le Dieu de la nature même et de l'ordre qui gouverne le ciel et la terre. Il devait sortir renforcé, dans le cœur des purs, de l'épreuve révolutionnaire, et permettre un nouveau pacte entre l'homme et son Créateur : « Le temps présent est gros de l'avenir » (Leibniz). Passionné d'ordre et d'équilibre, Robespierre désira renouveler la foi et fonder une religion qui ne soit plus l'apanage des docteurs et des princes. Ce serait un culte des vertus élémentaires et de la nature dans son appareil tout à la fois le plus simple et le plus majestueux : un glacier et un bleuet, un aigle et une fauvette.

Mais son culte de la vertu n'est pas une abstraction métaphysique, un refuge doctrinal ; il est le moteur même de la nation combattante, la quintessence des forces qui meuvent le peuple dans ses grands enthousiasmes : « L'âme de la République est la vertu, c'est-à-dire l'amour de la patrie, le dévouement magnanime qui confond tous les intérêts privés dans l'intérêt général. » L'homme qui souscrit à ce concept retrouve alors son état premier, rejoint l'Être suprême, dont la fête n'est plus que l'élévation divine de la créature elle-même au cœur des noces panthéistes qui sont censées réunir en une osmose intemporelle tous les éléments de l'univers. Participant à ce nouvel État politique, fondé sur la vertu et la sagesse éternelle, le citoyen devient lui-même un fragment de la divinité. Il en est la représentation naturelle, le temple vivant.

Or, si une pensée politique s'avère suffisamment cohérente pour recueillir la majorité des suffrages, autorisant ainsi l'édification d'un nouvel État, d'une nouvelle morale, d'une loi nouvelle, et, dans leur mouvance, d'un « homme nouveau », celui qui a porté ce renouvellement sur les fonds baptismaux échappe au débat humain. Il est seul, ouvrier du destin, à mi-chemin entre le prophète et le surhomme prométhéen. Sa vie se transforme en une offrande permanente au Créateur, à la nature tout entière ; en un sacrifice qui débouchera sur sa sublimation après une mort rédemptrice et un temps plus ou moins long de reniement de la part de ceux-là même qui naguère l'avaient tant adulé. « Tout législateur est sacré » (Platon).

Dans cette vision de la « chose publique » qui côtoie parfois les mythes les plus archaïques, les débats de l'humaine politique s'estompent pour faire place au rêve du fondateur. S'il est heureux, il crée un nouvel ordre de valeurs, une éthique ; s'il s'égare, une « utopie ». Ce fut parfois le cas de Robespierre qui, en bon disciple de Rousseau, ne fit pas toujours la part des choses et des circonstances, s'accrochant à ses visées idéales plutôt que de condescendre à admettre que le peuple de France n'était peut-être pas « encore » le « peuple élu ». Son œuvre se radicalise, lui-même se raidit et se voit souvent contraint d'imposer son modèle de société par les moyens qu'il exècre le plus. Car, la machine infernale du dogmatisme est en route, celle-là qui engendre l'arbitraire et tous les fanatismes, l'exclusion et bientôt la mort des opposants.

Investi d'une autorité qui ne procède pas directement de la fonction assumée, mais de la ferveur populaire, Maximilien Robespierre réunira les forces redoutables de la pureté et de l'intransigeance : « Robespierre est vertueux, il deviendra terrible[1]. » Ayant de l'humanité une vision absolue qui ne correspond pas à la réalité matérielle et à la fureur incontrôlée des passions, il redoute plus que tout la présence de la foule. On le voit peu en public. Il n'apparaît devant les masses assemblées qu'en de rares circonstances, le 20 prairial par exemple. Pendant toute la durée de son action, nous le voyons partagé entre « les deux pôles du héros mystique, qui sont le légiste et l'inspiré » (Carlyle). Aussi s'imposera-t-il comme s'impose non une personnalité humaine mais un modèle éthique. Peu à peu, il s'identifiera à son idéal social et politique face à la cité qui l'écoute et accepte ses injonctions, quoique ne l'aimant guère d'un élan décisif et charnel. Ainsi, plus que tout autre, l'« Incorruptible » échappera au contact entre l'action et l'accomplissement, pour n'être que le support des doctrines d'égalité et de fraternité dans les limites du droit révolutionnaire.

Orateur et théoricien inspiré par son amour idéalisé du peuple et de la vertu, il ne croit qu'aux rigueurs. Il hait les compromis qui rôdent autour des institutions de l'Ancien Régime et déjà de la jeune république. Comparé à ses collègues de l'Assemblée, il fait figure d'hérésiarque, et pendant que d'autres politiciens constatent prudemment l'évolution du régime et s'attachent aux données immédiates des rapports économiques et sociaux, il se consacre tout entier à sa vision idéale de l'homme nouveau qu'il pare d'une improbable candeur et d'une générosité toute théorique.

Nul discours n'adule sans doute davantage le nom du peuple que les siens, et cependant aucun tribun ne fut plus éloigné que lui des menées populaires et du débraillé de la populace. Ses conceptions de la « République idéale » n'étaient pas le produit d'une expérience directe, mais le fruit d'une doctrine intellectuelle qui, pour sa plus grande part,

---

1. Anatole France, *Les dieux ont soif*.

découlait de la philosophie de Rousseau et des traités de Montesquieu. Jamais il ne voulut s'attarder à comprendre la tourmente du temps, jamais il ne condescendit à adapter ses vues aux bouleversements qui secouaient la France. Toutes ces convulsions lui semblaient bien superficielles, fruit de l'instant et de hasards incontrôlables : sa république était une assomption, un stade de l'évolution humaine encore à venir, mais il pensait sincèrement que la bourrasque révolutionnaire lui rendrait raison sous peu. Idéaliste intransigeant, il ne pouvait croire que l'âge qu'il vivait ne serait pas l'ère de la fraternité et de l'amour. Les défections, les trahisons, la corruption qui sévissaient de toutes parts ne l'atteignaient pas : il voulait pétrir le lendemain, le façonner sans attendre, et lorsque quelque conventionnel se moquait de ses certitudes, à peine répondait-il. Sa Révolution était en marche, dans son cœur, dans sa tête ; il la savait indestructible, ouverture d'une ère nouvelle, et sa perception ne manquait pas de subtilité ; mais il la désirait immédiate, et son erreur le conduisit à l'échafaud.

Avocat de formation, Robespierre resta toujours un juriste pointilleux ; il ne faut pas s'attendre de sa part aux audaces qui si souvent caractérisèrent tantôt Danton, tantôt Saint-Just. L'« Incorruptible » avait le débraillé en horreur, et même à la tribune il improvisa rarement. Ses discours étaient, le plus souvent, des pièces montées dont il prévoyait les effets. Dès lors, quoi d'étonnant dans le fait qu'il fut toujours incapable d'entraîner la grande houle humaine des émeutes. Et même en ce jour tragique qui scella son destin, le 9 thermidor, quand les sections des faubourgs se regroupaient sur la place de l'Hôtel de Ville, il ne sut trouver les mots décisifs qui auraient galvanisé une foule qui, pour quelques heures encore, lui était tout acquise. Tout change cependant lorsqu'il monte à la tribune. Face à l'Assemblée, et non devant des masses indomptables, il trouve les mots qui émeuvent, ceux qui cinglent les tièdes et les fourbes. Là, il retrouve un auditoire à sa mesure, relativement peu nombreux, et dont il emporte souvent le suffrage comme un avocat talentueux emporte l'adhésion d'un jury. Aussitôt, il redevient le médiateur privilégié entre les turbulences de la rue, qu'il ne domine pas, et la spiritualité révolutionnaire qu'il entend incarner et qu'il exprime avec une passion à nulle autre pareille. Même ses desseins les plus sévères, il arrive à les exprimer avec une force telle que, bien souvent, l'Assemblée les adopte à main levée. Tel, par exemple, cet acte de foi destiné à la nation tout entière, mais qu'il ne pouvait guère assener ailleurs qu'aux jacobins ou dans la grande salle de la Convention : « L'idée de l'Être suprême et de l'immortalité de l'âme est un rappel continuel à la justice ; elle est donc sociable et républicaine » (à la Convention, le 7 mai 1794).

Par ses discours et ses propositions de lois, certes trop souvent dangereusement abstraits, Maximilien Robespierre parvint ainsi à imposer une réelle cohésion idéologique à la république. La réalité de la nation forçait les portes de l'histoire, et c'est en son nom, que furent défaites les armées réunies de l'Europe des princes ; du haut de la tribune, Robespierre insufflait au peuple de France les énergies indomptables qui allaient lui permettre de bousculer toutes les traditions et de vaincre toutes les coalitions étrangères. Et, quoi qu'en disent ses détracteurs, l'« Incorruptible » fut fréquemment le nerf et la conscience de cette soudaine unité nationale qui fit trembler les trônes et ouvrit bientôt, pour l'Europe et pour le monde, une ère nouvelle, qui allait voir l'effondrement des anciennes valeurs et la montée des idéaux démocratiques de liberté et d'égalité. Depuis la salle de l'Assemblée nationale, ou encore dans les locaux plus modestes du Club des jacobins, Robespierre lançait un formidable défi au vieil ordre aristocratique. Seul, ou presque, entouré de quelques amis, Couthon, Saint-Just, Lebas, son frère Augustin, il fit face à la meute étrangère et jeta les bases d'une nouvelle société. Dans l'instant, bien peu nombreux furent ceux qui le crurent, même s'ils soutinrent ses initiatives. Mais bientôt, le flux indomptable des temps nouveaux allait se porter à son secours, par-delà l'échec politique, par-delà quelques générations de calomniateurs ou d'esprits oublieux.

Avec la chute et l'exécution de Robespierre s'effondra la véritable Révolution française. Les régimes qui se succédèrent après le funeste 28 juillet 1794 ne furent plus, à proprement parler, les authentiques continuateurs de l'œuvre républicaine née du souffle héroïque qui anima le peuple français et peu à peu ses armées en 1792-1794. De nouveau une ère des compromis était ouverte ; nulle doctrine, nulle volonté de réduire les plus insupportables inégalités issues de l'Ancien Régime ne virent le jour dans les années qui suivirent. Désormais la voie était libre pour quiconque aurait le talent et l'audace de contraindre la Révolution déchue à n'être plus qu'un paravent masquant de froides ambitions personnelles. Ainsi, sans le tragique échec de la révolution robespierriste et sans l'instauration du Directoire, jamais sans doute un certain Napoléon Bonaparte ne serait devenu « l'homme providentiel », le nouveau monarque d'une France spoliée du fruit de ses sacrifices. Si la Révolution était sortie victorieuse de la tempête, Bonaparte aurait simplement été un général parmi tant d'autres, peut-être un peu plus talentueux que Hoche ou Masséna. Mais néanmoins un simple exécutant des ordres de la Convention et du Comité de salut public. Robespierre abattu, il ne fallut que cinq années pour que le jeune Corse devînt le héros de la nation, ce « dictateur inévitable » que l'« Incorruptible » redoutait, sans trop savoir qui serait ce César de la Révolution avortée.

Entre ses apparitions à la tribune, Maximilien Robespierre ne quitte guère sa chambre de la rue Saint-Honoré. Chambre modeste, s'il en est ; sans aucune installation particulière, sans luxe, et que rien ne distingue du meublé banal de quelque intellectuel impécunieux, poète ou étudiant. Pourtant, ce refuge-là est à la mesure de ses pensées : sobre, presque monacal. Tout son comportement, ses actes et ses paroles ne seront que le reflet de son dessein intérieur ; toute sa vie sera soumise et sous-tendue par sa vocation : forger les instruments sociaux et politiques qui permettront enfin d'en finir avec les iniquités, avec les vices, les turpitudes et le crime. Et même si quelquefois il se rend au Théâtre-Français (l'actuel théâtre de l'Odéon), ce sera pour y voir et y entendre des tragédies classiques où il est question de tyrannie, du peuple, de tribuns, où l'on n'entend retentir que les accents du crime et ceux de la vertu. Il ne semble pas du tout avoir demandé au théâtre quelque distraction, quelque relâche après son travail du jour ; c'est plutôt de ces occupations mêmes qu'il vient chercher là une interprétation poétique, une idéalisation. Pour lui, la vie est une scène où il a résolu de remplir le rôle mouvementé de tribun du peuple et de prêtre de la Révolution.

On a dit que la capacité de se faire des amis manquait à Robespierre. Effectivement, beaucoup de ses relations amicales vinrent faire un lamentable naufrage sur le récif de la politique. Tour à tour Pétion, Charles et Alexandre Lameth, Du Port-Dutertre, Mme Roland, Danton, Desmoulins, Panis ont été un temps ses amis ; avec chacun d'eux il rompit tôt ou tard. L'historien Louis Blanc déclare que Robespierre n'avait pas d'amis, mais rallia d'aveugles partisans. Lui-même passe pour avoir dit, vers la fin de sa vie : « Je n'ai pas d'amis, excepté Augustin, un enfant, et Couthon, un infirme. » Néanmoins, les amitiés qu'il perdit se trouvent en quelque sorte compensées par celles qu'il garda. Lepeletier de Saint-Fargeau, Saint-Just, Lebas, Couthon, la famille Duplay, David, Buonarroti, Buissart, Mme de Chalabre lui restèrent unis jusqu'à ce que la mort les séparât. Sans doute quelques-uns, tels David, Mme de Chalabre et Buissart, le renièrent après qu'il eut disparu ; mais ce fut pour le même motif que l'apôtre Pierre reniant Jésus. Il s'agissait d'échapper aux fatales conséquences de cette amitié. Si le terme de « partisans aveugles » peut s'appliquer aux Duplay, à David, à Mme de Chalabre et peut-être à Couthon, il ne convient guère à Buissart, à Saint-Just, à Lebas, à Buonarroti ; leur propre fermeté ne les qualifiait guère pour ce rôle. Saint-Just, en plusieurs circonstances, loin de suivre aveuglément Robespierre, semble lui avoir forcé la main. Exemple illustre, s'il en est : l'arrestation de Danton et de Desmoulins.

Toutefois, il demeure probable que l'« Incorruptible » n'était pas doué pour se faire des amis, si l'on entend par amitié un sentiment apparenté à l'amour. On ne se le représente pas aisément s'épanchant sans réserve en chaudes confidences. Est-ce à dire que sa réserve habituelle, voisine de la froideur glaciale, provenait de la conscience qu'il avait de sa haute supériorité intellectuelle et spirituelle ? Cela demeure éminemment problématique. La psychologie moderne ferait plutôt penser à une timidité profonde, à cette crainte des chocs émotionnels, dont l'origine se découvrirait peut-être dans les répercussions qu'eurent sur l'âme enfantine de Robespierre d'une part la conduite désordonnée de son père, d'autre part les deuils qui assombrirent son jeune âge. Quoi qu'il en soit, certains indices d'un sentiment voisin de l'affection se découvrent chez lui envers Desmoulins et plus spécialement envers Danton. Dans une lettre de Maximilien à Danton (février 1793), il professe ce sentiment avec toutes les apparences de la sincérité : « Si, dans les seuls malheurs qui puissent ébranler une âme telle que la tienne, la certitude d'avoir un ami tendre et dévoué peut t'offrir quelque consolation, je te la présente. Je t'aime plus que jamais, et jusqu'à la mort. Dans ce moment, je suis toi-même. Ne ferme point ton cœur aux accents de l'amitié... »

En décembre 1793 encore, il prit la défense de Danton, alors que ce dernier était décrié à tel point qu'intervenir en sa faveur équivalait, ou peu s'en fallait, à se rendre soi-même suspect. La première fois que l'arrestation de Danton fut envisagée au sein du Comité de salut public, on rapporte que Robespierre entra en fureur et repoussa radicalement la proposition. Et, la violence même avec laquelle il assaillit Danton lorsqu'à la fin il eut « consenti à l'abandonner » trahit un attachement cruellement déçu. Quant à Desmoulins, Robespierre le défendit à bien des reprises, risquant sa popularité pour le faire réintégrer au Club des jacobins après son exclusion.

Enfin, il importe de souligner que si, en temps normal, des hommes appartenant à des partis politiques opposés peuvent, chacun de leur côté, respecter les principes de leurs adversaires et demeurer amis, cette position devient extrêmement difficile en temps de guerre civile. L'appartenance à des camps opposés implique en effet alors lutte implacable, hostilité mortelle. Multiples furent les amitiés de Robespierre qui se rompirent en de telles circonstances.

Jamais Maximilien Robespierre ne rechercha l'autorité absolue du dictateur. La « dictature robespierriste » est une fable, ou mieux, une simplification proposée par des historiens partiaux afin de ne pas s'interroger davantage sur les raisons fondamentales de sa fortune politique. Bien sûr, sa puissance fut grande un certain temps, mais elle procédait plutôt de cette sensibilité vibrante qu'il arrivait à communiquer à son auditoire que de quelque coercition policière. La Terreur ne fut nullement son moyen d'action ; jamais elle ne fut son but. D'autres la pratiquèrent alors avec infiniment plus de zèle, et s'il fut lui-même amené à prendre un certain nombre de redoutables décisions, il ne s'y résolut chaque fois qu'au terme de longs débats intérieurs qui, le plus souvent, l'accablaient et l'ébranlaient profondément.

L'autorité de Robespierre fut certes réelle, mais presque toujours sous-jacente et ne portait ses fruits que grâce au jeu subtil des ramifications qu'il était arrivé à tisser à tous les niveaux de la classe politique. Se tenant le plus fréquemment loin de toute action directe, il affirmait ainsi, et peut-être bien inconsciemment, qu'il importait au guide spirituel de la Révolution de ne pas s'éreinter aux rudes corvées ponctuelles du gouvernement. Retiré dans le secret de son refuge de la rue Saint-Honoré, il y façonnait les futurs assauts publics qu'il conduirait tantôt au Club des jacobins, tantôt au Comité de salut public ou à l'Assemblée.

Si en mourant l'« Incorruptible » emporte la Révolution française, il prouve à un degré éminent qu'il en fut l'influx dynamique. Tel quel, il incarna un moment de la conscience nationale et proclama hautement l'universalité de sa Révolution et de l'idéologie qui s'en dégageait. Cette universalité de l'idéal révolutionnaire de l'an II ne cessa de hanter les penseurs, les idéologues et les hommes d'action de l'Europe entière pendant tout le XIXe siècle, et même encore, dans une large mesure, au XXe siècle. Ainsi, l'identification de Robespierre avec la Révolution marque l'aube d'une Europe déchirée, soumise à ses contradictions permanentes. Il fut au commencement, nous en sommes à l'épilogue.

Malgré le caractère éphémère de son action, par la force de sa pensée, par la pureté de ses convictions, Maximilien Robespierre fut — et restera — l'une des figures clés de l'évolution de la société européenne, et, partant, du reste du monde. Car, aujourd'hui encore, quel mouvement de libération nationale, quel courant révolutionnaire tendant à davantage d'égalité, ne trouverait dans ses discours, dans ses articles additifs à la Déclaration des droits de l'homme et du citoyen, un ferment de ses propres actions ?

Certes, le précurseur ne s'accomplit bien souvent que dans la mort, dans le don total de sa vie à la cause qu'il voulut incarner. Victime ultime de l'œuvre révolutionnaire de la France, Maximilien offrit à la terre entière le sang de son sacrifice ; il promut un homme nouveau, libéré des entraves de castes, libéré des terreurs superstitieuses. Un homme qui en chaque homme reconnaît son semblable dans les droits et dans les devoirs ; un homme qui sait que sa voix, fût-il le plus démuni, peut interpeller les puissants pour les soumettre enfin à la décision du seul souverain : le peuple tout entier, uni et fraternel.

Utopie ? Sans doute encore au niveau des âpres guerres que se livrent les partis ; mais réalité fécondante cependant pour une république réellement humaine et généreuse où la solidarité nationale est capable de briser le joug des puissances tutélaires de l'argent et de la naissance.

Revoyons un instant encore l'« Incorruptible », héraut du peuple, au milieu de la tourmente. Le voici, immuable, hiératique. Il subjugue plus qu'il ne plaît. Le voici encore à la tribune de l'Assemblée nationale ; ses auditeurs ne comprennent peut-être pas toujours ses allusions classiques, ses constantes références à l'Antiquité romaine. Parfois ses harangues toutes didactiques ennuient même un public trop fruste, trop préoccupé de lourdes et concrètes réalités. Mais, pour cette raison même, sans doute l'admire-t-il davantage encore. De fait, on constate fréquemment que l'homme qui, s'adressant aux masses, lui parle un langage plus élevé que le sien exerce sur elles une influence supérieure à celle de l'orateur qui est lui-même de la masse ou se prétend tel et s'exprime en propos vulgaires. Sa mise même cadre avec son éloquence. A d'autres l'affublement des sans-culottes ! Sur ses cheveux poudrés, pas de bonnet rouge. Lorsque, à l'apogée de la Révolution, le sans-culotte faisait fureur, Robespierre se présentait au peuple sans rien de négligé, élégamment vêtu, en personnage de l'Ancien Régime proclamant les idées les plus avancées du nouveau, et le contraste entre son aspect et ses idées le faisait d'autant plus remarquer. Son élégance semblait apporter à ses auditeurs comme un subtil compliment. Il y a tout lieu de supposer que lui-même y voyait pour eux une marque de respect. Si, parce que l'amour sensuel et immédiat demeura toujours étranger à son caractère, il n'aima pas en réalité le peuple, toujours il le respecta. Nous le savons, pour lui, le peuple s'identifie au souverain ; il se présente donc au peuple convenablement paré comme on doit se présenter devant son souverain. Et rien dans sa vie ne pouvait rendre ses paroles suspectes : pas de tare dans son passé, nulle tache dans sa vie privée. On savait que ses beaux vêtements représentaient toute sa fortune, et que son existence s'offrait aux yeux comme un livre ouvert. Voilà pourquoi on le respectait, on lui faisait confiance, et pourquoi ses paroles faisaient autorité. Comme membre de l'Assemblée constituante, Robespierre prit pour devise le mot de Rousseau : « Le peuple est roi ! » et combattit au service de presque toutes les mesures imaginables qui visaient à faire passer le pouvoir aux mains du peuple. A cet égard, il y a chez lui beaucoup moins d'équivoque que chez Rousseau, qui parfois s'est contredit et inclina vers la classe moyenne : « Ordre moyen entre les riches et les pauvres ; c'est la plus saine partie de la république, la seule qu'on soit assuré ne pouvoir dans sa conduite se proposer d'autre objet que le bien de tous. »

Robespierre, quant à lui, penchait vers les masses, vers les pauvres. Sa confiance innée en la bonté naturelle, le sens de la justice, la droiture du peuple peut paraître extravagante. Mais n'oublions pas qu'il jouait un rôle dirigeant dans une authentique lutte de classes, lutte en marche vers une crise irrémédiable d'où devait sortir un nouvel ordre, une nouvelle société, une nouvelle humanité. Ce rôle, comme lorsque la lutte met aux prises des nations, exclut nécessairement l'impartialité. Celui qui le remplit n'ose pas mesurer les choses trop minutieusement, les peser et considérer avec trop de scrupule, ce qui lui ferait perdre la conviction et l'assurance nécessaires pour obtenir la victoire. Dans les dures vicissitudes de la Révolution, penser délicatement, c'est penser avec faiblesse. Partant, un chef révolutionnaire est contraint de se contenter d'approcher *grosso modo* de la vérité, plutôt que d'atteindre à la vérité intégrale.

Cependant l'« Incorruptible » ne prétendait pas que le peuple eût toujours raison. Dans une discussion fameuse avec Brissot, il citait encore Rousseau : « Le peuple veut toujours le bien, mais il ne le voit pas toujours de lui-même. » « Le meilleur moyen de montrer son respect pour le peuple, ajoutait-il à l'adresse de son adversaire, ne consiste pas à le flatter, mais à lui faire prendre conscience de ses insuffisances, tout en ne cessant jamais de le défendre. » A Pétion il écrivit : « Vous supposez que les applaudissements de quelques sans-culottes pouvaient me faire perdre la tête au point de trahir la cause de la liberté et de l'égalité. Vous prétendez que je flatte la canaille, mais vous ne dites pas qu'il y a beaucoup plus d'avantages à flatter les riches et les honnêtes gens. »

Souvent, il censura l'inconduite de la populace, mais presque toujours il en attribuait la responsabilité, la culpabilité, à quelques intrigants, « agents de l'ennemi » ou royalistes déguisés. Si la même accusation était lancée au peuple par ceux qu'il considérait comme les ennemis de la cause populaire — la Cour, la noblesse, la riche bourgeoisie —, il rejetait la critique sur ses propres auteurs. Le peuple, devenu pour lui une entité quasi métaphysique, n'aurait pas agi de telle ou telle manière s'il n'avait été trompé ou provoqué : « Supprimez les abus, cessez de défier la grande masse et celle-ci marchera droit. Cessez de calomnier le peuple et de blasphémer contre votre souverain, en le représentant sans cesse indigne de jouir de ses droits, méchant, barbare, corrompu ! C'est vous qui êtes injustes et corrompus, ce sont les castes fortunées auxquelles vous voulez transférer la puissance. C'est le peuple qui est bon, patient, généreux. Le peuple ne demande que tranquillité, justice, que le droit de vivre. »

Rien ne pouvait fléchir sa terrible obstination : Certains s'épouvantèrent à la vue d'un peuple déchaîné, ce monstre à leurs yeux ; lui ne broncha pas. D'autres furent accessibles à la corruption qui payait, ou à la séduction des faveurs honorifiques ; lui, elles ne pouvaient l'atteindre. Il parlait en temps et hors du temps. Il argumentait, plaidait, attaquait, défendait, poursuivait, incriminait, accusait, se plaignait, insinuait, menaçait. A tout propos, sa voix retentissait à travers la salle. Et, quand Maximilien ne prenait pas la parole à l'Assemblée, il se dédommageait par une conférence au Club des jacobins. En cinq ans (du 6 mai 1789 au 27 juillet 1794), il a prononcé plus de cinq cents discours. On ne vient pas à bout d'un tel homme en se riant de lui. Ce procédé, à la longue, provoque l'ennui, et c'est le railleur lui-même qui risque de succomber sous le ridicule. Aussi toutes les moqueries, dont il eut à souffrir dans les premiers temps de sa vie publique, finirent par se calmer, et ceux qui s'y livraient naguère en vinrent à garder un silence nuancé d'inquiétude. Car le public de l'Assemblée, celui des « galeries », et les ouvriers des faubourgs populeux, les forts et les femmes de la Halle, les jacobins dans leur club, tous avaient également remarqué la véhémence de cet homme mince, pâle, sur qui l'on pouvait toujours compter pour donner une voix aux plus extrêmes revendications politiques de la classe laborieuse, dont il ne se lassait jamais de prendre la défense.

Le programme que Robespierre préconisa ainsi tout au long de sa carrière de tribun formulait une réforme politique si étendue dans le sens de la démocratisation que, plus de cent soixante-dix ans plus tard, les démocraties les plus avancées n'y ont pas encore atteint et qu'elles n'ont guère trouvé d'articles à y ajouter, si ce n'est l'accession des femmes aux mêmes avantages. Ce programme comprenait le suffrage universel et direct conféré aux citoyens, donc à l'exclusion des citoyennes, le droit de porter les armes, la liberté de la parole, la liberté de la presse et du théâtre, avec abolition de la censure, un système d'instruction publique obligatoire, inspiré par son ami Lepeletier de Saint-Fargeau, l'enfant devant être complètement entretenu par l'État durant la période décisive de sa formation, le référendum, etc. De même, Robespierre préconisait d'importantes réformes sociales, telles que la limitation des fortunes et des revenus individuels, à obtenir par une taxe progressive sur les revenus et sur les successions, le droit pour tous au travail, ce qui comportait l'institution d'ateliers publics et l'aide de l'État aux chômeurs, ainsi qu'aux vieillards et aux infirmes.

En 1789, les députés du tiers état avaient foi en la liberté et en l'égalité en toute occasion. Mais ils entendaient en réalité par là la liberté de leur classe, la classe moyenne, et son égalité avec la noblesse. Il en allait tout autrement dès qu'on mettait en question l'égalité entre la classe moyenne et celles réputées « inférieures » (on dirait aujourd'hui le prolétariat). Dès cette époque, Robespierre expose amèrement ses réserves, qui constitueront toujours le fondement de sa doctrine : « Depuis le boutiquier aisé jusqu'au superbe patricien, depuis l'avocat jusqu'à l'ancien duc et pair, presque tous semblent vouloir conserver le privilège de mépriser l'humanité sous le nom de peuple. Ils aiment mieux avoir des maîtres que de voir multiplier leurs égaux : servir, pour opprimer en sous-ordre, leur paraît une plus belle destinée que la liberté partagée avec leurs concitoyens ; ils s'imaginent que, de toute éternité, Dieu a courbé le dos des uns pour porter les fardeaux et former les épaules des autres pour recevoir des épaulettes d'or. »

Pour Robespierre, il n'y aura de liberté que lorsque tout pouvoir sera remis aux mains du peuple ; quant à l'égalité, elle consiste en droits égaux pour tous les citoyens français. Il aimait l'équité et la justice, et il les aimait en vertu d'une conviction tout intellectuelle. Avec Rousseau, il croyait que l'égalité politique resterait une illusion aussi longtemps qu'elle ne reposerait pas sur une base de justice économique : « Une trop grande inégalité de fortune est la source de l'inégalité politique, de la destruction de la liberté. »

La Révolution, pensait-il, ne sera qu'un terrible échec annonciateur de grandes tragédies sociales si elle n'instaure pas au plus tôt une juste répartition des richesses : « Une révolution qui n'a pas pour but d'améliorer profondément le sort du peuple, n'est qu'un crime remplaçant un autre crime [...]. Vous n'avez rien fait pour le bonheur public, si toutes les lois, si toutes les institutions ne tendent pas à détruire cette trop grande inégalité des fortunes. » Or, comment progresser dans ce sens ? Maximilien Robespierre préconise deux moyens : une loi successorale des plus énergiques et un impôt progressif sur le revenu. Déjà, en 1791, on l'entend proclamer : « L'homme peut-il disposer de cette terre qu'il a cultivée, lorsqu'il est lui-même réduit en poussière ? Non, la propriété foncière de l'homme après sa mort doit retourner au domaine de la société. »

En ce qui concerne les biens mobiliers, le testateur devrait être autorisé à en disposer pour une portion seulement, le surplus allant à l'État. Robespierre posait ce principe, d'après lui fondamental : « Les droits de propriété ne peuvent pas porter préjudice à la sécurité, à la liberté ou à la propriété d'autrui. » Ainsi, dira plus tard Jean Jaurès : « Se justifient les grandes expropriations que peuvent nécessiter les changements survenant dans la vie économique de la nation. » Dès lors, on sera fondé à se demander s'il faut classer Robespierre parmi les « socialistes » — socialisme et communisme s'élevant sur la même aspiration humaine : l'égalité. Cette aspiration, Robespierre la partageait pleinement, cependant, il n'admettait pas qu'on pût la réaliser par le moyen du collectivisme. Mais cela même s'accorde avec la philosophie intrinsèque du collectivisme, laquelle professe en effet, pour que le système puisse efficacement entrer dans la pratique, la nécessité préalable d'un certain degré avancé dans le développement industriel, à savoir le machinisme, organe décisif de la civilisation. Il y a, d'ailleurs, tout lieu d'admettre que Robespierre eût professé le collectivisme si cela lui avait paru praticable. Telle fut, à cause de ses aspirations, l'opinion des premiers collectivistes eux-mêmes : Babeuf, Buonarroti, Louis Blanc, tous l'ont considéré comme leur précurseur. Toutefois, ce qui le distingue, ce ne sont pas ses vues égalitaires, d'autres les ont exprimées en son temps avec plus de clarté. Son importance déterminante dans le cours des idées socio-politiques provient plutôt du fait qu'il fut assez habile pour obtenir le pouvoir et, parvenu là, assez sincère pour entreprendre une tentative énergique destinée à introduire ses idées dans la pratique.

Robespierre disparu, la Révolution perdit son âme. Pour elle, il accepta de vivre constamment sur la brèche. « Nul mortel ne peut échapper à sa destinée, déclarait-il au début de 1792, si la mienne était de périr pour la liberté, loin de songer à la fuir, je m'empresserais de voler au-devant d'elle. » Sa réputation même, il l'avait abandonnée à la patrie : « J'attendrai, disait-il, le secours tardif du temps qui doit venger l'humanité trahie et les peuples opprimés. » Victime expiatoire, la « rage des méchants » s'est acharnée sur son souvenir. Mais il demeure vivant dans le cœur des humbles et de tous ceux qui crurent un jour que l'homme pouvait accéder à une plus grande conscience collective, à un véritable idéal fraternel.

Il fut tout à la fois un homme de gouvernement qui, au nom de l'unité nationale, combattit tous les extrémistes, royalistes ou sans-culottes exacerbés, et par sa pensée généreuse, hardie et profondément religieuse, « un homme du devenir » ; l'un de ceux qui devinèrent l'extraordinaire mutation sociale que l'Europe et le monde tout entier allaient bientôt connaître. Ainsi, a-t-il réellement pressenti l'évolution contemporaine : « Le monde a changé, il doit changer encore ! » Et il assigne du même coup à la Révolution française un rôle primordial, messianique. Par elle, la terre entière doit se transformer, et pour se stabiliser enfin, cette sacro-sainte Révolution doit se généraliser. Pareillement, il souligna les contradictions internes qui déterminent cette évolution : « Les crimes de la tyrannie accélérant le progrès de la liberté, et les progrès de la liberté multipliant les crimes de la tyrannie, écrivit-il le 27 brumaire an II [...], c'est cette réaction continuelle dont la violence progressive a opéré en peu d'années l'ouvrage de plusieurs siècles. »

Sans doute mesure-t-il aussi l'importance des facteurs économiques. Mais les problèmes politiques le retiennent par priorité. Il reste avant tout le produit de son époque, dont les préoccupations sociales sont toujours d'ordre moral et n'échappant jamais à une vision déiste de l'homme et de l'histoire. A l'instar de son maître Jean-Jacques Rousseau, il voit dans la vertu un palliatif indispensable à l'impossible égalité parfaite. Tel quel, il est aussi un juriste épris de logique, de clarté, de méthode et de rigueur. Enfin, c'est un petit-bourgeois qui aime le travail bien fait et l'économie, qui répugne à la violence et au gaspillage. Mais surtout, on lui doit d'avoir donné à la démocratie son sens profond. Pour la première fois dans l'histoire, il a associé le peuple des sans-culottes à l'action politique directe et immédiate. Robespierre aurait pu dire comme Michelet : « Si tous les êtres, et les plus humbles, n'entrent pas dans la Cité, je reste dehors. »

Pour fonder cette « cité humaine », lieu d'harmonie, de concorde et de foi, il sacrifia son bonheur, ses amitiés et sa vie même. Inflexible pour lui-même, il commit assurément l'erreur de vouloir engager les autres à un pareil renoncement. Entraîné par son idéalisme et l'extrémisme de sa nature, il fut tenté d'exagérer les conséquences des faiblesses humaines.

Vivant trop dans son rêve, ce prophète de la démocratie réelle mourut pour n'avoir pas su davantage ménager les hommes et leur pardonner leurs humaines fragilités. Il avait très sincèrement voulu participer à l'instauration d'une ère nouvelle de bonheur et de paix. Mais avec sa fin tragique, son projet s'effondrait aussi. Pour longtemps, l'idéal démocratique, la liberté et l'égalité resteront de pieux espoirs, hélas trop souvent manipulés par des politiciens ambitieux et sans scrupules.

Robespierre avait donné au monde un nouvel espoir et le vocabulaire de cet espoir, mais il n'eut guère le temps de forger les armes qui leur permettraient de vaincre toutes les passions et tous les égoïsmes des classes dominantes.

BIBLIOGRAPHIE

Ouvrages généraux :
Furet F., et Richet D., *La Révolution française*, Fayard, 1973.
Godechot J., *Les Révolutions (1770-1799)*, P.U.F., coll. « Nouvelle Clio », Paris, 1965.
Guérin D., *La Lutte de classes sous la Première République*, Gallimard, Paris, 1946.
Mathiez A., *La Révolution française*, trois volumes, A. Colin, Paris, 1927, rééd., Club français du Livre, 1966.
Michelet, *Histoire de la Révolution française*, rééd., en 2 volumes, Robert Laffont, Paris, 1979.
Soboul A., *Précis d'Histoire de la Révolution française*, Éditions sociales, Paris, 1962. Voir aussi, du même, *Histoire de la Révolution française*, 2 volumes, « Idées », Gallimard, 1964.
Taine H., *Les Origines de la France contemporaine*, rééd. partielle, Robert Laffont, Paris, 1972.
Tocqueville A. de, *L'Ancien Régime et la Révolution*, rééd., Gallimard, Paris, 1964.

Sur Robespierre :
Actes du colloque sur Robespierre, Société des Études robespierristes, Paris, 1967.
Bouloiseau M., *Robespierre*, « Que sais-je », P.U.F., 1976.

Gallo M., *L'Homme Robespierre*, Perrin, Paris, 1968.
Hamel E., *Histoire de Robespierre*, trois volumes, 1865-1867, Éditions Lacroix et Verboeskhoven, Paris.
Korngold R., *Robespierre*, rééd, Payot, 1981.
Massin J., *Robespierre*, Club français du Livre, 1956.
Mathiez A., *Autour de Robespierre*, Paris, 1957.
Mathiez A., *Études sur Robespierre*, Éditions sociales, Paris, 1958.
Ratinaud J., *Robespierre*, Le Seuil, Paris, 1960.
Walter G., *Robespierre*, deux volumes, Gallimard, Paris, 1961.

Discours de Robespierre :
Œuvres complètes, dix volumes, publiées par la Société des Études robespierristes.
Choix de textes : préfacés par Jean Poperen, trois volumes, Éditions sociales, Paris, 1974.

TABLE DES MATIÈRES

PRÉLUDE 9

PREMIÈRE PARTIE — UN BOURGEOIS D'ARRAS

I	Le berceau	15
II	Louis-le-Grand	23
III	L'apprentissage	36
IV	Un galant homme	52
V	Premier succès	57
VI	Cénacles et Académies	65
VII	L'ami du peuple	74
VIII	Solitude et politique	85
IX	Convocation des états généraux	95

DEUXIÈME PARTIE — RÉVOLUTIONS

X	La grande fête	115
XI	L'Assemblée nationale	127
XII	Au carrefour des destinées	148
XIII	La marche sur Versailles	161

XIV	Paris	171
XV	L'aventure jacobine	182
XVI	Robespierre au milieu de gué	194
XVII	Le temps des grands principes	200
XVIII	La conquête de l'esprit public	207
XIX	Varennes	215
XX	Le Champ-de-Mars	229
XXI	La fin d'un mandat	240
XXII	L'Europe et la France dans les derniers mois de l'année 1791	249
XXIII	Retour au pays	255
XXIV	L'orage approche	263
XXV	Robespierre et la guerre	277
XXVI	L'année terrible, chronologie de la fin d'un monde	297

TROISIÈME PARTIE — LA TERREUR ET LA VERTU

XXVII	Le passage du gué	311
XXVIII	Le salut public	324
XXIX	Du Capitole à la roche Tarpéienne	333
XXX	Tempêtes	345
XXXI	Ouragans	357
XXXII	La mort de la république	378
XXXIII	L'Hôtel de Ville	394
XXXIV	Mourir pour le peuple	410
XXXV	La mystique d'un homme	419

BIBLIOGRAPHIE 455

Imprimé en France
sur les presses de
l'Imprimerie Hemmerlé Petit et Cie
2, 4 rue de Damiette
75002 Paris
N° d'éditeur : 9829
Dépôt légal : Octobre 1983
N° d'impression : 3697